法政大学大原社会問題研究所叢書

労務管理の
生成と終焉

榎一江
小野塚知二

編著

日本経済評論社

目　次

序　章　労務管理の生成とはいかなるできごとであったか
……………………………………………………小野塚知二　1

1. 本書の課題　1
2. 作業仮説としての職業の世界　5
3. 労務管理の諸相　8
4. 第Ⅰ相：「まったき職業の世界」における技術と物に関する知識と管理　10
5. 第Ⅱ相：能率（時間と無駄）に関する知識と管理　15
6. 第Ⅲ相と第Ⅳ相　23
7. 労務管理の現在　25

第1章　日本労務管理史研究の射程……………………木下順　29

1. 課題と構成　29
2. 終焉論の諸相　34
3. 人材ガラパゴス　44
4. リーダーシップ　50
5. 米日労務管理史の構想　58

第2章　フランス金属工業における熟練資格と労働者管理
熟練工システムの動揺と再編成……………………清水克洋　73

1. はじめに　73
2. 中間・下級管理職の登場、不熟練工の専門工化と熟練工教育の新しい課題　74
3. 公的職業能力証明の創設と金属工業経営者による徒弟修業修了・

　　　　　熟練認定　82
　　　4．戦間期フランス大企業における職業教育と労働者管理　92
　　　5．おわりに　102

第3章　管理問題発見の主体と主観
　　　20世紀初頭ヴィッカーズ社バロウ造船所組織調査に即して
　　　………………………………………………………小野塚知二　109
　　　1．はじめに　109
　　　2．ヴィッカーズ社工場組織調査の発端と概要　109
　　　3．バロウ造船所調査報告書　117
　　　4．問題発見の主体と主観　133
　　　5．むすび　141

第4章　工場徒弟制から「人事管理」へ
　　　生成期ゼネラル・エレクトリック社の組織・管理問題と人材育成
　　　を中心に………………………………………………関口定一　147
　　　1．はじめに　147
　　　2．スケネクタディ事業所の事業展開・規模拡大・
　　　　技術革新と組織・管理上の課題　149
　　　3．基幹的熟練工・製図工の内部養成──工場徒弟制の役割　152
　　　4．GEの工場徒弟制が提起する問題　163
　　　5．工場徒弟制・「社立学校協会」・「人事管理」　165

第5章　フランスにおける「カードル（cadre）」層の形成過程
　　　………………………………………………………松田紀子　181
　　　1．はじめに──「カードル」が想起させるもの　181
　　　2．「カードル」の先行形態から自己認識へ　184
　　　3．他者からの認識と自己認識の強化　203

4．むすび 215

第6章　日本製糸業における労務管理の生成とジェンダー……榎一江 223

　1．はじめに 223
　2．日本製糸業における管理問題の生成 225
　3．生糸生産の変容と製糸教婦 229
　4．農商務省による作業監督者の把握 233
　5．職業婦人としての製糸教婦 236
　6．おわりに 237

第7章　会社徒弟制のトランスナショナル・ヒストリー
　　　　ゼネラル・エレクトリック社リン事業所からトヨタ自動車へ：
　　　　1903〜70年………………………………………………木下順 243

　1．はじめに 243
　2．GE社リン事業所における会社徒弟制 245
　3．戦前期日本における会社徒弟制 249
　4．トヨタ自動車における会社徒弟制 256
　5．アメリカと日本の国民形成 259
　6．むすびにかえて──徒弟制の政治 271

第8章　戦前期日本電機企業の技術形成と人事労務管理………市原博 281

　1．はじめに 281
　2．創生期の製品開発と技術者・職工 283
　3．技術者の職能的専門化と統制の強化 289
　4．「現場型技術者」・熟練職工の役割とインセンティブ 296
　5．技術者の人材形成とキャリア 301
　6．おわりに 309

第9章　日本の労働者にとっての会社
「身分」と「保障」を中心に……………………………………禹宗杬　317

1．課題と方法　317
2．経営における身分　320
3．身分制の変化　326
4．おわりに　334

終　章　「職業の世界」の変容と労務管理の終焉………………榎一江　341

1．はじめに　341
2．日本における労務管理の展開　342
3．労務管理の終焉？　345
4．労務管理の終焉に至るいくつかの兆候　348
5．おわりに　353

あとがき　357
索　引　359

序章

労務管理の生成とはいかなるできごとであったか

小野塚　知二

１．本書の課題

（１）本書全体の課題

　本書は全体として、労務管理と呼ばれる現象・行為・思想が生成・成立した条件を明らかにするとともに、それが変容し、終焉にいたる可能性について考察することを目的としている。ただし、本書の各章がどれも、労務管理の生成、変容、終焉をすべて論ずるわけではなく、多くの章は労務管理の生成の条件を解明することに力点を置いているが、それは、労務管理の変容や終焉を考察するためにも、その生成の条件を確定しておくことが決定的に重要と考えられるからである。

　本書がこのように課題を設定することの意味は以下のところにある。第１に、労務管理を産業社会に必須かつ不易の現象としてではなく、環境（技術、企業の戦略・組織、外部市場、法と制度、調達可能な人間、人間観・社会観等々）の変化の中に生成し、変化し、消滅することもありうる現象として認識することである。つまり、労務管理のなかった産業社会はかつてあったし、また今後もありうるだろうとの仮説的な認識を本書は提示したい。第２に、このように労務管理の存在と不在、生成・変容・終焉の条件が記述可能であるとするなら、労務管理の比較や特質記述のために、従来なされてきたよりも客観的な基準を設定することができると期待されることである。たとえば「クラフト的規制」、「大企業体制」、「協調主義」などのように労務管理の特質を表現するためにこれまで用いられてきた概念が、何をどのように比較して、どこから特質を抽出

してきたのか、それらが注目してきた要点を共約可能な仕方で構造化できないか、これも本書の野望のひとつである。第3は、これらの作業を踏まえて、改めて、労務管理が必要とされ、また、生成・成立してきた条件を解明することを通じて、その条件が現在いかなる状況にあり、それゆえ労務管理が今後いかに変容する可能性があるのかについて、歴史研究の知見を援用して解釈することである。

（2） 労務管理という概念

　労務管理は、本書全体を通じてもっとも重要な概念だから、まず、それについて考察してみよう。労務管理とは、辞書的に定義するなら、「労働者の使用を合理化し生産性を高めるために、経営者が行う管理。人事・福利厚生・教育・労働組合対策などを含む」（『広辞苑』）ということになる。これをとりあえずの叩き台として考えることにする。ここで注意すべきは以下の諸点である。第一に、そこには、いわゆる労務（＝個別具体的な労働）の管理（しばしば、作業管理、時間管理、勤怠管理、安全衛生管理等の語で表される）だけでなく、雇用管理（採用、退職・解雇、配置、職務分析、人事考課、昇進など）、福利厚生、賃金管理、教育・訓練、労使関係管理なども含まれている。第2に、それゆえ、現在しばしば用いられる語としては「人事管理」、「人事労務管理」とほぼ互換的と考えて差し支えなく、また「人的資源管理」ともかなりの程度重なるであろう。第3に、歴史的には、狭義の「労務管理（labour management）」や、「雇用管理（employment management）」、さらに「福祉管理（welfare management）」などさまざまな語で呼び習わされてきた企業の人的側面の管理の諸形態に始まり、人事部の設立、人事専門家や人事管理（personnel management）の教科書の出現などによって、それら諸形態が次第に統合的に理解され、相互に関連づけて追求されるようになったことの結果が、現在の労務管理の姿であると考えられる。本書が労務管理の生成として認識し再構成しようとしているのは、こうした人的側面の管理の諸形態が出現し、典型的にはアメリカ合衆国において人事部・人事管理などの概念で統合されるようになった過程であり、年代でいうならほぼ、19世紀末から20世紀初頭あたりのことである。第4章「工場徒弟制から「人事管理」へ——生成期ゼネラル・エレクトリック社の組

織・管理問題と人材育成を中心に」(関口定一)、および第7章「会社徒弟制のトランスナショナル・ヒストリー——ゼネラル・エレクトリック社リン事業所からトヨタ自動車へ：1903〜70年」(木下順)のリンの事例を通じて明らかにされるように、労務管理が現在われわれが知る姿の原型をとって現れるのはほぼこの時期のアメリカと考えられるが、第2章「フランス金属工業における熟練資格と労働者管理——熟練工システムの動揺と再編成」(清水克洋)や第3章「管理問題発見の主体と主観——20世紀初頭ヴィッカーズ社バロウ造船所組織調査に即して」(小野塚知二)が示唆するように、ほぼ同じ時期のヨーロッパでも労務管理の確立(本章第2節で示す第Ⅰ相から第Ⅱ相への転換)をうかがうことができるだろうし、さらに戦間期にまで時期を拡張するなら、日本も含む産業社会でほぼ同時代的に生成した現象であるとみてもさしつかえないだろう。

(3) 労務管理の発生史

さて、ここでは、労務管理は、主体としての経営者の行う管理という行為として定義されているが、管理対象が何であるかは一義的に明瞭ではなく、教科書・概説書でも、企業の人的側面ないしヒトを対象とする管理であるなどといささか散文的に論じられることが多い。その原因は、企業の「人的な側面」が決して単純明快ではないことに由来すると考えられるが、それが単純明快ではない理由は通常の労務管理論では論じられないし、また、そもそも人的側面を管理しようとする発想、管理しなければならない必要性、および、そのための手段が、どのような状況においていかに生成したのかという発生史的な関心に応える叙述は必ずしも多くなかった。

　従来の記述を類型化するなら、労務管理の生成については、管理者側の発想や価値観の変化に起動力を求めるもの(たとえばファヨール(Henri Fayol)やテイラー(Frederick Winslow Taylor)による新しい管理の実践と管理思想の出現)、管理対象としての労働者側の変化(たとえば移民、女性、少年の大量導入)に主たる原因を求める見解、企業の人的側面を成立させてきた制度や外的環境の変化(たとえば労働法、労働安全衛生基準、強力な労働組合や団体交渉・協約体制の定着など)と関連づけて論ずる見解の3通りがあるが、本書は直ちにこうした類型化に依拠することはせず、経営者側、労働者側、制度・外的環境の変化を

総合化することを試み、さまざまな労務管理事例の比較の共通の土台を導入することを目指す。

　このような労務管理は、集団や組織があれば必ずなされてきたことというわけではない。むろん、集団を束ねるためには必ず何らかの管理や調整は必要であって、それは古代ローマの軍団でもラティフンディウムでもなされてきたことだが、目的や手法の点で現在知られている労務管理と異なるだけでなく、人の身分・役割・振る舞いが予め定められた掟や矩として決まっている状況では、集団行動の成否は誰が集団の長・頭になるか（すなわち、適切な命令を出せるか否か）でほとんどが決まってしまう。労務管理はそうした状況ではなく、人が自由意思にしたがって動くことが当然と考えられてはじめて出現する。

　では、予定された掟にしたがって頭目が命令すれば動くことが当然と考えられた状況から、近代社会に移行すれば直ちに労務管理が発生したかというとそうでもない。近代の産業社会とは、効率的・合理的にモノを産み出さなければならないが、そこに参画する人々は自由・平等であり、自由意思にしたがって集団的な共同作業に従事するというたてまえの成立している社会である。当然、そこにはヴェーバー（Max Weber）が想定したような明晰で合理的な管理組織が作用していたと考えたくなるのだが、それにもかかわらず、その共同作業を統括する明瞭な機能、すなわち労務管理を欠いたままの期間がかなり長く続いた。

　では、そうした管理不在の状況は、なぜ、長く続き得たのか。マルクス（Karl Marx）の、オーケストラの指揮者の喩えに依拠して、それを集団の規模の問題として解釈することは可能だろうか。確かに少人数のアンサンブルやバンドには役割としての指揮者・管理者は不要であり、大人数のオーケストラやバンドには指揮者が必要である。楽隊に関する音楽史研究では、およそ30人という人数が指揮者の要不要を分ける規模とされている。しかし、この説の本質は、規模にあるのではなく、集団の成員それぞれがおのれの役割を果たしながら、他の相手と合わせることができるか否かにある。人数が多くても膨大な練習時間を積み重ね、協議し、納得するための労を惜しまなければ、さらに、仮に、演奏中でも楽員間に充分な意思疎通が可能ならば、百人のオーケストラが指揮者なしで演奏することは原理的には不可能ではない。ヴェーバーに即して

いうなら、その背後では何らかの経営規律は共有されていなければならないが、必ず官僚制的な組織と支配がなければ、集団の効率的な運営ができないというわけではない。随時協議・納得に要する時間や労力と楽員間の意思疎通の困難性は、おそらくは人数の階乗に比例するから、少人数のアンサンブルやバンドなら指揮者なしで、また練習や演奏中の意思疎通にそれほど多大の労力を費やさなくても、演奏が可能なのである。

したがって、問題は本質的には、規模にではなく、練習（すなわち随時協議と納得形成による役割と関係の自覚）と作業進捗の遅速関係と、作業中の意思疎通の可能性（あるいは作業を一旦中断して協議・納得のうえ問題を解決できる可能性）とにある。むろん、音楽演奏では中断は許されないから、大人数の場合、指揮者がいる方がはるかに効率的なのだが、練習に充分な時間をかけ、各人が集団全体の使命とおのれの役割を充分に理解し、作業中の意思疎通が確保しうるなら、特定の指揮・命令機能は不要であろう。少人数のアンサンブル的な集団の調整・規律が可能な状況なら、近代産業社会であっても、労務管理は必要とはされない。こうした、労務管理以前の状況から、いかにして、管理しなければならない問題が発見され、管理手法が編み出され、管理が実践されるようになったのか、つまり、労務管理が生成し、変容し、定着する過程の諸事例を比較可能な形で検討するための作業仮説が「職業の世界」である。

2．作業仮説としての職業の世界

（1）「職業の世界」

以上のように、本書は、主体としての経営者、客体としての労働者、外的制度を予め措定して労務管理の生成を描くのではなく、労務管理が生成し変容した環境として職業の世界とでも呼ぶべきものを措定し、そのうえで、この職業の世界の危機・解体の過程に注目して、労務管理が生成する条件を確定することを目指す。ここで、職業の世界とは、同じ業種ないし職種の者たち（労働者だけでなく経営者、技師、職長など下級監督者も含む）で構成され、彼らは共通の技と物（道具・機械、対象物）を用いており、その職業・営業について独自

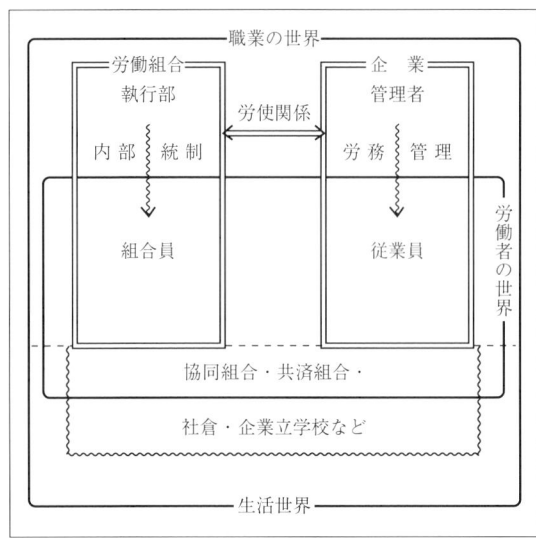

図序-1 職業の世界

の価値観・判断基準・行動様式を共有する社会を意味する。

図序-1に示されているとおり、職業の世界は生活世界と連接している。生活世界とは職業の世界の構成員とその家族・知人などで構成され、その生活・教育・技能習得・入職等について独自の価値観・判断基準・行動様式を有する社会である。

1つの生活世界には性と年齢に応じてさまざまな職業の世界が連接しているが、女と子は成人男性の私的な保護・後見の下に置かれるべきであるという規範や、それに適合的な「家族賃金」思想が強い場合には（すなわち古典的自由主義の社会では[1]）、さまざまな職業の世界のうち、成人男性家長たちが多く属する職業の世界が相対的に強い影響力を有するであろう。企業も労働組合も職業の世界に生起する組織であるが、それらは、協同組合・共済組合・社倉・企業立学校などを通じて生活世界に連接している。また、企業・労働組合の労働者に対する関心は、職業の世界における労働者だけに閉じているのではなく、生活世界における労働者と家族たち——たとえば、余暇・休日や生活時間——にも関心が向くことは珍しくない。

（2） 本書の成り立ち

以上のような課題設定と概念構成がなされるにいたった背景として、本書の執筆者たちを取り巻く研究状況の変遷を簡単に振り返ってみよう。本書の執筆者たちが共通に関心をもって研究してきたのは近現代の労働をめぐるもろもろのことがらである。そうした関心をもって研究を始めた時期をここでは、仮に

1970年代とするなら、その時期の労働に関する歴史研究は、圧倒的に労働運動史や労働組合史で占められていた。しかし、近代社会の労働者とは誰かに雇われてはじめて労働者として生存しうるから、労働運動や労働組合を見るだけでは労働者すら完全には描けず、彼らが実際に働いている場を理解するには相当の隔絶があるという不満は当然に生まれることとなった。それゆえ、ほぼその時期に研究を始めた本書執筆者たちの関心は、雇い、雇われ、働かせ、働く関係に注目する労使関係史へと移行した。そこには、勇ましい運動だけでは社会は変わらないという1970年前後の同時代的な感覚も作用していたかもしれない。こうして労働史への限定がひとたび取り払われたあとは、労使関係から、さらに、労務管理、職業教育、職長や技師など経営者と労働者の中間にある者たちなどへと、労働史研究の関心は急速に展開していった。また、その過程では、経済史・経営史だけでなく、社会史・民衆史や女性史などの歴史研究の新しい分野、また経営学、労務管理論、産業社会学、教育社会学などの関連分野からもさまざまな刺激を受けることができた。

　国際的に見ても、1970年代以降の労働をめぐる研究状況の変化は、本書執筆者たちの研究遍歴とほぼ軌を一にしていたように思われる。ザイトリン（Jonathan Zeitlin）らによる労使関係史研究への転換以降、おもに英語圏の労働史研究は、経営史研究との接触も深めながら、労務管理や労働現場の人間関係、それらに関する事実発見の蓄積に基づいて、産業社会・資本主義の多様性（diversity）、多様な変化経路をめぐる一連の研究が2000年代までに登場していたのである。

　こうした研究遍歴と研究環境を経て、本書執筆者である関口定一、禹宗杬、および小野塚によって比較労務管理史研究会が2004年10月に立ち上げられ、徐々にメンバーを拡大しながら研究を続け、経営史学会、社会政策学会、政治経済学・経済史学会などの大会で成果を発表するとともに、2008～11年度科学研究費「労務管理の生成と終焉に関する総合的歴史研究：「職業世界」との相互関係を中心に」および2012～15年度「熟練と職業世界：組織、市場、能力をめぐる総合的歴史研究」の両プロジェクトでは、本書に結実する職業の世界という概念を仮設して研究を進めた。2009年の社会政策学会春季大会テーマ別分科会「世紀転換期英米企業の組織・管理改革とその人的基盤——熟練工、職長、

技師のキャリアに注目して」〔労働史部会〕の成果は、その後、「徒弟制の変容と労務管理の生成——20世紀前半における経営革新とその担い手」と題する特集として、『大原社会問題研究所雑誌』にとりあげられ、また2010年12月に開催した国際シンポジウム（Colloquium "Apprenticeship transformed and skilled workers redefined in the twentieth century; qualification, ablity, and science" (Colloque "Les evolutions des apprentissages et les redefinitions des ouvriers qualifies: qualification, technique et connaissance"）の成果は、同誌に「徒弟制度の変容と熟練労働者の再定義——資格、技能、学理」として取り上げられている。

3．労務管理の諸相

　本書は、労務管理の生成、変容のさまを、時間軸から多少自由に、労務管理を成立させている状況や条件に注目しながら、再構成するために、相という概念を仮設する（表序-1参照）。ここで提起しようとしている相とは継起的な段階論ではない。言い換えるなら「既に知られている過去」を継起的な発展・変容として構造化して理解するための道具ではない。労務管理の相とは、人類の集団的な共同作業のうち、産業社会かつ近代社会における共同作業において、何が管理ないし調整の対象とされてきたのかに注目して、そこに生起する指揮命令・服従実行の機能分化と、この機能分化を可能にしてきた手法、手段、思想などがいかなる相（姿・局面・phase）をもって現実に作用してきたかを、理念型として類型化した概念である。それゆえ、本書第1章「日本労務管理史研究の射程」（木下順）が示唆するように、「第Ⅱ相に先行して第Ⅲ相が始ま」るといったこともありうるし、その場合、第Ⅲ相（集団的な主観主義）を経験した後の第Ⅱ相は、個人的な客観主義ではなく、集団的な客観主義（「集団本意の集団」）という哲学的立場に変容するとも考えられるが、本章で試みに提示しようとするのは、そうした変容した相ではなくて、理念型的に単純明快な諸相である。

　労務管理とは決して体系的な営為ではなく、多くの場合、そのときどきの必要に応じて、さまざまな手段が積み重ねられて生成した集成物である。人（労働者、管理者）も、企業組織も、技術も、管理者の思惑の変化によって抜本

表序-1　労務管理の諸相

	第Ⅰ相	第Ⅱ相-1	第Ⅱ相-2	第Ⅲ相	第Ⅳ相
管理の特徴	「まったき職業の世界」における技術と物に関する知識と管理	能率に関する知識と管理：職業の世界の機能不全への対応	能率に関する知識と管理：職業の世界の欠落への対応	労働者間相互作用、状況的能力、組織、人間関係に関する知識と管理	人間の生理的・心理的な能力と労働の関係に関する知識と管理
知識の対象	物（道具・機械）と技	能力、時間、成果、費用	能力、時間（勤怠、遅刻等）、成果、費用（労災）	労働者集団や組織の文化・行動様式	労働者の意思・やる気と能力
労働観	適切な物と技の環境で自動生成	熟練の危機、能力の差	仕事にふさわしい背景的適性（職業の世界）の欠落	客観主義的な刺激・誘導では統御できない行動様式	集団には還元できない個人の意思・やる気
管理構想	欠如［適者選任］	「唯一の正しい方法」の発見	強制、保護、誘導	行動様式に配慮した誘導	管理目標の共有・「自発性」
管理主体	［経営者、職長］	技師・職長	管理・産業福祉専門職員	管理・産業福祉専門職員	上司・本人
管理対象	［職人、徒弟、不熟練労働者］	職人の労務	女性、少年少女、移民	全従業員	当人の意思と能力
哲学的立場	客観主義（職人の生成に要する長い時間）	客観主義（作業進捗、成果、労務費を計測する短い時間）	客観主義（機械の運転速度に適応できるか否かを判別する短い時間）	主観主義（集団の意思や感性）	主観主義（個人レヴェル）

的・革命的に変化するのは常態ではなく、ある種の連続性をともないながら変容する。したがって、人と組織と技術の上に成立する労務管理も、同様にして、古い管理・調整の上に、それを完全には否定も消去もしないままに、新しい発想、手法、制度が接ぎ木されて、変容してきたのではないかというのが、段階ではなく相という概念で、労務管理の生成と変容をとらえようとする含意である。また、労務管理の手法や思想は他企業・他業種・他国から比較的容易に「移転」するから、一方では同時代性を見せるが、他方では移転先の職業の世界に規定されて移転した手法や思想は、結果として移転元とは異なる指揮命令＝服従実行関係や管理組織をもたらすことがしばしばである。

　以上のように想定することから、労務管理の生成・変容・終焉の条件を論じ

ようとする場合、断絶的に発展する諸段階（stages）として認識するのは得策ではなく、環境としての職業の世界の中での管理現象の相変化および相互影響関係として認識しようというのが、本書のねらいである。ここで、相を変容させる要因は、以下に述べるように、人が物や技を用いて働き、何かを産み出すということを認識し（労働観）、そこに何らかの作用を及ぼそうとする発想（管理構想）の変化である。こうした労働観と管理構想の変化に対応して、新たな管理問題――すなわち、それまでは意識的で自覚的な管理・調整の対象ではなかったが、いまや意識的かつ自覚的な管理・調整の対象として浮かび上がってきたことがら――が発見され、さまざまな管理手法が導入され、制度が形成され、変容するのだが、その一連の過程は、人と物と技によって構成された、その業種・職種に特有の社会、すなわち職業の世界を前提にしてなされるから、決して管理者の恣意や専制のみで、管理が変容するわけではない。労働観と管理構想自体が職業の世界から生い立つのであって、職業の世界にとって完全に外生的な労働観と管理構想に基づいて管理問題が発見されたとしても、それは、たとえばテイラリズムの初期の適用事例にしばしば見られたように、紛争や混乱の原因にはなるとしても、人々の働き方や組織のあり方を深いところから変えることはできないであろう。

4．第Ⅰ相：「まったき職業の世界」における技術と物に関する知識と管理

　この第Ⅰ相とは、職業の世界のまったき自律性が、日々の作業だけでなく、訓練、養成、入職、退職などその職業・営業に関するすべてを統御している状態である。ここでは、人の個々の行為やふるまいは直接的な管理の対象とは考えられていないから、その意味ではこれは労務管理以前の相である。適切な物と適切な技との正しい組み合わせさえ実現すれば、目的は自ずと達成されるという観念に支配された、労務管理前史である。あるいは、その後に労務管理が生成する基層である。むろん、日常的に紛争や調整を要する事態は発生するが、それは、たとえば長老たちのように権威を有する者によって、職業の世界に属するすべての者にとって明晰に納得しうる仕方で調整される。

　したがって、この相においては、職業の世界の人々の関心は、基本的に物と

技に集中していた。工学書・技術書[2]とは、元来は、技と物に関する必ずしも体系的ではない知識の集積であったし、技術教育観は、適切な物と技を見せ体験させれば人は自ずと高度な職人になるという、カリキュラムを欠いた博物館的・見本手本的な原初的な教育理念に特徴づけられていた。また、適切な物的環境の規定性が高いのだから、物と技は高度な移転可能性を有すると考えられたがゆえに、18世紀よりさまざまな機械・工具の輸出禁止政策や熟練職人の渡航禁止政策が採用された。

これは、産業革命によって機械が出現したがゆえに、物に体化した技としての機械とそれを生み出し操る人の技への関心が勃然と発生したということを意味しない。むしろ、こうした物と技への関心は、古代ないしは中世の職人から連綿と引き継がれてきたからくり仕掛け・自動機構（mechanism）への関心への延長上にあって、産業革命期イギリスの技師たちが中世・近世イタリアおよびフランスの技術書を収集し解読することに勤しんだのもその表れと解釈することができる。

そこで必要とされる人は、適切な物と適切な技との正しい組み合わせを実現できる職人（workmen, artisan, 即ち熟練再編以前の「熟練」を体現した人物）と、将来職人となることが期待される徒弟（職人候補生）と、単なる労務（labour）提供者としての不熟練労働者（labourer）の三種類であって、職長が存在するとしても、作業組織の用いる資材・機械・道具の管理という物的な面を別にするなら、人的組織・雇用関係・人的活動に関しては、誰が適切な職人と徒弟であるかを見抜いて選別、雇用、解雇する博労（伯楽）的な機能がその主たる役割であった。

そこには、明晰な職務記述も訓練体系も不要である。人は、適切な物と適切な技との組合わされた環境に置かれれば、よほどの適性欠如でもない限り、自ずと真っ当な職人になるという self-made men の発想が支配的であった[3]。すなわち、これは、性善説に基づく管理の不在である。この発想の根底にあるのは、客観主義――人・集団の行動や状態（この場合は真っ当な職人になるか否か）を直接的に規定するのは客観的な事物（この場合は適切なモノと適切な技の組み合わされた環境に置かれること）であるとする哲学的な立場――の人間観である。

この第I相に対応する職業の世界は、それ自体がまだ自覚的な認識の対象にもならず、それゆえに操作や解体、あるいは維持・再編の対象でもなかった「まったき職業の世界」である。self-made-menの発想も、客観主義の人間観・能力観も、この「まったき職業の世界」の特徴である。物と技への関心が中世から産業革命後相当の時間を経過した後まで継続したということは、この「まったき職業の世界」が産業革命によってただちに解体されたのではなく、生き残ったということを物語っている。産業革命による変化は、ますます関心が物と技に純化して、それまではかろうじてあった秘技秘伝という属人的な要素が後景に退いたことにあるが、この秘伝秘技性が薄らぐなら、特殊な人に依存することなく、適切な物と技の環境さえ整えば、その主体たる職人と彼らの職業の世界は自ずと再生産されると予定されるようになったであろう。

　このように、本章は産業革命後も労務管理のなされない状態が長く続いたと想定するが、労務管理の不在状態については、本章とは異なる解釈もなされてきた。S. ポラードに依拠して津田眞澂は、19世紀イギリス企業では、労働者が人間（的な）存在であることを否定し、労働者の自律的な人間性を抹消して機械に従属させようとする発想が支配的であったから、労務管理が発生しなかったとする[4]。これに対して本章は、個々の単純な作業については、人の技を機械の技で代替しようとし、また機械の速度や時計で人の時間を統制しようとする発想が産業革命期に発生していたことは否定しないが、そうした技の代替や機械への人間の従属は産業革命後にどこにでも発生した常態ではなかったと考える。むしろ、産業革命後のイギリスで直ちに労務管理が生成しなかったのは、適切な客観的環境によって自動的に発生した職人は、自らを教育し、向上させ、創意工夫によってより良い技と製品を産み出す能動的な存在であることを、イギリスの職業の世界の多くが認めていたからであり、この自発的創意工夫によってこそ真にイギリス的なる産業の優位性が確保できるとすら信じられていたからである[5]。

　ここには、出来高賃金の2通りの解釈の可能性——すなわち、機械の速度で能率を機械的に強制しようとする労働観と、自発的な創意工夫の成果を正当に評価して買い取ろうとする労働観——が表れている。後者の労働観では、職人が自発的な創意工夫を行って、自主的によい仕事の成果を産み出すことは期待

されてはいるが、何がよい仕事かは不分明のまま、職人の判断に委ねられており、出来高賃金はそうした意味で徹頭徹尾自発的な仕事の成果に酬いる公正な支払制度として維持されているだけで、正しい方法で仕事を手早く行う方向へ労働者を誘導する能率刺激性は乏しく、仕事の結果を直接的に管理できてはいない。経営者が喜ぶような良好な仕事の成果を産み出さないからといって職人がただちに解雇されるわけではなく、そのような職人でも己が期待するだけの賃金額（earnings）を稼ぎ、雇われ続け、職業の世界の一員として留まることが許されている。これに対して、前者の労働観では、人間を機械に従属させているだけで、そこに何らかの管理がなされているようには見えないが、設計された機械体系の速度に適応しようとしない、また、適応できない労働者は解雇され、機械に従属しうる労働者のみが生き残れるという単純かつ暴力的な仕方でではあるが、採用・解雇も勤怠も、労働者の能率も管理されているのであって、労務管理がないわけではない。したがって、本章では、産業革命期に綿業工場の一部で生成したような、こうした機械体系へ人間労働が従属した状態は、第Ⅰ相とはみなさず、第Ⅱ相の労務管理の１つの姿と考える。しかも、こうした状態は、既存の職業の世界からの人的供給を前提にせず、まったく新しい弾力的な労働力供給源——不適格者を直ちに解雇しても、いくらでも代わりの労働力調達が可能な供給源、たとえば、産業革命期の綿業工場ならば女性や少年少女、1910年代のフォード社だったら移民や黒人、あるいは、総力戦下の女性・少年・移民[6]——を確保しうる特殊な条件の下で可能だったことであって、それを産業革命後の代表的な労働観・管理構想とするなら、管理不在の原因を読み誤ることになるであろう。

　バベッジ（Charles Babbage）やユーア（Andrew Ure）の機械論を継承したマルクスには、技の重心が人から物の体系へと移行したことを過度に強調する見解があり、ポラード＝津田説はその延長上にあると考えることができよう。それは、たしかに、産業革命期ないしその直後に同時代的に観察できる言説ではあるが、同時に、その時代の代表的な技師たちが技における人の重要性を繰り返し強調してきたことも見落とすことはできない。人から物への重心移動は、糸を紡ぐ、鉄を叩く、鋼を削るといったそれ自体は単純な作業をする場合、機械は疲れないし、酒を飲まないし、遅刻や欠勤もしないという程度の意味にお

いてであって、それら単純な作業を組み合わせて適切に行う総合的な技や、からくりを生み出す人の技そのものの重要性はまったく減じていなかったのである。産業革命直後のイギリスでもっとも過激な見解を示した技師はジェイムズ・ネイスミス（James Nasmyth）であるが、彼の技術論はまさに人に依存しており、その技とは適切な環境において自ら体得するものにほかならず、彼自身が「まったき職業の世界」に生きていたことを物語る。ネイスミスの言葉によるなら、管理者（社長やその代理権限者としての職長）のなすべきことは、適切な場所に適切な者を配置して、彼らが適切に能力を発揮しているかを監視することだけである[7]。

しかも、人の技は秘技秘伝として人間関係の中で継承されて成立するのではなく、個人が獲得し蓄積する個人的な属性であるとする単純明快な能力観が、同時代の個人主義や古典的自由主義の通俗版と結合したところに、彼の主張の過激さとわかりやすさの秘密があった[8]。すなわちネイスミス、あるいはウィリアム・フェアバン（William Fairbairn）やヘンリ・モーズリ（Henry Maudslay）などの見解は、一方では職人集団の自律性など人間関係的な側面を端から拒否し、個人的な自由を尊重する点で「まったき職業の世界」の社会的表象（たとえばギルドや労働組合）は否定したのだが、そこに成立する技ということに関しては、この古い職業の世界の発想から一歩も出ることがなかった。彼らが労働者団結の「悪しき効果」を指弾しながらも、結局「クラフト的規制」から自由になれなかった理由はそこにある。

産業革命によってさまざまな変化──外在的時間規律の確立、性別役割分業と家族の変化、景観の変化、企業形態等々──があったことは事実であるが、生産力を特徴づける技の重点が人から物に置き換わったとする見解は、将来来るべき変化の方向性──たとえば、20世紀的な機械体系による大量生産体制──の予感ではあっても、現状認識としては適当ではない。むしろ、産業革命によって、人と物と技の関係はそれほど決定的には変わっていないという認識の方がさまざまな実証的な研究に照らしてみた場合適当であろう。それは、単に機械が導入されず工場制が確立しなかった業種が多数あり、そこでは古い職業の世界が維持されたというにとどまらず、機械産業のような、工作機械が導入されて、工場制が成立した新産業の人・物・技の関係も「まったき職業の

世界」として、すなわち、管理問題の存在しない世界としてまずは形成された。

　こうして、第Ⅰ相では、人々が集団的に働く場に何らかの調整は行われていたとしても、それらは当事者たちにとってはあまりにも当然のことで、わざわざ記述して、認識を形に残すようなことではなかったと推測され、それゆえ、第Ⅰ相の職業の世界（および、そこでの組織や調整のあり方）については記録が残らず、歴史研究では浮かび上がりにくい。本書の共同研究の参加者は、職業の世界を実証するにたる証拠を探してはきたが、その存在をずばりと示す史料は発見できていない。その意味で、本書においても、「まったき職業の世界」とは、厳密には、想像上の存在に過ぎないが、木下［2000］の「メカニックの世界」や小野塚［2001］の「暗黙のなれ合い関係」は、管理問題の発見（すなわち第Ⅱ相）以前に、別の事情——職業の世界の外側からの資本の参入や、「労働組合という悪しき他者」の発見——から職業の世界の存在がいやおうなく表れている露頭と考えることができよう。

　むろん、相とは理念型だから、本書は全体として、第Ⅰ相の存在を実証しているわけではないが、第Ⅱ相の管理問題の発見のされ方に注目することによって、第Ⅰ相に照応する事例を後から再構成することは史料的にも可能と考えられる。

5．第Ⅱ相：能率（時間と無駄）に関する知識と管理

　第Ⅱ相は、職業の世界のまったき自律性に期待できなくなり、労務管理が生成せざるをえなくなった相である。ここでは、否応なく人の個々の行為が管理対象として認識されるようになり、科学的管理、経営工学、インダストリアル・エンジニアリングなどとして労務管理が体系的に追求され始める。すなわち、現在、労務管理の語で知られているさまざまな手法や発想が生成し、定着した相である。

　この第Ⅱ相には、基層としての職業の世界との関係に注目するなら、2つの異なる労働観・管理構想がある。第1は基層の「まったき職業の世界」の機能不全（たとえば「熟練の危機」や「徒弟制の危機」など）への対処としての管理の生成であり、第2は、その仕事にふさわしい職業の世界を形成できなかった

（あるいは、その主体とは見なされなかった）者たちを大量に導入することへの対処としての管理の生成である。第1は、おもに成人男性の熟練労働者たちを包含する職業の世界に生成した労務管理を表し、第2は、従来の作業方法とは隔絶した機械化・自動化の進展した工場や、戦時の徴用で、大量に導入された女性・少年少女・移民などを対象として生成した労務管理を表している。

（1） 第Ⅱ相－1：職業の世界の機能不全への対応

ここでは、従来なら適切と考えられた物的環境を実現しても、出来映えや所要時間や費用に差があることが発見されたのを背景にして、真っ当な職人は自動的には生成しないし（「熟練の危機」）、放置していたら職人は正しく働かないから管理しなければならないという発想が登場する。職業の世界とその主体が自動的に生成するという第Ⅰ相の信念への疑問に基づいて、この管理の発想は登場する。そこでは、「強く逞しく」それゆえ自学自修しうる人間から、「弱く劣っている」がゆえに指導者が幸福の方向に誘導しなければならない人間へと、人間観も変化しており、古典的自由主義から介入的自由主義への転換と重なる現象である。職業の世界は存在はしているのだが、もはやまったき自律性は発揮しえず、効率的でもないし、完全に正しくもないから、そこで働く者たちの行いに強制・誘導・統制を及ぼさなければならないという介入の発想に色濃く特徴づけられている。

これは、学生や院生はかつては師の背中を見て自ずと育ったが、いまや放置しても自動的には成長しないから、FDなどさまざまな指導や支援の技法が編み出され、試みられている現在の日本の大学の状況に類似している。産業（あるいは、企業、大学）が急速に拡張し、適性の低い者が大量に入るようになったことが問題発生の根本的な原因であるという認識の下に、同じ環境に置いても一定期間後の達成度には大きな差が発生する（「成功者」と「失敗者」の併存する）状況において失敗者をあぶり出し、また失敗者を多く産み出すシステムを是正＝排除しようとする発想が、これらの類似性の背後に作用している。

ただし、そこでも、たとえばテイラーと弟子たちの場合、仕事の仕方には「唯一の正しい作業内容と作業手順」とがあるから、それを発見して職人に行わせればよいし、行わせる手段は賃金［と解雇］という客観的な事物で充分で

あるという、客観主義的な人間観は第Ⅰ相から継承している。ただし、彼らの客観主義のタイムスパンは、職人の生成という少なくとも数年を要する長さから、個々の作業・動作の進捗という数分から数時間程度の長さにまで極小化した点が異なる。言い換えるなら、職人という全人格的かつ総合的な主体の生成とその自発的創意工夫に期待するのではなく、仕事や成果に影響する要因を分析的に「解明して」、要素還元主義的に個々の管理対象（原価、時間、訓練、作業・動作、組織、機械配置）毎に管理手法が連続的・共時的に編み出されたのが、第Ⅱ相－1である。そこでは能率、無駄、作業の同期性、賃金、原価等の発想など、管理にかかわることがらを時間と費用の問題として計測し、記述し、認識するようになっている。こうした時間と費用へ単純化して管理問題を認識しようとする手法には、むろん、時間と費用が単純に計測しやすかったという事情も作用しているが、むしろ、そこで重要なことは、職人の能力という計測しがたい要素を、産み出された作業成果と時間・費用との比率で代理的に計ることによって、職人の養成如何と能力の程度を確認しようという発想がそこに反映していることである。

　では、そこでは、「唯一の正しい方法」をいかにして労働者に行わせようとしたのだろうか。「唯一の正しい方法」とは異なる作業の仕方に固執してきた熟練職人集団の自律性や、集団内の意思疎通、共通の文化、集団性（人間関係的側面）、要するに「職業の世界」の御し難い面を、テイラーたちはいかに処理しようとしたのだろうか。

　実際に、さまざまな現場に適用された労務管理実践としてのテイラー・システムに注目して、この点を検討してみよう。「唯一の正しい方法・作業手順」は、差別的出来高賃金という高度に能率刺激的な賃金システムによって奨励されたに過ぎない。「唯一の正しい方法」を客観主義的に（機械体系に人間を組み込んで）強制しうる仕組みを編み出したのではなく、職人がその方法を採用するであろうと期待して、そのための環境を整備しただけである。つまり、マルクスがおよそ半世紀前に『資本論』において示した、機械制大工業では労働手段の客観的体系によって賃労働が実質的に包摂されるという構想よりも後退して、賃金による誘導という問屋制的な状況にまで退却しているのである。そもそも、テイラーたちには己の理想を実現するために機械を用いるという発想が

希薄である。さらに、そこでは、人は高賃金を獲得できる見込みがあれば、正しく、持てる能力を発揮するという高賃金の経済論すなわち性善説的人間観が前提にされている。賃金が能率誘因とならない労働者が存在する——労働者たちの文化によっては同一の管理手法がまったく異なる効果をもたらす——ことを想定していない。ヴェーバーの農業労働調査と同様の知見はなく、多様な性・年齢・民族ではなく、白人の熟練職人だけを対象にして成立しうる発想であった。

また、機能別職長制（熟練職人集団を束ねる職長を機能別に分解することで、集団性を分解し可視化し統御可能にする仕掛け）はアイデア倒れで（人的な無駄、職長間の権限の衝突軋轢）、ほとんど実現しなかったし、時間研究・動作研究そのものが、ウォータータウン兵器廠争議[9]などのように、しばしば紛争原因となったから、彼らの「科学的管理法」はきわめて限定された状況でしか実現できず、多くの場合、差別的出来高賃金すらプレミアム・ボーナス制などの、より穏健な賃金システムに修正して、さまざまな妥協の上に実施された。

すなわち、テイラー達の能動性は、職人集団の「熟練の秘密」を「科学的」に解明して、「唯一の正しい方法」を定式化するところまでであって、そこから先には及ばなかった。「唯一の正しい方法」を実際に職人達が行うか否か、どのように行うかは職人集団の能動性に委ねられざるをえなかった。職人個人を賃金誘因で誘導することすらほとんど成功していない。つまり、実施に関してはテイラー達は受動的に期待する存在に留まっていた[10]。

人を、機械と同じように正確に無駄なく効率的に働かせようとする理想はあったが、それを実現する術をテイラー達はもたなかったし、それを開発しようとすらしなかった。フォード・システムのように「労働者の主体性の最後の一片」を奪い取るつもりはなかったし[11]、人は正しい方法を知ればそれを行う（正しい方法の実践の結果、高い賃金を獲得できるという幸福に達しうる）ものと信じてさえいたという点で、それは性善説であった。「熟練職人よりはるかに愚鈍な銑鉄運びの労働者」に対してさえ、聡明な者が教え、科学を刷り込めば、人夫として幸福になれると信じていた。基本的に「介入的自由主義」であって、個人の主体性は前提とした上で、ただし、その個人は「強くたくましく賢い人」ではなく、「弱く劣った人」だから、指導者・経営者が幸福の方向に誘導

しなければならないのである[12]。

　この第Ⅱ相－1は第Ⅰ相に比べるなら、どの要素・どの場面においても、はるかに介入的、律法的であり、それゆえ、さまざまな管理組織、管理職制、管理費用が発生する。現在知られている、管理らしい管理が登場したのはこの相においてである。とはいえ、テイラーやさらにフォード（Henry Ford）と同時代の管理実践や思想の中には、第Ⅰ相と同様に「まったき職業の世界」の再興を期待して、教育や修養との接合を図るものも少なくなく、時期的に第Ⅰ相と第Ⅱ相を截然と区別するのは適切ではない。第Ⅱ相を特徴づけているのは、真っ当な職人は自動生成を期待しても無理であるという現状認識と、既存の職業の世界が機能不全に陥っているのではないかという疑念である。それゆえ、第Ⅰ相との相違は、地方別・職業別の自治（東條由紀彦の「近代市民社会」[13]）に委ねても、「熟練の危機」や職業の世界内外に発生する紛争を解決できないという恐怖心に裏づけられた、熟練の再定義や[14]、職業教育の再編や、労使紛争の調停仲裁制度などさまざまな試みが目的意識的になされたことである。それらは単に職業の世界だけの問題ではなく、国家・団体・企業が「弱く劣った」人間を幸福の方向に誘導するという福祉や生活保障システムの再編・強化の問題──「生活世界」も、また、自生的・団体的な自治（共済組合・労働組合など集団的自助）に委ねても安定的には成立しがたいという認識──であり、また、複数の職業の世界の有機的構成として全体社会や国家を構想できず、全員を、職業、身分、貧富などの差を超えて、「国民」という虚構の社会に再編し直さなければならない（下層まで含めた「国民国家」・「国民文化」の完成、あるいは単一の「勤労身分」への再編）という問題でもあった。それらは、職業の世界が人を育成し、問題を解決し、階層上昇を保証する機能を低下させ、喪失したことへの個々的な対応であった。

（2）　第Ⅱ相－2：職業の世界の欠落への対応

　以上が、職業の世界の機能不全（たとえば「熟練の危機」など）に対応した管理の生成であるとするなら、第Ⅱ相－2は、そもそも、その仕事にふさわしい自前の職業の世界を形成できない労働者たちへの対応としての管理の生成である。よく知られているのは、産業革命期の綿業工場で機械に配置された女性労

働者や、1910～20年代のフォード社の組立工場で流れ作業ラインに配置された不熟練労働者の事例で、機械の速度に合わせて延々と単純な作業を繰り返し、それに適応できなければ直ちに解雇されるという「非人間的」な労働の悲惨なありさまは、マルクスとエンゲルスによって機械制大工業のもとでの労働の実質的包摂として、またチャプリンによって『モダン・タイムズ』で、描かれてきた労働のあり方である。

これを第Ⅱ相－1の管理と比較してみよう。テイラー達の理想には、「唯一の正しい方法」を労働者に強制する手段が欠けていたから、それを実現するために、人間を機械体系の中に組み込んだのが産業革命期の綿業工場であり、フォード社の組立ラインであった。

機械の運転速度によって、あるいは、よく知られているベルトコンベア・システム（定速搬送型組立ライン）によって、労働者に作業速度を強制すること（machine pacing）で、唯一正しい作業手順も強制できるようになったのである。そこでは、作業の空間秩序だけでなく時間規律が重要な要素であって、時間規律を押し付ける仕組みを実現したことが第Ⅰ相とも第Ⅱ相－1とも異なる達成である。テイラー達にも空間秩序と時間規律の意識がなかったわけではないが、彼らが「発見した」正しく効率的な動き方や手足眼の動かし方を強制できたわけではないし、それに必要な標準時間（＋猶予時間）の概念は確定したが、その時間内に実際に作業させる仕組みを開発したわけでもない。

第Ⅱ相－2の達成は、ほぼ無限供給可能な不熟練労働者——すなわち、現に就いている仕事に相応しい職業の世界を欠くがゆえに、集団的な抵抗も、自律的な慣行による現場の支配も不可能な者——の予備軍の中から、定められた空間秩序と時間規律通りに働き続けることのできる労働者を随意に選別し、不適切な者は直ちに解雇しうるところまで、賃労働の実質的包摂を完成させたこと（マルクスの予言の実現）である。こうして労働者の主体性の最後の一片をもぎ取り、人を機械体系の一部に組み込んだのである。

フォード社にあって、それを可能にしたのが、労働力の取り替え可能性を高めるための高賃金（「1日5ドル」という定額日給であって、能率刺激を目的とした高賃金ではない）と、組立ラインとそこに部品・パーツ・ユニットを供給する各機械加工工程の同期性の確保という、単なるコンベアラインよりも高度な

技術（しかし、これを最終的に完成させたのはトヨタのカンバン・システム）と、もう1つ、余暇や家庭などの非労働時間まで管理しようとする濃密な労務管理・生活管理・思想管理（小野塚［2009］）であった。

　ここで、人の労働を機械に従属させる技術の役割は実は決定的ではない。通説的には綿業工場やフォード社では、熟練職人の総合的な判断や経験、高度な手技などに依存せず、誰にでもすぐにできる単一の動作にまで分解したと——この点でもテイラー・システムは不徹底で、既存の職業の世界に暗黙のうちに依存していると——考えられてきたが、技能としての熟練を解体し、作業を単純化したから、マルクス＝『モダン・タイムズ』的な実質的包摂が可能になったのではなく、「総合的な判断や経験、高度な手技」を必要とする場合は熟練労働者に依存せざるをえないという認識が成立している状況において、「熟練を解体し、作業を単純化」することにより、労働力の給源を「熟練労働者」（＝徒弟修行など正規の資格をもって熟練職種に入職した労働者、それゆえその供給が硬直的な労働者）から、女性、少年少女、移民のような弾力的供給が可能で、自前の職業の世界に属さない者たちに変更できたことにこそ、第Ⅱ相－2を成立させる本質的な根拠がある。作業内容や用いる道具・機械によって直接的に「熟練」の性格や必要な管理のあり方が決定されるのではなく、誰がその仕事に就くか——その仕事にふさわしい職業の世界に属している者たちか、そういう職業の世界には属していない（とはいえ、まったく別の職業の世界や生活世界には属していたであろう）者たちか——が「熟練」と管理のあり方を決める直接的な要因なのである。

　そのことが最も端的に暴露されたのが、第一次世界大戦および第二次世界大戦中の欧米の工場において、成人男性熟練労働者の、女性・少年少女・移民による代替（「労働の希釈」dilution）が短期間に大規模に進んだ時である。既存の工場設備ですでに定まったものを遅滞なく生産し続けるために、こうした希釈の過程では、作業内容や用いる道具・機械にはほとんど変更を加えることができなかった。したがって、そこに投入された女性・少年少女・移民などの新しい労働者たちは、従来、成人男性熟練労働者が行っていたのと基本的に同じことを、短期間に習得して、行わざるをえなかったのである。むろん、そこにさまざまな混乱や怠業や労働災害が発生したことは知られているが、生産量そ

ものは、原料・資材不足に起因する生産遅滞を除くなら、増加したのが通例である。作業内容や道具・機械という点では熟練（＝技能）を解体することなく、しかし、入職資格としての熟練は解体して、弾力的に供給可能な労働力に置き換えて戦時の生産体制を維持したのが、欧米諸国の経験である。独ソ戦の開始によって、工業地帯であった西部を急速にドイツ軍に蹂躙されたソ連が、ドイツ軍に脅かされている工場を次々と閉鎖して、移動中の貨車の中でも旋盤に背の届かぬほどの幼い少年たちが生産を続け、ウラルに移設後は従来以上の増産を成し遂げたという「大祖国戦争」の銃後の英雄的な物語は、独ソ戦初期のソ連側の兵士の戦死者数と捕虜の数、他方で戦車、航空機、自動小銃などの生産数の増加とを比較するなら、あながち神話とばかりはいいきれないリアリティをもっているのである。

　欧米諸国の戦時の労働の希釈と増産体制の中で、共通に発見できるのは、新たな管理の導入である。その仕事にふさわしい職業の世界を欠く女性・少年少女・移民を大量に短期間に導入して、遅刻も欠勤もせず、機械に合わせて働き、労災から己を守ることを教え込むためには、従来の職業の世界に属している者たちが働いていた場合とはまったく異なる保護や誘導や統制が必要となり、新たな管理部と管理職員が設けられたのである。戦時期（ヨーロッパ諸国にとっては殊に第一次世界大戦期、日本にとっては第二次世界大戦期）に、「城内平和」・「神聖なる団結」の課題や、新たに労働の場に徴用された女性・少年少女労働者への対応など、職業の世界に大きな変化が発生し、それに対応して労務管理・産業福祉専門の部署と専門職員が多くの企業で整備されるようになったのだが、同様のことは産業革命期の一部の先進的な綿業工場でも、フォード社[15]でも試みられていたのである。

　産業革命期の綿業工場の女性労働と、フォード社の組立ラインの移民や黒人と、戦時の労働希釈のもとでの労働とは、これまではそれぞれ別々の事情のもとに発生した現象として別個に論じられてきたが、本章は、職業の世界に属さない者たちを大量に導入しても、怠業や労災の増加に悩まされないためには、これらの事例に共通の特有の管理——工場労働や機械の操作に慣れない者を馴致し、自然発生的な無断欠勤・遅刻・早退などの予期せざる抵抗を防止し、労災から彼ら自身を守らせる管理——が必要だったと考える。

以上、第Ⅱ相の労務管理生成・管理問題発見の2通りの経路を論じてきた。本書第6章「日本製糸業における労務管理の生成とジェンダー」(榎一江)にはその両様のさまが表されているであろう。第8章「戦前期日本電機企業の技術形成と人事労務管理」(市原博)は、日本における第Ⅱ相-1への転換の困難性をあぶり出すが、欧米の先進技術という異種的な文化の導入過程においても、叩き上げの職人・職長たちの現場の技術知識（職業の世界）への依存を断ち切れず、高等教育卒の技術者が万能ではなかったことが判明する。いずれも職業の世界の自治に委ねても物事が円滑に進行するとは期待できなくなった状況への対応であった。しかも、そこで、問題が発見されたのは、必ずしも個々の作業進捗の迅速性・円滑性や個々の労働者の能率の問題だけでなく、職人の養成や、生活保障、さらに機械や工場への慣れなどさまざまにあって、職業の世界から労務管理が生成する条件は、多面的に解明される必要があるだろう。

6．第Ⅲ相と第Ⅳ相

（1）第Ⅲ相：労働者間の相互作用、状況的能力、組織、人間関係に関する知識と管理

　この相もまた、第Ⅱ相と時期的には連続し、あるいは重なって現れる。たとえば、労働者が属する集団（たとえば民族）の文化や価値観によって異なる働き方をすることを調査を通じて発見したヴェーバーと、テイラーやフォードの仕事は、ほとんど同時代の現象である。しかし、第Ⅱ相では、主体とはあくまで個人であって、個人の行為と個人間の権限・命令・報告関係だけが注目されているのに対して、第Ⅲ相では、集団的な意思や感性、集団行動、組織の慣性、組織的能力など、人間集団も主体に準じて認識するようになっている点で、第Ⅱ相と区別される。
　第Ⅲ相が現場の組織や人間関係に注目するようになったということは、単に集団も認識対象になったということだけを意味するのではなく、集団への注目を通じて、主観主義（人間・集団の行動や状態を直接的に規定するのはその当人の意思や感情であるとする哲学的な立場）が労務管理思想に浸透し始めたことも意

味している。第Ⅱ相では、労働組合が労働者に誤った利害意識を吹き込んでいるから、そのような労働組合から適切に隔離すれば、労働者は自動的に正しい利害意識（企業とのパートナー関係、企業あっての従業員、企業という家の成員等々）を回復するとの客観主義的な集団観であったが、第Ⅲ相では、人が集団的な意思や感性にしたがって行動するということが事実として承認されている。第Ⅰ相だけでなく、第Ⅱ相にあっても、職業の世界に由来する何らかの集団性が作用していたのだが、第Ⅲ相で認識される職業の世界は残滓にすぎず、それはもはや、その集団性に委ねるなら作業や組織の調整が円滑に進むという意味でのまったき自律性や自治的性格を示さず、せいぜい、管理や訓練をより効率的かつ円滑に行うために考慮しなければならない制約要因の位置にまで後退している。逆に、科学的管理、経営工学、インダストリアル・エンジニアリングなどが職業の世界よりも大きな調整力を発揮するようになっているのである。

本書第5章「フランスにおける「カードル（cadre）層」の形成過程」（松田紀子）は、第Ⅲ相への認識の転換をカードル（中級・下級の管理者層）の役割に注目して論じている。また、第9章「日本の労働者にとっての会社――「身分」と「保障」を中心に」（禹宗杬）も第Ⅲ相に照応する事例と考えられるが、正規労働者の身分的な排他性と生活保障機能の大きさに注目して、日本の大企業では職業の世界が残滓となっても無視しえない重さを発揮していることを明らかにする。

（2） 第Ⅳ相：人間の生理的・心理的な能力と労働の関係に関する知識と管理

外的な強制力や餌で人を自分の思い通りに働かせるのではなく、その当人の意思や感情により直接的に働きかけて、生理的・心理的な能力ややる気を発揮させようとするのが、第Ⅳ相の管理である。これが、労務管理の客観主義から主観主義への変化のひとつの到達点であって、それを早くに体系的に提唱したのはマグレガー（Douglas Murray McGregor Y理論）である。

この第Ⅳ相の管理は、たとえば、目標管理、自己のキャリア・イメージの明確化、管理者・評価者の眼差しを「共有させ」ようとする管理、すなわち、自由意思を有する人間に対して、利害関係や物的・外的な強制力で支配を貫徹し

て望ましい仕事を引き出すのではなく、自由意思そのものを改変し、「会社人間（人企一体）」に造り替えることによって、望ましい仕事を引き出そうとする管理であって、ここで管理対象となっているのは、もはや労務や労働者集団ではなく、人間そのものである。人を育み、制約し、左右する職業の世界という基層の上に成立してきた職場集団や、それに規定されながらなされる労務慣行を、いかに馴致し、秩序化するかという労務管理の本来的な発想は、ここで終焉の始まりを迎えつつある。もはや集団は、良きにつけ悪しきにつけ、自明の存在ではなく、チームワークですら、各人が組織の目的を内面化する過程で主体的に臨機に生み出すものへと変貌している。

7．労務管理の現在

　本章第2節で、職業の世界という概念を仮設した際に、企業も労働組合もそこに生起する組織であるとの解釈を示した。ならば、職業の世界が決定的に衰退し、解体してしまったあとには、企業も労働組合も従来と同じようには存在しえないだろう。労働組合はその歴史的使命を終えたとまで断言するつもりはないが、労働組合が、それへのさまざまな期待があるにもかかわらず、覆いがたく衰退していることは認めざるをえない。企業もいまや、内部に抱え込んだ労働者とその労務を濃密に管理することよりは、外部から調達されたサービスと物財を適宜に組み合わせるだけの組織へと重点を移しつつあるように思われる。それは、新版の問屋制への変貌であり、雇用から請け負いや購入への産業組織の変化である。

　さらに、これに加えて、さまざまな電子技術・情報技術に裏づけられて、リアルタイムのモニタリングと指示によって、濃密で、かつ迅速な管理が可能となりつつある。現状においても労働者の所在、行動、視線などはすでに監視・管理可能な対象である。近い将来に、心身の状態までリアルタイムで監視され、制御される可能性を展望する作品が、学問の世界においても小説の世界においても、必ずしも荒唐無稽とはいえないほどの重さをもって登場している[16]。

　単にこうした技術的な可能性だけでなく、職業の世界の衰退・解体によって、労働者の存在も変わらざるをえないのではないだろうか。第Ⅳ相の延長上にあ

るのは、労務管理を内面化し、自らの心身に埋め込んだ労働者のあり方である。それは自罰的で、個人的スキルアップとステップアップに関心を集中させる、究極の自己管理・自己変革によって外的な他者による労務管理を不要とする労働者が登場する可能性すら予感させる。

では、こうした現在のあとに、労務管理のいかなる終焉の可能性があるのだろうか、また、いかなる労務管理の新しい展開の可能性があるのだろうか。本書は、将来予測を目的とはしないが、労務管理史をいかに再構成するかという歴史研究の課題を考える際に、現状のこのような解釈の可能性も排除はできないだろう。

注
1) 古典的自由主義の社会における、成人男性による女性・子どもの私的保護・後見については、小野塚知二［2011a］を参照されたい。
2) たとえば、19世紀中葉のイギリスでもっとも広く読まれた技術書として、William Fairbairn, *Useful Informations for Engineers*, 1st, 2nd & 3rd series, 1855, 1866, Fairbairn, *Treatises on Mills and Millwork*, Pt. I & II, 1861, 63 などを参照されたい。
3) 真っ当な職人が養成される環境としてのモノと技の適切性は可変的だから、座学での科学教育や実業教育といった19世紀前半からあちこちで試みられてきた学校教育の徒弟制度への接合といった手法も見られるが、そこでも、明晰な職務記述はなされなかったし、徒弟制度はおよそ明晰な訓練体系ではなかった。徒弟は適切なモノと技の備わった環境で自動的に職人へと養成されるのだが、学校教育の接合は、その適性のひとつとして「科学」的知が付加的に求められるようになったということを意味するにすぎない。
4) 津田眞澂［1977］4～5頁。なお、ここで津田が参照しているのは Pollard, Sidney ［1965］である。
5) イギリスにおける管理の不在の原因についての筆者の見解は、小野塚［1993］を参照されたい。
6) むろん産業革命期の女性・少年少女でも、1910年代デトロイトの黒人や移民にせよ、それ以前には何らかの「職業の世界」の一員――少年少女の場合は「職業の世界」に参入する以前の、「生活世界」の年少メンバー――であったはずだが、彼らは、それらの世界から完全に切断されて、機械に人間が従属する工場に雇われるようになったのであって、基層としての「職業の世界」が作用しない点に特性がある。
7) Smiles, Samuel [1883] p. 296, および小野塚［2001］第4章第3節を参照されたい。また、J. ウォットや H. モーズリの同種の自動的養成観についても、小野塚［2001］54～57頁、163～165頁を参照されたい。

8) ネイスミスの技術観については小野塚［2001］第4章を参照されたい。
9) ウォータータウン兵器廠における激烈な争議については、Aitken, Hugh G. J. ［1960, 1985］を参照。
10) 初期のテイラーは、「唯一の正しい方法」を労働者に強制するなら、その結果として労使協働へと精神が変革されると考えたが、Taylor, Frederick Winslow［1911］では、労使協働の精神革命という前提がなければ科学的管理であれ何であれ、効率的な管理は達成できないという考えに変わったとの解釈もありうるが（津田［1977］）、テイラーは終始一貫して、職人たちの精神の主体性に対して受動的であり、性善説に立っていたというのが本章の解釈である。
11) 大河内暁男［1991］149頁、小野塚［1993］215頁。
12) 小野塚［2009］［2011a］。
13) 東條由紀彦［1990］はじめに、東條［2005］第Ⅰ部。
14) 小野塚［2011b］。
15) H. フォード自身やその片腕を務めたソレンセンは労務管理や産業福祉の積極的な意義を理解しなかったと伝えられているが、彼らの主観的な意図とは別に、新たな労働力給源に依存するようになったフォード社にとって、社会部の濃密な活動を通じて、従業員を保護・誘導・統制して、擬似的にではあれ、フォード社流の「職業の世界」に包摂する機能が必要だったのである。
16) 安藤馨［2007］、伊藤計劃［2008］。

参考文献

Aitken, Hugh G. J. [1960, 1985] *Scientific management in action: Taylorism at Watertown Arsenal, 1908-1915*, Princeton.
Pollard, Sidney [1965] *The genesis of modern management: a study of the Industrial Revolution in Great Britain*, London.
Smiles, Samuel [1883] *James Nasmyth, Engineer; An Autobiography*, London.
Taylor, Frederick Winslow [1911] *The Principles of Scientific Management*, New York（テイラー［2009］『科学的管理法の諸原理』中谷彪・中谷愛・中谷謙訳、晃洋書房）。
安藤馨［2007］『統治と功利――功利主義リベラリズムの擁護』勁草書房。
伊藤計劃［2008］『ハーモニー』早川書房。
大河内暁男［1991］『経営史講義』東京大学出版会。
小野塚知二［1993］「「管理の不在」と労使関係――戦間期イギリス機械産業における労務管理」大河内暁男・武田晴人編『企業者活動と企業システム――大企業体制の日英比較史』東京大学出版会。
小野塚知二［2001］『クラフト的規制の起源――19世紀イギリス機械産業』有斐閣。
小野塚知二［2009］『自由と公共性――介入的自由主義とその思想的起点』日本経済評論社。

小野塚知二［2011a］「日本の社会政策の目的合理性と人間観——政策思想史の視点から」『社会政策』3-1。

小野塚知二［2011b］「徒弟制度の変容と熟練労働者の再定義——資格、技能、学理」『大原社会問題研究所雑誌』通巻637。

木下順［2000］『アメリカ技能養成と労資関係——メカニックからマンパワーへ』ミネルヴァ書房。

津田眞澂［1977］『人事労務管理の思想』有斐閣。

東條由紀彦［1990］『製糸同盟の女工登録制度——日本近代の変容と女工の「人格」』東京大学出版会。

東條由紀彦［2005］『近代・労働・市民社会——近代日本の歴史認識』ミネルヴァ書房。

第1章

日本労務管理史研究の射程

木　下　　順

1．課題と構成

(1)　アメリカから日本へ

　序章では、欧米とりわけイギリスとアメリカ合衆国（以下アメリカと略）の歴史をもとに、労務管理の諸相が示された。第Ⅰ相は、間接雇用のもとで、「職業の世界のまったき自律性が、日々の作業だけでなく、訓練、養成、入職、退職などその職業・営業に関するすべてを統御している状態」である。その結果として生じたのは「管理の不在」（シドニー・ポラード）であって、企業はのちの労務管理にあたる機能を職業集団に委ねていた。労働現場は親方や熟練労働者たちによって支配されていたのである。第Ⅱ相においては、直接雇用の進展とともに企業が能率（時間の希少性や無駄の存在）を意識するようになり、熟練労働者と不熟練労働者の両方を対象として労務管理が生成する。ただし、労働運動と対決する必要から力点が職場集団の弱体化に置かれたために、この相を代表するフレデリック・テイラーは集団をバラバラにして管理の対象を個人に置いた[1]。第Ⅲ相は、集団を対象とする管理の状態である。ホーソン実験の中から生まれた人間関係論がそれを代表するものといえよう。つまり企業は個人と集団との関係に介入しようとしたのである。そして第Ⅳ相は再び関心が個人に向けられ、生理的・心理的な能力と労働との関係が取り上げられるようになった。以上が序章において示された労務管理の4相モデルである[2]。

　本章は、アメリカから日本へと労務管理が伝播するにあたって、その前史となった20世紀初頭の社会政策を取り上げ、その歴史的意義を今日の日本企業が

直面する労務管理の課題と関連させて考察する。

ところで、もともとアメリカの文化的・政治的中枢はイギリスの13植民地が独立した地域であり、しばしばアングロ＝アメリカと通称されてヨーロッパ大陸諸国と比較されたりするように、両国の親和性は高い。これに対してアメリカと日本は歴史的・文化的に大きな隔たりがある。そのため、序章で示された4相モデルほどの大きな枠組みのレベルにおいてすら、違いが出てくる。あらかじめ結論を述べるならば、第Ⅱ相に先行して第Ⅲ相が始まっている。つまり、日本では「個人を対象とする管理」の前に、「集団を対象とする「管理」」が明治政府の国策として行われていたのである。本章の課題は、この論点を提出し、その今日における意義を明らかにすることである。

（2） 日本における労務管理の前史

あえてアメリカと日本とを対比的に述べれば、アメリカにおいて労務管理が1910年代に自然発生的に成立していったのに対して、日本において労務管理は1920年代に国家官僚や財界人のイニシアティヴによって組織的に導入された。

財閥の指導層はすでに日清・日露戦間期から社会問題の重要性を認識していた。そのため、たとえば、住友本社から1900年から1902年まで商務研究の名目でイギリスに派遣された元内務官僚の小倉正恒は、総理事の伊庭貞剛から広い視野にたって研究するようにと言われ、折から官命を受けて欧米視察の途上にあった友人の内務官僚・井上友一とともに、この国の社会問題を調査した[3]。

このような先駆的な例はあるが、三大財閥（三井・三菱・住友）などが大卒若手社員を留学させるなどして欧米とくに英・米の労務管理手法を調査させるようになるのは、第一次大戦頃のことである。そして戦後の激しい労働争議を背景として、政府が200万円、財界が約550万円を支出し、協調会が設立された[4]。

協調会の主な役割は3つあった。第1に、英語、ドイツ語、フランス語などに堪能な多くの職員を雇い、図書・会議録・パンフレットなどを網羅的に購入して図書館に収め、調査結果を機関誌『社会政策時報』や書物として公刊した。第2に、労働争議の調停を行うとともに、労働組合をふくむ労使関係を法制化しようとした。そして第3に、社会政策講習所（社会政策学院）を発足させて

労務管理や労働行政などの専門家を組織的に養成するとともに、労務者講習会を開催して中堅労働者に対する教育を行った。

この最後の労務者講習会は、内務省を辞して協調会の常任理事に就任した田沢義鋪（よしはる）が、自らも積極的に関わってきた修養団の協力を得て実施した、合宿制の訓練コースである。その起源をたずねるならば、田沢が1914年に静岡県安倍郡の郡長であったときに地元の青年団に呼びかけて実施した天幕講習会に行き着く。田沢は、翌1915年に明治神宮造営局の総務課長に抜擢されたが、ここでも外苑の造営に青年団を動員し、その宿舎において講演や懇談を行った。

ところで、このような内務官僚主導による青年教育は、日露戦争時に起源がある。吉川顕正内務大臣に随行して中国地方に出張していた地方局府県課長の井上友一は、1905年広島県で農村青年の運動を展開していた山本瀧之助と面談し、青年団体の状況について説明を受けた[5]。

井上は翌1906年に岡田良平、一木喜徳郎、留岡幸助、早川千吉郎らとともに報徳会を結成した。報徳会の組織を全国に拡大した井上は、平田東助内務大臣を説き伏せて予算を獲得し、1909年から毎年、地方改良講習会を実施した。この講習会において、井上は「自治の訓練」と題する講演を行い、田沢は「地方局の依頼で……青年団に関する講師として参加し」、「中堅青年講習会」を開催して自治の訓練を行うべきであると説いた[6]。

じつは井上は1915年5月1日から同年7月2日まで、初代の神宮造営局長を勤めている。就任期間それ自体は短いが、その前に1908年から神社局長を、さらに1913年から1年半ほどは神社奉祀調査会の幹事を勤めていた。そして田沢が同年の7月1日付で神宮造営局総務課長に任命された[7]。つまり井上局長のもとで田沢総務課長の人事が決定されたのである。井上と田沢との関係については史料に基づいた実証が必要であるとはいえ、井上―田沢ラインというべき青年教育の系譜を仮設することはできるであろう。

さて、報徳会の後身である中央報徳会には青年部が設置されていた。これが独立して青年団中央部となると、田沢の提唱にしたがい、1916年に第一回青年団指導講習会が東洋大学の寄宿舎で行われた。こうして、井上のいう「自治の訓練」を将来の農村指導者に対して行う、「中堅青年講習会」が開始されたのである。

他方、民間でも青年に対する教化運動が展開されていた。この起源も日露戦争に遡る。青山師範学校の生徒であった蓮沼門三は1905年に修養団を立ち上げた。この教化団体は、文部省、内務省、陸軍などの支援を受けながら、磐梯山麓や富士山麓などにおいて、田沢郡長の開発した天幕講習会を実施した。田沢自身も中心的指導者としてこれに参加した。

このように、日露戦争から第一次大戦にかけて、青年団中央部によるものと、修養団によるものとの、2つの合宿式講習会が展開されていたのである。先に述べた協調会の労務者講習会は、両者が合体して実施されたものであった。主催は協調会であったが、実際に運営にあたったのは修養団であった[8]。

田沢は次のように回想している。明治神宮の造営事業は、1920年の秋に鎮座祭が行われ、ようやく一段落した。田沢は渋沢栄一らの勧誘によって内務省を辞し協調会の理事に就任したが、

　その時使う人と使われる人とを集めて、青年団式の修養講習会をやってみたいと考えて、やり出したのが、いわゆる労務者講習会であった。初めは、海軍や陸軍の工廠、それから印刷局や鉄道省の官業の職工を集めて、五日間だけ、世田ケ谷の国士舘を借りてやったが、後には各工場自体が自分の主催でやるようになった。そして技師や課長といった人達と職工の人達が、いっしょに体操もし雑巾がけもするといった調子、その間に、心と心と、魂と魂とがほんとうに触れ合うことを体験することが出来た。そして講習の初めには、これをぶちこわしてやろうと考えてくる人達もあるが、やっている間に、すっかりとけ合って、終りには感激の涙にひたりながら、別れを惜むのであった[9]。

労務者講習会は、その後も国営工場や住友系企業をはじめとする民間工場において活発に開かれた。

（3） 本章の構成

　序章でいう第Ⅱ相の労務管理を代表する文献は、フレデリック・テイラーの *Principles of Scientific Management* である。原著は1911年に刊行されたのだが、

早くも翌12年に横河民輔によって、さらに翌13年には星野行則によって、それぞれ翻訳が出版された。工場においても、たとえば三菱電機では25年から科学的管理に基づく生産管理を実施しはじめている[10]。

　第2項でみたように、この労務管理の第Ⅱ相に先駆けて、すでに日露戦争の頃から、第Ⅲ相にあたる個と集団との関係に対する働きかけが内務官僚を中心として行われていた。それは、橋川文三の指摘するように、明治末に露呈した社会問題を解決するためであった[11]。具体的には、報徳会を結成した井上友一によって、地方改良講習会のなかで「自治の訓練」として問題提起され、その後継者というべき田沢義鋪によって安倍郡「天幕講習会」、「青年団指導講習会」、そして——修養団に支援されつつ——「労務者講習会」へと展開したのである。

　もっとも、その内容から明らかなように、日本における第Ⅲ相は、労働者を対象とする形で出てきたのではなかった。さしあたり農民、それも農村指導層と青年層を対象とするものとして現れてきたのである。そして、その方式が労務管理の成立の時に労務者講習会として定式化されたのであった。その意味で、地方改良運動を中心とする内務官僚たちの動きを、労務管理の前史と位置づけられよう。

　では、第Ⅲ相が先行した形で第Ⅱ相が現れた日本の特徴はどこにあるだろうか。そして、その特徴は21世紀に入った今、どのような位置にあるのだろうか[12]。

　日本の大企業の特徴については、多言を要しまい。日本の労務管理はとりわけ職場の集団における凝縮性に特徴がある。労働者の多くは学校を卒業した年の4月1日に一括採用され、新人研修をつうじて「同じ釜の飯を食い」、係長・課長・部長と互いに出世を競い合いつつ昇進し、その多くが——査定と会社の都合に応じて——定年まで勤務する。

　だが、これは1990年代までの日本企業の姿である。企業経営をめぐる環境は変わった。労務管理の歴史を描き出すならば、バブル崩壊後の「失われた20年」を経た今日の時点に即して、研究の視点についてあらためて考え直さねばならない。

　そこで本章は、現在の日本企業における労務管理の諸相を明らかにしたうえ

で、日本労務管理史の課題について考える。

第2項では、八代尚宏の「日本型人事管理」見直し論から説き起こし、今年（2014年）に本格的に議論されるであろう、いわゆる「アベノミクス」の「第三の矢」の主柱である限定正社員制度の普及に触れ、これを津田眞澂が『年功的労使関係論』で論じた「企業エリート制」の復活であるととらえる。いわば歴史というタテ軸でとらえようとするのである。そのうえで第3項と第4項では、ひるがえって日本企業の現状をグローバリゼーションというヨコ軸のなかに置き、日本の企業をグローバル化するのであれば「企業エリート制」はもはや従来の日本型労務管理の延長線上で運営することは不可能であることを指摘する。そのうえで、第5項において、上記の「第Ⅱ相よりも早かった、労務管理の前史としての日本の第Ⅲ相」という論点を、今日の労務管理が直面している射程の長い課題と照らし合わせながら、考察する。

2．終焉論の諸相

（1）　八代尚宏の「日本型人事管理」見直し論

　もはや労務管理が終焉したという論者はまだいないようだが、終焉しつつある、あるいは終焉させるべきだという主張は1990年代から現われている。

　その代表的な論客は八代尚宏であろう。八代は『人事部はもういらない』のなかで、およそ次のように述べた[13]。

① これまでの日本の労務管理のエッセンスは「企業内部で行う従業員の能力形成を効率的に行うシステムに」あった。すなわち、新規学卒者を一括採用して社員研修を行ったあと、技能が現場で効率的に形成されるよう人事部による計画的な配置転換を行い、年功的な賃金の支給と退職金を含めた広範な企業福祉を実施した。これによって一人ひとりの労働者の勤労意欲を引き出すとともに、定着率を高めた。この労務管理システムの下で多くのすぐれた熟練労働者が生まれた。彼らは仲間同士の連帯感が強く、際限なき労働時間にみられる「ヒラの社員のガンバリ」を示してきた。これが企業成長を促進し、これまでの日本経済の繁栄を支えてきたのである。

幅広い教育の機会を与え、また雇用を確保するため、人事部は従業員を地域的にも職種的にも自由に配置した。それは子会社への出向など広い範囲に及んだ。
② だが、終身雇用と年功序列を組み合わせたこの巧妙なシステムは、じつは「戦後の高度経済成長という特殊な経済環境に適応した合理的なシステムであった」。また、「少ない中高年層を多くの若年層が支えるといった人口のピラミッド型年齢構造」に適したシステムだった。ところが、現在は、これらの条件がなくなるだけでなく、日本経済の成長にともないキャッチアップ型成長パターンも取れなくなっている。会社を取り巻く環境が変わってしまったのである。
③ 環境の変化に対応して、「他社の良き人材を引きつけるシステムへの転換」が求められている。企業が新しい環境に適応して活性化を図るためには、「これまで企業の人事機能の中枢となっていた人事部の解体」が必要である。具体的には「人事部による計画的な人事管理を、より個人の自発的な意思に基づく異動へと置き換えていく必要が生じている」。このような「日本型人事管理の見直しは、まず採用形態から始まる。人事部が新卒を一括採用し、その後で各部局に配置するこれまでの方式から、各部局が採用者を内定した後で、庶務的な事項を人事部が行うという形で、人事機能を、従来の人事部への一極集中型から各部局への分散型へと大きく変化させ」なければならない。そのうえで、中途採用者が不利にならないような雇用管理や賃金管理などの改革が必要とされる。

経営環境の変化に伴う人事戦略の転換を説く八代の主張を、以上のように要約するとすれば、そこから次の3つの人事改革の論点が現われる。
　1）人材の育成型から調達型へのシフト
　2）採用管理の新規採用から中途採用へのシフト
　3）人事部の一極集中から各部局の分散型へのシフト
　この3つの論点をまとめれば、新しい人事戦略とは、会社の各部局が、そのつど必要な人材を（外部）労働市場から、中途採用者として調達するというものである。そして、話を正社員に限らないとすれば、パートタイム労働者、派遣労働者、請負労働者など非正規雇用の労働者を活用する、近年の企業行動を

説明するものでもある[14]。

（2）　三戸公の「人的資源管理論」批判

これに対して多くの労働経済学者や経営学者が批判をしている。たとえば三戸公は、2003年の日本労務学会での特別講演「人的資源管理論と自己点検・自己評価制の位相」において、「従業員をいかなる存在として把握し取り扱うかの問題」に着目して、「人事管理論」の系譜と「HRM（人的資源管理論）」の系譜を峻別する。「人的資源」について三戸は、HRM を、「人間を人的資源ととらえてその特性を科学的につかみ出し、もって組織目的のために可能な限り有効利用しようとするものである」と捉えたうえで、それと対比しつつ人事管理論を次のように説明した。

> 人事管理論は、管理の主体は人間であり、客体もまた人間であった。管理主体たる人間は、資本家と呼ばれる人間であろうと、経営者と呼ばれる人間であろうと、いずれも人間であった。だから、人事管理論は資本制生産下の人間を対象とし、従業員の有効活用に力を注ぎながら、彼らの生活とりわけ雇用・解雇・生活に無関心ではありえない面があった[15]。

三戸によれば、人事管理論の最初の標準的教科書『人事管理』（1920年）を著したティードとメトカーフは、人間は労働において創造的衝動をもつとするメアリー・フォレットのパーソナリティー論に立脚し、「労働者の真の幸福のために適切な配慮を行うこと」を人事管理の不可欠の要件として挙げた。人事管理論は、従業員を有効活用するための手段としての「雇用・解雇・生活」の諸相を管掌する部署として、人事部の重要性を強調したのである。

事実、『人事管理』は、第1章「人事管理の諸分野」に続いて、第2章「産業における人間的価値」において、「すべての労働者の生活の質を配慮すること」について論じ、それを踏まえて第3章において「機械や原材料とは異なる性格をもつものとしての人間（people）」を扱うために「人事部」を置く必要があると説いた[16]。

ここで三戸による人事管理論および HRM の区別を、先の『人事部はもうい

らない』の議論と重ね合わせてみよう。

　八代のいう新しい人事戦略とは、そのつど必要な人材を、非正規労働者をふくめて労働市場から、中途採用者として調達するというものである。三戸のいう HRM にあたるといえよう。そして調達の任にあたるのは人事部ではなくそれぞれの部局である。この方式が徹底すれば、新規学卒者一括採用は廃れ、入社式もなくなる。新規学卒であっても、これまでの概念を適用すれば、全員が中途採用として入る。入社（就社）の語すら使えない。この人事戦略は、人事部の機能を基軸とする人事管理を少なくとも変質させるものである。それを「労務管理の終焉」と呼ぶことも可能であろう。

　しかし、現状は意外に複雑である。

（3）「終焉」の二側面

　そもそも『人事部はもういらない』にしても、「漠然とした潜在的能力を基準とした人事部一括採用から、具体的な専門的能力を基準とした各部局の個別の中途採用方式へと変えていくことが、今後の主流となる」という叙述はあるものの、書物全体としては、企業の外部にある労働市場から中途採用することで企業内部でも「市場原理を活用［し］……新規採用……などの改善に結びつけることを提言」したものである。現状の問題点を指摘するために敢えて尖った議論をした書物と解することができる[17]。

　したがって、労務管理の終焉を論じる場合、その焦点は、学卒者として新規採用され、長期にわたり継続的に雇用される従業員の存在に当てられるべきであろう。これを本章では基幹従業員と呼ぶことにする。

　では、企業は基幹従業員の採用を停止しただろうか。もし停止したのであれば、就活（組織的体系的な就職活動）は過去のものとなっているはずである。周知のように、新卒採用の数を絞っているからこそ、狭き門に入ろうと、かえって就活は加熱している。したがって、問題は量的な側面と質的な側面から考察されるべきだろう。

　日本経営者団体が1995年に『新時代の「日本的経営」』（以下95年報告と略）を発表した。この報告書を作成するにあたって日経連の人事部長として中心的な役割を果たした小柳勝二郎は、2006年に次のように述べている。事前に雇用

制度についてのアンケートを行ったところ、

> 全部見直すようなアメリカ型みたいなものを考えるのかという問に対しては、［肯定的な回答が］極めて少ないのです。そういうことを目指すのではない。日本の雇用の良さを生かしながら、長期継続雇用を中心にして一部雇用の流動化というのか弾力化と言うのを図るべきだという、こういう考え方がアンケートの中にある程度読み取れました。[18]

そこで報告書は、「長期蓄積能力活用型」「高度専門能力活用型」、そして「雇用柔軟型」の３種類のグループからなる「雇用ポートフォリオ」を提唱した。

95年報告は、バブル景気が崩壊したあとの日本経済をどう再編成するかという問題意識から作成された。ところが、ちょうどこの1995年頃から企業の経営環境は大きく変わった。とくに、2001～2006年まで続いた小泉内閣の行った大胆な規制緩和のもとで雇用の流動化がさらに進められた。事前アンケートでは「長期蓄積能力活用型の比率は８割ぐらい」だったのが、2000年に入ると７割を切り、さらに比率を低めた。95年報告で研究開発や金融アドバイザーなど戦略的な位置づけを与えられていた高度専門能力活用型は増えず、むしろ雇用柔軟型が増大した。「正直のところ当時はこんな非正規社員が多くなるとは思っていませんでした」と小柳は述懐する。しかし、もう一方でこのように発言してもいる。

> 人が採れる環境になると、特に大手は新規学卒者を採りたがります。……厳しいときでも、会社はこことこことここは採ると、採りたいといった所は必ずはめるように人は採ってるんです。ただ、量はもうがくっと減ります。……人を採らないと今度はそういった仕事のバランスと人の関係が崩れてきて、非常に問題が起きるわけです。そこで急遽、中途採用で人を必要最低限採っていくことになる。これからも基本的には新規学卒者をある割合はキチンと確保して、あと足りないところは外的労働市場から採用していくというスタンスは、今後も継続すると思います。[19]

この発言はリーマンショック（2008年）の前に行われた。したがって少し古いようにも思われる。しかし就職活動は変わっておらず、新規学卒者一括採用は変化するきざしを見せていない。

（4） 限定正社員

「正直のところ当時はこんな非正規社員が多くなるとは思っていませんでした」と小柳が述べたように、1995年からの十年間に非正規労働は急拡大した。平成24年度就業構造基本調査によれば、非正規従業員は雇用者数の38.2%を占めるに至った[20]。小泉内閣の規制緩和策のもとで、さまざまな社会問題が噴き出してきた。これを『朝日新聞』の記事によってフォローしてみよう。インタビューの行われた2006年から翌年にかけては偽装請負が問題になった。2008年には雇い止めが大きく取り上げられた。そしてこの年の暮れには派遣村が現れた。こうして2010年には非正社員は社会問題となった[21]。

非正規労働の抱えるさまざまな問題を解決するため、限定正社員の制度が今年（2013年）になって脚光を浴びてきた。

限定正社員の考え方は今に始まったことではない。1970年代から始まった「コース別管理」は、正社員のなかに総合職と一般職の区別を行った。とりわけ1986年に施行された男女雇用機会均等法を背景として、総合職は男性、一般職は女性と、ジェンダーによる区分が行われた。その後、同じく1986年に施行された人材派遣法[22]が規制緩和政策の下で改正されるとともに、一般職は派遣労働者や非正規労働者によって代替された。限定正社員はこのうち非正規労働者を正規化しようというのであるから、その意味で限定正社員には装いを新たにした「コース別管理」であるという側面がある。

しかし、大きな違いがある。それは総合職・一般職の区分はジェンダー基準で行われたのに対して、限定正社員は男女双方を含むという点である。その意味で限定正社員は、かつての「コース別管理」がジェンダーを超える形で拡大再生産されたものだと考えることができよう。

このように考えると、限定正社員の制度化という人事政策の意義は、「非正規労働者を正規化することによって待遇を改善する」という視点ではなく、その反対の側から、すなわち「「正規」と「非正規」の間に新しいカテゴリーを

つくることによって正規労働者をスリム化する」という視点から見ることによって、いっそう鮮明に浮かび上がってくる。

　正規労働者のスリム化について、沼上幹による組織戦略の図式を借りながら説明しよう。従来の人事管理システムは、「比較的多数の人々に自分たちがコア人材だと思わせて、できるだけフリーライダー〔組織の達成した成果にタダ乗りする人々——引用者注〕の数を減らす」ものだった。しかしこのシステムは、成長の鈍化にともなう昇進・昇給の鈍化のなかで、かえってフリーライダーを増やしてしまった。そこで「ファースト・トラックを準備して比較的早い段階でエリート層を峻別し、同時に同期入社でも大幅な賃金格差が付くように人事管理システムを変更」するという改革が考えられる。それによって、「自分がかなり確実に会社のトップ層へと登り詰めていく」という意識を植え付けられた」少数のエリート社員が「周りの社員にフリーライドされても平気でいられるくらい大幅に高い賃金を獲得し、強い権限を発揮できるようにする」[23]。

　沼上の説明はトップ・マネジメントへの昇進に即したものであるが、現場からミドル・マネジメントへの昇進についても、「コア人材」の概念はあてはまるだろう。

　正社員を精鋭化するとなると、これまで正社員を全体として管理していた人事部の役割が変化する。この点については平野光俊が次のようにまとめている。

　コア人材は人事部が集中的に管理し、そうでない人材の人事はラインに分権化されるだろう。具体的には管理職層の個別人事は人事部が集中的に行うであろう。他方で、非管理職では、人事部が個別人事に関与する範囲は総合職さらには早期選抜対象者など少数に絞られ、それ以外はライン分権が進むと予測される。現実、正社員の多様化が進んでいるが……、一般社員や限定正社員に対して人事部は個別人事に関与しないだろう。[24]

　人事部は以前と同じようにコア人材についての情報を集め、育成し、他方で「そうでない人材」は社内・社外の「市場」の手に委ねられる。ここでは正社員がコア人材と一般社員・限定正社員とに分けられている。そうすると、現在の日本の会社はコア人材を析出するためにこそ苦闘しているのだと言えよう。

（5）「企業エリート制」再訪

　ところで、限定正社員制度を導入して「少数のエリート社員」であるコア人材を析出してゆくという人事政策には、既視観(デジャ・ビュ)がある。

　いま雇用の面で大きな変化が訪れようとしている。それは企業が一方で「追い出し部屋」のような強硬策に訴えてでも正社員をスリム化しつつ、他方では新規学卒者定期採用を維持することによって、「コア人材」は確保しようと試行錯誤していると捉えることができる。

　では、このように人事管理の現状を把握したとき、そこからどのような視点が得られるだろうか。それは、従業員を階層性によって捉えることである。

　この点で、現在はほとんど顧みられることはないけれども、津田眞澂の『年功的労使関係論』には再検討すべき価値がある。津田は1950年代後半から、全国を足で歩いて会社を訪問し、鉄鋼業を中心に職場を調査した。いわば高度成長期の総括がこの書物なのである。「年功的労使関係は身分階層構成をその構造としている」と津田は言う。

　　その階層構成は縦断的に基幹労働者を中核体として編成されている（図1-1参照）。つまり、この基幹労働者層を縦断的エリートとして、この層のみを対象として終身雇用・継続的昇進・連続的昇給・生涯扶養退職金・福利制度が実現されており、他の身分階層はこの層への給付に均霑するにすぎないといってよい。このように企業エリート制が末端労働者にまで貫徹しているのは日本的特殊性といってよいだろう[25]。

　いま流行りの「コア人材」は津田の「基幹従業員層」にあたる。上の「図1-1」の斜線部分を「コア人材」と呼んで差し支えないであろう。「コア人材」は、新語であるどころか、それなりに古い起源をもつ言葉なのである。そして「中途採用者層」を限定正社員に、「臨時工」をパート・アルバイト・派遣社員、「社外工」を請負社員に比すれば、21世紀に入ってからの企業内労働市場の姿を——忠実にとは言わないまでも——おおよそ示しているといえるだろう。

　ところで、「企業エリート制」の構造を明らかにしたこの書物の刊行から13

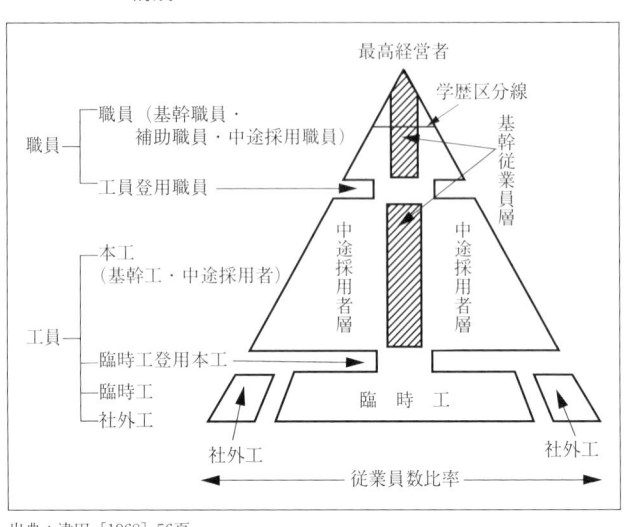

図1-1　年功的労使関係下の個別企業の従業員身分階層構成

出典：津田［1968］56頁。

年後、津田は、「『『年功的労使関係論』（ミネルヴァ書房、一九六八年）、『日本の労務管理』（東京大学出版会、一九七〇年）以来、私の中にあった共同生活体の考え方を深めて、これを現代経営の普遍的要素とすることをこころみた」[26]書物を刊行した。1970年代の思考の深まりを示した書物、それが『現代経営と共同生活体』であった。津田は自分の考え方は次のように深まったと述べている。

　日本的経営の特質を共同生活体の論理で説明してみたいという意図は私の構想では一九六八年刊行の『年功的労使関係』（ミネルヴァ書房）から始まった。この時にはまだ経営共同体、年功的労使関係という、やや生硬な名称をとっていたのだが、一九七一年の『日本の労務管理』（東京大学出版会）では「生活共同体」という名称をとった。そしてこの論理の骨子を最初にととのった文章で表現したのが一九七六年の『日本的経営の擁護』（東洋経済新報社）であった。[27]

　この書物は「「市民」として相互に平等であることを本質とする」市民社会

が、「「古典的地域コミュニティ」の喪失・放棄にともなって共同生活圏を現代資本主義経済の経済主体である企業の中に求めるようになった」とし、ドラッカーがゼネラル・モーターズ社（GM）の研究をつうじて抽出した「工場コミュニティ（plant community）」概念を参照枠としつつ、日本企業を「共同生活体」として描き出した[28]。

　注目されるのは、この書物のテーマである「共同生活体」からは、もはや「身分階層構成」も「基幹従業員層」も「企業エリート制」も姿を消してしまったことである。つまり1968年の書物において「基幹従業員層」を核とした「身分階層構成」をもつ「企業エリート制」として「共同生活体」を描き出した津田は、81年の書物においては、日本の会社を「相互に平等であることを本質とする」「共同生活体」として描き出したのである。こうして、エリート制なき日本企業を描き出した『現代経営と共同生活体』は、日本的経営論の代表的著作としてもてはやされた。

　津田の労働問題・人事管理研究者としての研究歴をあらためて検討してみると、1960年頃から90年代半ばまでが、労働経済において新時代という「トンネル」であったように思われる。日本の人事管理の現場を熟知していた津田は、おそらく日本がこのトンネルに入ったことを70年代に察知して、それまでのキーワードであった「身分階層構成」「基幹従業員層」「企業エリート制」を取り外して、再版「共同生活体」論を構想したのであろう。その意味で、津田の研究の進化は、「共同生活体」の論理それ自身の深化であるというよりも、実体経済の変貌に対応した学者としての転向だったのではないだろうか。

　それからさらに一世代（ジェネレーション）が経過した。われわれは、「身分階層形成」「基幹従業員層」「企業エリート制」なき日本的経営トンネルの、どうやら出口にさしかかっているようである。この高度成長期に形成された雇用システムのトンネルから抜け出したわれわれの瞳に映し出されているのは、「コア人材」を中心とする階層性が再現され、1950年代までの景色に奇妙に似た景色である。

3．人材ガラパゴス

(1) 日本人留学生と就活

　では、「コア人材」段階の企業エリート制は1950年代への回帰なのだろうか。
　一見するとそのように見える。しかし、日本の企業をめぐる国際競争の面で、経営環境は大きく異なっている。単純に1950年代まで戻って議論を再開することはできない。最も大きな環境の変化は経済のグローバル化である。
　『日経ビジネス』誌は2009年から「人材ガラパゴス」というキャッチフレーズのもとに「高機能を誇っていても、海外市場では歯が立たない」ガラパゴス携帯さながらの日本企業の「鎖国職場」を取り上げている。日本企業は多国籍企業化し、経営者から若手社員に至るまで外国人を採用せざるを得なくなっている。しかし、仮に採用したとしても、彼らの多くは長期間にわたって勤続してくれない。社内に多様な価値観をもたらして会社を成長させようとすれば、新卒の外国人従業員の提案を積極的に取り入れなければならないし、2、3年の研修期間を飛ばして海外事業に投入しなければならない。だが現実には、マネジャーになる年齢は海外企業では30歳前後、日本では40代になってからという傾向がある。こうしてキャリアを主体的に構築しようとする外国人ほど、早く辞める。「国内では、優秀な外国人労働者ほど、日本を見限り、故郷に帰ろうとしている。また、中国でも、優秀な人材は転職し、組織に安住している人ほど居残る傾向がある」。一方、何年も勤め続けている外国人労働者のなかにも、日本企業のお家芸である経営管理や品質管理の手法を実地に体得したうえで起業やキャリアアップ転職をしようと考えている人がいる[29]。
　外国人の定着率が低いならば、日本人留学生を新卒採用すればよいかもしれない。日本企業は、たとえば2011年の秋にボストンで就職フォーラムを開催した。『ニューヨーク・タイムズ』紙はここで面接を受けた12人の日本人留学生にインタビューをした。その結果を紹介してみよう[30]。
　オックスフォード大学で統計学を学んだ大学院生は、数社の金融企業の面接を受けたが、どこからも東京すなわち本社での面接を告げられなかったので、

イギリスの銀行に就職し東京で働くことにした。トロント大学の30歳の卒業生は、パナソニックやソニーなどに応募したが、鼻もひっかけてもらえず、プルデンシャル生命に就職した。

困難の背景には「シューカツ」がある。そもそも日本人留学生を採用しようという企業は、千人以上規模でも4割に満たない。これに加えて年齢や同窓会ネットワークの壁がある。語学力や専門的な能力をアピールすればするほど、「できすぎる人材」として落とされる可能性がある。だから留学でどんなに苦労し努力したかという面をアピールしたほうが就職できるかもしれない。そもそも、あるキャリア・コンサルタントの言うように、「就活は歌舞伎のようなもので、型(テンプレート)を身につけなければ成功しない」のである。

ブラウン大学の卒業生は、「笑いすぎる」と言われて面接に落ちた。インターンとして東京の広告代理店で働いたイェール大生は、上司に連れられて得意先との会議に出席した際に、「議論に口をはさんでまことに申しわけありませんが、ひょっとして皆さんは古い技術を前提にして議論しているのではないですか」と言ってしまったために、困り果てた上司から、「君は他の人が発言できない雰囲気をつくってしまった」と苦言を呈せられた。また先輩の前で足を組んだために叱られたこともある。それやこれやで、会議のメンバーからは外され、窓際的な仕事をあてがわれた。

このような日本企業の採用行動とは対照的に、「中国、韓国、インドのようなアジアのライバル国からは、ますます多くの人々が留学生として出てゆき、その多くが卒業したらすぐに、スキルと人脈とグローバルな視野を求める母国の企業によって積極的(スナップ・アップ)に採用されて帰国している」[31)]。

これは日本企業の雇用管理のもつ問題点であるが、それ以上に深刻なのが従業員に必要とされる働き方、いや考え方そのものの変化である。コア人材のマインド・セット(態度)そのものが問われているのである。

(2) 『採用基準』の問いかけるもの

この点について明快に論じているのは、伊賀泰代の『採用基準』である。そこで、その内容をかいつまんで紹介しつつ、この論点を展開しよう[32)]。

伊賀はマッキンゼー社で12年間にわたり、コンサルタントと採用管理・人材

育成を手がけた。その経験をもとにして、グローバル企業が求める人材がどのようなスペック（特性）の人間であり、それはどのようなキャリアパスを経て育成されるかを論じている。

　コンサルタントとして求められた資質は、「常に世間の常識を鵜呑みにせず、自分でゼロから考える」ことだった。日本では、人々の考えに沿おうとしながら、「頭の中から、解法という知識を取り出」しつつ「答えを探し出す」のが考えることとされている。しかし、そうではなく、「目の前の問題について考えることに集中」して「自分のオリジナルな考えを突き詰める」ことが求められた。要するに思考力のことであるが、それは具体的には３つの次元の能力の組み合わせである。

　第１に思考スキル、つまり情報処理能力や理解力や洞察力が要求される。これは要するに現状分析力である。多くの日本人ビジネスマンはこの力を備えているが、それだけでは足らない。次の２つの能力が兼ね備わっていなければならない。

　第２に思考意欲である。思考意欲の高い人は「純粋に考えることが好きで、考えることが楽しく、ヒマさえあれば何かについて考えている」。「自分の周りに起こったことや、何気ない日常で見聞きしたことについて」延々と考える。そのような人である。

　第３に思考体力である。考えるには高いレベルの気力と体力を維持し続けなければならない。単純作業のほうがよほど楽であるが、そのような誘惑に負けず、「高い緊張感の中で何時間も議論を続け、体力的に消耗する飛行機移動を繰り返し、時には十分な睡眠時間を確保することもままならない中で、それでも明晰な思考や判断が可能になるだけの体力」が必要である。

　このような思考力を駆使して、コンサルタントは「「今は存在しない世界」をゼロからイメージして組み上げて」ゆかねばならない。必要とされる能力は「構築型」であり、「ゼロから、新しい提案の全体像を描く構想力や設計力」である。

　伊賀はこのような能力をもった人間を「スパイク型人材」と名づけている。スパイク型人材は、数々の難問を自らの力で解いたことによって得られた自らの勝ちパターンを使って、次の難局を乗り切ることができる。

もっとも、日本においては、スパイク型人材は「組織の中で問題児になったり、足手まといに」なりがちである。
　だが、伊賀によれば、グローバルな世界においてはスパイク人材こそが採用基準にかなっている。

（3）　中村修二のこと

　ところで、私は伊賀の『採用基準』を読みながら、あるスパイク型技術者のことを想い出した。青色発光ダイオードの開発に成功した日亜化学工業の中村修二である。
　中村は高校時代から、「自分でゼロから考える」習慣を身につけていた。愛媛県の大洲高校には大沢という先生がいて数学を教えていた。問題を解かせるとき、一つひとつの問題をじっくり時間をかけ、わかるまでどこまでも詳しく教えた。中村は大沢先生に心酔するあまり、他の生徒が効率的に学んでいることには気がつかなかった。

　　当時の私は、数学でも物理でも覚えておいた方程式や定理に数字をあてはめ、単純に解いていくというやり方を知りませんでした。最初に定理を解くところから始め、一つずつ細かく考えながら進んでいくものだと思い込んでいたのです。[33]

　この方式でも、普段は時間さえあれば、どんな問題でも解くことができる。ところが試験の時も相変わらず方程式を解くところから始めるものだから、焦りまくって必死になって計算してもいつも時間切れとなり、そこそこの成績しか残せなかった。ところが、数式や定理を暗記している連中は、まったく勉強している様子もなく、余裕しゃくしゃくで授業を受け、のんびり試験を受けて常に上位に名を連ねている。これを見て中村少年は「あいつら天才か」と驚いたそうである。
　もちろん彼らはただの受験秀才にすぎない。逆に言えば創造力は暗記のテクニックを知らなかった年月に培われたといえる。中村は言う。

私の場合、経験の蓄積とそこから生まれた知識や直感を駆使し、実験の結果を正しく見極め、それを「自己流」に深く考えていきます。そして、ものごとを理解するときには、この自己流というのがとても大事になってくるのです。なぜならば、自分で考えついたものは、自分が最も理解しやすい方法だからです。[34]

　この方法は自分の頭でイチから考えて公式を組み立てていった高校生の時から一貫している。

　入社した日亜化学工業は他の会社よりも休日の多い会社だったが、中村は「正月以外は、ほとんど毎日、出社」して、「研究開発に明け暮れ」た。もともとが「黙ってじっと考えごとをすることが趣味」で、難問にぶつかると「道を歩いていても、よく電柱にぶつかったり」した。だから、「前の晩にいいアイディアがひらめくと、日曜だろうが夏休みだろうが、もうそれを試してみたくてたまらなく」なって、休日出勤した。

　入社してから十年間ほどは上司の命令するがままに疑問を抱かず開発に勤しんでいた。創業者社長の血縁と地縁で固められた経営トップのもと、課長や部長には実質的な権限がなかった。従業員の多くは地元の農家から採用され、休日の多いのも農作業と関係があった。人事システムも発達しておらず、昇給・昇格は成績によるのではなく、経営陣の判断がモノを言った。中村は赤外LED（発光ダイオード）や赤色LEDの製品化に成功したものの、その功績は会社からはほとんど評価されなかった。

　中村はいったん転職を考えたが、どうせ辞めるなら「最後に一か八か好きなことを思う存分やって、それから辞めても遅くはない」と思い返し、「自分がやりたい研究テーマ」である青色LEDの開発に取り掛かろうと覚悟を決めた。当時は世界中でセレン化亜鉛を用いて研究開発が行われていた。これに対して、もうひとつの材料である窒化ガリウムはとても見込みがないと考えられていた。中村はこの窒化ガリウムによって青色LEDを開発しようと密かに思い定めた。会社から派遣されて1年間アメリカに留学したあとは、電話にも出ず、営業の手伝いもせず、会議にも出ず、朝から晩まで研究室に立てこもった。偽りの研究計画を提出し、創業者社長に掛け合って約2億円の装置を購入し、それを分

解して、やがてブレイクスルーをもたらす装置に改造した。前の晩に新しいアイデアを考え、朝7時に出勤して反応装置を改造しては実験を繰り返すという日々が続いた。この頃、創業者が引退しその娘婿が社長となった。やがて装置の正体を社長が知るところとなり、「大至急窒化ガリウムの研究を中止すべし」との命令が文書で出され、社長の意を受けた課長や部長が入れ替わり立ち替わり方向転換を指示しにやって来た。

　まことに扱いにくい「組織の問題児」である。中村は社長命令を雑音と考え、実験と装置改造に余念がなかった。そして遂に、中村の造った装置が青色LEDの実用化をもたらしたのである。世界で初めての高輝度青色LED実用化を発表したその日、日亜化学には大勢の報道陣が押し掛けた。発表のあと撮影会が始まった。押し合いへしあいのうち隅に追いやられていた中村だったが、誰かに、「あ、中村君も入ったら」と誘ってもらえた[35]。

　メデタシメデタシ、と囃したいところだが、記念写真から外されかけた中村は青色LEDの製品開発からも製造からも外されて、次は青色半導体レーザの開発を命じられ、果ては「窒化物半導体研究所」の部下なし所長に祭り上げられてしまった。会社は中村を用済みにしたのである。

（4）　研究開発を担う「問題児」たち

　ある企業のなかで孤軍奮闘したひとりの研究員の半生を紹介してきた。中村は伊賀のいう「組織の中で問題児になった」典型的なスパイク人材といえよう。

　では、このような「問題児」、「空気」を読まないために会社政治のなかで「こいつとは一緒に仕事をしたくない」という位置に追い込まれてしまう人びとは、日本の歴史、とりわけ戦後の経営史において何か貢献をしたのだろうか。それとも中村は例外なのだろうか。

　この問いについては、高度成長期に技術開発に携わった現場の技術者たちを訪ねて聞き書きを重ねた『匠の時代』の著者、内橋克人に教えを請うべきである。功なり名遂げた財界人が自らを語った『日本経済新聞』文化欄の長期連載が編集されて「経済人」全38巻にまとめられた時、その別巻において内橋は次のように書いている。内橋はまず、欧米の企業においては自社の研究開発について、「どの研究者が何を発想し、それを受けて何という名の技術者が概念設

計をやり、基本設計は誰が担ったのか、どのようなプロセスを経て技術は改良され製品に結びついていったのか、研究・開発から最終製品に至るまでの事実関係が、時の流れに即して記録にとどめられ」保存されていると指摘し、日本における文書保存・公開なしの『○○株式会社○○年史』文化と対比する。それは欧米の企業が「研究・技術開発に対して当事者史＝庶民史の立場」をとっているのに対して、日本の「企業はいわば「国史」的史観に立ってものを見ていたことが、ここからもうかがえるのである」。こう指摘したあと内橋は、日本企業の「無名戦士」の肖像(ポルトレ)を次のように描き出す。

　ひとたび岩壁に取りつけば、テコでも動かぬ。社長命令でも容易に撤収しない。その故に上司、トップにうとまれ、心ならずも開発の現場を去らざるを得なくなった、というケースも一再ならず拝見した。……だが、彼らに共通のその執念がなければ、ただの一つとして世にいわれるヒット商品が生まれることもなかったであろうし、当然ながら企業の未来もなかったはずである。……企業の「社史」の裏側にあるのは、実はこうした「個人史」を編み込んででき上がった巨大な一枚のパネルであるように感じられてならないのである。[36]

　中村修二もまた「ひとたび岩壁に取りつけば、テコでも動かぬ。社長命令でも容易に撤収しない」無名戦士のひとりであった。

4．リーダーシップ

（1）　知識労働者の対等な関係

　技術系とコンサル系の違いはあるけれども、スパイク型人材は日本の企業のなかにもある程度はいて、数々のブレイクスルーを実現していたのである。だから、問題はスパイク型人材が居るか居ないかといったことではなく、何人いてもその人が「問題児」に追い込まれない組織とはいったいどのような組織なのか、ということである。個人でなく集団のあり方が問われているのだ。具体

的に言うならば、「組織の問題児」にならない人材の育成ではなく、スパイク型人材が「問題児」のレッテルを貼られてイジメられ排除されることのない組織はいかにして可能かである。また、スパイク型人材本位の組織はいかに創られるかである。スパイク人材が何人もおりながら、それでいてガタガタにならないような組織とは、どのような組織なのだろうか。

　伊賀泰代はこの問いに、「リーダーシップ」という手垢のついた言葉を思考の力で鍛え直すことによって、簡潔かつ明瞭に答えている。この部分は『採用基準』の白眉である。伊賀は言う——

　　日本人の多くは、「リーダーは、ひとつの組織に一人か二人いればいいもの」と考えています。その他の人はあまり強い主張をせず、リーダーの指示に従って粛々と動くほうが、組織全体としていい結果につながると考えているのです。[37]

このように「日本人にとっては、全員がリーダーシップを発揮するということ自体が「不思議な概念」」なのである。

　これに対して「全員がリーダーシップをもつ組織」がグローバルな組織である。メンバーは全員が積極的に自らの主張を展開する。もちろん役職上のリーダーすなわち組織の長は存在する。その人の役割りは、メンバーからの様々な「アドバイスのうちどれを採用し、どれを採用しないか、を自分で決める」ことである。そして、責任をもつ立場の人間として「その結果に伴うリスクを引き受け、その決断の理由をきちんと説明」できなければならない。このようにリーダーシップとは、役職上のリーダー（およびサブリーダー）だけに求められる資質ではなく、その組織のメンバー全員に求められている資質なのである。

　伊賀が言っていることは、ピーター・ドラッカーの知識労働者論と同じである。ドラッカーは1969年に発表した『断絶の時代』のなかで、これからは知識労働者が経済の主流になると唱えた[38]。知識労働者は自分の創意、知識、情報を駆使して互いに協力して組織の目標を実現する。学説の集大成というべき『マネジメント』（原著1996年）においてドラッカーは次のように論じている。

> それゆえ知識労働者は自分たちがサービスを提供する［上役の］人と対等だと考えるのである。つまり「従業員」というよりむしろ「専門家」と考えるのだ。知識社会とは上司と部下からなる社会ではなく、年齢の異なる人びとがいる社会（a society of seniors and juniors）なのである。[39]

原文を注に示しておいたが、この引用文は、どのような状況を想定するかによって異なる解釈が可能である。とくに、文中で原文を示しておいた個所が難しい。私はこれをゼミの学生たちと一緒に訳してみたのだが、ある学生はこれを「先輩と後輩の社会」と訳した。だが、日本の組織においてそれは上下の関係を意味する。そこで上の引用文のように年齢の違いとして訳してみたのである。

　ドラッカーは労働者を一貫して people と表現している。この言葉はアメリカの歴史において「対等な市民の集まり」という含意をもっている。合衆国憲法の前文が We the People of the United States で始まるのは、その代表的な用例である。もっとも、people は集合名詞だから、個を示すにはむしろ person と表現したほうが良いだろう。Business person の person である。互いに個人＝person として対等な労働者が、上司＝boss とか部下＝subordinate とかいう組織におけるポジションとは関係なく、互いをリスペクトしながら意見を交換するのである。

　したがって伊賀の言うように、「アメリカは個人主義、日本は組織力」ではなく、むしろ「アメリカは組織力、日本は個人主義」なのである。なぜなら、アメリカは個人が積極的に貢献することで組織力が強化されるのに対して、日本は優秀な人ほど「みんなでやるより自分ひとりでやったほうが早い」と考えているからだ。中村修二をはじめとする「社長命令でも容易に撤収しない」技術者たちの存在がそのことを証明している。

（２）　個人本位と集団本位

　伊賀の主張にヒントを得て私なりに敷衍すると、アメリカの集団は個人本意の集団であり、日本の集団は集団本位の集団だ、ということである。ここで個人本意の集団というのは、一人ひとりが集団の目的に貢献して集団が維持され

るという意味である。「全員がリーダーシップを発揮する集団」と言い換えてもよい。それに対して集団本位の集団というのは、集団の長がメンバーの行動に影響を与えてメンバーが動き出すということである。こう考えると、伊賀の主張は次のように敷衍できる──アメリカは「個人主義」＝個人本位に基づいて組織をつくるから強い組織力が実現し、日本は「組織力」＝集団本位に基づいて組織をつくるから組織をはみ出す優秀な人は「個人主義」で動く結果となるのだ。

ところで、この論点について内田義彦は、学者・研究者の世界に即して考察している。社会科学は「事実を解明してゆくという共同の仕事に、それぞれ責任をもって特定の部署を担当する形で参加する」ことによってはじめて成り立つ、と内田は論じる。自分の学派（学閥・党派）の学説を盲目的に担ぎながら学会なり研究会に無責任に参加するのではなく、「自覚した個々人が、共同の行為で共通の目的をもった集団を形成する」ことによって、社会科学の研究ははじめて前進する[40]。

さて、伊賀はリーダーシップの例として、日本の市民生活でごくあたりまえの現象を取り上げている。深夜や事故の時に生じるタクシー乗り場の長蛇の列の様子を取り上げている。「海外ではこういう場合、必ず誰かが相乗りを誘い始めます」。ところが、

> 日本では、こういった場合でさえ、「私は〇〇方面に行きます。一緒に乗りたい方、いらっしゃいますか？」と声をかける人は極めてまれです。……「そういうことをする役割の人」がいなければその役割を自分でやろう、という気もまったくないのが、この国の人の特徴です。……日頃からリーダーシップを発揮したことがない人にとっては、見知らぬ人の前で「タクシーの効率的な乗り方についてリーダーシップを発揮する」のは恥ずかしく、慣れていなくて怖いことでもあり、最初の一歩が踏み出せません[41]。

自分で良いとわかっていることをするのにも他人に依存してしまう人びとは、「そういうことをする役割の人」が出てくるまで「おりこうさん[42]」にしているのである。

だから、こんな乗客を扱う交通機関の担当者は、「そういうことをする役割

の人」を演じざるをえない。バスの運転手は「曲りますから御注意願います」「只今、停止信号ですから……しばらくお待ち下さい」などとマイクで喋りながらハンドルを握っている。駅員は電車が着くたびに、「危険ですから白線の内側にお下りください」、「お荷物、お体、強くお引き下さい」、「左右を見て少しでもすいている方へお回り下さい」と絶叫する。こうして何ともご親切なお節介放送が駅に車内に充満する。おそらく、そのような業務命令を出す側にしてみれば、「他者への暗黙の期待がおそろしく肥大」した人たちから「冷酷で不親切で官僚的」だと見られたくないのであろう[43]。

丸山眞男は戦後社会に見られる「他者への暗黙の期待」が、「官僚と庶民で構成されていて市民のいない国」であった「大日本帝国とその社会の構造」が継続されたものと見る。

> 社会的人間関係を見ると、それは「もちつもたれつ社会」といえる。「こっくりさん」の社会である。誰もが自立せずに、他者にそれぞれ寄りかゝっている。"going my way"という生き方が、それだけ困難な社会である[44]。

紛争のとき丸山は東京大学教授として学生からの糾弾の矢面に立った。問題を学生と当局との対立に一元化してとらえようとする学生たちの思考について、丸山は手帖にこう書き記している。

> 「手続」や「形式」は何のためにあり、いかなる存在理由をもつか、それが欠けたとき、人間生活は恣意の乱舞に陥り、リンチが日常化され、「ジャングルの法則」だけが支配する……[45]。

この覚書は1969年のものだ。リンチという穏やかならぬ表現は、その2年後に起こった連合赤軍という集団における「革命」運動の「総括」を予言している。

（3） 捕虜収容所における個人と集団

「リンチが日常化され、「ジャングルの法則」だけが支配する」という日本人集団のありかたは、1970年代の学生の集団だけでなく、敗戦直後の（元）軍人

の集団においても現出した。

軍属（製糖技術者）としてフィリピンの捕虜収容所で暮らした小松真一は、克明な記録『虜人日記』を残している。小松は次のように描写している。

アメリカ軍は捕虜に対して、缶詰を主とする糧秣を与え、内部干渉することなく自由に自治組織を造らせた。そうすると、「その内に親分なるものが自然発生的に生まれ」た。その手口は次のとおりである。まず相撲大会に出場するほどの強そうな者たちを炊事係にし、たらふく食わせて手なずける。この集団に小狡い連中が寄ってくる。このような輩を集めて炊事、演芸、理髪など集団生活の結節点を掌握すると、食料などを横流ししたりすることによって、さらに金脈と人脈を広げ、収容所を支配した。「親分は子分を治める力も頭もないので、子分が勝手な事をやり暴力行為は目に余るものがあった」。しかし「各幕舎には一人位ずつの暴力団の関係者がいるのでうっかりした事はしゃべれず、全くの暗黒暴力政治時代を現出した」。この連中の悪口を言ったり幹部の言うことを聞かなかった者は、

夜連れ出し、これを十人以上の暴力団員が取り巻きバットでなぐる蹴る……気を失えば水を頭から浴びせ蘇生させてから又撲る、この為、骨折したり喀血したりして入院する者も出て来た。彼等に抵抗したり口答えをすれば、このリンチは更にむごいものとなった。或る者はこれが原因で内出血で死んだ[46]。

暴力支配のもとで命令が確実に実行されて秩序が維持されたものの、犠牲者がでてはさすがに放ってはおけない。米軍は作成した名簿にもとづいて30人近くを別の所に移した。こうして暴力的でない人たちを幹部とする自治が行われるようになった。だが他方、「暴力団がいなくなるとすぐ、……勝手な事を言い正当の指令にも服さん者が出てきた」。暴力支配の下での一糸乱れぬ秩序が、またたく間に崩壊したのである。

フィリピン戦線に砲兵（観測手）として従軍した山本七平は、小松の遺族から日記を見らせれて、これは自分のいたカランバン第四収容所の有様を記録したのものではないかと、その類似に驚きを隠せなかった。山本は自らの戦時体験を掘り下げた『一下級将校の見た帝国陸軍』のなかで、カランバンでの日本

人集団を次のような言葉で総括している。

> 米軍の指導下での民主的自治管理機構と平等な衣食住の支給は、収容所内に平和をもたらさず、逆に暴力支配を生み出したのである。そして米軍の手入れで暴力団が一掃されると、人びとはその"解放"を大喜びするのだが、すぐさま秩序にガタがくる[47]。

 山本のいたカランバンにおいても、日本人の捕虜収容所は、米軍の秩序か暴力団の秩序のもとでしか機能しなかったのである。
 これに対して、戦争開始後すぐに捕虜となった人たちの行動は、日本人捕虜たちとは違ったようである。山本は、アメリカに奪還されるまでフィリピンの「抑留米英人収容所」の管理者をしていた人から、おもにアメリカ人からなる捕虜たちは「秩序はつくるものだ」と考えている、と教えられた。山本は、この点を論じるために、そこに収容されていたアメリカ人女性の記録をもとに考察を続けている。捕虜たちが収容されてから、

> 三日たち、やがて一週間がすぎた。"登録に三日"という話しがばかげたものであることは明らかだった……どうやらキャンプが組織化されなければならないことが、はっきりした。ジャップ［日本人の収容所管理者——引用者注］たちは、そこに全員がそろっていることを確認すること以外は、それをどう運営するかとか、捕虜たちがどうなるかとかにはいっさい関心がないようだった。……［そこで］……統治機関（governing body）として、すぐれた専門家やビジネスマンたちの実行委員会（Executive Committee）がつくられ、アメリカ人のアール・キャロルが初代の委員長にえらばれた。引きつづき、警察、衛生、公衆衛生、風紀、建設、給食、防火、厚生、教育、図書、娯楽などの委員会や部がつくられ、それぞれ委員長がえらばれた[48]。

 こうして「議会」の権限に基づいた統治機関が整えられた。そして、捕虜といえどもさすがに三権分立の国の人民である。「裁判所」までつくられた。こうして、ゴミ掃除、ノミ・シラミ退治を皮切りに、捕虜の・捕虜による・捕虜

のための自治政府が動き出したのである。

　山本は続ける。日米の差異を読み取るにあたって誤解してならないのは、捕虜になったアメリカ人が、帝国主義国による植民地支配を実施したりそれに寄生した人びとであって、一人ひとりの日本人捕虜と比べ、とりたてて立派な人間でもなく、知能が高かったわけでもないことである。ただ、誰からも命令されないのに、一人ひとりがそれぞれのもつ力を持ち寄って、「議会」と「内閣」と「裁判所」を備えた自治組織をつくってしまったことが、この捕虜集団の日米比較のポイントなのである。

（4）　集団本位の集団

　かつて日本企業の優れたパフォーマンスを支える「日本的経営」の柱だと言われていた日本の労務管理は、いまやグローバル経済という大洋に浮かぶ島国でのみ有効な「人材ガラパゴス」とまで見られるようになった。その問題点は、硬直した人事制度のもとで、必要な人材に逃げられるどころか得ることすらできないところにある。だが、その問題点を生ぜしめる根拠は、とんがった才能をもつ「スパイク人材」を活用できるような個人と集団のあり方に求めなければならない。個人と集団の関係として、一方に、リーダーがリーダーシップを発揮し、その他の人々はフォロワーとして「リーダーの指示に従って粛々と動く」組織がある。そして他方、全員がリーダーシップをもって積極的に自らの主張を展開する組織がある。そして後者、すなわち全員がリーダーシップを発揮する集団でなければ、スパイク人材はその才能を伸ばすことができない。前者のような組織においては、むしろ開き直って「ひとたび岩壁に取りつけば、テコでも動かぬ。社長命令でも容易に撤収しない」ときに、スパイク人材は日本の企業組織のなかで才能を発揮できる。だから、伊賀は「日本は個人主義」であると断言したのである。

　私は伊賀の主張を、「アメリカの集団は個人本意の集団であり、日本の集団は集団本位の集団だ」と整理した。ここで個人本位とは、ドラッカーが言うように役職における部下と上司が、対等の立場で、対等の発言権をもって、マネジメントに参加することをいう。東京の広告代理店のインターンとして得意先の会議で発言してしまって「窓際族」扱いされるようになったイェール大生は、

その会議を個人本位の集団だと勘違いしていたのである。

　集団本位の集団を支える人々は、伊賀の示すタクシー乗り場の人々であり、ご親切な車内放送・構内放送が気にならない人々である。「他者への暗黙の期待」が大きいだけに、いったん権威・権力のもとで結成された「チーム」の束縛が解かれ、兵役という「お役目」から解放されたとき、敬礼や敬意はどこかへ消し飛んで行ってしまい、互いに勝手なことをやり、また手続や形式の意味も理解しようとせず、正当な命令にも服さない。この人々は、暴力支配の下回りではないにしても、少なくとも意図しないうちに無秩序の創出に手を貸している人々である。

　集団本位の集団は、あたかも磁性細菌の群のようである。「チーム」や「お役目」からなる管理という磁場をかければ、スイッチでも入れられたように一糸乱れずに行動する。だとすると、日本における管理の手法は、個を集団の統制に服させる磁場をどう作るかという手法に収斂するだろう。

　以上、「スパイク型人材」と「リーダーシップ」について伊賀が摘出した論点を、中村修二、内橋克人、ドラッカー、丸山眞男、小松真一、山本七平らの提出した論点に結びつけながら、考察してきた。

　アメリカの集団が個人本意の集団であり、日本の集団は集団本位の集団だとすれば、それはアメリカおよび日本のどのような歴史に基づいているのだろうか。これは、本書『労務管理の生成と終焉』のテーマに密接にかかわる問いである。なぜなら、テイラー、メイヨー、レスリスバーガーらの名前を挙げるまでもなく、個人を集団の中にどのように統合するかは労務管理史の中心的な研究課題であったからである。

5．米日労務管理史の構想

（1）　自治の訓練

　本章は第1節において、序章で示された労務管理の4相モデルを踏まえて日本における労務管理の成立について取り上げ、内務省地方局を中心とした明治政府による地方行政の展開を日本における労務管理成立の前史として考察する

必要があると問題提起した。そのうえで現在の日本における労務管理を、日本型人事管理の終焉についての議論と、グローバル人材についての議論に即して、それぞれ第2節と第3節で考察した。そして第4節において、知識労働者からなる集団は全員がリーダーシップを発揮するとき最も成果をあげるのだと論じた。この論点は、グローバル経済における国の競争優位において「個人本位の集団」が「集団本位の集団」に優ることを示唆している。

　以上の議論を歴史研究として展開するために、本節において、米日労務管理史の構想を素描したい。「日米」ではなく「米日」というのは、まずアメリカで労務管理が成立し、それがほぼ同時期に日本に導入されたという、雁行的な関係を示している。

　ところで、さきほど日本における労務管理の前史という言葉を用いた。これは、労務管理がそれぞれの国の歴史的発展のなかから現れるという側面を示している。つまり労務管理はその国の国家形成や国民形成の一環として出現するというのである。日本の歴史は150年（たとえば開国）、数百年（たとえば徳川幕府）、あるい千数百年（たとえば律令制度）と辿ることができるけれども、本稿では近代国家のあり方に注目して、内務省による地方行政の展開に着目したい。さしあたりは国家と地方団体との関係を整えた市制町村制（1888年）以後を射程に入れればよいだろう。

　筆者は、日本における労務管理について考える際に、1890年代から1920年頃までを前史として考察してきた。その概要は、第Ⅲ相と第Ⅱ相との日本における逆転現象として第1節2項で素描したところであるが、これを中心人物と思われる井上友一の事績に即してあらためて概観してみよう。

　井上は1871（明治4）年に旧加賀藩士の家に生まれ、第四高等学校、帝国大学法科大学を経て、93年に内務省に入省、その2年後には市町村課長、97年には府県課長となって、地方行政の中枢を担った。内務官僚の多くが知事となってゆくなか、井上は1912年まで地方局に留まった。1908年に神社局長に栄転した後も、府県課長を兼任し、感化救済事業と地方改良事業を立ち上げ、そして軌道に乗せたのである[49]。

　地方行政を実施するにあたって、井上は国民の自発性を高めることが重要であると考えた。幼少からの友人であり地方局嘱託として井上の下で長く働いた

国府犀東によると、1890年代の内務省では、発布したばかりの自治制に関する諸法令をどのように解釈して実施すべきかという法律論が盛んに討議されていた。ところが井上はそのような論争の輪には加わらず、「自治の内容を充たし、実質の改善を期する」ことに腐心していた。担当課長として参事官たちに法令の素案を示す時も、法律的な解釈よりも、その法令によって何がしたいかをプレゼンテーションした[50]。

「自治」の本質を問う井上の問題意識をグローバルな視野から発展させる機会が1900年に巡ってきた。この年から1年近く、地方行政の視察を主な目的として欧米に派遣され、井上は自治についての知見を深めることができた。欧米出張の復命書の内容を、井上は翌1901年に『列国ノ形勢ト民政』として自費出版し関係者に配布した。この書物はフランス、ドイツ、ロシア、ハンガリー、イギリス、アメリカを取り上げ、それぞれの国の対外政策、国家統治、地方制度、都市政策などを比較制度的にまとめたものである。井上はその5年後、1906年に、『列国の形勢と民政』と『欧西自治の大観』とを報徳会から出版した。この一対の書物は、地方局で購入した膨大な原書を、後輩にあたる若手官僚の力も借りながら読破することで、『列国ノ形勢ト民政』の内容を発展させようとした労作である。彼らの努力は『田園都市』をはじめとする書物として残されている。この当時の地方局は、後の東京市政調査会などのような、シンクタンクの役割を果たしていたのである[51]。

「自治の内容を充たし、実質の改善を期する」ことを目指した井上は、その推進力を二宮尊徳と報徳社に求めた。その手始めとして井上は1902年に地方局嘱託の留岡幸助らを静岡県に派遣して県下の報徳社の活動を調査させた。報徳社に目をつけたのは、おそらく郷里の先輩である早川千吉郎の影響によるものであろう（早川はすでに大学院生の時にドイツの産業組合との類似性を調べるため岡田良一郎を訪問して遠江報徳社を調査していた）。ところが、間もなく日露戦争が勃発して、井上や留岡は戦死あるいは負傷した軍人の遺族や家族の救護事業に忙殺された。そして日露戦争後、早川らとともに二宮尊徳没後50年にあたる1906年に報徳会を立ち上げた[52]。

これまで述べてきたように、地方局府県課長としての井上の主な役割は、各府県の行財政および自治制度を指導すること、つまり地方自治の監督にあった。

しかし地方局は、1890年代から深刻になってきた社会問題、とりわけ貧困問題を解決する課題も負っていた。井上はこの分野をもっぱら留岡嘱託の手に委ねた。留岡は、家庭学校を経営するかたわら、日本全国、津津浦浦を旅行して、社会事業施設を調査し、講演をし、篤志家と懇談した。こうして留岡嘱託は社会事業のオルガナイザーの役割を果たした。井上は留岡と日常的に話し合い、社会行政の方向を検討した。そのうえで、原敬内務大臣にかけあって予算を確保し、1908年に飯田町の国学院に社会事業家を集めて第一回感化救済事業講習会を1ヵ月余りにわたって開催した。そしてこの講習会の閉会とともに中央慈善協会を発足させたのである。

このように、井上は内務省地方局府県課長として地方行政と社会行政をともに管掌する立場にあった。しかも、地方行政も社会行政も、まさにこの明治末期にその形を整えようとしつつあったのである。その意味で、井上を中心とした人々の思想と行動を実証的に考察することは、重要な研究課題である。

その際に大事な点は、井上が「自治の内容を充たし、実質の改善を期する」(国府犀東)際に、「自治の訓練」、即ち地方官僚や篤志家 (有志者) や青年を対象として「自治の大切なる事」を自覚させ、「公共心を育成する」ことを目指したという点であった。

(2) 強制された自発性

「自治の訓練」という表現は、「小さな巨人」、「黒い光」、「無知の知」などと同じ、撞着語法である。この言葉には日本という島国における個人と集団の微妙な関係がまとわりついている。

「自治」という言葉を『広辞苑』で調べてみると、「①自分で自分のことを処置すること。社会生活を自主的に営むこと」[53]と説明されている。これに対してウェブスター英英辞典では、「government under the control and direction of the inhabitants of a political unit rather than by an outside authority 」(Webster's Ninth New Collegiate Dictionary) と説明されている。「outside authority」すなわち外部的権力がその団体の自治に関与しないことが強調されているのである。この点で『広辞苑』が②として「自治行政の略。「地方—」」としていることが注目される。②の字義はまさに外部権力 (内務省→自治省→総務

省）の地方自治団体に対する「行政」を意味しているからである。

他方、「訓練」については、アメリカの教育学者ジョン・デューイによる次の説明が参照されるべきである。

　犬や馬でさえ、その行動は、人間との共同生活によって改変される。……人間は、動物に影響を与える自然の刺激を統制することによって、言い換えれば、一定の環境を創り出すことによって、動物を制御する。……
　人間の行動も同じようなやり方で改変される。……しかしながら、これまでのところ、われわれは、教育的な教授とは区別して訓練と呼びうるものについて考察しているにすぎない。いま考察している変化は、行動の知的および情緒的な性行の変化というより、むしろ外面的行動の変化なのである[54]。

つまり、集団本位の集団は、鞭打ち励ますような訓練によって一人ひとりの「外面的行動の変化」が生じて形成されるのである。

井上が創始した「自治の訓練」の精華である地方改良運動について、大霞会——元内務官僚を中心とする親睦団体——によって編まれた『内務省史』は、次のように述べている。

　具体的には、行政浸透補助組織の形成、個人または組織による町村内の教化、政争を否定する非党派性の強調の形をとり、さらにこの方針の浸透をはかるために表彰・模範例の蒐集・地方改良事業講習会の開催などが行なわれた。行政浸透組織としては、おびただしい組織が部落を基盤としてつくられている。在郷軍人会・赤十字社・愛国婦人会・納税組合・貯蓄組合・農会・産業組合などがこれであり、これらは、いずれも部落及び五人組の共同体的規制によって強制される『自発性』を行政浸透に利用する組織であり、知事・郡長・町村長の行政系列に統合されていた[55]。

「行政浸透」という官庁用語は、なじみがないかもしれないが、われわれの身近で使われている。たとえば町村の下位団体である区長についての条例のなかに、「区長は、町行政と地域自治組織との連絡調整を図り、行政浸透及び区

住民の福祉増進に努めることをその職務とする」、あるいは「区長は、区を代表し、町行政と地域自治組織との連絡調整を図り、町の行政浸透の迅速と区住民の福祉増進に努めることをその職務とする」との規定があり、地方自治についての行政思想の要となっている[56]。

　地方改良事業は住民一人ひとりの「強制された自発性」を行政に利用する運動として展開された。これが内務省のOB団体による総括である。

　したがって井上の唱える「自治の訓練」は、外部権力の意思を体現する「集団本位の集団」による自治を促進するには適した方法だが、「個人本位の集団」による自治を促進するために実施するには適さない。繰り返すが、「自治」と「訓練」とは互いに矛盾するからである。

　もし「個人本位の集団」を形成するための「自治の訓練」を実施しようとすれば、それは、これを実行する外部権力が自覚的に介入を控える場合であろう。なぜなら、一人ひとりが、外部の権威ないし権力から強制される前に、自分自身の良心に頼って行動しなければ、自治とはいえないからだ。このような一人ひとりの良心に基盤を置いた「自治の訓練」は、井上の後継者であり、デューイの影響を受けた田沢義鋪によって、昭和初年に試みられたことがある。田沢は「自治の訓練」の参加者の良心に訴えようとした。しかし、それはまことに苦難の途であった[57]。

　では、労務管理に即して、「個人本位の集団」と「集団本位の集団」はどのような違いを持っているのだろうか。メンバーは、それぞれどのような行動特性をもつのであろうか。これは研究の結論として示されるべきものであるが、この時点であらかじめ例証しておこう。

　ミシガン州フラットロックは、デトロイト大都市圏の町である。マツダは1985年に自動車工場を建設しはじめた。社会学者ジョセフ・J. フッチニは、本格操業まで2年間にわたり調査をし、その結果を『ワーキング・フォー・ザ・ジャパニーズ』として刊行した。

　社命を受けてやってきた日本人労働者とアメリカ人労働者とは仲良くなり、わけへだてなくつきあった。しかし、どうしても埋まらない溝があった。それは例えば会社から支給された帽子を被るかどうかという、一見ささいなことであった。

マツダは、野球帽は強制的に着用しなければならないブルーのズボンとカーキ色のユニフォームのアクセサリーであり、被るかどうかは労働者が自発的に決めるとの了解のもとに、彼らに野球帽を支給した。"自発的"というのは字句通り取ると、野球帽を被るかどうかの選択はそれぞれが行なうことを意味しており、多くのアメリカ人は被らずに出社するほうを選んだ。
　だが、日本人は帽子を被らないことは会社への敬意が欠けていることの表われであると考えており、こうした労働者の反応に当惑した。日本人が帽子の着用を強制すると、アメリカ人はそれは自発的に決めることだと反論した。日本人は、確かに自発的であることは認めたが、しかし本当に会社のことを考えているのなら帽子を被りたくなるはずだと考えていた。アメリカ人は、会社に「着用しなければならない」と初めから言われたら受け入れていただろうが、しかし「着用したいはずだ」と言われたことには反発した。マツダは、アメリカ人が自発的だと考えていることがらを強制することによって、越えてはならない一線を踏み越えてしまったのだ（傍点――引用者）[58]。

「帽子を被りたくなるはずだ」の原文は you should want to wear your caps である。Should want to には、「お前の気持ちは本当はこうあるべきだ」という押しつけがましさがある。こうしてマツダの工場で働くアメリカ人労働者の間では、

　「強制された自発性」という言葉が、帽子の着用についての会社の指示を表現するために使われるようになった。日本人がアメリカ人労働者に帽子の着用を強く強制すればするほど、アメリカ人労働者は頑強に抵抗した[59]。

「したくなるはずだ」に強制の匂いを感じ取ったアメリカ人労働者は、お仕着せの帽子を被らずに仕事をした。
　「強制された自発性」の原文は mandatory-voluntary である。インディペンデントなアメリカ人が、おりこうさんな日本人に対して投げかけた問題提起だといえるだろう。

（3） 米日人事管理史

　本章は、日本における労務管理の歴史を研究する視座を得るために、現在すなわち21世紀初頭の時点で前提として考えておくべき論点を摘出し、それを井上友一や留岡幸助らによる20世紀初頭の社会政策の展開と突き合わせてみた。そこから、次のような歴史の筋道が見えてきた。

　井上が目指したものは「自治の訓練」であった。その具体的な訓練システムとして、中堅青年や中堅労働者を対象とする、指導者と参加者との合宿訓練が行われた。しかし、その意図せざる結果として、指導者の意図を忖度する──あらかじめ相手の心を積極的に推し量ってそれに合わせて行動する──人びとが出現した。そのような人びとは集団本位の集団の有能なメンバーとなって、「日本的経営」を支えてきた。およそ1990年を頂点とする「日本的経営」は、集団本位の集団を世界に広めようとした、時の勢いに乗って対米進出した自動車会社の日本人従業員に対して、アメリカ人労働者たちは自由の意味を問い続けてきた伝統[60]に立って、これに「強制された自発性」という秀逸な名称を与えたのである。

　グローバル経済は、明らかに、個人本位の集団に基づいて発展している。伊賀の言うように、ひとりひとりがリーダーシップを発揮するのが人間のグローバル・スタンダードなのである。

　とはいえ、本章は集団本位の集団を個人本位の集団に変えろと主張するものではない。それはこの国の人びとが熟議し選択すべき事柄である。ただ、そのような集団は、いまや国の競争優位の中心となった製品開発において遅れを取るであろう。戦後の一時期に世界の工場として君臨した日本は、チーム・ジャパンの団結力によって世界の部品工場として今後も栄えるかもしれないが、基礎研究や製品開発においては後塵を拝することになるだろう。

　本章は、企業活動のグローバルな展開と、民主主義のあり方とを念頭に置きながら、個人と集団との関係が日本とアメリカとでは異なると論じてきた。そしてその起源を、今からおよそ百年前にさかのぼって、地方改良運動をはじめとする「自治の訓練」の諸相に求めようとした。井上友一ら内務官僚が財閥経営者らと推進した地方改良事業などの内務行政は、序章で示された労務管理の

4つの相に即してみれば、第Ⅲ相にあたる。地方自治行政として、国家が人民の「個と集団の関係」を管理しようとしたところに、アメリカと比べた場合の日本の特徴がある。

橋川文三は、大日本帝国憲法などの発布（1890年前後）によって明治国家の外郭が造られ、地方改良運動（1910年代）によってその内郭が整えられたと論じた[61]。いま、外郭の形成を「国家形成」と呼び、内郭の形成を「国民形成」と呼ぶとするならば、日本における第Ⅲ相は国民形成の一環として行われたと捉えてよいだろう。およそ1890年から1910年までが、この意味での国民形成の時期ということになる。

この時期は偶然にも、欧米諸国において、資本主義の発展にともなう貧富の格差、労働問題、住宅問題、都市問題、移民問題などが深刻化した。また労働運動や社会主義運動が、新しい社会の仕組みを問題提起していた。これに対抗して、それぞれの国において、社会事業家、官僚、宗教家、学者などが、外国の経験に学びながら、社会問題の解決に取り組んでいた[62]。

この時期はアメリカ史における革新主義時代と大きく重なっている。自由と平等というアメリカの理想は、社会問題が深刻化するとともに、解体の危機にさらされた。革新主義者は、ヨーロッパとりわけドイツ社会政策学派に学びながら、社会問題の解決に取り組んだ。ここでは詳しく説明しないが、そのなかで展開された福利厚生や能率運動や都市改革や安全衛生などの諸施策が、企業経営を安定させるために、労務管理の手法として発展していったのである[63]。労務管理の成立は革新主義というアメリカ国民再生（regeneration）の一環として行われたといえよう。

これまで、労務管理の歴史は、アメリカに即して、あるいは日本に即してというように、国ごとに記述されてきた。そのうえで、それらが国際比較されたのである。しかし少なくとも、労務管理がはじめて成立したアメリカと、その労務管理を発展させてアメリカ以上に完全なものとした日本[64]については、これを「連続と断絶」の位相で捉えることができるのではないだろうか。つまり、労務管理の歴史の筋道を、アメリカにおける前史と成立、日本における成立と発展として連続的に捉えるのである。その際に重要なのは、この基本線に、アメリカにおける発展と、日本における前史をどう組み込むかであろう。アメリ

カにおける発展としては、メアリー・フォレットら革新主義者からドラッカーへの労務管理思想の展開と、ホーソン実験を踏まえた人間関係論の展開が重要であろう[65]。また日本における前史としては、すでに述べたように、国民形成の時期に行われた地方改良運動などの地方自治行政の展開が重要である。とりわけ日本独特の自治行政のあり方は、アメリカで成立した労務管理が日本において変容したプロセスを理解するうえで、方法的に重要な意味をもつと考えられる。

　第7章「会社徒弟制のトランスナショナル・ヒストリー」は、そのような全体構想にもとづいて、アメリカと日本の会社徒弟制の歴史を素描したものである。

注

1) テイラーの弟子のなかでも、ヴァレンタインなどは、科学的管理を労働者の集団に発言権を与えるかたちで発展させようとした。その意味で科学的管理のなかから第Ⅲ相への萌芽が生まれていたことに注目しなければならない（富沢克美［2011］）。また、安全運動から従業員代表制への発展も、第Ⅲ相への萌芽といえる（上野継義［1997］）。
2) 日本のアメリカ研究においては、personnel management の訳として、人事管理の語がおもに用いられている。本章では労務管理と人事管理とを同じ意味の用語として用いる。
3) 木下順［2010］88頁、留岡幸助［1922］。ただし、この点は状況証拠に基づく。
4) 協調会については高橋彦博［2001］、梅田俊英・高橋彦博・横関至［2004］を参照されたい。
5) 熊谷辰治郎［1942］90〜91頁。
6) 田沢義鋪［1967］375頁。
7) 藤本頼生［2009］56頁。
8) 木下［1995］26〜38頁。
9) 田沢［1967］376頁。
10) 佐々木聡［1998］92〜122頁。
11) 橋川文三［1993］。
12) 以下は大企業の男性正社員に限定して話をする。男性と女性の性別役割分業については、竹中恵美子［1989］を参照されたい。
13) 八代尚宏［1998］1〜9、23、190頁。
14) なお、八代の主張は、人事部そのものを廃止することではなく、アメリカの人事部のように「各部局……の決定に従って、機械的に健康診断や社会保険の手続きなど、人事上の事務手続きを行う」部署にすべきだというものである。八代［1998］47頁。

15) 三戸公［2004］21頁。これは講演の内容をもとにあらためて論文にしたものである。
16) Tead, Ordway and Metcalf, Henry C. [1920] pp. 12, 23.
17) 八代［1998］36、2頁。
18) 小柳勝二郎［2007］134頁。なお小柳へのインタビューは2006年2月に行われた。
19) 小柳［2007］150頁。
20) 総務省統計局［2013］56頁。
21) 新聞記事サイト「聞蔵」から、見出しを検索した。
22) 「労働者派遣事業の適正な運営の確保及び派遣労働者の就業条件の整備等に関する法律」。なお、2012年に名称が「労働者派遣事業の適正な運営の確保及び派遣労働者の保護等に関する法律」と改められた。
23) 沼上幹［2003］117～119頁。
24) 平野光俊［2011］66頁。
25) 津田眞澂［1968］56頁。図の番号は変更した。なお、これに注記して津田は、岡本秀昭［1966］を参照しつつ、日本の職長層の特質を国際比較のなかで次のように説く。ドイツのマイスターは商業会議所の検定によって自営業と同じ能力をもつと認定されている。フランスのコントルメートルも同様である。イギリスのフォアマンもその能力は企業外機関で養成されている。それに対して、「日本の基幹従業員身分はこれらの職長層をつらぬくことで縦断化しており、そこに差異があるといってよいだろう」（津田［1968］56頁注1）。
26) 津田［1981］iv頁。
27) 津田［1981］323頁。
28) 津田［1981］242頁。
29) 日経ビジネス［2009］［2013］。
30) Tabuchi, Hiroko [2012].
31) それ以前に、そもそもアメリカの大学で学ぶ日本人そのものが減少している。2004年の8万3千人から2009年には6万人に減少した。しかも韓国の後塵を拝している。2010年に入学した日本人学生が約2万1千人だったのに対して、同じ年に韓国からアメリカの大学に入学した韓国人は約7万3千人。総人口を勘案すると、日本の留学生比率は韓国の十分の一である（Tabuchi [2012]）。この年、ハーヴァード大学のファウスト学長が来日して、「中国人も韓国人も増えているのに、日本人留学生だけが減っている」と述べた。学長によると、1999年度に151人だった学部・大学院の日本人留学生は、2009年には101人に減少した。この同じ期間に中国は227人から463人、韓国は183人から314人に増えたという［社説「（社説）内向きの学生　世界は君を待っている」『朝日新聞』2010年7月25日、聞蔵ビジュアルより2014年1月21日取得、「「日本人学生　存在感薄い」ハーバード大学長会見」『読売新聞』2010年3月11日、ヨミダス歴史館より2014年1月21日取得］。
32) 伊賀泰代［2012］各所から引用したので、頁数は記さない。
33) 中村修二［2001］232頁。

34) 中村［2001］147頁。
35) 中村［2001］168頁。
36) 内橋克人［1981］94頁。
37) 伊賀［2012］69頁。
38) ドラッカー、P. F［1972］501頁。
39) Drucker [2008] p. 39. なお原文は次のとおり。「Knowledge workers therefore see themselves as equal to those who retain their services, as "professionals" rather than as "employees." The knowledge society is a society of seniors and juniors rather than of bosses and subordinates.」。上田惇夫はこの個所を、「したがって知識労働者は、自らを組織と同格の存在として認識する。知識社会とは、対等の社会であって、上下の社会ではない」と訳している（ドラッカー［2012］上、72頁）。
40) 内田義彦［1988］15～17頁。
41) 伊賀［2012］198～199頁。
42) 中岡哲郎［1986］。
43) 丸山眞男［1998］146～148頁。車内放送については中島義道［1999］を参照されたい。
44) 丸山［1998］147頁。
45) 丸山［1998］196～197頁。
46) 小松真一［2004］313頁。
47) 山本七平［1987］267頁。
48) 山本［1987］296～297頁より引用。出典はLucas, Celia［1975］p.13, ルーカス、シリア［1975］。原著を参照して訳文に手を加えた。
49) 井上友一［1920］。
50) 井上［1920］14～15頁。
51) 井上の欧米出張については木下［2010］を参照されたい。
52) 見城悌治［2009］170頁注20、留岡幸助［1922］。
53) 新村出編［1991］。
54) Dewey, John [1944] pp. 12-13; デューイ、ジョン［1987］28～29頁。
55) 大霞会内務省史編集委員会編［1970］435頁。
56) 「加美町区長等に関する条例　平成15年4月1日　条例第9号」http://www.town.kami.miyagi.jp/reiki_int/reiki_honbun/r0040009001.html、「蔵王町行政区に関する規則　昭和47年5月11日　規則第7号」http://www.town.zao.miyagi.jp/reiki_int/reiki_honbun/i8000029001.html、いずれも2006年11月20日閲覧。
57) 田沢義鋪が昭和初年に小金井の青年団訓練所において実施したのは、「個人本位の集団」づくりの実践であったと考えられる。その様子については下村湖人が小説『次郎物語　第四部』（下村［1958］）で描き出している。これについては木下［1995］56～58頁を参照されたい。
58) Fucini, Joseph J. & Suzy [1991] p. 104; フッチニ［1991］。

59) Fucini [1991] p. 104; フッチニ［1991］。原文を参照して訳文を少し変えてある。熊沢誠（［1993］339頁）は、「〈強制された自発性〉という視座が、日本の企業社会の批判的検討にとって今ももっとも有効であろう」と述べている。
60) これについてはフォーナー、エリック［2008］を参照されたい。
61) 橋川［1993］「九　地方改良運動」。
62) Rodgers, Daniel T. [1998].
63) 代表的な文献としてジャコービィ、サンフォード［2005a］。
64) 一例を挙げれば、日本の企業における人事部がアメリカのそれよりも強大な実力と権限をもってきた。これについてはジャコービィ［2005b］を参照されたい。
65) 富澤克美［2011］。

参考文献

井上友一［1920］近江匡男編『井上明府遺稿』1920年（復刻：大空社、1987年）。
伊賀泰代［2012］『採用基準——地頭より論理的思考力より大切なもの』ダイヤモンド社。
上野継義［1997］「アメリカ産業における安全運動の波及と労使関係管理の生成——一九〇八〜一九一五年」『経営史学』31-4、1月。
内田義彦［1988］『内田義彦著作集　第4巻』岩波書店。
内橋克人［1981］「解説」『私の履歴書　経済人　別巻』日本経済新聞社。
梅田俊英・高橋彦博・横関至［2004］『協調会の研究』柏書房。
岡本秀昭［1966］『工業化と現場監督者』日本労働協会。
木下順［1995］「日本社会政策史の探求（上）——地方改良、修養団、協調会」『国学院経済学』44-1、11月。
木下順［2010］「井上友一の欧米視察——『列国ノ形勢ト民政』（1901年）をめぐって」『国学院大学紀要』48、2月。
熊谷辰治郎［1942］『大日本青年団史』日本青年館。
熊沢誠［1993］『新編　日本の労働者像』ちくま学芸文庫。
見城悌治［2009］『近代報徳思想と日本社会』ぺりかん社。
小松真一［2004］『虜人日記』ちくま学芸文庫。
小柳勝二郎［2007］「日本の企業経営からみた人材形成の抱える課題」、「人材形成の失敗」サブグループ主催研究会『日本の人材形成における成功失敗とは？』報告書同サブグループ刊。
佐々木聡［1998］『科学的管理法の日本的展開』有斐閣。
下村湖人［1958］『定本・次郎物語』池田書店。
ジャコービィ、サンフォード［2005a］荒又重雄他訳『雇用官僚制——アメリカの内部労働市場と"良い仕事"の生成』北海道大学図書刊行会
ジャコービィ、サンフォード［2005b］鈴木良始他訳『日本の人事部・アメリカの人事部——日米企業のコーポレート・ガバナンスと雇用関係』東洋経済新報社

新村出編［1991］『広辞苑（第四版）』岩波書店.
総務省統計局［2003］「平成24年就業構造基本調査結果・結果の概要」http://www.stat.go.jp/data/shugyou/2012/pdf/kgaiyou.pdf
大霞会内務省史編集委員会編［1970］『内務省史　第二巻』大霞会.
竹中恵美子［1989］『戦後女子労働史論』有斐閣（のち『竹中恵美子著作集第2巻』明石書店、2012年所収）.
高橋彦博［2001］『戦間期日本の社会研究センター――大原社研と協調会』柏書房.
田沢義鋪［1967］『田沢義鋪選集』田沢義鋪記念会.
津田眞澂［1968］『年功的労使関係論』ミネルヴァ書房.
津田眞澂［1981］『現代経営と共同生活体――日本的経営の理論のために』同文舘.
富澤克美［2011］『アメリカ労使関係の精神史――階級道徳と経営プロフェッショナリズム』木鐸社.
留岡幸助［1922］「早川千吉郎氏の死を悼む」『人道』207、11月15日（同志社大学人文科学研究所［1980］所収）.
同志社大学人文科学研究所編［1980］『留岡幸助著作集　第4巻』同朋舎出版.
デューイ、ジョン［1987］『民主主義と教育（上）』松野安男訳、岩波文庫.
ドラッカー、P. F.［1972］『ドラッカー全集3』ダイヤモンド社.
ドラッカー、P. F.［2012］『経営の真髄（上・下）』ジョゼフ・A・マチャレロ編、上田惇生訳、ダイヤモンド社.
中岡哲郎［1986］「インディペンデントとおりこうさん」『世界』1986年9月号（のちに『技術と人間の哲学のために』農山漁村文化協会、1987年、所収）.
中島義道［1999］『うるさい日本の私』新潮文庫.
中村修二［2001］『怒りのブレイクスルー――常識に背を向けたとき「青い光」が見えてきた』集英社.
日経ビジネス［2009］「特集・人減らしに潜む真の危機――人材ガラパゴス」『日経ビジネス』1月12日.
日経ビジネス［2013］特集「人材逃避――アベノミクスの陰で進む危機」『日経ビジネス』7月8日.
沼上幹［2003］『組織戦略の考え方――企業の健全性のために』ちくま新書.
橋川文三［1993］『昭和維新試論』朝日選書.
平野光俊［2011］「2009年の日本の人事部――その役割は変わったのか」『日本労働研究雑誌』606、6月.
フォーナー、エリック［2008］『アメリカ自由の物語――植民地時代から現代まで（上・下）』横山良・竹田有・常松洋・肥後本芳男訳、岩波書店.
藤本頼生［2009］『神道と社会事業の近代史』弘文堂.
フッチニ、ジョセフ・J／フッチニ、スージー［1991］『ワーキング・フォー・ザ・ジャパニーズ――日本人社長とアメリカ人社員』中岡望訳、イースト・プレス.
丸山眞男［1998］『自己内対話――3冊のノートから』みすず書房.

三戸公［2004］「人的資源管理論の位相」『立教経済学研究』58-1。
八代尚宏［1998］『人事部はもういらない』講談社。
山本七平［1987］『一下級将校の見た帝国陸軍』文春文庫。
ルーカス、シリア［1975］『私は日本軍に抑留されていた——英国婦人マニラ収容所日記』巻正平訳、双葉社。
Dewey, John [1944] *Democracy and Education: an Introduction to the Philosophy of Education*, New York, N.Y.: Free Press, 1944.
Drucker, Peter F. with Maciariello, Joseph A. [2008] *Management: Tasks, Responsibilities, Practices*. Revised Edition, New York, N.Y.: Harper Collins, 2008.
Fucini, Joseph J. & Fucini, Suzy [1990] *Working for the Japanese: Inside Mazda's American Auto Plant*, New York: Free Press, 1990.
Lucas, Celia [1975] *Prisoners of Santo Tomas*, London: Cooper, 1975.
Rodgers, Daniel T. [1998] *Atlantic Crossings: Social Politics in a Progressive Age*, Cambridge, Mass.: Belknap Pless
Tabuchi, Hiroko [2012] "Young and Global Need Not Apply in Japan," *New York Times* June 29, 2012.
Tead, Ordway and Metcalf, Henry C. [1920] *Personnel Administration: its Principles and Practice*. 1st ed., New York, N. Y.: McGraw-Hill, 1920.

第 2 章

フランス金属工業における熟練資格と労働者管理
熟練工システムの動揺と再編成

清 水 克 洋

1. はじめに

　両大戦間期フランスにおいて、労働者に対する職業教育がひとつの社会的関心の的となり、その新しい方向が模索されることとなった。1919年職業教育法は18歳未満の全ての少年労働者に職業教育を義務づけるとともに、職業能力証明 certificat d'aptitude professionnelle：C. A. P. を創設し、3年間の工業実践と職業講座通学を C. A. P. 受験資格とした。さらに、これが財政的裏づけを欠き、十分な発展を見なかったことを受けて、25年には職業教育税が創設された。すべての雇用主に対して、雇用する労働者の賃金の0.20％を課税し、自らが職業教育に従事する経営者にはこれを免除するとするものであり、これ以降多くの企業内徒弟学校の設立を促すことになった[1]。

　このような、職業教育の変容は、19世紀末以来の「徒弟制の危機」に示される、工業化、技術発展による「職」と徒弟制の解体傾向、初等教育、技術教育の進展による旧来の職業教育＝徒弟制の再編圧力を背景としていた。さらにその根底には、大企業体制の出現、中間・下級管理職の登場、不熟練工の専門工化による熟練工の地位の変化があった。1925年フランス公教育省職業教育局による「労働週間」の開催[2]、27年フランス金属工業連合による「徒弟制と技術教育」研究会[3]は、25年の職業教育税創設に対応して、金属工業における職業教育のあり方を検討したものであり、熟練工とそれを養成する徒弟制の実態とその再編動向を解明する上で、貴重な材料を提供する。両研究会の報告については、すでに個別に検討する機会を持ったが[4]、あらためて、労働者管理のあり方の変容、労務管理の生成の視点から、検討し直すことを本章の課題とする。

議論の展開に先立って19世紀以来の、つまり近代的な意味での労務、人事管理生成以前の労働者管理を、フランス工業に即して整理しておく。フランスにおいては、旧制度下のコルポラシオン体制は根底的に否定され、労働組合も長らく非合法とされたが、「職」の理念は強く残り、資格を持つ労働者である熟練工が契約に基づく徒弟制、生産現場での訓練によって養成された。また、形式的には徒弟制をとらない場合でも、紡績工と糸繋ぎ工の関係に典型的に見られる事実上の熟練工と徒弟制が新たに生み出された。こうした徒弟修業を経ずに雇用される労働者は不熟練工 manoeuvre とされ、熟練工とは厳格に区別され、従属的位置に置かれた[5]。この総体を熟練工システムと呼ぶとすると、それは、労働者に対して社会と企業内での明確な位置づけを与えるシステムであった。1884年労働組合法化以来の労働組合結成にあたっても「職」が組織化の基礎とされ、その点ではこのシステムと親和的であった[6]。19世紀末以来の「徒弟制の危機」はこのシステムが揺らいでいることの表現であり[7]、両大戦間期に打ち出される職業教育政策は、熟練工システムの再構築とかかわっていたのである。本章は、この熟練工システムを中心とする旧来の労働者管理のあり方の変容を、職業教育＝徒弟制についての技術教育関係者、金属工業家の認識を検討することで解明し、労務管理生成の議論に資することを目的とする。

　以上の課題から、職業教育法成立の経過、熟練資格をめぐるこれまでの議論、2つの史料の全般的な構成等は、さきの清水［2004］［2009］に譲り、もっぱら、熟練工システムの揺らぎと再編の視点から、あらためて両資料を検討し直すことを本章の具体的作業とする。当然前稿に重なる内容を持つことにはなるが、新たな論点を提供したい。

2．中間・下級管理職の登場、不熟練工の専門工化と熟練工教育の新しい課題

　上記「労働週間」と「徒弟制と技術」研究会での議論は、旧来の熟練工のあり方、熟練工養成を担う徒弟制の限界を認識し、しかしながら、それらを解体させるのではなく、新しい職業教育の確立によって再編しようとすることで共通している。まず、大企業体制が出現し、技術進歩、生産体制の大規模化、雇用労働者数の増大にも規定されて、中間・下級管理職層というべき従業員が生

み出され、それとの関係で、旧来の熟練工が再定義されることになる。2つの会合では、それは、主として、労働者教育にかかわって、「学校」教育と生産現場での教育の区別として認識され、表明された。さらに、中間・下級管理職、不熟練工の性格とそれとのかかわりでの熟練工のあり方の変容にも言及される。

「労働週間」を主導した技術教育官僚の一人である、技術教育監督官ドリュオ[8]は、技術・職業教育に関して、3つの水準を区別し、まず、工芸学校や国立職業学校で与えられる教育については、それにふさわしい人々の間で深く研究され、実践に移されているので取り扱わないとする。これに対して、工業実業学校、職業学校、職業講座、大工業の徒弟制でなされている教育は十分解明されておらず、「労働週間」の課題であるとする。とりわけ、大工業の職業教育（徒弟制）は職業教育税によって新しい局面を迎えており、この「工業に向かう少年の10分の9を対象とする第1水準の職業教育」について、最も精通している工業家の経験を聞くことに大きな利益が期待できるとする[9]。「労働週間」が取り上げるべき課題は、より上位の中等技術教育機関とは区別される[10]実業学校、職業学校と最も広い職業教育を担う徒弟制にあるとされるのである。

技術教育局長ラベは、この第2水準と第1水準、つまり広範で基礎的な職業教育は、従来の分散した徒弟修業に代わって、共同したつまり集団的な職業教育であるべきとし、それは学校と工場によってなされると両者の共通性を指摘する。その上で、「学校」について次のように言う。すなわち、国立の6工芸学校、6職業学校、2時計学校、パリ市立の13職業学校、各地方の75実業学校などによって、商工業の熟練工と、中級・上級幹部を供給している、と。また、卒業生は、エリート労働者、班長、監督、製造長、技師、機械技師、最高責任者となっている、と。ラベはまた、「国家の学校によって得られた成果として、卒業生は熟練労働者、部門や製造の長、製図工、監督、班長、中級幹部、工場長、大会社の高級幹部、経営者になる」とする[11]。「熟練工」にも言及されてはいるが、「学校」が教育すべきものとしての力点は下級・中間管理職以上の幹部に置かれている。この点は、工芸学校監督官ナルドンの「フランス工業の繁栄のためには、質の高い職業人、質の高い技術者、監督、作業場長、技師、管理者が必要であり、そのための職業教育が喫緊の課題になっている」との発言も同趣旨である[12]。したがってまず、熟練工とは区別される技術者、管理職

の必要性と、種々の「学校」によるその充足とが認識されていたことを確認すべきである。

　技術教育官僚の問題提起を受けた技術学校関係者の報告は、より明確に、学校が中間・下級幹部教育を受け持つことを宣言する。デュエ職業学校校長ロマン。「われわれの生徒は難しい雇用主の高い評価を受け、一般的な選抜において、すぐに上位の従業員の位置に置かれ、相対的に早く職長（班長、監督、作業場長）の職に就くのは、我々の教育の成果である」と卒業生が下級管理職である職長になることを誇る[13]。トゥルクワンのコルベール研究所校長デュパンは、労働者大衆とエリートをはっきり区別し、それを教育制度に結びつけて論ずる。「二種類の少年がいる。13歳、もしくは12歳からすぐに工業に入り、職業講座に通わねばならない労働者大衆」と「12～16歳で職業教育が実業学校や、職業学校、パリ市立職業学校でなされる少年」と。両者の区別は、「後者は工業職業能力証明 certificat d'étube pratiques industrielles：C. E. P. I.　前者は職業能力証明（C. A. P.）を受ける」とされ、修得される資格の違いと結び付けられていた。その上で、次のようにエリートを規定する。「学校を出たこの半人前工は工業の作業場で何になるのか。作業場の教養ある要素にならねばならない。彼らは班長、監督の資質を持たねばならない」と[14]。

　「労働週間」に出席する大企業の企業内教育担当者の発言にも同様の区別を見出すことができる。パリ・オルレアン鉄道社のラクワン。「実業学校はきわめて高くつくので、知的エリートのためにとっておかれるべきである。それは工業の作業場が教育できないスペシャリスト、とくに労働者エリートの教育に適用されるべきである。このエリートは、素晴らしい知的教育と不十分な実践教育を受け、徒弟よりも現実生活に慣れずに作業場に入る。しかし、すぐに数年で彼らを追い越し、班長、監督、小経営者になる準備ができている」と、技術教育学校を幹部養成機関と規定する。その上で、「適切な教育を伴った工業の徒弟制の作業場は、徒弟の大衆を教育すべきである」とするのである[15]。

　金属工業連合『徒弟制と技術教育研究会報告』を見よう。リヨン地方の冶金工業における徒弟制の組織について報告するパスキエは次のように言う。「リヨン職業学校の生徒は、班長、監督等の下級幹部を養成し、他方学校に行かない他の徒弟大衆は熟練工になると予想されうる」[16]と。研究会の司会者であり、

金属工業経営者連合の徒弟制委員会の代表でもあるカンタン。「現状では、職業講座によって補われた作業場での教育が労働者大衆にとっては受け入れられる唯一の解決策である。エリートの職業教育に素晴らしいサーヴィスをもたらす学校は、技士のリクルートを一定程度確かにする」と[17]。コケレの次の叙述も同主旨である。「将来の製図工や技術職員よりも、将来の労働者を多く必要としている。このような労働者の教育は製造の場でこそ急速になされうる」[18]と。したがって、『労働週間』と同様、熟練工は「労働者大衆」であるとされ、下級幹部とははっきり区別されることで、まずその位置づけを与えられたのである。

　同時に、これらの発言、叙述からは、下級幹部と熟練工の区別とともに、両者の連続性も読み取れる。『労働週間報告』。技術教育局長ラベのさきの発言では、実業学校などが「商工業の熟練工と、中級上級幹部を供給する」、卒業生が「熟練工」とともに様々な段階の管理職となるとされる[19]。デュエ職業学校校長ロマンは、旋盤工の教育では多様な仕事ができるように教育し、また、「われわれが教育したフライス盤工は、大量生産においてではなく、種々の製品を製造する作業場で高く評価されている」として、教育目的が旧来の徒弟制的伝統を継承する熟練工の養成にあるかのような発言をする。さらに、報告の結論において、「われわれは、熟練工を養成せよ、幹部を養成せよとの国家の要請に応えている」と熟練工と幹部を並べている[20]。コルベール研究所校長デュパンは、さきに見たように、「学校」卒業生と、徒弟修業修了者が取得する資格の違いを強調したが、この２つの資格についての次の叙述が示すように、両者がともに半人前工になる点では区別が見られない。すなわち、「工業職業能力証明（E. P. I）は、３年間ですぐに働ける半人前工の養成を目的とした実業学校でなされる教育の承認を目的とする」、「職業能力証明 C. A. P.」は、「講座への通学で補われた工業徒弟制の承認であり、それは一般に徒弟の状態から半人前工の状態への移行を意味する」と[21]。サン・ジャック工場補習講座責任者ボスサロンは、次のように、熟練工と下級幹部の養成が企業内教育の課題であるとする。すなわち、「われわれは、より低い水準で労働者従業員の準備を始め、それほど高いところへは行かない、シュネーデル社のグワノの言う第２水準の労働者で限界を設ける。われわれは、エリートには関心がなく、通

常の優秀な労働者を養成しようとしている」と。さらに、「まだ、職長 agents de maitrise になった者はいないが、まじめな幹部を得られると期待している」として、熟練工の中から下級幹部が養成されると読み取れる発言をする[22]。

　熟練工との連続性は否定されないまでも、区別が強調されるより上位の従業員の性質、役割についての言及も断片的ながら見出すことができる。『労働週間報告』。パリ市立ディドロ校製造責任者フルゴは、職業学校での教育内容にかかわって、「作業場において、労働者大衆と異なる価値を彼らに与えるのは何か。純粋な手の技もあるが、とくに、論理力、議論力、目的・原料・機械装置についての完全な知識である。一言で言うと職のテクニックである」[23]とする。職業学校が熟練労働者とは区別される幹部教育を目的とすること、その際、理論教育が重要であることが指摘されるのである。技師オデュルアン。「もっとも不足しているのは作業場幹部 cadre d'atelier である」、「作業場幹部はかつての何でも屋の監督 contremaître のような仕事はしない。できるだけ良い条件で生産を確実なものにすること、そして利益を実現できるよう労働者を助けることが仕事であり、彼らの役割は教育的である」[24]と。

　「徒弟制と技術教育」研究会において、商・工業実業学校についての報告をする東部機械製造業者・鋳造業者組合代表マッソンは下級幹部の役割について総括的な叙述を与える。すなわち、「大戦後の方法の進化は、技術の基礎的知識を持つことが必要な幾種類かの月給雇用者を生みだした。この雇用は大部分の場合、実業学校の卒業生からなされ、労働組織、工場設備、時間計測、特別手当等の部局に属する。これらの部局は近代化された工場によって創設される」と。さらに、「とくに専門化された工業において技術職員の役割を指摘せねばならない」として、以下の作業を列挙する。分業、装置、機械設置、検査装置、商品納入、時間管理事務所、人員チェック、特別手当計算、人件費・原価、検査、発送[25]。ルノー社社長は、「この下級幹部には厳しさとはっきりした職業的自覚が必要であり、時間、規律、原価観念が重要である」として、求められる資質を指摘する[26]。これらの叙述からは、生産組織の大規模化に伴う、従来の「監督」とは異なる技術者的性格を持つ中間・下級管理職の姿が浮かび上がる。

　熟練工に対置されるのが、このような下級幹部、技術労働者であるとき、熟

練工の規定も、旧来のそれとは変わらざるをえない。これは、あるべき熟練工の教育についての議論の中で展開される。その検討の前に、不熟練工との関連での熟練工のあり方の変容についての言及を見ておこう。不熟練工について両報告における言及は、多くはないが、とくに不熟練工の専門工化を指摘する点が注目される[27]。

まず、『労働週間報告』において、技術教育局長ラベは、労働者大衆を対象とした新しい職業教育の必要性を、旧来の徒弟制の危機に求め、その原因の一つに、機械化によって不熟練労働者 manoeuvre が労働者の位置を占めるようになったこと、完全な労働者 ouvrier complet よりも専門工 manoeuvre specialisé の養成に力点が置かれていることをあげる[28]。この専門工という注目すべき表現はコルベール研究所校長デュパンにも見られる。すなわち、「実業学校は労働者を教育するのであり専門工 manoeuvres specialisés を教育するのではない」と[29]。パリ・オルレアン鉄道社では、徒弟修業3年末の試験の合格者たちが、「少年工」の資格を得た後、いわゆる熟練工、資格ある労働者となるのに対し、この資格を得られなかった生徒は「専門工 manoeuvre specilaisé とみなされる」[30]とされる。

「徒弟制と技術教育」研究会でのコケレのペノー造船所における職業教育についての報告における叙述。「(ペノー社の徒弟学校では)毎年85人の卒業生を出し、平均40年働くので、3,300〜3,400人の労働者を維持しうる。学校で養成できない大工、組立工、鋲打ち工を含むと5,000人、さらに、専門工 manoeuvres specialisés を考慮すると1万人の労働者となる」[31]と。ここでも熟練工は専門工 manoeuvres specialisés と対置されている。次のマッソンの指摘は専門工化が大量生産と結び付けられていることを示唆する。すなわち、「とくに労働が専門工によって大量生産でなされる傾向のある工場では技士の機能は重要になっている」[32]と。したがって、大量生産、大企業化が一方で中間・下級管理職を生み出し、他方で不熟練工を専門工化しており、この両面から熟練工のあり方が揺らぎ、再定義が問題になっていることが明らかである。

『徒弟制と技術教育研究会報告』には、熟練工・不熟練工関係の別な興味深い叙述が見られる。マッソンは、「金属工業連合の1924年調査は165工場を対象とし、これらの工場は、12万6,000人の労働者を擁し、うち、熟練工は6万

4,000人である」[33]と指摘する。残りの大部分が不熟練工であることは自明とされていた。また、さきに見たペノー社についても、5,000人の熟練工と同数の専門工という結果を引き出すことができる。さきに、「労働週間」報告から、熟練工教育が「労働者大衆の教育」であること、「工業に向かう少年の10分の9を対象とする第1水準の職業教育」であることを見た。金属工業において、熟練工が一部の特殊な労働者ではなく約半数を占めること、それが残りの半数の不熟練工＝専門工とともに、労働者の総体を形成していることは、熟練工システムの注目すべき1側面である。

その上で、徒弟制についての一般報告を行ったウエイツの次の指摘は、熟練工・不熟練工関係について重要な示唆を与える。「作業場での自由な徒弟修業に方法的コントロールを導入しようとすることに抵抗するのは、無意識的、あるいは意図的に、徒弟と少年労働者、労働者と専門工、徒弟教育 apprentissage と調教 dressage を混同する人々のみであり、金属工業経営者組合はこれと闘わねばならない」[34]と。専門工は教育を受けるのではなく、単に仕事に慣らされるだけであり、徒弟修業を経た者のみが「労働者」であり、両者の区別は自明であり、厳格に守られねばならないと考えられていたのである。

L. ルノーの次の発言は見落とすことができない。すなわち、「かつて、労働者は彼自身の道具で1つの仕事を完全にこなした。鍛造工や指物工である。今日では労働者は逆に1つの部分だけを遂行せねばならない。製品の製造に必要なごく一部を。原料は与えられ装置は供給される。労働時間や労働の方法が強制される。構想から仕上げまで、仕事の全体を統括するのは技士である」と[35]。不熟練工が専門工として基幹労働者化する傾向が強調される。

一方では中間・下級管理職と、他方では専門工としての不熟練工との関連で熟練工はいかなる再定義を受けるのであろうか。『労働週間報告』において、まず、熟練工に対する理論教育の必要性が強調される。デュエ職業学校校長ロマンは、「徒弟がルーチンを避けるようにし、こつや工程、手の技だけではなく、省察、科学的・技術的知識に訴えるよう教育している」とする[36]。アルジャンティユの工業家代表ヴァレーズは、「工業の現状では労働者は教育されていないと優秀な労働者になれない」、「少年たちが作業場での小人夫であるよりも略図や製図を読めるようになることが求められている」と[37]。

しかし、より特徴的なのは、旧来の万能工的能力の維持を求める言及である。ロマンはさきに指摘したように、旋盤工、フライス盤工について、多様な仕事ができるよう教育しているとする[38]。全フランス機械技師、金物製作業者、鋳造業者組合代表カンタンは、「徒弟は、その職業において直ちに専門化されねばならないが、彼が選んだ職業に最も近い職業についてざっと、入門的指導を受けねばならない。旋盤工は調整工の、調整工は機械・道具工の経験を」として、広い視野を持たせる必要性を指摘する[39]。企業内徒弟学校を運営するデラエ自動車職業教育部門長ロペスは、「職 métier を学んだ熟練労働者が必要である」、「我々の徒弟は、職業の一部に特化されず、調整工と旋盤工についてそれぞれその全体の遂行に必要な一般的教育を受ける」と、より明瞭に旧来の熟練工との共通性を保持する労働者の養成を強調する[40]。シュネーデル社のグワノも、目的が「職 métiers の完全な知識を持つ職業労働者の教育」にあることを確認する[41]。

　万能工的熟練の必要性は自動車工業からも出されていることからも明らかなように、単に旧来の生産の存続と結びついていたのではない。これを一般化して説明しようとしたのが技師 Ch. de フレマンヴィルの以下の発言である。彼は、「機械化の進展が熟練を不要にする」との広くきわたった見解を批判し、テイラー主義を肯定しながらも「それが進みすぎてフランスの労働者を特徴づけるイニシャティブや創意工夫を破壊しないか」を問い直し、一般的にいって、機械そのものの製造やメンテナンスに熟練労働者が必要であり、アメリカの実情において、フォード的な大量生産体制において熟練労働者の大きな介入の余地があり、熟練労働者不足が強く叫ばれるのはこの大量生産工場であるとするのである[42]。ただし、さきに見たようにこれらの大量生産体制においては不熟練工が専門工として基幹的な労働者化する傾向があり、熟練工は万能工的性格を維持しながらも、生産における位置づけは変化していたと言わざるをえない。

　『徒弟制と技術教育研究会報告』で注目されるのは、職業講座についての報告を行う、機械製造フランス会社（旧カイユ Cail 工場）技師ルブールと、「厳密な意味での徒弟修業」について報告を行ったメランの論争である。ルブールは次のように言う。「メラン氏はハンマーやたがね、やすり、厚のみにあまりにも大きな位置を与えすぎである。いくつかの仕事に調整工が不要とは言わない

が、ますます工作機械に重要性を与えるべき」と。さらに別な個所では語気を強めて、「絶対的に、ハンマー、やすり、たがねを使うやり方を禁止すべき」と[43]。ここでは、熟練工は、旧来の手の技を重視されるそれとはまったく異なったものとして捉えられている。これに対して、メランは、「戦争によって、多くの工業家に次のような考えが生じた。すなわち、いくつかの職業のカテゴリーについて、工作機械が完全に労働者の手に置き代わりうると。彼らは、のみや、やすり仕事は急速に消滅すると信じている。しかし、教育プログラムにおいてやすり仕事に与えられる重要性はこのような誤った考えが一般化されていないことを示している。メンテナンスや、補修、個別のデリケートな調整、重要性が増大している装置の製作のために極めて有能な従業員を雇う必要性が認識されている」と[44]。

2人の論争をまとめたロンスレーは、「メラン氏が、その報告で、ハンマーややすりやのみの使用を強調しているのは、ノール地方や、パリ地方の多くの工場で適用される講座を要約したからである」とする[45]。ここからは、メランの発言が存続する旧来の生産の要求を反映していたようにも読める。しかし、メランが、決して古い教育方法に固執しているのではなく、むしろ積極的に方法的、体系的徒弟教育を推進しようとしていたこと、「メンテナンスや、補修、個別のデリケートな調整」を重視していたことからすると、さきのフレマンヴィルと同様に、新しい生産様式において旧来の熟練が、特殊な部面でなお重要性を持つことを認識していたと言ってよい。

3．公的職業能力証明の創設と金属工業経営者による徒弟修業修了・熟練認定

熟練工とそれを養成する徒弟制、熟練工システムの揺らぎは、長く「徒弟制の危機」として議論され、最終的に1919年職業教育法に結果した。とりわけ公的職業能力証明（C.A.P.）の創設は旧来の徒弟制そのものに大きな変容を迫ることになる。そこでの一つの焦点は、それまで慣習的に運用されてきた雇用主による「徒弟修業修了」、「熟練」認定が可視化され、そのあり方があらためて問い直されることであった。それは、熟練工システムとしたがって旧来の労働者管理のあり方の根幹にかかわる。「徒弟制と技術教育」研究会では公的職業

能力証明と熟練認定に関してまとまった報告がなされ、また調査結果が発表されている。「労働週間」における断片的ではあるが貴重な言及も参照しながら検討する。

C. A. P. に関しては、その利用実態が考察の手がかりを提供する。『徒弟制と技術教育研究会報告』の付録の総括表によると、回答する企業のうち約60％が職業能力証明を徒弟のための試験制度として、利用しようと

表2-1　リヨン地方における C. A. P. 試験合格率

(単位：人)

職種	受験者数	合格者数	(比率%)
調整工	37	31	(83.8)
中刳工	1	1	(100)
旋盤工	27	19	(70.4)
製図工	19	15	(78.9)
型工・技士	4	4	(100)
鋳物工	7	5	(71.4)
自転車・自動車技士	3	—	(0)
ブリキ工	8	6	(75)
ブロンズ工	5	5	(100)
電気組立工	6	5	(83.3)
電気回路工	2	2	(100)
計	119		

出典：Union des industries métallurgiques [1928] p. 75.

していた。C. A. P. 取得者の表彰など「教育促進手段」として言及する事例は10％強である[46]。成り行き的な旧来の徒弟制教育を体系的、方法的な職業教育に転換するために、職業能力証明 C. A. P. 試験を積極的に利用しようとする傾向が存在した。機械製造フランス会社技師であるルブールによる次の指摘もこれを確認する。「われわれは、徒弟修業の効果を示すために、組合員に C. A. P. を受けさせるよう勧めている。その結果はまだ小さいが、われわれの少年と生産に道徳的利益になる」と[47]。

C. A. P. の試験合格について、リヨン地方を代表するパスキエは表2-1を与える。また、サン・ナゼール地方に位置するペノー社の徒弟学校のコケレによると「3年目末に85％が C. A. P. 試験に合格する」[48]。ともに合格率の高さを見て取ることができる。しかしながら、受験率は高くはなかった。ルブールは、ナント、下ロワール機械製造・造船経営者組合の場合16～22％、機械製造フランス会社（旧カイユ Cail 工場）の場合15～18％であるとする[49]。リヨン地方に関しても、表2-1から受験者数は119人であり、職業講座の受講生は3年間1,245人、年間約400人の修了者を出していることからすると、受験者比率、400分の119＝約30％を導き出すことができる。C. A. P. が限られた徒弟にかかわることが示される。さきに指摘した教育を促進する手段としての C. A. P. 取

表2-2　パリとその近郊におけるC. A. P. 試験

職業	登録	受験（率%）	不合格 実技試験に進めず	不合格 実技試験受験	不合格計	合格（率%）
調整工	135	107 (79)	51	25	76	31 (29)
旋盤工	53	41 (77)	16	7	23	18 (44)
中刳工	10	6 (60)	—	2	2	4 (67)
鉄ボイラー工	18	6 (33)	1	2	3	3 (50)
銅ボイラー工	5	4 (80)	—	2	2	2 (50)
型工	21	13 (62)	4	4	8	5 (38)
クロッキー製図工	38	20 (53)	5	2	7	13 (35)
製図工	29	21 (72)	9	—	9	12 (57)
計	309	218 (71)	86	44	130	88 (40)

出典：Cf. Ministère de l'Instruction [1926] p. 62. 受験率と合格率は筆者の計算による。

得者への表彰の言及も、取得者がごく少数であることを前提としている。

　「労働週間」においては、カンタンが、パリとその近郊における職業講座に関する報告で、1925年のC. A. P. 試験に関して表2-2を掲げる。上に見た地方とは異なり、受験率は70％を超え高いが、合格率は40％である。地方とパリではC. A. P. の位置づけが若干異なっていたと言える。しかし、C. A. P. が全ての徒弟修業修了者に付与されるものでなかったこと、それが直ちに問題とされなかったことでは共通している[50]。

　この点は、「徒弟制と技術教育」研究会での以下の指摘からも確認できる。まず、ルブールは、「全ての少年にC. A. P. を受験させることはできない。少なくとも3年間講座に通わねばならず、また、その条件を満たしたとしても、幾人かは怠惰や無関心で知的水準が低い」とする。彼は、さきにあげた20％前後の受験率を「不十分」と見てはいるが、100％にまで高めるべきとも考えていないのである。また、リール、および近郊冶金工業組合代表で職業能力証明についてまとまった報告を行うヴァルドゥリエーブルが、「C. A. P. についてのノール県技術教育委員会の素晴らしい定義」とするものは、彼がC. A. P. に求める水準の高さを示している。すなわち、「①志願者が十分な熟練 une habileté でその職を遂行しうる。②彼に与えられた指示を理解し、委ねられる製図と平面図を読める。③職に関する技術的、理論的知識を持つ」と[51]。このよう

な水準が求められるとするとC. A. P. は徒弟修業を終えた少年のごく一部にかかわるものとならざるをえない。金属工業経営者が、徒弟修業改良の手段としてC. A. P. を肯定しながら、限定的な運用にとどめようとしていたと言える。

　この点にかかわって、「研究会」において見られた、C. A. P. 試験をめぐる見解の対立は示唆的である。参加者によってなされた意見交換をまとめた、ダムールによると、C. A. P. をめぐって、2つの傾向が明らかになった。一方で、C. A. P. の全国的統一の強化を追求する意見である。代表的なものとして、ドゥースの「C. A. P. を与える試験の様式と条件を定めることを地方委員会に委ねないことが強く求められる」との見解。他方では、ロンスレーが代表する「地方に応じて試験は多様であるべき。試験委員会に大きな自由度を与えるべき」との見解が[52]。

　ヴァルドゥリエーブルは、C. A. P. についての報告で、この問題を取り上げる。まず、「1919年法によってC. A. P. が制定された際、試験は地方委員会に委ねられたため、様々な地方での差異」が存在するとし、受験年齢でさえも、グルノーブル16歳、サン・ディジエ17歳、マルセイユ18歳と異なり、「実技試験の課題や時間が多様であり、旋盤工は3〜8時間　調整工は4〜9時間」であるとする。理論の試験でも地方ごとに大きな差異があるとした上で、実技試験について、「パリ、リール、マルセイユなどでは、試験委員会の下でテストが行われるが、他の地方では、経営者の作業場で製作されたものが提出され、いわば親方作品であり、公正の保証がなく、古いコルポラシオンの実践に近すぎる」と指摘する[53]。このような事情がC. A. P. に否定的な見方をもたらし、たとえば、ナントの機械製造・造船経営者組合は、雇用主の唯一の関心である同質性が確保されないので、C. A. P. は何の利点もないとすることが紹介される。解決策として、「全てのC. A. P. に同じ価値を与えるために、せめて時間だけでも統一されるべきである。課題についても、地方の事情を考慮して、いくつかの課題を決め、そこから試験委員会が選べるようにすべきである」とする[54]。こうして、彼は、地方の実情を考慮すべきとする要求を認めながらもC. A. P. の全国化をとりまとめようとするのである。

　これらの言及からは、C. A. P. を地方の現実に即したものに限定しようとする立場と、全国的な労働市場形成に資する職業能力証明を実現しようとする立

場の対立を見ることができる。同時に、そこから、より重要な論点が明るみに出る。C. A. P. と徒弟修業修了の関連である。ヴァルドゥリエーブルは次のような注目すべき発言を行う。すなわち、「技術教育監督局に代表される当局と経営者は、徒弟がC. A. P. 試験を受験することが望ましいとする点で一致している。しかし、実際の意味については距離があり、当局はC. A. P. を学業の終了の認可とみなし、経営者はある職の実践に必要な能力の証明と見る。前者は理論的価値を重視し、後者は実践的価値を重視する」と[55]。C. A. P. の獲得が、徒弟修業の終了であるか、それともその名称通り「能力証明」であるかの見解の対立があり、金属工業経営者は後者の立場をとるとするのである。「今後、職業能力証明（C. A. P.）は徒弟修業修了証明とみなされる」とする、ある県の技術教育視察官会議での見解を紹介し、「職業能力証明というこの名称は好ましくない。立法家の要望に応えておらず、また、混乱を生じさせるものである」と批判するのも同主旨である[56]。さきに見たように、C. A. P. の受験、合格の実態からすると、C. A. P. 取得と3年間の徒弟修業修了とは分離されている。従来は、雇用主に属することが当然視されてきた、徒弟修業修了認定が、職業講座の義務化とC. A. P. の創設によって可視化され問題にされている。コルポラシオン的な古い実技試験のあり方への否定的言及はこの点にもかかわっていたのである。

　ヴァルドゥリエーブルの次の叙述は、別な観点からこの徒弟修業修了認定権がどのように問題にされていたのかを示すものである。まず、「一方で、労働法第1部第1章に定められた契約の遂行による、厳密な意味での徒弟修業なしに、経営者が証明書を交付する場合がある」と。徒弟契約なしでも経営主が徒弟修業を認定しうるという極めて注目すべき事態である。広がりの程度は別として、徒弟修業の認定が本源的に雇用主に帰属するものであると考えられていたのである。第2に、「他方で、厳密な意味では徒弟ではない職業学校の生徒や、徒弟修業をせずに作業場で働く少年労働者もC. A. P. を受験でき、後者に対して授与される免状が徒弟修業の終了証明書であると主張しうる」と。これはC. A. P. がもたらした新しい事態である。徒弟修業をせずにC. A. P. を獲得して、徒弟修業に代える可能性が生まれ、第1の場合とは逆に、経営者の徒弟修業認定権が脅かされていることが問題とされるのである[57]。「報告」には、

職業学校卒業生のC. A. P. 受験を批判する多くの言及が見られる。マッソンが紹介する次の回答が典型的である。すなわち、「実業学校の生徒の職業的価値を完全に認めたうえで、工場は、彼らが徒弟修業を経営者の作業場で終えることを義務化すべきである。卒業生の要求は彼らの能力と比較して過大である」と[58]。「学校」が徒弟修業認定権を掌握することに金属工業経営者は強い警戒心を抱いていたのである。

1919年職業教育法は、普通中等教育と並ぶ職業教育を目指すものであり、工業の現実、教育予算の制約の中で、旧来の徒弟制を職業教育講座で改善し、それをもとに新しい職業資格C. A. P. を創設した。そこには、全国的な労働市場の発展に照応する共通した資格創出という金属工業経営者の利害も反映されていた。しかしながら、このような資格の授与は、契約に基づく徒弟修業の場合は当然として、さらには、それがない場合でさえも本源的に雇用主に属するとされた徒弟修業修了認定を揺るがすものでもあり、金属工業経営者は、C. A. P. をあくまでも、徒弟修業をしたことと、それに基づく「能力」の証明に限定しようとしたのである[59]。

上に見た徒弟修業修了認定は突き詰めれば熟練認定の問題でもあった。この点に関して、メランによる「徒弟制と技術教育」研究会での「厳密な意味での徒弟制」報告は興味深い叙述を含んでおり、これを中心に検討する。メランは、この問題での金属工業連合の調査に対する回答を検討し、そこに、徒弟修業修了者の能力が、本来の熟練工の能力と比較してどの程度であるかについての認識が存在したことを明らかにする。金属工業経営者の全国的な会合において、この問題が提起され、事例数は多くないとはいえ具体的な数値があげられること自体が注目されるべきである。紹介されている5企業、2組合の職種名に即した事例から、2企業の例を表2-3に、事例数の比較的多い調整工、旋盤工についてまとめなおしたものを表2-4に、職種を区別せず平均的数値を示す4企業のそれを表2-5に整理して掲げる。その際、メランは、「この調査の回答の大部分では、熟練工の定義」は、「彼の職業professionに必要な全ての理論的知識を持ち、通常の実践ができる平均的労働者」であるとする。「つまり、この実践の継続によって獲得できる、通常以上に高い価値は考慮しない」と[60]。また、徒弟修業終了時とは3年間の徒弟契約の終了時を意味している。能力の

表2-3 徒弟修業修了時における労働者の能力と、本来の熟練労働者の能力との比較（その1）

企業名	職種	能力比%
Société des Etablissements Groignard	調整工	70
	旋盤工	60
	銅鋳物工	40
	鉄鋳物工	50
	鍛造工	40
	型工	35
	鋳造工	40
	中子工	50
Etablissements Noel Aine, Pellegrini & Cie	調整工	60～70
	旋盤工	65～80
	鉄大工	100
	電気組立工	100
	電気回路工	35
	電気調整工	40

出典：Union des industries métallurgiques [1928] pp. 123-124.

比較は％で示され、明示されてはいないが、賃金の額の比較とみなすべきである。

表2-3の1企業の例では、徒弟修業終了時の労働者の熟練労働者に対する能力が35～70％、いま1つの企業の例では、35～100％と大きなばらつきを示している。3年間の徒弟修業を終了して、すぐに本来の熟練工として扱われる場合もあれば、3分の1の能力しかないとみなされる場合もあるのである。さらに、後者の例では、調整工と旋盤工について、それぞれ60～70％、65～80％と幅があり、労働者の能力、最終的には「熟練」の認定は企業ごとに、雇用主によってなされていたことが示唆される。ただし、表2-4の、調整工について見ると、企業が異なるにもかかわらず60～70％と幅は狭い。また、同じく4事例を数える鍛造工、鉄・銅鋳物工の場合も40～45％、40～50％というようにある程度収斂も見られる。事例数が少ないこと、旋盤工については開きが大きいことから、仮説的にしか言えないとしても、職種によっては評価が社会的に定まっていた可能性を否定しえない。その場合、雇用主の能力認定が制約を受けていたことになる。表2-5によれば、4企業とも、全職種を一括して50～85％とみなしている。ここでも、評価のばらつきは、企業ごとの能力認定を示している。以上からすると、一部の例外を除けば、一般的に言って、徒弟修業終了時には、まだ本来の熟練工の能力を持たないと考えられていたことが確認できる。

メランの次の指摘は示唆的である。「法律（1919年職業教育法）は、徒弟がC. A. P. の受験ために必要な期間を3年と定めていることから、職種にかかわりなく、徒弟修業の期間を3年間に定め限定しようとしていたようである」、しかしながら、「実際の徒弟修業が3年より短い職業がたくさんあり、われわれ

表2-4 徒弟修業修了時における労働者の能力と、本来
の熟練労働者の能力との比較（その2）

職種	企業名・組合名	能力比%
調整工	Le Syndicat du Parc d'Artrillerie de Marseille	60
	Etablissements Noel Aine, Pellegrini & Cie	60～70
	Société des Etablissements Groignard	70
	Etablissements Mrtiny et Cie	70
旋盤工	La Société Générale de Remorquage et de travaux maritimes	40
	Société des Etablissements Groignard	60
	Etablissements Noel Aine, Pellegrini & Cie	65～80
	Etablissements Mrtiny et Cie	100

出典：表2-3に同じ、pp. 123-124.

表2-5 徒弟修業修了＝資格取得労働者の能力の、本
来の熟練労働者の能力との関係（その3）

企業名	能力比 全ての職種について%
La société de Constructions navales Dyle et Bacalon	65
La Société Generale Constructions Mecaniques	85
La Comagnie de Construction et d'entretien	80
La société Provançal de Construction Navales	50

出典：表2-3に同じ、p. 123.

の工業でも、3年が不要なものもある。他方で、職業の通常の仕事の遂行にまさに十分な能力を獲得するためには6年もかかるものもある」と[61]。職業能力証明（C. A. P.）の制度を定め、それを取得するのに、3年間の現場での訓練と職業講座受講を義務付けた1919年法は、多様な徒弟修業期間を3年に統一するとともに、試験合格者には公的な資格を与えることで、あらためて、徒弟修業修了と熟練の関係の問い直しを促したのである。

メランは、国家によって徒弟修業の期間が3年間に画一的に定められることを肯定的に評価していない。その上で、「3年間の一連の作業で職業能力証明（C. A. P.）試験を受験できるようになった時が徒弟修業の終了か、それとも、実際に熟練工としての能力を獲得した時か」と問題を設定し、上の表に示されるもの以外にも、連合の調査から、次のような、工業家の評価を取り上げる。ルノー社の回答として「熟練工は、3年目末に徒弟が行う試作をより短い時間

でできねばならない」と。また、カルノー工場の回答として「熟練工のカテゴリーは、3年目末の徒弟に照応する第3カテゴリーの労働者よりもずっと上に定めている」と。メランは、以上の検討をまとめて、「回答の多くは、3年では徒弟は熟練工に必要な質を獲得しない」、「回答が一致しているのは、3年目末の徒弟は熟練工に与えられる通常の製品を加工しえねばならないこと、しかし、時間がかかり、正確さでも劣り、……したがって、徒弟は、それほど正確さのいらない通常の製品しか加工しえないこと」であるとする。これらを踏まえて、次のように結論する。「熟練工の称号にふさわしい不可欠な能力を持つのは3年間の徒弟修業の後でしかない。理論、道具と動作の知識を備えるだけではなく、効果的に仕事をできるようになるには長い時間の経験、判断力、冷静さ、力が必要である。20歳を過ぎてからしか優秀な兵士になれないのと同様に、工業の専門家になるのも経験が必要であり、徒弟修業を経てC.A.P.を持つ18歳は不可欠な基礎的要素を持つが、本当の意味での熟練工に必要な質を得るには延長された作業場での研修、実践の一定期間が要る」と[62]。

「労働週間」報告において、カンタンは、徒弟期間は組合の徒弟契約雛型によると、試み期間2ヵ月を含んで3年であり、その間の報酬は能力と年齢に応じて上昇し、修了時には同じ種類の半人前工の賃金になるモデルを提示する[63]。以下の表2-6の通りである。「半人前工」との呼称は示唆的であり、明らかに熟練工との差が存在したこと、熟練認定は雇用主に握られていたことが示唆される。

われわれは、労働局調査を検討して、19世紀末から20世紀初頭の印刷業において、3年間の徒弟修業の後に2年間の少年工としての労働の義務付けが慣行として存在するのを見た[64]。金属工業において、3年間の徒弟期間の終了、さらには職業能力証明の取得がそのまま「熟練工」としての能力と資格の獲得ではなく、そのためにはある期間が必要であるとの認識が確認されたことは、このような慣行がより広く、また、後の時代にまで存在していたことを明らかにする。同時に、金属工業経営者にとって、決定的な問題は、職業能力証明が公的なものとされたことに対して、熟練の認定について、旧来の慣行、現場での評価を再確認し、熟練認定権をあらためて掌握し直すことにあったことも示す。

この点で、メランの報告に見られる次の具体的提案も注目されるべきである。

すなわち、「本当の意味での徒弟修業の終了とは、徒弟が熟練工になる時を意味する」のであり、この過渡期である「少年工、助手労

表2-6　1924年の金属工業における徒弟モデル賃金

1年目	なし	両親に月80〜100フラン
2年目	時間給 0fr. 50〜1fr.	
3年目	時間給 0fr. 80〜1fr. 50.	徒弟修業修了時に半人前工の賃金

出典：Cf. Ministère de l'Instruction [1925] p.58.

働者、半人前工などの資格はきわめて相対的であり、不正確であるから」、「C. A. P. を獲得してまだ熟練工ではない少年に対して、たとえば、研修工というような全フランスで統一した名称が与えられるべきである」と[65]。したがって、慣習的に存在してきた徒弟修業の終了後の半人前工などとしての継続修業的かつ義務的雇用を、資格の公式化に照応してあらためて全国的な制度として確立させることを求めている。それが、熟練認定を経営者の手に確保することと結び付けられていたことは言うまでもない。

　すでに指摘したように、金属工業家は、職業教育法に対して否定的ではなかった。それは、メランの次の結論にも明らかである。すなわち、「講座、規則、教育プログラムの点で、地方の差異は認めながらも、徒弟は全フランスで同じ基礎の上で作業場において手作業教育を受けること」、「1年目の試験、2年目の試験、C. A. P. の試験というように、県技術教育委員会が一致して作業場での徒弟修業の努力を確かめる手段を採用すること」が必要であると[66]。これまでの検討と併せて考えると、職業能力証明、すなわち、せまい意味での徒弟修業修了認定については、個別企業の限界を認め、公的制度の活用を促しながら、熟練認定については、これを厳格に雇用主の側に維持しようとしていたと考えることができる。

　この、いわば熟練認定の経営者の下への確保に関しては、基本的には下級幹部を養成すると考えられている職業学校、実業学校の卒業生についても同様の認識が見られる。マッソンはその報告において次の指摘を行う。「学校の交付する証明書 C. E. P. I. は保持者が熟練工であるという証明ではなく、彼がそうなるに適しているとの証明である。実際に専門的な労働者と同じ仕事を作業場でするためには、試験で作品製造ができるだけでは十分ではない。工場や現場でなされる仕事は、学校出のそれと同じ条件ではない。生徒の実践的、理論的

教育の評価がどのようなものであれ、各作業場の特殊な労働の諸条件に適応しなければならない」と[67]。ここでは、資格と熟練認定の区別がより一層明瞭に示されている。

　これまでの検討を、熟練工システムの観点から整理すると以下のとおりである。旧来の体制においては、生産が小規模で分散していたこととかかわって、徒弟は熟練工の下で徒弟修業を行い、一定期間の修業を終えると半人前工として、半ば義務的に半ば権利として雇用され、雇用主によって熟練認定を受けて一人前の熟練工となった。彼ら以外にこのような徒弟修業を経ない労働者が不熟練工として雇用された。雇用主は熟練工に多くを依存しながら彼らを直接監督し、熟練工―「半人前」工―徒弟、不熟練工の全体を管理した。生産の大規模化、技術発展に伴い、一方で中間・下級管理職が登場し、他方で不熟練工が専門工として基幹労働者化することで、熟練工とその養成を担う徒弟制度に変容が迫られた。徒弟の理論教育のための講座の義務化と公的な職業能力証明の創設は、この要請にこたえようとするものであり、経営者はそれを積極的に受け入れたが、雇用主に属することが自明とされ慣習化されてきた徒弟修業修了認定、熟練認定が、公的な職業能力証明の創設によって可視化されたことに対しては、熟練認定の維持に固執するのである。これ以降は、不可分であった徒弟修業修了認定、熟練認定が公的能力証明と雇用主による熟練認定とに分離されることになる。

4．戦間期フランス大企業における職業教育と労働者管理

　理論講座や職業能力証明試験は旧来の徒弟制に大きな変容を迫るものではあったが、なお「労働者大衆」に対する職業教育の根幹は現場での実技訓練に求められた。しかし、ここにも大きな変化がもたらされようとしていた。これまで取り上げてきた2つの会合での議論の一つの重点がここに置かれてきた。その特徴は、徒弟教育の体系化、組織化と、とくに大企業において、実技教育を現実の生産と分離する傾向である。

　「徒弟制と技術教育」研究会において、コケレやメランは、金属工業の新しい発展動向とかかわった職業教育についての現状を次のように叙述する。メラ

ン。「いよいよ急速な機械化の進展、極限までの生産性の追求、激しい競争によってかつてのようには、熟練労働者になるべき徒弟が、他人の労働を見るだけで、自分自身で教育することを期待しえなくなっている」[68]。コケレ。「かつては、小学校を出た少年が単純に労働者の助手であり、彼はよかれあしかれ、長短の期間で事物の力で職を学んだ。……まれな例外を除いて徒弟はほったらかしにされ、彼がつく労働者の能力に依存した。徒弟は将来の職を学んだが、不可欠な理論的知識を持つことを促されず……徒弟修業は偶然に任されていた」[69]。ここでは、旧来の徒弟教育が他人の労働の見様見まねによること、教育が労働者任せになっていることが鮮明に表明されている。司会者として会議をリードしたカンタンは、現状を次のように捉える。「現在、あまりにもしばしば、工場において1班長や、さらには1労働者がこの仕事に携わっているのが見られる。彼らの意図がどんなに良くとも、彼らはこの問題を研究し、解決する準備ができていない」と[70]。

このような現状認識にもとづいて打ち出される方策は、理論教育の導入と実技教育の体系化、組織化である。『報告』中の幾人かの発言や叙述を列挙しよう。ベイヤール「学校と工場の徒弟が同じ条件であるべき。工場に教育学的学習を導入すべき」、「作業場で徒弟によってなされるべき仕事の方法的組織が重要である」[71]。徒弟教育のための専門部局の創設が提起される。コケレ。「作業場とは別に、規則と全体の観点に従う特別な部局を設けること、専門家による注意深いコントロールの下での実技教育、その名に値する教師による理論教育が不可欠」[72]と。さらには、個別企業を超えて徒弟修業、実技教育の水準の維持が求められる。コントゥノ。「組合は組合員の作業場における徒弟に対する実践教育をコントロールする計画を研究中である」[73]。バルト。「組合員の努力を調整するために徒弟修業局長のポストを設けることが不可欠と判断している。……徒弟修業局長が工場に立ち入って徒弟の実践教育を監督することに何の困難もない」[74]。金属工業全体の徒弟制革新運動が提起されていると言える[75]。

コケレは以下のような新しい徒弟制度の構想を提示する。「徒弟制度の組織はきわめて簡単である。1技師が仕事を引き受け、彼の下にグループごとに職業教育のための1監督（当社の最も優秀な人々から選抜）と各専門に彼の助手である指導教育者（優秀な労働者から選ばれ、15人の徒弟を見る）が置かれる」と。

表2-7　実技教育の場所と教育者

実技教育の場所	事例数（カッコ内は、単独回答数）	教育者
学校	22（18）［自動車5　鉄道関連2　製鉄5　機械製造2］	技師3　監督3　班長2など
特別作業場	19（16）［電気2　自動車1　造船1　製鉄3］	監督11　優秀な労働者3など
特別班	13（9）［自動車2　鉄道関連1　製鉄4　機械1］	技師3　優秀な労働者1など
通常作業場班	42（33）［自動車1　製鉄6］	技師4　技術職員4　監督19　班長9　優秀な労働者12など

出典：Union des industries métallurgiques [1928].

　さらに、「徒弟のこれらのグループは各々特別な作業所に入れ、徒弟は労働者とは全く関係しない」とする。労働者任せにはすべきではないと言うに止まらず、徒弟は労働者と切り離すべきとされたのである[76]。この点は、熟練工の教育にかかわる金属工業経営者の認識の最も重要な特徴である。87企業で実施されている教育組織についての巻末表から、実技教育の場所別の事例数と、その内訳、教育担当者を表2-7に整理した。まず、技術教育が完全に独立してなされている学校と特別作業場が41事例、複数回答を除いても36事例存在することが確認できる。通常の作業場においても、徒弟のみの特別な班が編成され、通常の労働組織と切り離される事例は13ある。他方、複数回答を含む42事例において、部分的、もしくは全面的に徒弟は通常の生産、労働の場で教育されているのである。したがって、コケレの言う「労働者と関係しない」状態、生産、労働の場と教育の場の切り離しは、通常作業場班での教育を上回っており、一つの傾向として確認することができる。メランによる報告は、この分離が大工場の傾向であることを指摘する。彼は、実技教育のあり方を、①労働者との継続的接触による実践での徒弟教育、②徒弟を特別な班にグループ化し、実技教師の下に置くこと、の2つに分け、その上で、「大工場では1年目、2年目に特別の作業場を設ける。小作業場では機械設備もなく、多くの場合経営者自身による教育がなされる」[77]とするのである。業種が分かる限りで、「学校」には自動車5、鉄道関連2、「特別作業場」には電気機器2、造船1、自動車1、「特別班」には自動車2、鉄道関連1を含み、自動車を先頭とする新しい金属加工企業において、徒弟の実技教育の場を、通常の生産の場から切り離す傾向

が強かったと言ってよい[78]。

『労働週間報告』においても、実技教育を現実の生産の場から切り離すべきとする以下の叙述を見ることができる。カンタンによると、大工場の工場徒弟の場合、「２年目までは厳密な意味での生産には従事せず、３年目にはもっぱら作業場の通常の体制に従って生産に従事する」と。また、「十分な数の徒弟を集め、指導者を確保しえない中小の作業場のための共同の作業場・学校を設けるべく研究中である」と[79]。このカンタンの報告を受けた司会者は、「工場での徒弟制は徒弟が労働者の間に個別的に入れられている場合には不可能であり、彼らはグループ化されねばならない」と総括する[80]。デラエ自動車職業教育部門長ロペスは、以下のように言う。「大戦前には、われわれの班の中で何人かの徒弟を保持していた。しかし、労働者はめったに優秀な労働者を教育しえないことから、このやり方ではまずいことがわかり」、「教育学的教育、方法に添った教育が不可欠であり」、「工場に設置されてはいるが、まったく独立している徒弟学校」が1914年に設立されたと。同社では、徒弟は２年間、工場内にはあるが完全に独立した学校で過ごし、３ヵ月ごとの試験によって評価が行われ、成績が良い場合には３ヵ月で、普通（70％）は６ヵ月で第３セクションに進み、この時点から手当を得る。３年目には作業場の班に組み入れられるが、その場合でも、「仕事の厳しさが、技を失わせないようにするために、３ヵ月に２週間の復習期間が設けられた」と[81]。

労働者と徒弟の切り離しは、単に技術教育の内容だけから問題にされていたのではない。ベヤールの次のような指摘からは、生産の場において労働者世界の一種の自立性が存在し、これが新しい技術教育を妨げているとの認識を読み取ることができる。「労働者や下級幹部の中に広がっている、職業講座は無駄であり、優秀な技術者を教育するには作業場の職のルーチンを実践するだけで十分であるとの考えと闘わねばならない」と[82]。この点で、マッソンの次の議論は、職業学校に関するものではあるが、当時の生産、労働の現場についての金属工業家の認識を示すものとしてきわめて興味深いものである。「（職業学校の卒業生は）各作業場の特殊な労働の諸条件に適応しなければならない。この適応は手の技だけではなくメンタルな教育が必要であり、時間がかかる。学校と職業の正常な実践との間の中間期間は、免状を持つ少年にとってはつらい時

期である。彼らは、彼らに課せられるこの研修の有用性をなかなか理解しえず、しばしばいじめにあう。彼らが突然放り込まれるこの場所は、心配りを受け、やさしく対応される学校とは全く雰囲気が異なる。作業場ではぶっきらぼうなしゃべり方をする労働者との接触が彼らを臆病にし、やる気をそぐ厳しい方法にさらされる」と[83]。生産の場が生み出し、労働者たちによって受け継がれてきた独特な雰囲気が支配することが示される。そこでは、下級幹部と熟練労働者は一体であるとすると、経営者、雇用主の熟練認定が、「現場教育」の力によって大きな制約を課せられていた可能性が高い。新しい労働者教育は、このような労働者世界のあり方の打破と結び付けて、金属工業家によって理解され、構想されていたのである。

　労働者教育の道徳的側面が強調されることもこれと軌を一にするものである。ルブールは次のように述べる。「目的である職 métier の遂行に必要な技術的、職業的教育を少年に与えるためには、実践的知識の獲得だけに限定されてはならない。その職業を好むようになる道徳的質が発展させられなければならない。活動力、秩序、方法が。さらに、少年の頭に、職業的自覚、競争心、職業と国民の最大限の生産性の必要性が浸透させられねばならない」と[84]。アペルは「職業講座の参考書一覧についての報告」において、「徒弟に良き市民として要求される道徳的・社会的質を生み、発展させるための書物を彼らに手に入れさせることが望ましい」とする[85]。ルブールは規律の重要性を次のように主張する。「徒弟に規律の観念、つまり工場によって定められた規則をたたきこむことはきわめて重要。上司への尊重と信頼も同様。これなしにはどんな商工業組織も繁栄しえない」と[86]。

　このような、道徳性や規律の追求が、労働運動との対決という側面を持っていたことは否定しえない。ベヤールははっきり次のように言う。「撹乱者の悪しき影響に対して、社会、市民教育も時を見て与えられるべき」と[87]。徒弟のための雑誌を提唱するオブリーの指摘も明瞭に労働運動を意識している。「それは、全ての徒弟の手に入りうる一種の新聞で、徒弟を道徳的、社会的に教育するもの……われわれがそれをしなければ、われわれが認めることができないやり方で他のものがそれをやる」と[88]。しかし、労働運動との対決は、せまく理解されてはならない。労働運動そのものが立脚していた古い労働世界、それ

を支える労働現場での徒弟と労働者の日常的接触による実践教育、この解体・再編こそが問題であった。「労働者の職業教育の道徳的側面をはっきり認識するわれわれは、この教育が「工業の合理化」と呼ばれる方法の1つであることを認める」とのカンタンの発言にそれは集約されている[89]。

誰が徒弟の実技教育を行うかは、「研究会」における重要論点の1つであり、前掲表2-7からは、実技教育者についての言及として、「技師」10事例、「技術職員」4事例が目立つと同時に、監督33事例や班長11事例、さらに「優秀な労働者」、「熟練労働者」16事例を確認することができる。さきに見たように、コケレは、「技師」の指導とともに、優秀な人々から選抜される監督と優秀な労働者から選ばれる指導教育者を教育者団として構想していた。全てがこのように組織立ったものではないことは、表2-7からも明らかではあるが、一部にはコケレの構想が実現され、それがあるべきものとして強調されていたことは重視されねばならない[90]。コケレが、「監督は道徳性、命令能力、忍耐力、秩序、知識が求められる」[91]とすることには、労働者・監督に要求される協力内容が示唆される。

前節において、熟練認定を雇用主の下に確保しようとする動きを確認したが、ここまでの検討は、旧来の熟練工システムにおいて、徒弟教育が熟練工に委ねられ、労働者世界の自立性が雇用主の熟練認定を制約していたことを示唆する。したがって、徒弟教育を生産、労働の場から切り離し、新しい形で労働者を教育に動員することは、より高いレヴェルで熟練認定を雇用主の手に掌握し直すことを意味していたのである。カンタンは、「徒弟修業の領域での労働者の協力の利益を正しく理解しなければならない。実技のプログラムや、試作の作成のような技術的問題の解決には彼らの協力が望ましい」とする[92]。総括的報告を行うウエイツの次の指摘も新しい生産の在り方が、労働者教育への労働者の協力を必然化しているとする。「労働の合理化は、労働者、監督に労働者職業教育の技術的問題の解決へ可能な限りの参加を求めることになり、この点では全会で一致している」と[93]。

体系的教育と、その成果によって労働者を管理しようとする事例として、「労働週間」で取り上げられる、パリ・オルレアン鉄道社についてのラクワンによる報告を検討する。彼は、企業内教育について2つの原理をあげる。まず、

「従業員は少なくとも装置と同じ生産性を果たすので、装置の改良と同じ注意を彼らの教育に払わねばならない」と、労働者教育の目的が、生産性の向上におかれ、教育は生産装置の改良と同一視されるのである。次いで、「すべての従業員は、ヒエラルヒーのどの位置にあっても、個人の能力の最大限を引き出すよう完成することを求められる。その代わりに、すべての昇進は、個人の価値、知識、能力にのみよる。われわれは、彼らの自然な能力を十分発揮できるよう必要なすべてをかれらの使用に供するよう努力する」と、教育システムと労働者の評価、昇進が結び付けられる。それは、次のように新しい社会の在り方にまで結びつけられていた。「これは進歩と社会正義の原理、労働の精神を刺激し、不公正な社会的不平等を抑圧する」[94]と。

この原理に沿って、労働者の教育、養成は、「特別の部局」のもとで、製造と同じようになされるべきとされる。すなわち、「われわれの徒弟制の組織を判断するためには、従業員教育にかかわる全体組織において占める位置を考慮に入れねばならない。この全体は、製造工程図のように作成され、我々が教育しようとする従業員の各カテゴリーについて、教育の連続する局面（stade）、最終的な教育水準（degré）、実践的利用、最後にこの教育を課せられた組織を示す図で表される」と。さらに、「教育部門に従事する人々」についても、「彼らの労働は、工業の製造のように管理され、コントロールされるのである」と[95]。労働者教育の問題は、労働組織の合理的、科学的編成、換言するとアメリカ的大量生産体制の導入と密接に結びつけて論じられようとしていた。ラクワンの報告からは、科学的生産体制に照応する科学的教育制度への意気込みを見て取ることができる。

こうして、ラクワンの報告は、徒弟制を含む教育、昇進の具体的な在り方についての、「従業員の教育」という１枚の図と、それについての説明が中心となる。この図では、教育対象、教育課程、教育到達点、最終キャリア、教員組織が、それぞれ、「原材料」「製造工程」「製品」「製造組織」とされており、労働者教育が文字通り「製造工程」に擬せられている。教育対象は「徒弟」「成人」「学校卒業生」の３つに分けられ、「学校卒業生」は独立し、徒弟と成人間は部分的につながれている。本稿では、1915年以来4,000人の教育実績を持つ、熟練工の養成にかかわる「徒弟」教育について検討する[96]。

表2-8 「徒弟」に関する教育・昇進

原材料	製造の連続する工程	訓練期間で到達する資格	生産される製品	製造組織	
小学校卒業 60%（240人） 高等小学校卒 30%（120人） 高等小学校・ 実業学校資格 10%（40人）	徒弟修業普通コース 1年目　2年目　3年目 （3年後優秀者12%は補習過程　実地訓練）	少年工	熟練工 整備士 班長 副班長	理論教師	70人
				教師主任	5人
				監察官	1人
				実技教師	115人
	徒弟修業上級コース※：優秀生10%（40人） ※（1年間の普通コース終了後） 1年目　2年目　3年目　実地訓練2年	班長 整備士		事務員	2人
				副監察官	1人
				検査官	3人
				事務員	1人
				監察官	1人
				副技師	1人

出典：Ministère de l'Instruction [1926].

「われわれは毎年、試験で1,000～1,200人の志願者から400人の徒弟を採用する」と、厳しい選抜がなされること、その際「従業員の子弟が優先される」こと、最初の2ヵ月間は試用期間であり、問題がある場合には徒弟契約が解除されることを、まず確認しておこう[97]。徒弟教育は、表2-8に示されるように、全徒弟が1年間の共通する訓練を受けた後に行われる試験によって分けられる2つのコースからなる。まず、1年後の試験にパスした「一部の優秀な生徒（10%）」が受ける上級コース。この振り分けの際、徒弟修業開始時（原材料）の「高等小学校・実業学校資格保持者10%」と、上級コースへの進級者10%は関連付けられていないが、資格保持者が上級コースに進む可能性が高かったと推測してよい。上級コースでは、あらためて3年間の訓練と2年間の実地研修がなされる。上級コース修了者の半分である「優れた生徒は国立職業学校の水準に達する」とされ、「班長、整備士」の資格を得て、上位の管理職への道を進む[98]。

大部分90%の徒弟は、「徒弟修業普通コース」の残り2年間の訓練を受け、その結果に応じて、以下のような区分がなされる。まず、「上級コースの水準には達しないが、活力を持つ生徒で徒弟修業終了時に同期生のトップに達すれば（約12%の生徒）、4年次（特別学年）に進み、そこでの様々な実地訓練を通じて、将来の班長のポストの準備をする」とされ[99]、最下層の管理職となる。

次いで、徒弟修業3年末の試験の合格者たちが、「少年工」の資格を得た後、いわゆる熟練工、資格ある労働者となる。さらに、「この資格を得られなかった徒弟は半少年工 mineurs aide-ouvriers と呼ばれる」、あるいは、「善き意志を持ってはいるが劣る生徒は専門工 manoeuvre specilaisé とみなされる」と、一部はいわゆる不熟練工となる。最後に、「通常の徒弟については、3年末に最もできない生徒たちを馘首にする」として、雇用が保障されるものではないことが指摘される[100]。

徒弟教育は、2機関車大作業場、18機関車庫、10貨・客車修理場でなされる。機関車作業場では、一定数の専門化された職業、ボイラー工、鍛冶工、旋盤工、型製造工、電気工などが、機関車庫では、機関車運転技師、調整・組立工が、修理場では、車輪・調整工、指物工、車大工、内装工、塗装工、電気工が教育される。ここからすると、実技教育については、通常の作業場でなされ、そこで特別な班が組織されたかどうかは不明である。ただし、表2－8に見られるように徒弟400人に対して115人の実技教師が編成されており、多くの労働者が教育に動員されるとともに、組織的教育がなされていたことを確認できる。また、「教育用列車」での教育についても述べられており、これまで見てきた、現場に隣接しながらそこから距離を置いた教育の場が確保されていたと言える。教育内容をみると、普通コースの場合、週42時間の実技教育、6時間の理論講座、4時間の補習からなり、前2者は8時間の労働時間内に、後者は時間外になされる。上級コースでは、40時間の実技、8時間の理論、12時間の補習となっている。理論講座は、一般教育、製図、技術学からなる。徒弟教育は、頻繁な小テスト、学期ごとの試験と、作業場での仕事の評価に基づくクラス替えによって、コントロールされる。この評価は、賃金や手当の基準にもなる。その一部を表2－9に掲げる。徒弟の場合、教育上の、客観化された評価と賃金が結び付けられ、新しい労働者管理の方向が打ち出されていたと言える。

「徒弟修業の3年末」の試験については、「徒弟修業修了と少年工の資格を得るための」ものであり、試験検査官1人、工場長1人、労働者1人から成る審査委員会によってなされ、記述試験と試作品について判定を受けるとされる[101]。公的な職業能力証明（C.A.P.）との関連については言及されず、あくまでも企業内資格であり、雇用主の認定権が確保されている。ただし、選出方法

表2-9　パリ・オルレアン鉄道における徒弟報酬計算表

(賃金-手当-特別手当-補助金／実働日　通常週手当)

入職年齢			1年目		2年目		3年目	
			前期	後期	前期	後期	前期	後期
14～15歳	賃金と手当	優≧18	1.25×0.40	2.25×0.70	4.50×1.35	5.50×1.65	6.50×1.95	7.50×2.25
		良≧12	1.25×0.40	2.25×0.70	4.50×1.30	5.25×1.60	6.25×1.90	7.25×2.20
		可≧8	1.25×0.40	2.25×0.60	4.50×1.20	4.75×1.45	5.75×1.75	6.75×2.05
※	労働特別手当				1.00	1.00	1.50	1.50
	特別補助金		2.40	2.40	3.20	3.20	4.00	4.00
	通常週手当		80.00	100.00	130.00	150.00	180.00	200.00

出典：Ministère de l'Instruction [1926] p. 311.
注：※17歳以上まで、年齢に関しては4カテゴリーあり、徐々に加算されてゆく。ただし、17歳以上の2年目でも、14～15歳の3年目を上回ることはない。

は述べられていないが労働者をも含む審査委員会が設けられることは、資格を客観化しようとする姿勢も示している。現実的に、毎年400名の徒弟を教育し、そこから約80名の「エリート」を選抜しようとするとき、この客観化は不可欠であった。したがって、公的資格と結びついていないとしても、それと相いれないものではなかったのである。

　1915年以来の10年間の限られた実践に基づく報告であり、鉄道会社という特殊性[102]も考慮せねばならないとしても、この事例が、職業教育税の導入によって本格化しようとしている企業内徒弟教育の方向性を示すものとして提示されていることに留意すべきである。ここで、あらためてその特徴を確認すると以下のとおりである。まず、教育、昇進が「製造工程」になぞらえられ、「労働の科学的編成」に照応して「客観化」されようとしていることである。第2に、多数の労働者の管理の必要性から、従来の「監督」とは異なる中位・下位の管理労働者の育成が大きな課題となっていることである。第3に、企業内の徒弟教育と、企業外の学校制度が組み合わされ、多様な昇進コースの可能性を確保しながら、基本的には学歴に応じた採用・昇進管理、成績に応じた賃金管理が構想、実践されていることである。

5. おわりに

　19世紀末以来の徒弟制の危機、両大戦間期における職業教育法の成立にかかわって、フランスにおける徒弟制、熟練工に関する考察を継続してきた。イギリスやドイツに比べて制度的には脆弱といわざるを得ないにもかかわらず、19世紀を通じて、フランスにおいて熟練資格と徒弟制が根強く維持されてきたことが、「徒弟制の危機」の議論、調査の検討を通じて逆説的に明らかになった。また、産業革命による工場体制と新しい雇用関係の下で、紡績工と糸繋ぎ工のような事実上の徒弟制が生み出されたこと、1851年徒弟法は、徒弟制をあらためて労働者養成の根幹に位置づけたことも確認した。このような検討の中で、労働者の熟練をもっぱら労働内容にかかわらせて理解するわが国における従来の熟練工像に対する疑問を持ち、社会、企業において労働者に位置づけを与える資格としての熟練の意味を強調した。本稿においては、熟練工資格と徒弟制、そこから排除される不熟練工の総体を熟練工システムとして捉えることを提起し、職業教育法とそれに基づく企業内教育によるこのシステムの再編方向を探った。熟練工システムの提唱をもって、徒弟制、熟練資格についての考察に一応の終止符を打ち、今後はこれと密接にかかわる同時期のフランスにおける労働組合、労働協約、より広くは雇用・労働慣行の実態、動向を分析し、雇用・労働関係の全体像の再構成を目指す。

注
1） Cf. Guinot, J. -P. [1946]. Day, C. R. [1987]. Chardon, V. [1992]. Brucy, G. [1998].
2） Ministère de l'Instruction [1926].
3） Union des industries métallurgiques [1928].
4） 清水克洋［2010］［2011］。
5） 理念的には全ての労働者が「職」に属することが求められたのであり、不熟練工はあってはならない存在であった。不熟練工には多くの女性労働者が含まれ、女性は本来家庭に帰るべきとの考え、あるいは、不熟練工には外国人労働者を当てるべきとの極論もここから出てくる議論であった。
6） われわれは、これまで熟練工が労働の内容から規定されると同時に資格であることを強調してきた。しかし、熟練資格とそれを生み出す徒弟制、それが排除し、下位に

置く不熟練工、これらの総体を熟練工システムとして捉えようとするのは本稿が初めてである。また、これまで、熟練工、熟練労働者を厳密に区別せず使ってきたが、歴史的な事態を表現することに限定される本稿では熟練工のみを使う。清水 [2007] 参照。

7) 清水 [2004] [2009]。
8) 両資料とも人名について姓のみの表記。
9) Cf. Ministère de l'Instruction [1926] pp. v, vi.
10) Cf. BRUCY,G. [1998]. DAY, C. R. [1987].
11) Cf. Ministère de l'Instruction [1926] pp. 13, 16.
12) Cf. *Ibid*. p. 26.
13) Cf. *Ibid*. p. 132.
14) Cf. *Ibid*. pp. 153, 154, 163.
15) Cf. *Ibid*. p. 76.
16) Cf. Union des industries métallurgiques [1928] p. 20.
17) Cf. *Ibid*. p. 49.
18) Cf. *Ibid*. p. 92.
19) Cf. Ministère de l'Instruction [1926] pp. 13, 16.
20) Cf. *Ibid*. pp. 127, 132.
21) Cf. *Ibid*. pp. 154, 165.
22) Cf. *Ibid*. pp. 91, 97.
23) Cf. *Ibid*. p. 244.
24) Cf. *Ibid*. pp. 110, 111.
25) Cf. Union des industries métallurgiques [1928] pp. 170-171.「実業学校が素晴らしい労働者ではなく、つまらない職員を教育していると嘆くとしても、この職員の雇用は、工業の必要に応じていることを認めねばならない」とされることからは、当時の下級幹部についての認識の限界と、「近代的工場」、「大量生産が行われる工場」での必要性が強調される。Cf. *Ibid*. p. 171.
26) Cf. *Ibid*. p. 58.
27) 一般的に、熟練工を不熟練工と対置する見解もある。「徒弟制と技術教育」研究会において、「実技教育すなわち厳密な意味での徒弟修業」報告を行ったメランは、「徒弟前教育で適性を発揮しなかった少年は不熟練工 manoeuvre の資格で工場に入るか、他の仕事を探すかの決断を迫られる」とし、さらに、徒弟前教育を受けた良好な少年は「14歳で工場に入る。工場主は使い走りや、単なる不熟練工 manoeuvre の仕事に使われないように注意しなければならない」とする。Cf. *Ibid*. p. 117.
28) Cf. Ministère de l'Instruction [1926] p. 6.
29) Cf. *Ibid*. p. 162.
30) Cf. *Ibid*. pp. 65, 69.
31) Cf. Union des industries métallurgiques [1928] p. 94.

32) *Ibid.*, p. 171.
33) Cf. *Ibid.* p. 169.
34) Cf. *Ibid.* p. 70.
35) Cf. *Ibid.* pp. 184-185.
36) Cf. Ministère de l'Instruction [1926] p. 118.
37) Cf. *Ibid.* pp. 103, 104.
38) Cf. *Ibid.* p. 127.
39) Cf. *Ibid.* p. 59.
40) Cf. *Ibid.* p. 86.
41) Cf. *Ibid.* p. 78.
42) Cf. *Ibid.* pp. 30-54.
43) Cf. Union des industries métallurgiques [1928] pp. 31, 33.
44) Cf. *Ibid.* p. 121.
45) Cf. *Ibid.* p. 31.
46) Cf. *Ibid.* この試験以外に、金属工業組合の試験、地方の試験に言及する数事例もあり、能力の客観的把握が目指されていた。
47) Cf. *Ibid.* p. 138.
48) Cf. *Ibid.* p. 97.
49) Cf. *Ibid.* p. 138.
50) ただし、金属加工企業で、年間20～30人の徒弟を受け入れる、モンリュッソンのサン・ジャック工場の徒弟が、1年目、2年目末には地方委員会の試験を受け、3年末の試験は職業能力証明試験であり、1915年には全員がこれを獲得したとされる事例もある。Cf. *Ibid.* p. 354.
51) Cf. *Ibid.* pp. 138, 149.
52) Cf. *Ibid.* p. 28.
53) Cf. *Ibid.* p. 146, p. 147.
54) Cf. *Ibid.* p. 150, p. 147.
55) Cf. *Ibid.* p. 149.
56) Cf. *Ibid.* pp. 149-150.
57) Cf. *Ibid.* p. 149. ヴァルドゥリエーブルは、「徒弟修業を修了した徒弟が、十分な能力を示しえないこともありうる」とし、C. A. P. の資格はあくまでも熟練労働者になりうる「能力」の証明であるべきことを強調する。ペヤールの次の叙述も同主旨である。「C. A. P., もしくは徒弟修了資格を得たものが職業について完全に知った、何も学ぶことがないというような幻想を与えるべきではない」と。Cf. *Ibid.* pp. 150, 107.
58) Cf. *Ibid.* p. 169. ヴァルドゥリエーブルは、機械製造アルザス協会の以下の回答を紹介する。「職業学校の卒業生と工場での徒弟修業を受けたものが、混在して受験しており、試験と異なるものを作っているので後者は不利である。しかし、十分に経験があり、4年間の徒弟修業の末には、少年工とみなされる。学校の生徒は C. A. P. を取っ

てから本当の徒弟修業が始まる」Cf. *Ibid.* p. 150. と。
59）アルザスにおいて、「職業議会が職業的態度と実技についての経営者による点数が示された能力資格を徒弟に授与する」と、独自な能力資格が出されていたことは、経営主による資格発行を確保しようとする姿勢を示している。Cf. *Ibid.* p. 28.
60）Cf. *Ibid.* p. 124.
61）Cf. *Ibid.* p. 122.「全ての職業についてそうであり、誰もピアノの調律師や外科医、彫刻家、製図工、ボイラー調整工などが3年で修業を終えるとは考えない」Cf. *Ibid.* p. 122.。
62）Cf. *Ibid.* pp. 122-124, 133. コケレの次の評価も同様である。「3年が終了すると、少年労働者として作業場に入る。仕事はできるが、スピードが不足しており、徐々にアップしてゆく」と。Cf. *Ibid.* p. 99.
63）Ministère de l'Instruction [1926] p. 58.
64）清水［2009］参照。
65）Cf. Union des industries métallurgiques [1928] pp. 122, 134.
66）Cf. *Ibid.* p. 134.
67）Cf. *Ibid.* p. 170.
68）Cf. *Ibid.* p. 113.
69）Cf. *Ibid.* p. 90. コケレの次の指摘は、これが中間管理職である作業場長の権限とかかわらせて論じられている点でも興味深い。「徒弟の数は、作業場長によって全体についての考えもなしに採用され、年によって多様である。彼は労働者を教育する義務も負わず。……ある職種では徒弟が過剰で、他の職種では不足ということが起こった」と。Cf. *Ibid.* p. 90.
70）Cf. *Ibid.* p. 49.
71）Cf. *Ibid.* p. 29.
72）Cf. *Ibid.* p. 91.
73）Cf. *Ibid.* p. 20.
74）Cf. *Ibid.* p. 21.
75）以下の叙述も注目に値する。ウエイツ。「（リヨンの経営者）組合は、昨年のC. A. P. のテストの結果から、徒弟修業の組織に何か欠けていることを知り、作業場での自由な徒弟修業に方法的コントロールを導入しようとしている」Cf. *Ibid.* p. 70. カンタン。「地方において徒弟制の組織は、専門家によって管理されねばならない。日常業務を徒弟制部長に委ねるべき」Cf. *Ibid.* p. 48.
76）Cf. *Ibid.* pp. 93, 94-95.
77）Cf. *Ibid.* p. 119.
78）職業のあり方が、なお、現場での教育を不可避にしていたことも指摘される。ロンスレーは「鋳造については労働者か監督しか教育できない」と。コケレは、鋲打ち工について「当初は鋲打ち工も徒弟学校で教育しようと考えられたが、徒弟の肉体的成長が足りないとして取りやめになった。鋲打ち工の教育は現場でなされ、鋲加熱工、

鋲受け工を経て鋲打ち工となる」と。Cf. *Ibid.* pp. 23, 92.
79) Cf. Ministère de l'Instruction [1926] p. 59.
80) Cf. *Ibid.* p. 62.
81) Cf. *Ibid.* pp. 86-88.
82) Cf. Union des industries métallurgiques [1928] p. 108.
83) Cf. *Ibid.* pp. 170-171. ベヤールもまた、「職業学校の卒業生がいじめられないように注意し、このような行為を厳しく罰して抑制しなければならない」とする。Cf. *Ibid.* p. 108.
84) Cf. *Ibid.* p. 142.
85) Cf. *Ibid.* p. 55.
86) Cf. *Ibid.* p. 136.
87) Cf. *Ibid.* p. 107. ニュアンスは異なるものの、コケレが、「ペノー社の学校は実際には5,000人を超えない当社の必要にだけ制限されていない。全ての造船所が同じ努力をすることが望ましい。多数の労働者を養成することで、労働組合が強く要求している賃金の高騰が避けられる」とすることも、労働組合運動への対抗を示す。Cf. *Ibid.* p. 94.
88) Cf. *Ibid.* p. p. 161.
89) Cf. *Ibid.* p. p. 42.
90) ベヤールも「労働者エリートを徒弟教育の指導員として選ぶこと」を指摘する。ルブールは、「手作業の教師 instructeurs は、作業場長、監督、班長から選ばれる。徒弟は将来せねばならない仕事の観点から教育されるべき。仕事のジャンルや工程についてよく知っている労働者に委ねられねばならない。こうしてこそ職業教育と作業場の現実との密接な結びつきを確保できる」とする。Cf. *Ibid.* pp. 108, 139.
91) Cf. *Ibid.* p. 94.
92) Cf. *Ibid.* p. 50.
93) Cf. *Ibid.* p. 67.
94) Cf. Ministère de l'Instruction [1926] pp. 64, 65.
95) Cf. *Ibid.* p. 64.
96) 全体については、清水［2010］参照。上級管理職は高等技術学校である「中央工業学校、理工科学校」、中等技術学校と位置づけられる「工芸学校」卒業生に独占され、下級管理職は、種々の職業学校卒業生と、徒弟のエリートから供給された。
97) Cf. Ministère de l'Instruction [1926] pp. 65, 310.
98) Cf. *Ibid.* pp. 65.
99) Cf. *Ibid.* pp. 65.
100) Cf. *Ibid.* pp. 65, 69. 同社で不熟練工がいかなる位置を占め、役割を果たしたかは不明である。
101) Cf. *Ibid.* p. 68.
102) 「機関車運転手、列車点検係、車庫・維持・作業場の労働者は、工業労働者と同等の職業教育に加えて、鉄道に特有な知識を持たねばならない。それによって彼らは外部

から調達しうる人々とはきわめて異なる特殊な労働者になるのである」と、鉄道会社の特殊性が指摘される。Cf. *Ibid.* p. 64.

参考文献
清水克洋［2004］「20世紀初頭フランスにおける「徒弟制の危機」」中央大学企業研究所編『企業研究』5。
清水克洋［2007］「19世紀末・20世紀初頭フランスにおける「職」の概念」『商学論纂』48-5・6、中央大学商学研究会。
清水克洋［2009］「20世紀初頭フランスにおける徒弟制、理念、制度、実態」『商学論纂』50-1・2。
清水克洋［2010］「伝統的、経験主義的徒弟制から体系的、方法的職業教育へ――1925年フランス職業教育局「労働週間報告」の検討を中心に」『大原社会問題研究所雑誌』619。
清水克洋［2011］「職業能力資格（C. A. P.）と雇用主による徒弟修業修了・熟練認定権――1927年金属工業連合『徒弟制と技術教育』報告の検討」『商学論纂』52-5・6。

Brucy Guy [1998] *Histoire des diplômes de l'enseignement technique et professionnel (1880-1965)*, Paris.
Chardon Véronique de [1992] *L'apprentissage en France de 1851-1919*. Thèse de doctorat d'histoire, Université de Paris IV.
Day Charles R. [1987] Educaition for the Industrial World The Écoles d'Arts et Métiers and the Rise of French Industrial Engineering. Cambridge.
Guinot Jean-Pierre [1946] *Formation professionnelle et travailleurs qualifiés depuis 1789*. Paris.
Ministère de l'Instruction publique et des beaux-arts. Sous-secrétaire d'État de l'Enseignement technique [1926]. *Apprentissage. Compte rendu de la Semaine du Travail manuel (27 au 31 Octobre 1925)*. Première volume. Section des Industries mécaniques. Paris.
Union des industries métallurgiques et minières de la construction mécanique, électrique et métallique et des industries qui s'y rattachent[1928]. *Apprentissage et enseignement technique. Compte-rendu des séances d'études tenues les 7-8 novembre 1927*. Paris.

第3章

管理問題発見の主体と主観
20世紀初頭ヴィッカーズ社バロウ造船所組織調査に即して

小野塚　知二

1．はじめに

　労務管理が産業社会とともに古い現象ではないのだとすると、その始期や生成の時期を論ずる必要があるのだが、本章は、20世紀初頭のイギリスのある造船所の事例に即して管理問題発見の主体と主観の構造を明らかにすることを目指す。

　筆者はすでに別のところで、イギリスの造船機械産業では、1880年代中葉以降、職長と製図工たちによって、ついで技師たちによって、さまざまな経路を通じて管理問題が発見され始め、19世紀末から第一次世界大戦前までの時期に、現場の権限や指揮命令関係、職人の養成（徒弟制度）、技師の養成、職長の抜擢、賃金と能率の関係、原価管理、標準化等々の管理の課題が発見され、労務管理が確立したのではないかとの仮説を示した[1]。では、いかなる状況において、いかなる認識の構造の中に、何が発見されたのか、その具体的なさまを、1つの事例に即して、再構成するのが本章のねらいである。

2．ヴィッカーズ社工場組織調査の発端と概要

（1）　史料の残る可能性

　本章で扱う事例は、序章で提示した4つの相に当てはめるなら、第Ⅰ相から第Ⅱ相への転換の過程で発生した現象ということになる。徒弟・職人から、職長や技師を経て経営者にいたるまでが同一の「まったき職業の世界」に属して

いる場合、そこにも何らかの管理や調整がなされていたに違いないが、それは当事者たちにとってはあまりにも自然ないし当然のことで、わざわざ記録するまでもないことであっただろう。それゆえ、そこに何らかの史料が残る可能性は低く、19世紀の（ほぼ第Ⅰ相に相当する時期の）イギリス造船機械産業について、現場の組織、作業、養成、採用と解雇などの実態を示す史料は、争議記録や回顧録・自伝などでの断片的な記述を除くなら、筆者もまとまったものはまだ発見していない。

　ところが、この自然・当然の状態から誰かが、管理すべき何らかの問題を発見し、新たな管理を試みる過程では何らかの記録が残ると期待される。ただし、第Ⅰ相から第Ⅱ相への転換のすべての事例で、綿密な記録が作成されたとは必ずしもいえない。たとえば、職長・製図工組合や技師団体の講習を通じて言語化された知として管理問題の存在を知り、それを実地に適用する場合、第Ⅰ相の実態を調査し記述することなしに、管理上の何らかの改善・改良が試みられることとなるであろう。そこには、一片の文書通達すら残らない可能性もある。現場の者たちに口頭で管理上の改善が指示され、それが労使紛争[2]に発展することでもなければ、記録が残る可能性は低いであろう。労使紛争が発生して何らかの交渉記録や協約文書が残される場合も、発端に職長や技師による管理問題の発見があったことが、それらの文書に記載される必然性はないから、実態調査記録を欠く管理上の新たな試みには記録の残る可能性はあまり期待できないであろう。これに対して、職長や技師たちが、何らかの実態調査を踏まえて、現場の生の知として管理問題を発見する場合には、何らかの文書——経営者への報告書や当人の覚書——が作成される可能性が高いと期待できる。

　本章が扱う事例は、まさにこの後者に該当し、詳細な実態調査の記録とともに組織・管理の改革案も提示されているため、第Ⅰ相の実態がいかに認識され、それをどのように変更しようとしたのかを知ることができる。また、後述のとおり、この事例では、幸運なことに、別系統の文書が少なくとも3通りは残されており、筆者がこれまでに調査した中では、抜群に豊富な史料が利用可能な事例である。

（2） ヴィッカーズ社組織調査——自社内の他者認識

　この調査は、バロウ事業所長で、1910年1月からはヴィッカーズ社取締役にもなっていた[3]マッケクニ（James McKechnie, 1856-1931）の発案で始められている。マッケクニは、艦艇建造競争が熾烈化した20世紀初頭から第一次大戦後までバロウを率いた技術者で、また有能な経営者でもあった。1910年に日本向け装甲巡洋艦（後の巡洋戦艦「金剛」）の入札において、ロンドンのヴィッカーズ本社＝三井物産ルートだけでなく、マッケクニが強く関与する形で艦政本部の藤井光五郎宛にも別ルートから巨額の贈賄がなされたことは奈倉文二によって明らかにされ、また、その別ルート贈賄の理由がバロウ事業所の労働市場面での困難な状況（同業他社が近隣になく、労働者が逃げやすく、調達しにくいため、作業繁閑、殊に船体建造作業の繁閑を、をできる限り平準化して労働力を確保し続けなければならない状況）にあったこと、それゆえ競合するアームストロング社に当初は結託を持ち掛けながら、結果としては裏切る形で日本向け装甲巡洋艦の全作業を独占したことは、小野塚によって解明されている[4]。これらの個々の過程へのマッケクニの関与の程度について完全には解明し難いが、彼がバロウ事業所の組織面、労務管理面の弱点を明瞭に認識して、それを打開するために受注面でも、また、労務面でも強気の攻めの経営に転換しようとしていたことはほぼ間違いない[5]。以下では、そのうち組織面・労務面での攻めに転換するきっかけとなった組織調査に注目して、そこでいかなる弱点が明らかにされたのかを見ることにしよう。

　ヴィッカーズ社の社内事業としての調査活動は1910年10月に開始されるが、それに先だって、マッケクニを中心とした工場調査の有用性は話題になっていた。たとえば、1910年4月6日付でアームストロング社取締役のサクストン・ノウブル（Saxton W. A. Noble, 会長であったアンドルー・ノウブルの息子）宛にヴィッカーズ社より出された書簡では以下のような提案がなされている。

　　先日、貴社で開催されたホワイトヘッド魚雷会社［ウェイマスのホワイトヘッド社は当時ヴィッカーズ社とアームスロング社が株主であった］の株主総会の後のある日ですが、エドガー・リーズ大佐［ウェイマスのホワイトヘッド社ポー

トランド・ハーバー魚雷工場の責任者] が次のような話をしてくれました。彼はマッケクニ氏がウェイマスにある同社の諸工場を精査し、報告書を作成してくれるなら、有益なことと考えています。彼のこうした考えは、マッケクニ氏の下に委員会があって、当社の子会社工場（subsidiary works）のいくつかを調査した結果、多くの成果が得られたという事実から発しています。リーズ大佐には、彼がマッケクニ氏に連絡を取り、また、わたしが御社と協議したのち、彼の提案を実行するか否かについて検討すると伝えておきました[6]。

ここからもわかるように、1900年代に株式を取得したビアドモア社、ウルズリー自動車、ホワイトヘッド社などについて、それぞれの工場の現況を確認するための実地調査を実施する体制がすでに採用されていた。自社傘下に入った他社を知るための手段としてまずは調査が行われたのである。

こうした調査の経験を踏まえて、ヴィッカーズ社取締役会は1910年10月24日の会議において、自社工場調査委員会を設置し、その委員には、会長のアルバート・ヴィッカーズ（Albert Vickers）、その甥ダグラス・ヴィッカーズ（Douglas Vickers）、財務担当取締役のケイラード（Vincent Caillard）、資本関係のあったビアドモア（William Beardmore）販売担当取締役のバーカー（Francis H. Barker）およびマッケクニの6人を当てて委員会は立ち上げられた。12月22日には、本業の製鋼部門のシェフィールド事業所長であったクラーク（William Clark）も委員として補充された[7]。10月の取締役会決定ののち、直ちにイーリスの小火器工場とシェフィールドの製鋼工場（River Don Works）に調査委員会が出向いたことが判明している[8]。これらの調査の中心人物はマッケクニであった。

マッケクニのヴィッカーズ社における位置は、元々はバロウ事業所の技師として始まっている。バロウ事業所は、ヴィッカーズ社に吸収合併される1897年までは海軍造艦造兵会社（Naval Construction & Armaments Co. Ltd.）という独立の企業で、88年以来、ヴィッカーズ社との関係を深め、マッケクニが同社の技師となった95年には、まだ吸収以前の他社であった。吸収合併後もバロウは、本社所在地のロンドンから見るなら、理解の及ばぬ僻遠の地であって、1910年にヴィッカーズ社の本社取締役に補されたマッケクニは、自社内にこうした他

者的な存在が多くあることを誰よりもよく知る立場にあった。したがって、ビアドモア社、ウルズリー自動車、ホワイトヘッド社など最近になって資本関係の発生した企業だけでなく、19世紀中にはすでに獲得されて直営となっていたマクシム゠ノルデンフェルト社の諸事業所（ダートフォード、クレイフォード、イーリス、エスクミールズ）やバロウ事業所、さらには本業のシェフィールド事業所までが、この調査の対象となったということは、本社取締役会にとっては、各事業所は例外なく自社内の他者であったことを物語っている。

　20世紀初頭の時点で、ヴィッカーズ社は、アームストロングやクルップ、シュネーデルと並ぶ総合的な兵器・造船企業で、その資本額の点でも従業員数でもイギリスで有数の巨大企業であるが、本社機能（取締役会）が本業のエルズィック造兵工場に置かれ、その他の主要な事業所も周辺のタイン河畔に位置するアームストロング社とは、取締役会と事業所との距離感がまったく異なる企業であった[9]。ヴィッカーズ社が大掛かりな組織調査を実施した背景には、マッケクニの個人的な資質や個性だけでなく、ヴィッカーズ社のこうした性格も反映していたと考えられる。

　では、この距離感の正体とは何だったのであろうか。1910年10月27日付のマッケクニの会長宛書簡では[10]、この委員会の目的は「ヴィッカーズ社のさまざまな工場が現在どのような状況で操業しているのかを調査すること」で、シェフィールド事業所に即して、その調査の基本項目を「a：営業部門と工場との関係、b：製造業事業所としての工場の全般的な組織」の2点と説明しているが、「これら両方向のみで調査が進められるべきことを意味しているのではなく、委員会の仕事が実際に始まれば、さまざまな方向性、たとえば職員の役割の重複とか、他工場に集中した方が有利な業務など、が出てくるであろうことが予想され」ていた。調査を迅速に進めるために、以下12点については本調査を始める前に各事業所が委員会に対して、整理された情報を提供することが望ましいとされていた。ただし、バロウも含めて同社各事業所に関するこの予備調査の結果は発見されていないし、本調査の記録も、後述のバロウ事業所造船部に関するもの以外は発見されていない。

1．各事業所の諸経費、および労務費との関係。

2．各事業所の過去10年間の年間総売上、および利潤率。

3．各事業所の職員（officials）および職長（foremen）の俸給、諸手当および諸報酬の表。

4．職員および従業員（employees）の全般的な勤務時間についての説明。

5．職長の一覧表に、その担当部署、彼らの配下の労働者数（熟練労働者および不熟練労働者［skilled and unskilled hands］それぞれの数）、職長の職務の概要を記したもの（giving in summarised form the nature of their trade）。配下労働者の最高および最低賃率と大多数の労働者の賃率も表示する。

6．上記5の表には、職長の下で記録業務に従事する不熟練労働者および熟練労働者（labourers and men engaged on clerical work in the charge of the Foremen）も包含すべきで、それらが職長の直接雇用なのか、事業所の労務費で雇われているのかも説明する。

7．各職長に割り当てられている徒弟の一覧表と、熟練労働者に対する徒弟比率。

8．すべての徒弟の採用と雇用の基本的条件についての説明。

9．職場ないし職業ごとの労働者の支払い方法、時間賃金、出来高賃金、あるいはその他。

10．労働者が出来高賃金あるいは成果に応じて超過支払いを与えるその他の方法で雇用されている場合、熟練労働者の平均稼得額（average earnings）についての説明と、一定期間の平均稼得額を表示する支払い簿。

11．その事業所の製図室に関する全般的な情報、そこで雇われている労働者数、およびその職務の性質。

12．各事業所で生み出されている製品のうち、他工場・他社でも製造されているものの一覧表。

以上の点から明らかなように、この調査は、機械、設備、資材、工場レイアウト、敷地、鉄道・運河・道路等の交通手段など物的な側面には一切関心を示しておらず（事前調査の第12項にある「他と重複する製品」のみ例外）、徹頭徹尾、事業所の人的な組織の側面に関心を集中している。しかも、事前調査項目から、人的組織といっても、事業所の上級経営者は関心外であって、最大の重点が職

員と職長という中間的な管理職層（そのうちでも殊に職長)、および製図室という職場にあることは明白である。7〜10のように徒弟および労働者に関する関心も表明されているが、実際の調査結果から見るなら、それらも職長や製図室・現図場の職務や責任との関係で問題にされており、労働者の企業内での状態が全般的に関心の対象となっていたわけではない。

マッケクニが本社取締役たちの目に曝そうとしたのは、各事業所の職員と職長たちによってなされている管理のあり方であった。取締役会にとって、各事業所が何を作っているのかは既知のことがらであったが、それがいかなる人的組織と管理の下に作られているのかはブラックボックスの中のことがらであって、本社と各事業所との距離感の正体はこうした点にこそ存在していた。そこに改善すべき問題点が、たとえば納期や価格といった、本社の営業活動にも影響する領域に潜んでいないかを探り出すことを、この調査は目指していたのである。

（3） 史料の残り方

本章が検討しようとしているのは、ヴィッカーズ社の各事業所および関連企業の組織調査のうち、バロウ事業所造船部に関する調査記録である。バロウ事業所は、造船部、造機部、砲熕部、および電機部を擁する大事業所で、1902年時点の従業員は約1万人で、ヴィッカーズ社全体の半分近くを占め、第一次大戦中の最盛期1917年には3万人の従業員を擁していた。この組織調査自体に関する史料は、1912年4月に本社取締役会に提出された調査報告書である[11]。報告書は、以下の5つの部分から成っている。

a 「造船所報告」（1912年4月） 22頁
b 「造船所の組織」（1912年4［9］月） 13頁
c 「造船所の組織：職員の義務」（1912年4［9］月） 4頁
d 「主任出来高仕事記録者の暫定職務規定
　　（出来高賃率設定方法が確立するまでの暫定規定）」 2頁
e 「証言録摘要」 109頁

このうち、aがバロウ事業所造船部の現状の調査結果と問題点を記述した、通常の調査報告書にあたるもの、bは組織改革案（主提言）、cとdはそれに付随する提言である。eは、これら報告書（就中a）作成のもとになった証言録で、各部署の責任者、職長など全部で31人分の聴取記録で、非常に貴重な情報を提供してくれる。ただし、残念なことに、質問と証言が直接話法で記載される議会報告書等と異なり、ほとんどが間接話法で証言のみ記されているため、問答の微妙な言葉遣いの相違や意味のずれなどは読み取ることができない[12]。

この組織調査報告書のほかに、以下の3系統の文書が利用可能である。第1は、調査報告書提出前後の社内およびバロウ事業所内の書簡のやりとりで、前述のような1910年頃からの取締役間の書簡、および1912年6月から翌13年7月にかけての書簡約110件がある[13]。第2は、おもに1912年11月以降、汽罐製造工・鉄鋼造船工連合組合（United Society of Boilermakers and Iron and Steel-Shipbuilders：USBI）とバロウ造船部との間の交渉・協約の記録で、組織改革が労使関係に激変をもたらしたことを示す文書である[14]。この労働組合は、造船部の労働者のうちで最大の比率を占める造船鉄工（鈑金、孔明、鋲打ち、填隙などの諸職種）のほぼ全員を組織した組合で、合同機械工組合（Amalgamated Society of Engineers, etc.：ASE）など造船機械産業の他の大組合と同様に、労働者の移動を左右する巨大な力を保持していた。第3は、1911年から13年にかけて日本が発注した装甲巡洋艦（金剛）の造船監督官等の名目でバロウに滞在して、バロウ事業所内各所を調査していた日本人技師・技手・職工の報告書類で、ヴィッカーズ社の組織調査の問題意識とは関係のないところで、現場を同業者の目で観察した記録が残されており、実態を立体的に知るために非常に有益な文書である[15]。

これら3系統の文書を用いた本格的な分析は本章とは別に行わざるをえないため、本章では上述の組織調査報告書から、造船部の実態と、経営者たちの問題意識を浮かび上がらせることにしよう。

3．バロウ造船所調査報告書

（1） 調査と報告書および関連文書の概要

上述のヴィッカーズ社バロウ事業所造船部組織調査報告書（a～e）は、調査対象という点からは表3-1のように整理できる。

以下、この順に調査内容と勧告内容を概観することにしよう。この調査報告書は、艦艇建造に関する情報が基本設計から始まり、より具体的な図面や型板を経て、船体の建造、進水後の各部の艤装作業によって、設計が実体化される各過程について、それぞれの部署での問題点と、他の部署との連携に関する問題点を指摘するという仕方で叙述が進められている。そこからもさまざまな問題点が浮き彫りにされるが、さらに証言録摘要その他の文書を見るなら、調査報告書では充分に扱われていない問題のあったこともわかる。

（2） 製図室と現図場

1） 製図室の状況と問題点

調査報告書は製図室の現状と問題点を以下のように述べる。

製図室はかつては、J. ブラウンが製図室長(Chief Draughtsman)として担当していたが、彼はこの調査時点では造船部長（Shipyard Manager）となっており、製図室長は、その弟 D. ブラウンが担当している。

イギリス向け艦船と外国政府向け艦船の建造は、前者は設計が海軍省から提供され、

表3-1　組織調査報告書の調査対象
（部署および被聴取者）

部署	被聴取者数
製図室	5
現図場	1
造船部建造作業全体	4
造船鉄工	6
造船木工（指物師）	2
船大工	1
艤装工	1
塗装工	1
鉛管工・薄鋼板工	1
船舶鍛冶工	1
造船所技師	1
ミルライト（所内建築・大型機械の据付）	1
船舶修理作業	1
出来高賃金管理者	1
計時記録者	1

出典：Summarized evidence of the report on internal enquiry, 1912, Vickers Archives 1115, Cambridge University Library より算出。

後者はヴィッカーズ社ロンドン本社から設計[16]が提供される。イギリス政府向けの仕事では図面類は、外国政府発注にロンドン本社が設計する場合に比べて、はるかに完備した状態でバロウの造船部に提供される。それは、海軍省において相当程度まで詳細な設計がなされ、さらに海軍工廠で建造された一番艦の同型艦をバロウで建造する場合は、海軍工廠の用意した詳細図面も用意されているのに対して、外国向けの仕事ではロンドン本社は基本設計のみを用意し、建造作業のすべてにバロウ造船部が責任を負って、詳細図面、製造図面などを用意するからである。

こうした外国向けの仕事では、有能なスタッフを用意することが必要だが、委員会は、各艦船の担当製図工（chargehand draughtsman for a ship, draughtsman in charge of a ship）のもとに一群の製図工が配置され、彼らが図面類の用意に当たっていることを確認している。担当製図工の下には担当製図工補佐がいて、作成されたすべての図面の正確さを検査し、図面の指示通りに鋼板鋼材を用いて建造した場合の重量（≒排水量）を計算することになっている。詳細図面と強度計算はロード（Mr. Lord, 製図室の設計・計算係長）の下の詳細設計・計算係が扱う。

かつて、詳細図面は96分の1の縮尺（原寸1フィートを8分の1インチで表示）で作成することになっていたのだが、誤りの原因となるため、48分の1（原寸1フィートを4分の1インチ）が通例となっている。

製図室の現状をこのように認識したうえで、委員会は製図室の統括と人員配置の欠陥について以下のように3点を指摘した。

① 製図室の徒弟制度：製図工徒弟の中には現場経験をもつことも、高価な製造方法とは異なる安価な製造方法に精通することも一切なく、徒弟になり、製図室だけで養成され、製図工になる者がいる。

② 担当製図工による配下製図工の選任・昇給具申権：担当製図工の下で働く製図工たちは彼に服従すべきで、さらにより効率的にしようとするなら、担当製図工が配下の製図工の能力を認めたうえで直接的に昇給具申などができるようにすべきなのだが、実際には、そうではなく、担当製図工が配下製図工の昇給について大きな発言権を有しているとは思われず、しかも

担当製図工は、少なくとも公式には、配下製図工の賃率や、最近いつ昇給がなされたかを知らないのである。
③　担当製図工の任命：製図室長が担当製図工を任命する際にも最適の人物が選ばれているかどうかは疑わしく、この点でD.ブラウンに責任があるが、これまで、彼の責任問題は放置されてきた。彼による選任が、広い見地から仕事に最もふさわしい人物を選ぶのではなく、人脈や縁故などに配慮して担当製図工を選んできたのは大きな難点だが、彼には適切な選択をなす能力が欠けていると委員会は推測している。製図室長の基本的な資質とは有能な部下を選択する能力を有していることであり、また、艦船建造について製図室外の職員に対して常に接触可能であるべきなのだが、D.ブラウンはどちらもできていない。

2）　製図室への勧告案
以上のような問題認識から報告書は以下のような改善案を提示する。

1．当社の利益のために、D.ブラウン氏は解任されるべきである。
2．製図工徒弟の候補者は、まず製図室に入る前2ないし3年間は、船大工徒弟として入るべきであり、現図場に雇われる、あるいは配置されているべきである。
3．徒弟として製図室へ入るには製図室の実施する競争試験によるべきで、その配点は以下のとおりとする。造船部長あるいは現図場主任の報告から現場能力に全体の3分の1の点数、製図室試験に3分の1、造船学および関連科学の履修状況について技術学校教育主任から3分の1。
4．上記が製図工徒弟になる際の通常の方法であるが、それは鈑金（plating）その他の造船鉄工の諸職種からの徒弟採用に対して絶対的な障壁となるべきではない。適格な候補者に対しては［それが現図場の船大工徒弟ではなく、造船鉄工諸職種の徒弟であっても］製図工徒弟採用試験を受けられるよう配慮がなされるべきである。
5．担当製図工は配下の労働者の賃率について情報が与えられ、担当製図工が望ましいと判断する場合には昇給を製図室長に上申できるようにすべきである。

ここでは、上述の問題認識のうち、製図工の養成方法と能力評価・昇給方法については具体的な解決策を示しているが、製図室長に関する問題（部下の能力評価と室外からの接触可能性）については、D. ブラウンの解任という属人的な解決策しか示しえていない。しかし、以下の現図場および建造現場に関する問題発見、さらに証言録まで見るならば、問題の本質は D. ブラウンの資質だけにあるのではなく、彼の前任者であった J. ブラウン（D. ブラウンの兄）が造船部長に転出するに当たって、元来自らが製図室長として保持していた権能のかなりの部分——たとえば、現図場や製造現場から苦情が出た場合の図面変更の権限——をそのまま属人的に持って行ってしまったことに起因していることが判明する。さらに、J. ブラウンを製図室長から造船部長に抜擢しておきながら、それぞれの権能を明瞭に規定することなく、担当者に任せきりであったマッケクニ以下のバロウ事業所経営陣の無責任（現場任せという意味ではまさにクラフト的な特質）が、この調査からは露呈しているのである。

3） 現図場の状況と問題点

　現図場（Mould Loft）とは、製図室が作成した詳細図面・製造図面をもとにして、原寸大の型板を作成する場所である。単純な平面の部材なら、48倍ないし96倍に拡大すれば事足りるが、艦艇の部材のほとんどは、竜骨、肋材、甲板、外板いずれも曲面と曲線とで構成されている。殊に艦艇の高速化にともない船体外板は艦首から艦尾にいたるまできわめて複雑な曲面で形成されるようになった。設計図という平面上に投影された曲面は、設計図を単純に原寸に拡大しても再現できない。平面状の鋼板や直線状の鋼材を切り出して、それを曲げ撓めて、設計図の求める曲面を形成するのだが、そこで切り出されるべき鋼板・鋼材の長さと形状を特定する型板を作成するのが現図場の仕事の本質である。つまり、現図とは設計図には表現されていない三次元の曲面をいったん想定して、それを曲げ撓める加工前の平面に変換するという高度な作業であって、しかも部材の厚さや形状、撓鉄の方法や温度によって、曲げ撓める際に不可避的に発生する部材の伸縮の度合いが異なるため、それらを想定しながら、曲げ撓める前の平面上の形状と寸法を決定しなければならず、その後長く完全には客観化、数値化がし難かった業である。この時代のイギリスで、この作業は

木造船時代以来の古い職種の船大工が担当するのが通例で、鉄鋼で船を建造するようになっても、船大工という職種の必要性が低下しなかったのは、船内各部に残る木造部分の工事のほかに、想定された曲面を平面に変換する現図という作業があったからである。

しかも、以下の報告書にも述べられているとおり、現図場は、鋼板・鋼材を加工する建造現場と製図室とを媒介する役割を負っている。たとえば、極端な場合には、現図場で作成した型板通りに、裁断して、曲げ撓めた鋼板・鋼材を現場で鋲打ちのために仮組してみると、寸法が合わないなどの不具合が発生することがある。この場合、造船鉄工の諸職種の職長から、現図場に苦情がもたらされることになる。現図場では、そこで作成された型板に誤りのないことが確認されれば、問題は製図室の作成した詳細図面や製造図面の方にあることになるから、現図場から製図室に対して図面の変更要求が伝えられることになるのである。

調査報告書からこの点を確認してみよう。

　　現図場はカリー氏が担当している。近年、造船界に流布しつつある考え方では、現図場は製図室の延長に位置付けられ、両部署の間には緊密な協力関係があるべきである。だが、バロウ造船部の実態はそうではない。より効率的で安価な作業方法についての現図場からの提案は奨励されていないし、明らかに歓迎されていないとの証拠がある。当委員会はこれを製図室長の見識が制約されている証拠と考える。

現図場は製図室と建造現場の中間にあるから、現図場と建造現場との間にも緊密な協力関係があるべきなのだが、これも実態からはほど遠く、本来は現図場に属すべき仕事が複数に分割されていることもあって、現図作業と建造現場との切断がもたらされている。委員会は、「実際に建造現場と切り離すことを目的として、こうした仕事の分割がなされているようにすら思われる。現図場と建造現場との緊密な協力関係の欠如は、造船部長が現図場を滅多に訪れないことによっても増幅されている」との疑念を露わにしている。

上述の、現図関係の仕事の分割は表3-2のとおりで、現図場以外のクラッ

表3-2　現図関係作業の分割と配置人数

職長	職務	配置人数
W. カリー	現図場	労働者　40名、徒弟　19名
A. クラッパム	砲塔等罫書き (Marking out Turrets etc.)	労働者　28名
J. ミルズ	現図版 (Screeve Board)	労働者　14名
T. グアリその他	鈑金罫書き (Lining off for Platers)	労働者　6名

出所：Report of the Shipyard, April 1912, Sir James McKechnie's Papers, Vickere Archives 600, pp. 4-6 より作成。

パム、ミルズ、グアリらに率いられた職場は、図面より型板を作成するのではなく、建造現場で、直に鋼板・鋼材をあてがって罫書きするという仕方で裁断寸法等を確定していたと思われる。

　委員会によれば、現図関連作業が分割されてしまっている結果、以下のように無駄な事態が発生している。現図場で働いている労働者はその仕事の性質からして、建造作業を規定する型板を用意する際には、製図室から出た図面に細部にいたるまで精通するのだが、上述のように現図場に属すべき仕事が複数の指揮系統に分割されているために、図面に基づかずに現場で裁断寸法を確定してしまう悪慣行が発生し、現図場の労働者が現場に再び赴くように呼ばれることになり、現図場で獲得された知識はあまり有効に活用されていない。また、こうした分割の結果、誤りが増え、価格も間接的に上昇し、さらに直接的にも多くの労働者を必要とするため、価格を押し上げている。

　作業を迅速に進ませることを目的として、型板から鋼板に罫書きする方法が採用されている。この方法は一般に証言者の誰からも、作業進捗を加速し、良質の作業結果を生み出す傾向があるが、費用が高いと信じられている。だが、調査委員会は費用高騰の言説には疑念を有しており、現図場はこの型板による方法をあらゆる範囲に展開すべきであると主張している。現図場が造船部の中で果たすべき製図室と建造現場の媒介機能という価値が高まり、この方法がうまく組織されるなら、経費節減にもつながると委員会は期待しており、そこには、製図室を造船所の頭脳、現図場を眼として、造船所全体の情報の流れを合

理的で可視化されたものに編成し直そうという発想が表現されている。

　だが、委員会のこの発想は、造船所の実態からやや遊離しているようにも思われる。その点を確認するために、まず、現図作業の分割を表す表3-2のうち、徒弟／労働者比率を検討することにしよう。この表で徒弟数が記載されているのは現図場だけで、しかも徒弟数は労働者数の半分近くに及んでいる。この時代の造船機械産業の熟練職種では、徒弟／労働者比率はかなりの厳格さで4分の1と決められているのが通例だから、現図場の徒弟比率は異例に高いのだが、現図場以外のクラッパム、ミルズ、グアリらの率いる職場の労働者数を合算するなら88名となり、徒弟比率は4分の1以下となる。したがって、現図場で養成された船大工徒弟は、徒弟年季終了後、全員が現図場の現図工となるのではなく、半数程度はクラッパムらの建造現場の現図作業職場に配置される慣行になっていたと思われる。つまり、現図場と「建造現場と切り離すことを目的として、こうした仕事の分割がなされている」と見た委員会は曲解している可能性が高く、実態は現図場の延長（extension）としてクラッパムらの職場があると理解すべきではないだろうか。委員会が主張するようにすべての鋼板・鋼材の裁断に、図面を元に作成した型板を用いるのは、確かに製図室と建造現場を現図場が完全に媒介しているという体裁を整えることにはなるのだが、すべての裁断にその方式を当てはめるのは困難で、現図場で図面から原寸大の型板を作成するという方法よりも、実際に建造されつつある船体の各部に鋼板・鋼材をあてがいながら、寸法を決めて裁断する方が簡便かつ効率的な局面もあったことをうかがわせる。

　いずれにせよ、バロウ造船部の組織調査は現図場の媒介機能が実際には十全に果たされていないという大きな問題を発見するのだが、現図場と製図室の協力関係の欠如については「製図室長の見識が制約されている」ために、現図場と製図室の意思疎通が確保されないと原因を推定しているのだが、問題はもう少し奥深いように思われる。現図場主任カリーの証言からは、図面の流れに合理的ではない変更がなされたという別のより大きな問題が作用していたと考えられるからである。すなわち、かつてJ.ブラウンが製図室長であった頃は、そこで作成された図面は彼から現図場へと流れ、その際に現図場主任と製図室長の間には意思疎通の機会があったのだが、J.ブラウンが造船部長に抜擢さ

れてからは、一切の図面はいったん造船部長へ渡され、彼の認可を経て現図場へ流れるようになった。すなわち、図面の流れは、J. ブラウンが製図室長であったときも、彼が造船部長になった後も、属人的に J. ブラウンを経るという点で不変であり、職務としてみるなら、現図場への図面下達権は製図室長から造船部長に移管されたことになる。カリーによれば、この変更後も J. ブラウンとの意思疎通は保たれているのだが、図面に関する疑義は、その図面を作成し、計算をした製図室に伝えなければ、最終的には解決できない。ところが、D. ブラウンにしてみれば、製図室を出る図面の最終認可権は J. ブラウンが保持しているのだから、現図場から提出された疑問に応えて図面を変更する権限は製図室にはないということになるのであろう。あるいは、こうした権限関係について配慮した結果、現図場との協力を拒否したというよりは、自分は兄の指示の下に製図室長を務めているに過ぎないという人間関係的な配慮の結果であったという方が正確かもしれない。問題は D. ブラウンの資質だけでなく、ある部署の権限をどの役職が保持するのかという官僚制的に合理化された組織原則が欠けている点にもあったと考えざるをえない。

　問題は組織原則の欠缺にあると考えるなら、その責任は D. ブラウンにではなく、彼より上位の者、すなわちバロウ事業所経営陣、殊に造船部長である J. ブラウンや事業所長のマッケクニに求められることになるはずである。マッケクニの発案で始まった調査の結果、マッケクニの責任が指摘されることを調査委員会は回避して、より一般的に「職務分掌規程（General Order Book）」の作成を提案することでお茶を濁そうとしているように思われる。

4）　現図場への勧告案
1．現図場は現状通りカリー氏の下に置くが、彼の権限は、クラッパム、グアリ、その他諸氏が鋼板罫書きで担当していること、およびミルズ氏の下で働いている労働者にも及ぶようにする。
2．現図場徒弟は機会が許す限り建造作業の進捗に現場で触れられるようにし、将来製図工徒弟となった際の訓練に資することとする。
3．現図場が作成する型板に基づいて［鋼板・鋼材に］罫書きする作業方式は優先的に普及させるべきである。

3)で見たような、問題認識の不徹底さのゆえか、ここでも問題原因はD. ブラウンの個人的資質に解消されて理解しようとする傾向を見せているのである。

(3) 建造作業

建造作業には、上述の諸問題がすべて反映している上に、バロウ製造所の労働市場面での困難な状況も反映しており、混乱の極みといったありさまを示している。

1) 造船部経営陣の権限関係の欠如

報告書は述べる。「建造作業は造船部長（Shipyard Manager, 建造主任）のJ. ブラウンの下にあり、ショー氏とジョン氏が造船部次長（[Shipyard] Assistant Manager）として、G. バー氏とマース氏が造船部長助役（Assistant [to Shipyard Manager]）としてブラウン氏に付いている。後者は建造中の船一隻の業務を担当するように指示されており、これと同様な1隻ごとの建造担当には指導的な製図工が付くのが慣行となっており、現在はキャメロン氏とビーティー氏が担当製図工である」。この調査報告書の非常に興味深いのは、造船部長以下の役職間の権限関係が一向に明らかにされないところにある。ここでは、造船部長と次長や助役との関係も、「船1隻の業務を担当する」助役と各艦ごとの担当製図工との関係も、明らかにされないままである。それは調査委員会が明らかにできなかったというにとどまらず、当事者たちも権限関係をしかとは認識せず、それを委員会に明晰に説明できなかったからである。

たとえば次長ジョンの証言によるなら、彼と造船部長J. ブラウンとの関係は名目的なものであると自認しているものの、自分は元来の配置であった製図室に属しているわけではなく、製図室の外で造船部長の下に置かれていると認識している。それにもかかわらず、ジョンは、製図室が作成した外国向け艦船の図面を承認し、署名する（出図する）権限を保持している。造船部長J. ブラウンも、次長ジョンに対して何ら指示は出さず、報告も求めないと証言しているから、部長と次長の権限関係は当事者たちの証言からは何も浮かび上がってこない。

造船部長、次長、助役たちはいずれも製図室の製図工から抜擢されて就く職

であるが、彼ら同士の関係、および彼らとその出身母体である製図室（殊に各艦の担当製図工）との関係は、いずれもはなはだ曖昧模糊とした状態にあったのである。同様にして造船部長助役のマースは、自分の地位が判然とはせず、造船部長の助役とは心得ているものの、本当に造船部長の部下なのか、それとも相変わらず製図室に属しているのかは、自分でも説明できない。そのうえ、マースの自己認識によるなら、彼は特定の船の建造作業を担当するはずだが、諸職種の職長たちに対しては何ら命令権限がないと考えている。造船部長は次長ジョンに対するのと同様に、助役に指示を出すわけでも、監督するわけでもないと公言している。もう1人の助役バーの認識はマースとは若干異なる。彼は調査時点では、日本向け巡洋戦艦金剛の建造作業を担当する助役であるが、自分は製図室長ではなく、造船部長と事業所長に下属していると認識している。

　造船部長、次長、助役の5人が造船部を統括する経営側の責任者たちだが、彼ら相互の関係は、あたかもあうんの呼吸で決まっているかのようであり、明文化できる指示・報告の関係は存在していないことを、この報告書は公然と記載して、本社取締役会に提出しているのである。

　2）　職長との関係

　それゆえ、建造作業各職の職長は、次長や助役との間に指示・報告の関係があるのではなく、形式的には造船部長 J. ブラウンの下に置かれているとはいうものの、彼らは実態的には一団となって、鉄工部門の主任職長（Head Foreman）たる D. L. モートンの下に束ねられており、モートンの造船部長に対する関係は名目的なものにすぎない。ここでも、権限関係の不明晰さが露呈するが、報告書はそれを特に糊塗しようとするわけではない。

　D. L. モートンは主任職長で、彼の弟 J. モートンがその助手として働き、D. L. モートンが不在の場合は代理を務めている。また、D. L. モートンは自らが鈑金の主任職長であると同時に、自分の下に、孔明、鋲打ち、填隙の各主任職長を従えている。つまり、造船鉄工全体の主任職長と造船部長・次長・助役・担当製図工との関係もやはり曖昧なままであり、他方で、鈑金の主任職長が孔明、鋲打ち、填隙の主任職長をも統括するという錯綜した関係が発生している。

3) 賃金と労働力調達の問題

しかし、調査報告書は権限関係の曖昧さには目を瞑ったまま、労組との関係、賃率決定、労働者募集などの問題に急ぎ足で進んでしまう。

そして、重要なことだが、D. L. モートンの支配下にある仕事は建造作業であり、他のあらゆる職種の作業進捗に先行し、またそれらに影響する立場にある。造船所ではどこでもそうだが、殊にこれらの造船鉄工の諸職では、さまざまな条件が汽罐製造工・鉄鋼造船連合組合 (USBI) に支配されている。この組合は他の労働組合と同様に、その組合員全員に対して均一の賃率が適用されるのを好み、またそのように働こうとする。これに対して、使用者側の目的は、出来高賃金、あるいは同様の支払い方法を通じて、労働者を個人 (units) として扱い、効果的な検査によって確定された個人別の成果ないし作業量に応じて支払うことである。

報告書は続けて賃金支払い方式の望ましくない現状を指摘する。労働者個人の成果・作業量と賃金とを一義的に明快な関係に整理するという目的を達成するためには、出来高賃率は、職長によってではなく、賃率設定担当職員 (rate fixer) によって賃率が決定されることが重要で、また、それが能率刺激性を保持し、作業量と支払賃金額との間に一義的で公平な関係を確保するために、当然のことながら、出来高賃率は実際に仕事がなされる前に決定されなければならず、それ以外の賃金支払い方法が併存してはならない。ところが、実態は、鉄工部門のうち鈑金作業には以下の3通りの支払い方法が併存している。

時間賃金：　　　熟練労働者　　119名
出来高賃金：　　熟練労働者　　172名
加給時間賃金：熟練労働者　　 18名

ここで、当時の賃金論の概説書には登場しない概念が現れる。報告書はそれを以下のように説明する。

加給時間賃金（allow）とは、まさに労働組合が望む支払い方法で、その基本的な考え方は次のとおりである。出来高仕事の労働者が時間仕事よりも労働強度が高く、職長が［労働者の合意するような水準に］出来高賃率を決定できない場合、あるいは所与の出来高賃率で労働者に出来高仕事をさせるよう折り合うことができない場合、職長が結果として払うことになる仕組みが加給時間賃金である。

　つまり、加給時間賃金とは単なる割増時間賃率に過ぎず、「バロウでは実際にそのように理解されている」と報告書も認めたうえで、複数の賃金支払い方式の併存と労働者の能力との関係について、以下の観察結果を提示する。

　　以下の点については、現場の責任者たちの中には認めたがらない者もいるだろうが、1日当たり10シリングおよび15シリングの均一賃率で働く時間賃率労働者は可もなく不可もない存在であり、『加給時間賃金』で働く者たちも大部分は同様に位置づけられているのに対して、出来高賃金労働者は最上級の労働者なのである。

　ここに示されているのは、バロウ造船部は、最上級とは認められない造船鉄工をも雇い入れなければ、作業を計画通りに進め、納期を守ることができないという労働市場面での制約である。この制約下では、能率の高くない労働者たちは出来高では充分な稼得額が期待できないため、彼らとの間に出来高賃率の交渉をしても結論に到達できないが、作業進捗のためには彼らに直ちに作業をさせねばならず、彼らの労働市場での本来の賃金格付けを超えた「加給時間賃金」という変則的な時間賃率が発生してしまうのである。
　出来高以外の賃金支払い方式が2つも併存するほかに、出来高賃金に関しても変則が発生している。出来高で働く者が、何らかの理由で彼らが満足するほどの賃金額が得られない場合にも、手当（allowances）が付加されているのである。報告書も認めるように、「むろん、精査したうえでそうした手当支給が完全に理にかなっている場合も」、たとえば、危険作業や悪天候下の作業のように、あるだろう。「しかし、そうした変則的な手当は近年増加しているし、

明らかに鈑金の主任職長［D. L. モートン］は出来高賃率の決定を満足できるほどには統御しえていないのである。実際のところ、主任職長が作業進捗を組織し、仕事の質を検査する場に立ち会うといった職責を果たそうとすると、公正な出来高賃率を見積るのに必要な時間的余裕がなくなってしまうか、あるいは、もっとありそうなのは、新たな出来高賃率の確定に影響する要因は作業を片付けて早く終わらせることだから、多くの場合、出来高賃率は、作業がかなり進捗した段階で、可能ならば完了してから、水曜日午後の会合において決定されることになってしまうのだ」。D. L. モートンに職責が集中しすぎているため、出来高賃率決定自体が、ほぼ労働者側のいいなりにならざるをえないうえに、出来高賃率が作業完了後に決定されるという、ありえない事態——労使どちら側から見ても——が発生しており、造船鉄工の諸職では、労働者たちと職長・主任職長の間のあうんの癒着関係で、賃金支払い方式も、賃率も、作業進捗も、雇い入れも決定されていることが暴露する。

しかも、この調査に先立つ数年間に状況は明瞭に悪化していた。イギリス海軍戦艦ヴァンガードと巡洋戦艦プリンセス・ロイアルの支払い方法別賃金額の比較が報告書に収録されており、それをまとめると表3-3のようになる。

わずか2年ほどの間に、加給時間賃金の占める比率が2倍以上に膨らみ、もはやそれは例外的な支払い方式ではなくなっているし、時間賃金の比率も増加したのに対して、出来高賃金はヴァンガードでは総賃金額の8割以上を占めたのに対して、プリンセス・ロイアルでは比率を1割低下させている。殊に、鈑金という、その後の作業進捗に影響を与える職種において出来高賃金の比率が顕著に低下しているため、鈑金作業への能率刺激が低下し、鈑金職の作業時間が伸びたものと思われる。しかも、プリンセス・ロイアルの出来高賃金は以下に見るように、手当額も顕著に増えている（ここで出来高賃金に付加された手当額が表3-3の出来高賃金支払額に含まれているか否かは不明）。ここまで、賃金支払いの面で労働者に譲歩しなければならなかったということは、バロウ事業所が何よりも労働者の確保に心を砕かなければならない環境にあったことを物語っており、小野塚［2003］が指摘した労働市場面の困難はここにも表されている。

表3-3 造船鉄工部門の賃金支払総額（ポンド）

	鋲金	山型鋼鍛冶*	鋲打ち	填隙	孔明	合計
ヴァンガード (1908-10年)						
加給時間賃金	540 (2.4)	113 (5.4)	1,526 (7.3)	611 (3.7)	1,094 (8.6)	3,884 (5.2)
時間賃金	5,318 (23.6)	168 (8.0)	2,360 (11.2)	1,078 (6.4)	1,310 (10.3)	10,234 (13.6)
以上小計	5,858 (26.0)	281 (13.4)	3,886 (18.5)	1,689 (10.1)	2,404 (18.9)	14,118 (18.8)
出来高賃金	16,656 (74.0)	1,809 (86.6)	17,140 (81.5)	15,034 (89.9)	10,314 (81.1)	60,953 (81.2)
賃金総額	22,514 (100.0)	2,090 (100.0)	21,026 (100.0)	16,723 (100.0)	12,718 (100.0)	75,071 (100.0)
プリンセス・ロイアル (1910-12年)						
加給時間賃金	3,783 (9.9)	94 (2.8)	4,859 (12.2)	927 (4.3)	3,944 (23.2)	13,607 (11.3)
時間賃金	10,389 (27.3)	242 (7.1)	4,481 (11.2)	2,479 (11.5)	2,511 (14.8)	20,102 (16.8)
以上小計	14,172 (37.2)	336 (9.9)	9,340 (23.4)	3,406 (15.8)	6,455 (38.0)	33,709 (28.1)
出来高賃金	23,900 (62.8)	3,069 (90.1)	30,493 (76.6)	18,220 (84.2)	10,513 (62.0)	86,195 (71.9)
賃金総額	38,072 (100.0)	3,405 (100.0)	39,833 (100.0)	21,626 (100.0)	16,968 (100.0)	119,904 (100.0)

注：1）1912年4月3日時点でのプリンセス・ロイアルと竣工時のヴァンガードの出来高仕事、加給時間仕事、時間仕事それぞれの支払賃金総額（数字は「造船部長出来高仕事賃率簿」による。括弧内の数字は各職の賃金総額に占める比率%）

2）＊山型鋼鍛冶（angle iron smith）は船体の骨材・肋材に用いる山型鋼を所定の角度・曲率に曲げる作業を担当する。

出来高賃金に付加された手当額（ポンド/シリング/ペンス）

	鋲金	鋲打ち
プリンセス・ロイアル	340/05/00	2538/19/08
ヴァンガード	98/05/00	951/03/08

両艦の規模の差は、ヴァンガードの排水量1万9,560トンに対して、プリンセス・ロイアルは2万6,270トンで、後者が34％大きいが、造船鉄工への賃金

支払総額では後者が60％も多く、排水量1トン当たり造船鉄工賃金支払額は、前者の3.84ポンドに対して、後者は4.56ポンドと大幅に上昇している。一般に、船体規模が大きくなっても、船体各部を建造する作業量は排水量に比例して増えるわけではないため、工期はそれほど増加しないのが通例だが、ヴァンガードの20ヵ月に対して、プリンセス・ロイアルは30ヵ月に延びており、むしろ船体規模の増加率以上に工期が延びており、労賃面だけでなく、作業進捗の点でも、能率的ではない作業がなされたことが歴然と現れている。言い換えるなら、実質的な大幅賃上げで労働者を確保するとともに、作業能率は下げる（仕事を楽にする）ことで、労働者の他地域への流出を防止しようとする涙ぐましい努力の跡がここには表現されているのである。

労働市場面での同様の困難は、これ以外にもさまざまな面で発見されている。以下、報告書から摘記してみよう。

a．主任出来高記録者のマクファルがD. L. モートンの設定した出来高賃率を批判しているが、マクファル自身が労働者たちと暗黙の協定関係にあって、それを後からモートンによって変更されると、協定違反になってしまうという立場ゆえの批判であって、当てにはならないと委員会は見ている。モートンも労働力調達あるいは既存労働力の確保のために出来高賃率を事後的に変更しているのだから、いずれも、この点では労働者たちに操られていることになる。

b．作業割り当てにおいて、賃率の良い仕事が、悪い仕事と抱き合わせで労働者たちに割り当てられ、その結果、労働者たちは毎週ある種の保証額を稼ぐことができるはずだとの観念を醸成している。しかも、賃率設定と支払い方法の選択は名目的には造船部長J. ブラウンの権限であるが、実際には彼は何ら統御しておらず、D. L. モートンが前事業所長のブールドとともにそうした問題は直接に処理してきたと委員会は確信している。

c．造船鉄工部門の組織が主任鈑金職長の下に置かれているため、鈑金職と孔明、鋲打ち、填隙など関連職種の作業進捗を一元的に統御できる利点はあるが、それら関連職種の職長には、鈑金職の作業の欠陥や進捗の遅れに対して直接的に苦情を伝えることができないという難点がある。そのため、

鋲打ち工や孔明工は、すぐに取り掛かれる仕事を先に片付けて期待された、あるいは保証された週賃金額を稼いで、難しい仕事やすぐに取り掛かれない仕事を後回しにして[17]、それらは加給時間仕事や手当つきの出来高仕事で完了させようとする傾向が明らかに存在する。こうして極端な遅延や、作業進捗上の問題、それに労務費膨張が発生しており、それは明らかに組織の欠陥である。しかも、そこには何ら有効な対処法がない。造船鉄工主任職長に対する監督は前事業所長によってなされていたのを除けば、まったく名目的なものにすぎない。造船鉄工主任職長 D. L. モートンは問題に対して汽罐製造工[18]職長の観点から取り組み、労働組合のやり方に浸透されている。また彼の個性は、他の職員や職長と協力して事に当たるというものではない。

d．むろん、彼が非常に困難な立場に置かれていることは正当に認めなければならない。彼は人手不足の状況で労働者たちを扱わなければならないし、造船所経営者と労働組合との相反する方向性を調整しなければならないのである。しかし、これらの点を認めたうえでも、モートン氏の観点は限定されており、彼は自らの権能を完全に超えた影響力を行使しており、上述した諸問題を引き起こす一因となっていることは明確である。

4）　建造作業への勧告案

1．D. L. モートン氏が当社に従事し続けることは望ましくない。
2．鈑金工職長を、その職のみを担当する者として［造船鉄工の他の職種に対する支配力を取り除いて］、任命すべきである。
3．現在、鉄工部門として知られているものを支配するために製造課助役（Assistant Works Manager）が任命されるべきで、造船所経験を有するが、汽罐製造工として働いたことのない者が好ましい。
4．J. モートンの位置の職長［造船鉄工全体の主任職長の補佐］は必要でない。いかなる点についても同人は適格ではないと委員会は判断する。
5．造船部長（General Manager）のみに責任を負う職員［価格設定主任、Head of Price Fixing Department］を任命して、造船所におけるすべての賃率および契約の設定を統御させる。彼は一部署を形成して、大きな裁量権

をもってこの職務を遂行する。これが任命される場合は、その行動を支配する詳細な規則を策定する必要がある。
6．この職員は、管財課のT. フェンダー氏の下の事務部局に組み込まれる。さらに事態が展開したなら、賃率設定部局が設置され、その業務はマクファル氏との協働で遂行される。いかなる公開質問も造船部長宛に可能であり、さらに必要な場合は最終的に事業所長に上申される。

　ここでも、モートン兄弟に属人的に責任を負わせる勧告内容［1、4］が含まれているが、造船鉄工主任職長という、造船部長にも、次長、助役にも下属しない、造船所内の独立王国を解体し［勧告内容2］、造船鉄工に対して新たに製造課助役という汽罐製造工出身ではない統括者を造船部の組織内に新設して対応しようとしている［3］。造船所の全体を見渡して、造船鉄工部門の作業進捗を監督しうるのは、おそらく現図場経験のある船大工（shipwright）出身の者と推察され、船大工・現図場と製図工・製図室を中核とした労務管理の体制を、この委員会が模索していることがうかがわれる。
　また、作業の統括や進捗管理と、賃率設定を組織的に遮断すること［勧告内容5、6］によって、労働力の調達確保の問題が賃率に、それゆえ翻って作業進捗に悪影響を与えない方向性が模索されてはいる。とはいえ、バロウが他の同業他社から隔絶した場所にあって、労働力調達やいったん獲得した労働力の確保という点で、困難な状況にあるという根本的な問題には触れていないため、こうした組織面での改善案（すなわち、労働者たちに浸透されない賃率設定と、作業進捗に悪影響を与えない賃金支払い方式の選択）が現実にいかなる効果を発揮したかは、別に検討を要する問題である。実際、1912年から13年にかけてUSBIとの間に非常に長く、広範な事項に関する団体交渉が行われたことから見て、勧告内容5・6の改善が簡単に進展したわけではなかったようである。

4．問題発見の主体と主観

　およそ以上のような内容の調査報告書に接した取締役たちは、一方では、自分たちは「委員会が行ったように、関係各位を直に調査したわけではないため、

問題の全体について正しい像を描くのが非常に難しく」、ぜひとも簡略版が必要であるとの判断回避に傾いた者もいたが、他方で「証言は非常に深刻な事態を暴露しており、それは直ちに正されねばならないと取締役会の全員が考えているが、ここで「直ちに」というのは、われわれ取締役会の見解では、遅くとも来週中にはという意味である」[19]といった性急な改善を求める者もいて、取締役会と事業所の現場との距離感が直ちに縮まったようには思われない。ただ、1912年後半以降、バロウ造船部の組織改革を進める大きな権限が事業所長マッケクニに与えられる根拠とはなり、調査の発案者であるマッケクニの意図は果たされたものと推測できる。以下では、マッケクニを中心とする問題発見の主体と、その主観の構造を考察することにしよう。

（1） 主体

　この調査の対象は、バロウ事業所の造船部であるが、調査時点で造船部長であったJ. ブラウンは、聴き取りの対象者ではあるが、調査主体には含まれていない。また、マッケクニの前の事業所長であったブールドは聴き取り対象にすらなっていない。残された文書より見るなら、この調査は、バロウ事業所の造機部長を長く務め、また新任の事業所長を兼務するようになっていたマッケクニを中心として、調査の個別的な事項は、砲熕部長のバニスタ（George Henry Banister, 1856-1934）を先頭に進められていた。つまり、造船部は主体的には関わらず、造機部と砲熕部という部外者が外側から造船部の問題を発見するというのが、この調査の正体だったのである。

　マッケクニは、1856年6月13日にグラスゴウに生まれ、同地で初等・中等教育を終えた後、1870年に14歳でダンカン・ステュアート社（Duncan, Stewart & Co., Glasgow）の徒弟となり、さらに、同地の運河ドック鋳造所（Canal Basin Foundry）に移り、1875年に徒弟修行を終えた。徒弟期間中にグラスゴウの工匠学院（Mechanics' Institute, Glasgow）に通って座学も受けている。徒弟終了後は、グラスゴウのさまざまな機械工場に転々と雇われ、20歳代半ばには製型工職長（foreman patternmaker）に抜擢されている。さらに1880年にはフェアフィールド社の舶用機関工場の主任製図工に、82年にはトムスン社のクライドバンク工場の副工場長（Assistant Engineering Manager）に昇進した後、1889年

にはスペインに移ってマルティネス＝リヴァス＝パーマー社のビルバオ工場を立ち上げるとともに工場長に就任し、装甲巡洋艦用の大型機関の設計・製造に携わり、1895年には英国にもどってヴィッカーズ社の技師となり、同社との関係を深めつつあったバロウの造艦造兵会社（Naval Construction & Armaments Co. Ltd.）で、造機部を率いた人物である。この経歴からわかるとおり、徒弟修行を経て機械産業に熟練労働者として入職し、職長、製図工、工場長に抜擢されて、諸種の技師協会に入会を認められた人物で、20世紀初頭のイギリス造船機械産業では典型的な現場叩き上げの技師であり[20]、さらにその能力を認められてヴィッカーズ社本社の取締役にも補された敏腕経営者でもある。すなわち、イギリス機械産業の「職業の世界」に列なるすべての——徒弟から、熟練労働者、製図工、職長、工場長を経て、技師、経営者にいたる——身分を一身に経験した人物であり、本社取締役会にあって、現場の何を取締役たちに可視化すべきかを明確に認識できる人物であった。

　マッケクニのもとで調査の先頭に立ったバニスタも、まったく同様の経歴で、徒弟から熟練工、製図工を経て技師・経営者に昇進した人物である。バニスタはウリッジの砲兵工廠で機械仕上げ工の修行をして、長く軍工廠の砲熕畑で、主に砲架の設計と製造を経験するとともに、徒弟および職工の教育にも強い関心のあった人物で、マッケクニよりやや遅れて、1901年にバロウ事業所砲熕部の技師に採用されている[21]。

　マッケクニが1910年にバロウ事業所長に就任したのは、艦船が前ド級からド級を経て超ド級へと急速に大型化し、高価なものに変貌する時期に当たるが、それは、以下のことを意味する。まず第1に、受注した場合には、さまざまな職種の労働力を工事の進捗に併せて、従来以上に大量に調達しなければならないが、受注が途絶えれば、雇用した労働者たちを一時帰休させなければならない（その多くは他地域の他企業に吸収されてしまう）ということも意味する。すでに前節で見たように、造船鉄工の諸職は、建造作業の前半（起工から進水までの船体建造の工程）を担当する主力であるが、その労働力調達と確保の困難が、バロウの賃金支払い方式と作業進捗に好ましくない影響を強く与えていたから、労働者を一時帰休させずに済むように受注を安定化させることが彼が最初に心を砕くべきことの1つであった。第2に、作業進捗が予定より遅れ、ま

た、不良作業が続発すれば、契約の納期を守れず、違約金や信用低下の原因となる。すでに、ヴァンガードと比べてプリンセス・ロイアルの工期が1.5倍にも伸び、また、日本向けの金剛の建造作業でも、受注側が知ったなら驚くような作業の重大な不手際が続出していた[22]。それらはいずれも前工程の作業進捗を適正に管理できなかったために、後工程が、前工程の完了の前に始められてしまうという重大な不手際で、労賃を含む製造費用を上昇させ、工事結果に悪影響を与え、工期を長引かせ、現場に無用な混乱をもたらしたが、その原因は、造船鉄工諸職の作業進捗を管理できていないことにあった。

　小野塚［2003］が示唆したように、マッケクニは一方では、作業分割・利潤分割の結託関係をアームストロング社に持ち掛けて油断させるとともに、他方では、旧知の日本海軍機関官であった藤井光五郎に働きかけて、ヴィッカーズ社が受注した日本向け装甲巡洋艦（後の巡洋戦艦金剛）の建造作業をヴィッカーズ社が単独で行い、下請けに出さないとの異例の契約を結ばせた張本人と推測されるのだが、こうした積極的な営業活動と、造船部の組織調査との間にはいかなる関係があったのだろうか。

（2）　主観の構造

　彼の造船部調査報告書の、大きな特徴は、前節でも指摘したように、造機部や砲熕部の実態と比べるなら造船部は組織の体をなしていない——ひとことでいうなら現場任せであって、造船部長・次長・助役たちは部内の現場の責任者たちを統括も監督もせず、造船鉄工諸職に関しては、部内に独立王国を築いているようなありさまになっていた——ことをさまざまな証言から解明しながらも、その原因を組織の長たる造船部長や事業所長に求めるのではなく、彼らよりも下位の者たち、たとえば製図室長や造船鉄工主任職長などの、それも個人的な資質や性格の問題に解消して理解する枠組みを徹底して提示しようとしたことである。

　したがって、改善策も、それら中間的な管理者たちの首のすげ替えという不徹底な個人責任論に傾いており、そもそも、組織の体をなしていなかったにもかかわらず、なぜ、造船部ではこれまで、受注側に対しては大過なく建造作業を進め、ますます多くの実績を上げることが可能であったのかという、造船部

に特有の、管理問題発見以前の組織の維持・調整の秘密（職業の世界の自律的機能）には何の関心も示していないのである。

　ここに示されているのは、組織の維持・管理は中間的な管理者の責任に帰属し、組織は彼らによって適切にも不適切にも管理されるという暗黙の想定であって、造船部長や事業所長はもとより免罪される認識枠組みが前提となっていたように思われる。

　そこに、事業所長として2年以上もこうした事態を放置してきたマッケクニ本人や、同輩の造船部長をかばうという心理が作用していなかったとは言い切れないが、以下の点より見るなら、そうした心理よりも、現場は中間管理職によってこそ十全に管理されうるという想定が強く作用していたと推察される。第1に、前事業所長のブールドは調査対象としても、こうした事態に責任を取るべきであった人物としても、調査報告書ではほぼ完全に不問に付されているし、現造船部長 J. ブラウンの責任もほとんど指摘されない。第2に、組織改革案は、造船部という巨大な組織にふさわしく、さまざまな現場を統括し、調整し、監視するのに充分堪えうる新たな重厚な職制を提案しているというよりは、造船部において特有に肥大化した現場任せを若干修正するという程度の不徹底な改善にとどまっている（図3-1 a, b 参照）。従来、造船部長・次長・助役の関係が不分明なだけでなく、彼らと現場との関係もまったく明晰さを欠いていたのだが、改善案においても、造船部長の下の製造課長が、製図室、船舶付き助役、潜水艦助役、製造課助役、船舶修理助役、および労務室のすべてを統括し、このうち製造課助役が現図場とそれ以外の製造作業のすべての上級職長（senior foremen）たちを統括するという組織図を提示したに過ぎない。むろん、調査によって解明された混乱をきわめた実態に比べるなら、組織図を描ける程度には改善してはいるのだが、現図場を含むすべての製造現場を製造課助役が監督するのは事実上不可能であって、ここでは、やはり、各職の上級職長・職長・下級職長たちに委ねられる領域が相当に大きかったであろうことが予想されるからである。

　また、改革後も、各職場の労働力調達や、徒弟の訓練は、製図室と現図場という造船所の頭や目に当たる部署を除くなら、従来通り、各職場の職長と職工たちに委ねられていたと想像され、造船部の各職種の徒弟採用簿や徒弟規則を

図3-1a　組織調査によって観察された組織の概略

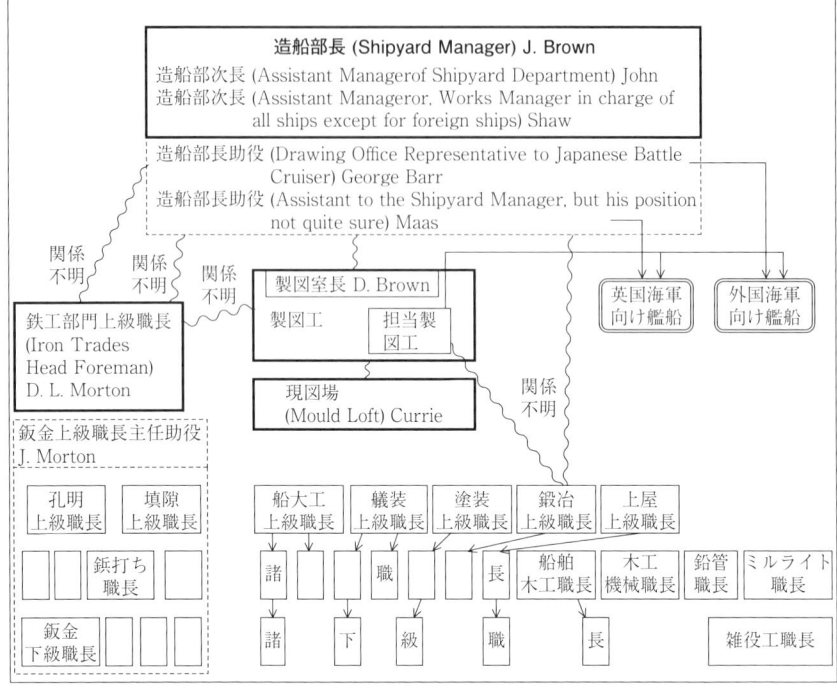

造船部長 (Shipyard Manager) J. Brown
造船部次長 (Assistant Manager of Shipyard Department) John
造船部次長 (Assistant Manager or, Works Manager in charge of all ships except for foreign ships) Shaw

造船部長助役 (Drawing Office Representative to Japanese Battle Cruiser) George Barr
造船部長助役 (Assistant to the Shipyard Manager, but his position not quite sure) Maas

関係不明

鉄工部門上級職長 (Iron Trades Head Foreman) D. L. Morton

製図室長 D. Brown
製図工　担当製図工

現図場 (Mould Loft) Currie

英国海軍向け艦船
外国海軍向け艦船

鈑金上級職長主任助役 J. Morton
孔明上級職長　填隙上級職長
鋲打ち職長
鈑金下級職長

船大工上級職長　艤装上級職長　塗装上級職長　鍛冶上級職長　上屋上級職長
諸職下級職長
船舶木工職長　木工機械職長　鉛管職長　ミルライト職長
雑役工職長

注：以下、各職種の棒芯・主任職工（chargehand）、職工、徒弟は省略。

図3-1b　組織改革案の概略

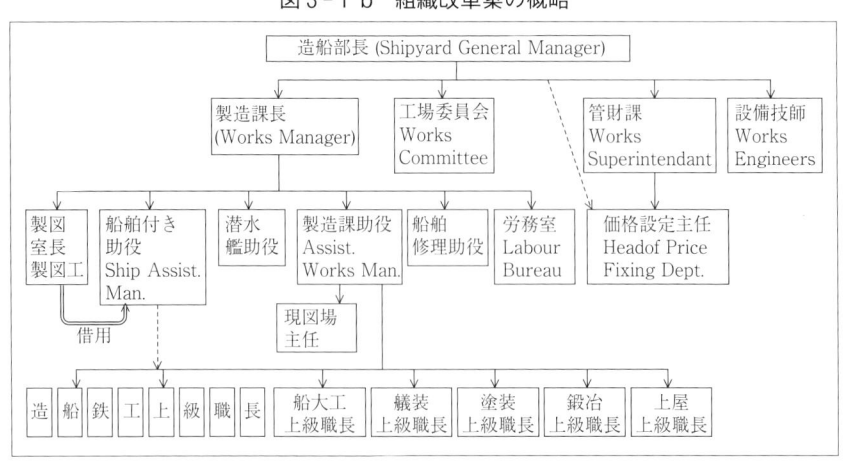

造船部長 (Shipyard General Manager)

製造課長 (Works Manager)
工場委員会 Works Committee
管財課 Works Superintendant
設備技師 Works Engineers

製図室長製図工
船舶付き助役 Ship Assist. Man.
潜水艦助役
製造課助役 Assist. Works Man.
船舶修理助役
労務室 Labour Bureau
価格設定主任 Head of Price Fixing Dept.

借用

現図場主任

造船鉄工上級職長　船大工上級職長　艤装上級職長　塗装上級職長　鍛冶上級職長　上屋上級職長

注：以下、各職種の職長、下級職長、棒芯・主任職工（chargehand）、職工、徒弟は省略。

見ても[23]、この調査の前後で変化は検出されない。しかも製図室と、現図場と、船舶付き助役と、各職を統括する製造課助役の4者の関係は新しい組織図においても並列的であって、これら4者の間に調整を要する問題が発生した場合に、4者間で自主的に調整できなければ、製造課長まで持ち上がらざるをえないという点で、かつての造船部次長ジョンの職責を明確化した以外に、大きな変化は意図されていない。

つまり、この調査は、事業所長・造船部長とその下のさまざまな管理者たちの関係自体には大きな改革はもたらそうとしなかったし、そもそもそうした改革を行うのに必要な現状認識という点では、現状——なぜ、造船部はこれまでも大過なく機能してきたかという「職業の世界」の秘密——を完全には解明しないままの改革案だったのであって、「職業の世界」を知り尽くしていたはずの人物たちを主体としてなされた組織調査は、その「職業の世界」の秘密を完全に客観化・相対化して、取締役たちの目に見せることは意図していなかった。言い換えるなら、個々の日常的な作業や訓練という面では、「職業の世界」の自律性を相当程度承認したところに、この調査報告は成立していると見ることができる。同時代のアメリカで、労働者集団の文化や慣行に汚されない「無垢の労働者」を社内養成で直に形成しようとしたのとは大きな相違を見ることができよう。

とはいえ、この調査報告にはもう1つの重要な特徴がある。それは、賃金と作業進捗との間に統御しがたい関連が発生しないように遮断しようとしたことである。従来なら、労働力調達も、賃金支払い方式（労働者から何を買い取るか、量的に計測された作業結果か、一定時間の服従か）の選定も、賃率（出来高であれ、時間であれ、付加手当であれ）の決定も、作業進捗の現場での管理もすべて、職長1人に委ねられていた。職長とは例外なく、その職種の熟練労働者の出身だから、労働組合を通じて必要な労働力を随時調達するには便利な位置にあったが、逆に、バロウのような同業他社（すなわち、地域内での労働力共通プール）の存在しない地域では、労働力調達の点で労働者側の意向に譲歩させられやすいという弱点も職長たちは帯びてしまう。その結果が、前節で見たように、賃金支払い方式のさまざまな問題（時間賃金や加給時間賃金が増大する、出来高賃率が作業開始以前に決定できない等々、それらの結果、賃金支払額が作業量に比し

て肥大化する）と、作業進捗管理の不備であり、さらに、職種間の作業進捗が同期的に管理できなければ、作業の順序が逆転して、不具合や、やり直しが発生し、ますます費用が増大し、工期も延びてしまうという、調査報告書で力点の置かれた問題群である。

　この調査報告の示した改善案では、労働者の採用・解雇等は職長が担当するとしても、その結果を労務室が掌握し、賃率決定は職長から切り離して価格設定主任が責任を負うようにし、作業進捗の管理は船舶付き助役や製造課助役が担当するという具合に、労働者に関する管理の諸機能を3つに分割したことが従来にない特徴だったのである。現場任せの労務管理以前の状態から、労務管理をより上級の監督者の目に見える状態に可視化しようとする試みであり、また、労務管理に労使関係の影響が及ばないようにする試みでもあった。

　労働力調達と、賃金問題と、作業進捗を分離できる条件は、バロウ造船部に即していうなら、労働力の調達と確保に患わされないように、作業量が安定的に保証されること、言い換えるなら一時帰休を出さずに済む継続的な受注量と工事時期の按分とであった。マッケクニの描いたバロウ造船部の改革構想は、この点では、彼が事業所長として異例の贈賄に関与してまで行った積極的な営業活動によって、労働力調達・確保の問題（つまり建造作業の繁閑の差）を極小化した上で、労働者側の意向に引き摺られずに賃金支払い方式と賃率を決定できる自由度を高め、そのうえで、より明晰に観察可能・操作可能な組織を通じて作業進捗を秩序だったものに変えることを目指していたと解釈することができよう。バロウにあっては管理問題の発見と管理革新とは、いわゆる事業所の管理の問題にとどまらず、労働市場面に配慮した作業量を確保するための積極的な営業活動にまで拡張しなければ果たしえなかったことだったのである。

　逆に見るなら、ヴァンガードからプリンセス・ロイアルへと大型で高価な船の建造に乗り出す過程で、造船鉄工の労務費は確実に上昇していたし、作業進捗を有効に統御できてもいなかったから、後工程への悪影響も発生していたものと想像される。労務費の肥大化と工期の延長によって、1隻当たりの利幅は着実に削がれていたと予想されるうえに、プリンセス・ロイアルの後の金剛では、作業量の確保のために余分な額の贈賄までして、ますます利幅の小さくなる状況に自らを追い込まざるをえなかったから、ますます、管理機能の三分割

によって、賃金の肥大を抑止しながら、作業進捗をはかることが求められるようになっていたのである。

5．むすび

　以上、概観してきたところからも明らかなように、ヴィッカーズ社バロウ事業所が実施した造船部組織調査において明示的に指摘された問題点とは、

① 徒弟採用と入職に関することがら、
② 現場での徒弟養成に関することがら、
③ 労働力調達と処遇・賃金支払いについての職員・職長の権限に関することがら、
④ そしてそれらを管理監督すべき立場にある職長と職員の役割と能力に関することがら、
⑤ および各部署間の権限関係に関することがら

の5点に整理できる。
　このうち、①と②はおもに製図室と現図場という造船所の頭脳に当たる部分の問題として認識されており、それ以外の部署の徒弟制度に関する問題は発見されていない。すなわち、建造現場等については、徒弟の採用や要請に関することは基本的に現場に任せきりであったし、この調査においてもその点は問い直されていない。③～⑤は、製図室と現図場も含む造船所全体とその各部署に共通する問題として再構成されている。この3つはいずれも、各部署の管理者・監督者に即して問題は認識されている。調査対象が管理者・監督者に限られているから問題認識もそうなったのか、それとも、調査者の問題認識の枠組みが初めから管理者・監督者に即して構成されていたのか判断は難しいが、いずれであれ、③～⑤も各部署の頭脳と眼の問題として認識されていることは注目に値する。
　魑魅魍魎の世界である造船部の実態を合理化し、可視化するという観点からするなら、まずは造船所全体の頭脳と末端の眼を押さえることが、この調査者

たちにとっては戦略的な要点だったのである。

　しかし、こうした問題認識とは別に浮かび上がるのは、ほとんど完璧な管理の不在である。各部署の責任者にはしばしば資質に欠ける者が配置され、その権能と、部署間の権限関係はきわめて不分明で、物事はすべて現場任せで、あるいは属人的に処理される。こうした中で、子分を作り、縁故者を自分の配下に、あるいは後任に据えるといった事態が発生し、さらに労働市場的な困難から労組の要求に譲歩以外の仕方では対応できない管理が横行することになる。上級経営者による管理の不在を、彼ら自身が認識し、改めようとする過程がこの調査であるが、製図室と現図場以外については、徒弟制度・入職過程にも、職長たちによる作業の管理についてもほとんど関心を示さず、相変わらず現場任せのままに放置しようとしていた。

　こうした、一方での改革と、他方での現場任せはなぜ共存しえたのだろうか。この組織調査は、現場を知り尽くした現場出身の技師を主体としていたとはいえ、そこには、やはり部外者の調査結果という性格が色濃く残されている。造機部や砲熕部の技師にとって、屋外での長期間の建造作業とそこに関わる複雑な職種は、身体感覚での理解を超えたものであったに相違ない。造機部や砲熕部も、機械産業の他の分野に比べるなら、かなり大型の製品を長期間かけて作るとはいえ、作業は工場建屋内でなされ、技師は必要に応じて現場を検分し、図面通りに作業が進捗しているか否かを随時確かめることができたのに対して、屋外での不安定の足場の上や船体奥深くでの作業の多い造船部は、機械産業というよりは土木建築業に近い性格を有しており、造機や砲熕の技師だけでなく、造船技師たちも現場を自らの眼で検分するのが難しいことは、造船部次長や助役たちの証言にも如実に表現されていた。こうした造船部に特有の作業の進捗と賃金と労働力調達の複雑に絡み合った実態は造船部技師たちにも不可視の領域であったのだが、この調査の主体たる造機部・砲熕部技師たちはそれを可視化することを目指しはした。しかし、個々の現場の作業が職長を中心とした職場の労働者集団の現場の慣行と知恵とで動くということ自体は、この調査を担当した技師たちにとっても、ごく当然のことであって、それをわざわざ描くことはしていない。このような意味で、この調査は、現場を知り尽くしてはいるが、造船部にとっては部外者の技師たちが、自分たちにわからないことや認め

たくないことを強調して可視化する試みであった。そこには、一方では、製図室と現図場を中心に造船部全体を合理化し、また労働力調達と賃金方式と作業進捗との複雑に絡み合った問題を一挙に整序しようとする頭でっかちの面とともに、他方では、なぜ、これほど組織の体をなしていないように思われる造船部がこれまで大過なく建造を続けることができたのかはおよそ問うこともなく、現場というブラックボックスをあえて解明しようとはしない面の両方が現れているのである。

注
1) 小野塚知二［2008］［2010］。
2) ここで、労使紛争（industrial dispute）とは、労働者側と使用者側との直接的な紛争だけでなく、作業方法の革新や新種機械の導入にともなって発生する職域（demarcation）問題のように、直接的には諸職種の労働者間に発生する労々紛争も含む概念である。ただし、そうした労々紛争の多くは、労働者間では解決されず、諸職種の労働組合（支部ないし職場委員）と当該企業ないし当該地区の使用者団体との間の交渉・協約を経て解決される。
3) Vickers Minute Book No. 6, Cambridge University Library, Vickers Archives 1364, 19 January 1910.
4) 奈倉文二［2003］および小野塚知二［2003］を参照されたい。
5) マッケクニの活動的かつ積極的な人間像について活写したファッレは、「造船造機の中心地としてのバロウの興隆の歴史を語るには、ジェイムズ・マッケクニの着任のもたらした巨大な効果を抜きに語ることはできない。［中略］四半世紀にわたって彼は、バロウのすべての活動と建造作業の源泉であり続けた。誰からも恐れられたが、同時にその指導力ゆえに尊敬もされていた」と述べる。Falle, H. de C. [1957] p. 4.
6) Vickers Ltd. to Saxton W. A. Noble, 6 April 1910, Letter Book No. 31, Vickers Archives 1005.
7) Vickers Ltd. to Saxton Noble., 22 December 1910, Letter Book No. 31, Vickers Archives 1005.
8) F. Barker to McKechinie 16 December 1910, Albert Vickers to Beardmore 20 December 1910, Letter Book No. 32, Vickers Archives 1006.
9) ヴィッカーズ社が本社をロンドンに置いたことは、事業所との距離感の原因とはなったが、保守党系の人脈を活かし、また外国政府の情報もいち早く獲得して、積極的な営業活動をする点では有利であり、この有利さを活用して、兵器・造船企業としては後発のヴィッカーズ社は先発のアームストロング社の技術と市場を徐々に浸食していったのであった。小野塚［2003］と安部悦生［2005］を参照されたい。

10) McKechnie to Albert Vickers, 27 October 1910, Letter Book No. 32, Vickers Archives 1006.
11) Report on Internal Enquiry, 1912, Vickers Archives 1115. なお、aからdまでは、Sir James McKechnie's Papers, April 1912–July 1913 にも収録されている（Vickers Archives 600）。
12) 造船鉄工主任職長 D. L. Morton だけは、1912年4月12日の2度目の聴取がされており、この記録だけは、聴取者バニスタ（バロウ事業所砲熕部長、George Henry Banister, 1856-1934）とモートンの発言が直接話法の問答体で記されている。調査過程での部下への圧力形成などモートンの職務遂行の不適切性を確定して、馘首の正当性を示すために、記録の形式が異なっているものと推測される。
13) Sir James McKechnie's Papers, April 1912–July 1913, Vickers Archives 600.
14) Reports of Meetings held with Boilermakers' Society, 1912-1913, Cumbria Recortd Office (Barrow-in-Furness), BDB16/L583, Reports of Boilermakers' Society Deputation Meetings, 1912-1913, CRO (Barrow), BDB16/L584.
15) それらは平賀譲デジタルアーカイブ（東京大学図書館、http://rarebook.dl.itc.u-tokyo.ac.jp/hiraga/index.jsp）および、三菱重工業株式会社長崎造船所史料館に所蔵されており、そのいくつかは小野塚［2005］で概観した。
16) ここで、ロンドン本社から提供される設計（design）とは、排水量、船体の主要寸法、装甲板の厚さ、機関出力、武装配置、燃料・弾薬の積載量、航続距離などの基本仕様書と、それらを視覚的に表現したラフスケッチないしレイアウト図程度のものであったと推察される。ロンドン本社にも製図と各部の計算能力を備えた製図工を多数配置するのは明らかに無駄であり、それゆえ、外国政府からの受注艦は、ロンドンの本社でヴィッカーズ社の営業担当取締役と発注側の外国海軍高官との間で、イギリス海軍や諸外国の既成艦を参考にしながら、基本仕様と大まかな外形上の特徴を描いた図面を用意するところまでしかできなかったと考えられるからである。
17) この点は当時バロウに滞在した海軍技手工藤幸吉の観察結果とも完全に一致する。小野塚［2005］125〜128頁を参照されたい。
18) 汽罐製造工（boilermakers）とは鈑金、孔明、鋲打ち、填隙など造船鉄工の諸職種の労組組織上の別称である。据付型蒸気機関の汽罐を製造する作業と鉄鋼製の船体を建造する作業とは同名の諸職種によって担われ、彼らの多くは「汽罐製造工・鉄鋼造船工連合組合（United Society of Boilermakers and Iron and Steel Shipbuilders）」に組織されていた。通常、造船所で鉄鋼製の船体を建造する作業に携わる者たちは、「鉄工部門（iron department）」、「鉄工職（iron trades）」と総称され、企業内的な呼称は汽罐製造工ではなかったから、モートンも「鉄工職職長」などと記されるべきだが、ここで彼が汽罐製造工職長（the Boiler Makers Foreman）と呼ばれているのは、上述の労働組合に対して宥和的な職長であるということを意味していると思われる。なお、その後の「労働組合のやり方に浸透されている」という記述は原文では「浸透されていない（impermeated）」だが、前後の文脈から矛盾するので、本来は「浸透されてい

る（is permeated）」と書くべきところを誤記したもの──口述タイプ打ちの場合発生しやすい──だと推測される。
19) V. Caillard to J. McKechnie, 25 June 1912, compiled in Sir James McKechnie's Papers April 1912-July 1913, Vickers Archives 600, Cambridge University Library.
20) マッケクニの経歴については、Proposal Forms 1901, MPF18/2, Institution of Mechanical Engineers' Library, および、Institution of Mechanical Engineers, *Proceedings*, Vol. 121, 1931, p. 611 を参照した。なお、当時の英国では技師協会の会員資格が技師呼称の役割を果たしたが（小野塚［2014］）、マッケクニは40代で海軍造船官協会（Institutions of Naval Architect）と機械技師協会（Institution of Mechanical Engineers）の正会員となったほか、その後、最も格式の高い民間技師協会（Institution of Civil Engineers）の会員にも推挙されている。
21) バニスタの経歴については、Proposal Forms 1890-92, MPF11/2, Institution of Mechanical Engineers' Library, および、Institution of Mechanical Engineers, *Proceedings*, Vol. 127, 1934, pp. 409-410 を参照した。
22) 防護甲板の鋲打ちが完了する前に、防護甲板に設ける石炭積み込み口の鋲打ちが行われる、あるいは、装甲鈑取付用の孔明が完了する以前に取付作業に入ってしまったため、装甲鈑が船体側面に釣り上げられて後に、船体側の孔明がなされ、適切な鋲打ちができなかった等々、本来の作業順序の逆転にともなう不手際である。Report of Shipyard, No. 4, 19 November 1912, p. 2, compiled in Sir James McKechnie's Papers April 1912-July 1913, Vickers Archives 600, Cambridge University Library.
23) Registers of Appretices Indentures, Rates of Apprentices, BDB16TD1, Cumbria Record Office (Barrow-in-Furness).

参考文献

Falle, H. de C. [1957] "History of Barrow: Barrow Personal Recollections" (A memorandum presented to J. D. Scott), Vickers Archives 581, Cambridge University Library.
Harris, Nigel ed. [1989] *Portrait of a Shipbuilder; Barouw-built vessels from 1873*, Silver Link Publishing Ltd.
Richardson, Alex [1902] *Vickers, Sons and Maxim, Limited; Their Works and Manufactures*, London, Office of "Engineering".
安部悦生［2005］「戦間期イギリス兵器企業の戦略・組織・ファイナンス──ヴィッカーズとアームストロング」奈倉文二・横井勝彦編著［2005］『日英兵器産業史──武器移転の経済史的研究』日本経済評論社、311〜374頁。
小野塚知二［2003］「兵器製造業者の結託と競争──アームストロング社とヴィッカーズ社」奈倉文二・横井勝彦・小野塚知二［2003］『日英兵器産業とジーメンス事件──武器移転の国際経済史』日本経済評論社、195〜244頁。
小野塚知二［2005］「日英間武器移転の技術的側面──金剛建造期の意味」奈倉文二・横

井勝彦編著［2005］111〜153頁。

小野塚知二［2008］「19世紀後半イギリス機械産業における職長の組織化と自己認識——労使関係的側面に注目して」東京大学『経済学論集』74-3、2〜30頁。

小野塚知二［2010］「イギリス造船機械産業における管理革新の担い手——職長・製図工・技師の機能と位置についての試論——」『大原社会問題研究所雑誌』619、3〜17頁。

小野塚知二［2014］「イギリスにおける技師の自己定義と「現場主義」——徒弟制度、高等教育、職業独占」谷口明丈編『エンジニア形成の歴史研究——現場主義の国際比較（仮題）』ミネルヴァ書房。

奈倉文二［2003］「ヴィッカーズ社の事件関与と日本製鋼所」奈倉文二・横井勝彦・小野塚知二［2003］163〜194頁。

第4章

工場徒弟制から「人事管理」へ
生成期ゼネラル・エレクトリック社の組織・管理問題と人材育成を中心に

関 口 定 一

1. はじめに

　19世紀末から企業合同などによって成立した多くのアメリカ大企業は、その後20世紀全体を通じて、それぞれの産業においてトップ企業としての地位を維持し、アメリカ経済の成長に寄与するとともに世界経済に大きなインパクトを与えてきた。本章で取り上げるゼネラル・エレクトリック社（General Electric Company: GE）もそうした企業の1つである。本章では、企業成立時から第一次世界大戦ころまでの GE の、主としてニューヨーク州スケネクタディ (Schenectady) 市にある、同社最大の事業所であるスケネクタディ事業所 (Schenectady Works) に注目し、同事業所で1901年からスタートした熟練工と製図工の企業内養成課程を取り上げ、近代的大企業が形成される過程で生じた、組織・管理問題との関連で、その意味を検討することにしたい。

　1892年にエジソン・ゼネラル・エレクトリック社（Edison General Electric Company）とトムソン＝ハウストン社（Thomson-Houston Electric Company）の合同によって GE が誕生して以来、スケネクタディ事業所は、本社機能を擁する最大の事業所であり、研究開発の拠点でもあったため、中間管理者、技術者、スタッフ職員を含むホワイトカラー従業員の比率が極めて高い職場であった。また、この時代の GE の主力事業であった、発電機、タービン、モーターなどのいわゆる「重電」製品の製造がメインであったため、男性労働者、熟練労働者の比率が高い事業所でもあった。

　本章が取り上げる時期は、アメリカにおいて巨大企業が相次いで成立した時代であり、かつ重化学工業部門で急速に技術革新が進んだ時代であると同時に、

経営者による全国的な反労働組合運動である第一次オープンショップ運動が展開され、労使が激しく対立した時代でもあり、さらにまた、「科学的管理法」に象徴されるような組織と管理の改革が叫ばれた時代でもあった。企業合同による垂直的・水平的統合の結果形成された多階層・複数職能組織の形成は、競争優位を維持する手立てとなったが、同時に巨大化した企業に対する民衆からの「独占」批判、企業運営の「公正さ」や「責任」に対する厳しい視線を生み、適切な事業・組織管理の確立と企業と社会との調和という課題の解決を企業経営者に迫ることとなった。

こうした状況下で、大企業では、大量の中間管理職（manager, director, superintendent）・現場監督者（general foreman, foreman, sub-foreman）・専門家や専門職スタッフ（engineer, accountant, draftsman, rate setter, tool designer など）の需要が発生していた。また、本章で取り上げる GE にあっては、交流技術の展開、電気供給ネットワークの整備、電信の発展、動力の大型化、ラジオ・無線・X 線・真空管などの新技術の開発、そして新市場としての家電製品（扇風機、レンジ、冷蔵庫、ラジオ）の開拓などが、相次ぎ、優秀な電気技師（electrical engineer）、設計技師（designer）、製図工（draftsman）、熟練工（machinist, patternmaker, molder など）の獲得や育成が重要な課題となっていた。

学校教育における技能・職業訓練は、「職業学校（trade schools）」、「手工訓練学校（manual training schools）」などの失敗に象徴されるように、変貌しつつある産業界に十分な人材を送り込むことはできず、また、大学も世紀末から工学教育などを拡大するなどしつつあったが、実務の世界との接続については、まだ十分な役割を発揮できていなかった[1]。

また、19世紀末から本章で取り上げる GE の工場徒弟制が開始される1901年にかけての時期は、第一次オープンショップ運動が展開される前夜であり、熟練労働者の育成と教育については、機械工組合（International Association of Machinists: IAM）などのクラフト・ユニオンの動向が重要な意味を持った時代でもあった[2]。

GE の経営者たちは、こうした環境の中で、急速に拡大し、職能的な多様性を増す企業組織における、さまざまなポジションを充填するため、大量の管理者、監督者、技術者、専門家、専門職従事者そして熟練工を見出すことを求め

られていた。

　これらの課題に対する答えは、GEにおいては、企業内における熟練工や技術者の養成制度の確立という形で、与えられた。そしてこの時期には、類似の課題に直面し、同じく人材の企業内での育成という解決手段を採用した他の数多くの企業経営者たちが存在し、彼らは全国的に連携しながら、「人事管理（personnel management）」という、その後広く産業界に受容される労務管理のスタイルを作り出す動きへと合流していくのである。

2．スケネクタディ事業所の事業展開・規模拡大・技術革新と組織・管理上の課題

　それまでにすでに従業員数2,000人をはるかに超えるかなり大きな規模になっていたスケネクタディ事業所は、1892年にゼネラル・エレクトリック社（GE）が成立し、その主力事業所に位置づけられると、いっそう急速にその規模を拡大し、1900年には6,800人、1905年で1万2,500人、そして1918年には2万人を超える従業員を擁する巨大事業所となった（表4-1および図4-1、図4-2参照）。

　こうした急速な規模の拡大により、大量の一般作業労働者に加え、相当数の現場監督職、中間管理職、そしてスタッフ部門を担う専門家や専門職を確保することが事業所幹部の課題となった。特にスケネクタディ事業所が、統合された会社全体の管理機能を果たす本社部門を擁することとなったため、管理・技術職のポジションはいっそう急速に増加したと考えられる[3]。

　またスケネクタディ事業所では、大型タービン、船舶用タービン、大型モーター、大型発電

表4-1　スケネクタディ事業所の拡大

年	建屋の数	延べ床面積（平方フィート）	従業員数（人）
1886	2	70,406	300
1890	44	249,714	2,200
1895	70	595,143	3,880
1900	107	1,403,605	6,800
1905	161	2,574,987	12,500
1907	171	3,288,518	15,120
1909	178	3,758,679	10,890
1911	208	4,595,015	14,000
1913	213	4,993,281	17,161
1916	277	5,191,633	18,625
1918	283	5,840,563	20,700
1919	309	5,885,347	20,180
1922	310	5,975,291	17,616

出典：*Schenectady Works News*, 1922 December 8 による。

図 4-1　1910年代末のスケネクタディ事業所全景

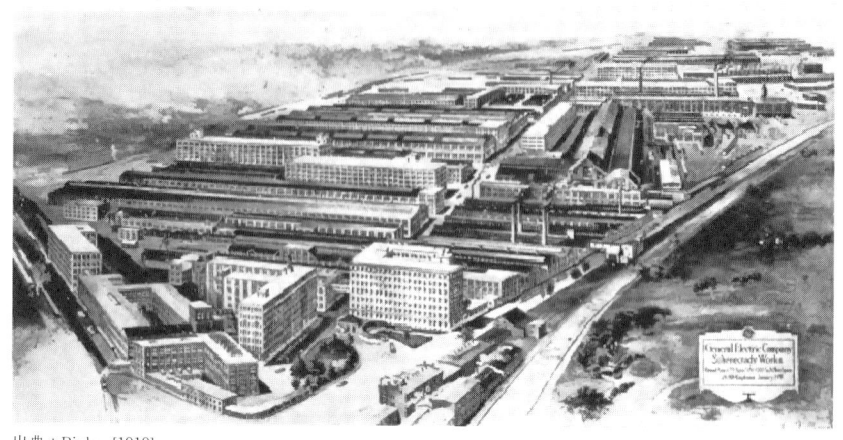

出典：Ripley [1919].

器から、スイッチ盤、サーキット・ブレーカー、モーター制御装置、そして電線や真空管、そしてラジオまで極めて多様かつ、高度の技術水準を要する製品を開発し、生産していたため、電気技師や機械技師をはじめとする多数の技術者、製図工等の専門職従事者、そして機械工などの熟練労働者の確保は事業拡大のための必須の条件であった。間近に大きな人口集積地を持たないスケネクタディ（Schenectady）市において、これだけ大量かつ多様な人材をきわめて短期間の間に、いかにして獲得できたのであろうか。

さらに人材の獲得以外にも、重要な課題があった。1892年当時は極めてシンプルであった企業組織は、規模の拡大と製品構成の多様化と高度化の中で、急速に変化し、多くの階層と職能別部門を持つ複雑化した組織に成長していった。この大規模化し複雑化した組織を動かすためには、単に人材を採用・育成・確保するだけでなく、組織の管理運営のための様々な制度の整備や管理技法の精緻化が必要となったが、こうした組織編成と管理のための方法と仕組みは、いかにして獲得されたのであろうか。

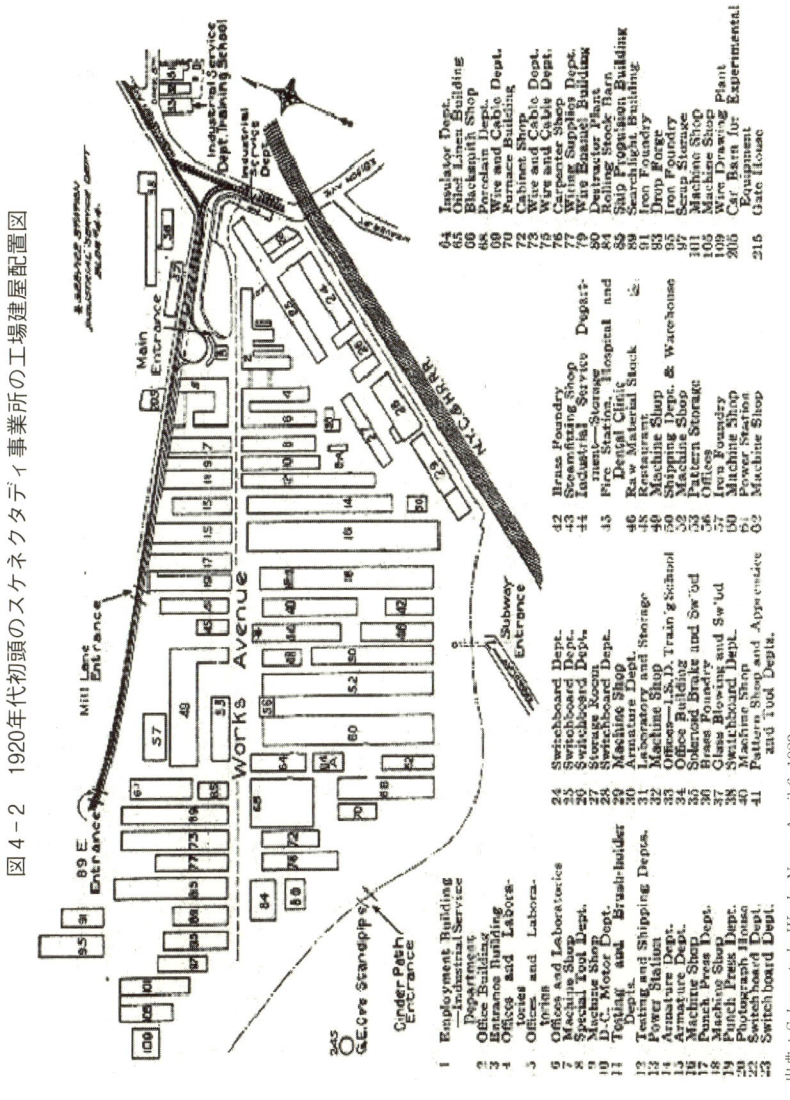

図 4-2 1920年代初頭のスケネクタディ事業所の工場建屋配置図

1　Employment Building
　　—Industrial Service Department.
2　Office Building.
3　Entrance Building.
4　Offices and Laboratories.
5　Offices and Laboratories.
6　Offices and Laboratories.
7　Machine Shop.
8　Special Tool Dept.
9　Machine Shop.
10　D-C. Motor Dept.
11　Testing and Brush-builder Machine Shop.
12　Testing and Shipping Depts.
13　Power Station.
14　Armature Dept.
15　Machine Shop.
16　Punch Press Dept.
17　Photograph Dept.
18　Switchboard Dept.
19　Machine Shop.
20　Punch Press Dept.
21　Photograph Dept.
22　Switchboard Dept.
23　Switchboard Dept.
24　Switchboard Dept.
25　Switchboard Dept.
26　Switchboard Dept.
27　Storage Room.
28　Switchboard Dept.
29　Machine Shop.
30　Armature Dept.
31　Laboratories and Storage
32　Machine Shop.
33　Offices—I.S.D. Train'g School
34　Office Building.
35　Solenoid Brake and Sw'bd
36　Brass Foundry
37　Glass Blowing and Sw'bd
38　Switchboard Dept.
39　Machine Shop
40　Pattern Shop and Appreentice
41　and Tool Depts.
42　Brass Foundry
43　Steamfitting Shop
44　Industrial Service Department—Storage
35　Fire Station, Hospital and Dental Clinic
46　Restaurant
47　Raw Material Stock
48　Machine Shop
50　Shipping Dept. & Warehouse
52　Machine Shop
53　Pattern Storage
55　Offices
57　Iron Foundry
59　Machine Shop
61　Power Station
62　Machine Shop and Appreentice

64　Insulator Dept.
65　Chief Linen Building
66　Blacksmith Shop
68　Porcelain Dept.
69　Wire and Cable Dept.
70　Furnace Building
72　Cabinet Shop
73　Wire and Cable Dept.
75　Wire and Cable Dept.
76　Carpenter Shop
77　Winter Supplies Dept.
79　Wire Enamel Building
80　Destructor Plant
81　Rolling Stock Barn
85　Ship Propulsion Building
84　Searchlight Building
89　Iron Foundry
93　Drop Forge
95　Scrap Storage
97　Iron Foundry
101　Machine Shop
105　Machine Shop
109　Wire Drawing
205　Car Barn for Experimental Equipment
215　Gate House

出典：*Schenectady Works News*, April 6, 1923.

3. 基幹的熟練工・製図工の内部養成——工場徒弟制の役割

　スケネクタディ事業所（Schenectady Works）を含むゼネラル・エレクトリック社（GE）の人材の確保において重要な役割を果たしたのが、学卒者を含む未経験の若年労働者のシステマティックな採用と内部養成であった。後述するように、当時スケネクタディ事業所が必要とした人材の量は多く、その全てを内部養成で賄えたわけではない[4]。しかし、ブルーカラー職種に関しては、工場徒弟制による基幹的熟練工と製図工の内部養成が、その人材の質の確保という点も含めて、極めて大きな役割を果たしたことは疑いない。

　19世紀末から20世紀初頭の時期に開始されたGEの若年労働者の採用と内部養成の主要な制度は、機械工、工具工、製図工などを養成する企業内の3〜4年制の「工場徒弟制[5]（shop apprenticeship systemもしくはshop apprenticeship courses）」と大学の工学部卒業者を主な対象とした技術者育成制度である「テスト・コース（TEST CourseもしくはTEST Program）」であった。本章では、前者に焦点を絞り、「テスト・コース」については、別の機会に論じることにしたい[6]。

（1）　工場徒弟制の概要

　スケネクタディ事業所の工場徒弟制は、機械工などの主要熟練職種の労働者および製図工育成のために、当時の事業所長（Works Manager）ジョージ・E.エモンズ（George E. Emmons）の右腕であったアルバート・ローラー（Albert Rohrer）によって1901年に開設された[7]。1908年時点では、機械工（machinist）、木型・金型工（patternmaker）、鋳造工・中子工（molder and coremaker）、鍛造工（blacksmith）、そして製図工（draftsman）の育成が行われていたことが確認できる[8]。後述のように、最も中心となった育成対象職種は機械工であり、数の上では製図工、鋳造工・中子工がそれに続いた。

　育成の対象となったのは、16歳以上の男子で、両親など徒弟となる少年に責任をもつことができる人物の推薦があり、英語の読み書きができ、機械工などの熟練職種の場合は分数を含む算数、製図工の場合は求積法、平方・立方・立

方根、およびメートル法を含む上級算数のテストをパスしたものであった。採用に当たっては、1ヵ月から2ヵ月の有給の試用期間を経た後に徒弟としての見込みがあると認められた場合、徒弟契約（indenture）が結ばれた。

徒弟契約書には、徒弟となる少年が本人の自由意思に基づき、誠心誠意、勤勉（honestly, faithfully, and industriously）にGEに奉公（service）すること、徒弟期間中はGEを辞めないことを誓い、GEは徒弟にその職業の全ての分野について注意深く巧妙に教えることを約すことが明記された。また徒弟の両親が徒弟期間中の少年に十分な住居・食事を提供することも定められた。ただしGEはビジネスの都合によって期間中においても徒弟を解雇したり、契約を解除したり、あるいは契約を停止したりする権利を留保することも明示された。このほか契約書には①徒弟の職種、②勤務場所、③徒弟期間、④年間総就労時間、⑤休暇、⑥賃金、⑦修了時のボーナスと修了証書の授与などが具体的に規定され、徒弟となる少年本人と両親、および会社側代表である事業所長が署名する形式となっていた[9]（章末に1920年代の徒弟契約書の写真［資料4-1］を掲載した）。

徒弟の養成期間は4年間（高校卒業者を対象とした3年間のコースもあった）であり、熟練職種課程で年2,700時間、製図工課程で年2,300時間の勤務が求められた。徒弟には、一定の賃金が支払われた[10]。また、全課程を修了した者には、徒弟修了資格（Certificate of Apprenticeship）が授与され、同時に100ドルの修了ボーナスが支給された[11]。

熟練職種の養成課程は、職場での実習（shop work）と教室での学習（class room work）を両輪とし、家庭での学習（home work）がこれを補完する形になっていた。職場での実習は、まず各職種に関連する最新の設備を備えた訓練室（training room）で専任のインストラクターから製品と工具の扱い方、および機械工作（machine work）と手作業での加工組み立て（bench work）について一定期間の訓練を受けた後、複数の職場に順次配属され、それぞれの現場の職人（journeymen）から指導を受けながら、現実の業務に就きつつ、OJTで実務を学ぶことになる。この間、訓練は現場の職人任せにされず、常に徒弟部門（apprentice department）および訓練室のインストラクターの監督下におかれる（図4-3、図4-4）。

図4-3 訓練室での機械工と工具工の実習の様子

出典:Ripley [1919] p. 112.

図4-4 鋳造工場での実習の様子

出典:Ripley [1919] p. 119.

　教室では、数学を中心としたカリキュラムが組まれたが、現場で生起する実際の問題への応用が強く意識された。授業科目の中では、機械製図(mechanical drawing)と図面の読み方(blueprint reading)が重視された。また、製図工養成課程では、代数、幾何などの数学科目が特に重視されていたことは、そのカリキュラムからもわかる(表4-2)。同様の力点が置かれたのが、機械製図(mechanical drawing)であった[12]。機械製図の教育については、基礎から応用

表4-2　製図工養成課程（4年制）の学習カリキュラム

第1年次		第2年次		第3年次		第4年次	
代数Ⅰ	3ヵ月	代数Ⅳ	3ヵ月	平面幾何Ⅱ	3ヵ月	図形幾何学Ⅰ	3ヵ月
代数Ⅱ	3ヵ月	代数Ⅴ	3ヵ月	立体幾何	1ヵ月	力学	1ヵ月
				立体幾何	1ヵ月	力学Ⅰ	1ヵ月
				立体幾何	1ヵ月	力学Ⅰ	1ヵ月
		現場での問題 (shop problems)		現場での問題 (shop problems)		現場での問題 (shop problems)	
代数Ⅲ	3ヵ月	平面幾何Ⅰ	3ヵ月	三角法Ⅰ	1ヵ月	力学Ⅱ	1ヵ月
				三角法Ⅰ	2ヵ月	力学Ⅱ	1ヵ月
				三角法2	1ヵ月	材料強度と実験	1ヵ月
				三角法2	2ヵ月	材料強度と実験Ⅰ	1ヵ月
						材料強度と実験Ⅰ	1ヵ月
代数Ⅳ	3ヵ月	平面幾何Ⅱ	3ヵ月	実践的問題 (practical problems)		実践的問題 (practical problems)	
現場での問題 (shop problems)		実践的問題 (practical problems)		図形幾何学Ⅰ	3ヵ月	材料強度と実験Ⅰ	1ヵ月
						材料強度と実験Ⅱ	1ヵ月
						材料強度と実験Ⅱ	1ヵ月

出典：*General Electric Company, Shop Apprenticeship for Boys* (SW1833) 1920より作成。
注：第3年次と第4年次は、教育期間の合計が12ヵ月を超える。これは、一定の時期に2つの科目が並行して教授されていたためと思われる。

に及ぶ、実際的な問題への対処を意識した密度の濃いカリキュラムが組まれていた（表4-3、図4-5）。

　熟練職種課程、製図工課程とも、授業ごとに宿題が課され、また、授業への出席の不足したもの、また、それぞれの科目の試験に不合格だったものは、翌年次の課程に進めなかった[13]。

　これだけ密度の濃い教室での授業を消化し、かつ週52時間以上の現場での作業を低賃金でこなすこのプログラムを無事修了するのは、極めて困難であった

表4-3　製図授業カリキュラム（4年制課程の場合）

学期（期間）	教授内容	教授時間
第1期 （6ヵ月）	製図（製図室の基礎、ヘッド・ナット、スクリュー・ライン、練習問題など）	13週間
	トレーシング（同上）	10週間
第2期 （6ヵ月）	製図（投影図 No.1～No.7）	19週間
	製図（展開図 No.1～No.3）	5週間
第3期 （6ヵ月）	モーター・ブラシ・ホルダー、整流子、ベアリング、オイル・ゲージなど	24週間
第4期 （6ヵ月）	第3期の部品の組み立て	4週間
	機械の部品のフリーハンド・スケッチに基づく4点の製図	時間限定なし

出典：*General Electric Company, Shop Apprenticeship for Boys*（SW1833）1920より作成。

図4-5　工場徒弟（機械工）の教室での授業の様子

出典：Ripley [1919] p. 108.

と考えられる。各種のデータから、1901年に開始されたこの課程から、毎年60人程度が修了していたことがわかるが、毎年どれくらいの数の徒弟が新たに受け入れられていたのかについてのデータがほとんど存在しないため、修了率がどのように推移したのかは判然としない。チャールズ・リプリー（Charlas Ripley）は、1917年12月のスケネクタディ事業所における徒弟数を302人としているが、もしこの全てが4年制コースに在籍していたとすると、単純に平均

して各年次75～76人の在籍者となるが、この種のプログラムの場合、初年度の脱落者が多く、その後その数は漸減することが考えられるので、毎年の受け入れ数は、これを上回る数だったであろう[14]。修了者数を平均60人として、毎年新規徒弟契約をする人数は80人から90人程度と推定される[15]。

（2） 工場徒弟制による人材育成

1901年に設立された企業内の工場徒弟制は、その後長く継続し、50年代までに、4,000人近くの修了者を送り出すことになる。その多くは、GEのみならず、各所で管理・監督的職務、専門的な職務を得て、企業並びに産業の発展に貢献することとなる[16]。

工場徒弟制から送り出された労働者は、表4-4、表4-5に見るように、その60％は機械工であり、次いで製図工が全体の4分の1程度、続いて鋳造工・中子工と木型・金型工が併せて10％程度であった。

修了者は、その一部（時代によって割合は異なる）はそのままスケネクタディ事業所をはじめとするGEの各部署に採用されたが、残りは、望み叶わず、あるいは敢えて機会を求めて他の企業のポジションを得てGEを離れていった。シャン・ネルソン＝ロウ（Shan Nelson-Rowe）によれば、1921年時点の資料では、スケネクタディ事業所の養成課程修了者のGEへの残留率は年によって

表4-4　1910年代までのスケネクタディ事業所の工場徒弟制の修了者数（その1）

（単位：人）

コース	(A) 1914年5月まで	(B) 1919年11月まで
機械工（machinist）	493	626
製図工（draftsman）	135	251
鋳造工・中子工（molder and coremaker）	106	129
木型・金型工（patternmaker）	32	—
鍛造工（blacksmith）	8	9
ブリキ工（tinsmith）	—	2
合計	774	1,017

出典：(A)欄は *Information Concerning the Shop Apprenticeship System for Boys at the Schenectady Works of the General Electric Company* (SW-1033), 1914. 3；により、(B)欄は *Shop Apprenticeship System for Boys, Schenectady Works of the General Electric Company* (SW-1833 A 3000), 1920. 5より作成。

表4-5　スクネクタディ事業所の工場徒弟制の
修了者数（その2）

コース名	人数数（人）	割合
機械工（machinist）	1,466	60.7
製図工（drafting）	639	26.4
木型・金型工（patternmaker）	125	5.2
鋳造工（molder）	112	4.6
中子工（coremaker）	24	1.0
ブリキ工（tinsmith）	19	0.8
工場業務訓練生（factory business trraining）	19	0.8
鍛造工（blacksmith）	10	0.4
機械工・製図工（machinist and draffting）	2	0.1
指し物工（cabinet making）	1	0.0
合計	2,417	100.0

出典：General Electric Apprrentice Alummni Associaation, *Alummni Directoryry of 1941* より集計。

注：この数字は、1901年の制度創設から1941年までの400年間に工場徒弟養成課程を修了し、「徒弟同窓会（Apprentice Alumni Association）」に加入した2,418人のうち、養成コース名が不明の1名を除いた2,417名のデータに基づいて作成した。

図4-6　スケネクタディ事業所における工場徒弟制修了者の残留率*

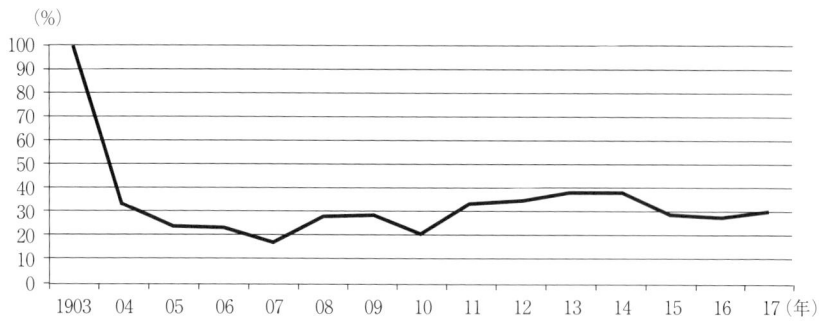

出典：Nelson-Rowe [1988] p. 303 の［表6.3］より作成。原データは、以下の資料に拠っている。C. F. Marquis "Record of Apprentices for 1921," General Electric Company, Schenectady New York (1922); "Directory of Graduates, 1901-1951, Apprentice Training Courses Schenectady Works," General Electric Apprentice Alumni Association, Schenectady, New York (1951).

注：＊「残留率」とは工場徒弟養成課程修了者のうち、スケネクタディ事業所に職を得たものの割合である。

17.3％から38.1％と幅があるが、平均28.1％と3割を切っていたという図4-6。GE第2の製造拠点リン事業所（Lynn Works）のケースでも事情はそれほど変わらなかった[17]。

表4-6 スケネクタディ事業所における工場徒弟制修了者の
職名・職位（一般労働者を除く）

職名・職位	1929	1930
設計技師（designers）	100	121
賃率設定係（rate setters）	28	55
副職長（assistant foremen）	33	31
専門職（special works）	24	30
グループ・リーダー（leaders）	23	24
職長（foremen）	22	15
検査係（inspectors）	19	15
技術部門所属（engineering department）	12	14
准職長（sub-foremen）	8	16
徒弟インストラクター（apprentice instructors）	8	12
部門長（section head）	4	4
副部門長（assistant section heads）	4	2
総職長（general foremen）	1	4
工場長（superintendents）	2	2
監督補佐（assistant to supervisors）	1	2
副総職長（assistant general foremen）	1	2
弁理士（patent attorneys）	1	1
福利厚生部所属（welfare department）	1	1
雇用部所属（employment office）	1	1
合計	293	352

出典：*The Apprentice System of the Schenectady Works* (GEB-61A), 1929, 39-44; *The Apprentice System of the Schenectady Works* (GEB-61B), 1930, 40-43 より作成。

次に、修了者のその後のキャリアについて見ておこう。表4-6は1929年と30年にGEが発行した工場徒弟制の勧誘パンフレットに掲載された数字だが、これによれば、たとえば29年の時点で、創設以後の総修了者数1,700人のうち、約300人（17％）が管理職、監督職、専門職などの非ブルーカラー職種に就いていることが示されている。このうち、たとえば工場長（superintendent）という職位は、20年代のスケネクタディ事業所の場合でいえば、従業員数百人から場合によっては千人以上を統括する極めて大きな職責のポジションであった。また、工場徒弟制の修了者で作る同窓会（General Electric Apprentice Alumni Association）が41年に発行した同窓生名簿のデータを分析した結果を示した表4-7は、同窓生名簿に、調査時点で従事している職名が記載された1,666人中、賃金労働者（といってもその圧倒的多数は、機械工などの熟練労働者であった）は半数以下の40％強であり、残りは、管理職、監督職、専門職などのホワイトカ

表4-7　工場徒弟制修了者のキャリア

地位・職位	人数	割合（%）
賃金労働者（wage earners）	695	41.7
専門職（specialists）	336	20.2
監督職（supervisors）	234	14.0
専門家（professionals）	201	12.1
技術者（engineers）	77	4.6
その他（misc.）	55	3.3
その他ホワイトカラー職（white collar employees）	30	1.8
管理職（managers）	28	1.7
退職者（retired）	9	0.5
不明（n. a.）	1	0.1
合計	1,666	100.0

出典：General Electric Apprentice Alumni Association, *Alumni Directory of 1941* より作成。名簿登載者2,417名中、職名の記載のある1,666名のデータに基づいて集計した。

注：1）「職種・職位」については、以下のように分類した。
　　（1）「技術者」：engineer, mechanical engineer, industrial engineer, designing engineer など、（2）「管理職」：manager, assistant manager, section head, director など、（3）「専門家」：architect, accountant, teacher, lawyer, patent attorney など、（4）「専門職」：designer, tool designer, draftsman, wage rate setter, instructor, planner など、（5）「監督職」：superintendent, section leader, supervisor, general foreman, foreman, assistant foreman など、（6）「賃金労働者」：machinist, patternmaker, core maker, tinsmith, blacksmith, molder など、（7）「その他ホワイトカラー職」：instructor, salesman, production assistant, estimator）など、（8）「その他」：上記（1）〜（7）のいずれにも該当しない職種。

ラー職種に就いていることを示している[18]。

　組織規模の拡大と、業務の高度化、複雑化などに対応する人材の供給にあたって、工場徒弟制が相当の貢献をしていたことがわかる。ただし、ポール・ダグラス（Paul Douglas）も指摘するように、徒弟養成課程の中途で生じる大量のドロップアウト、修了生の定着率の低さを考えると、単純にみればこの制度はGEにとって経済的には極めて割の合わないものと思える。その一見したところ割の合わない制度を長期にわたって継続してきた意味はどこにあるのだろうか。今後さらに検討を加えるべき課題である[19]。

（3）　機械工と製図工

　GEの工場徒弟制について最後に検討しなければならないのは、同じ工場徒

弟制内に位置づけられている、機械工などの熟練職種のコースと製図工養成のコースの相違である。この点は、これまでほとんど指摘されてこなかったが、養成課程のカリキュラムの相違からだけでなく、終了後のキャリアの相違をみると、この2つが相当に異なった人材の育成を目指したものであったことがわかる。

表4-8、表4-9を比較すれば一目瞭然だが、同じような年齢で工場徒弟制に入り、4年間トレーニングを受けるという点では共通するこの2つのコースは、その後のキャリア展開において極めて異なる人材を輩出していた。そのほとんどが熟練職種とはいえ、機械工コースの修了者の半数以上は賃金労働者であるのに対して、製図工コース修了者は、かなりの部分が専門職（製図工 draftsman、工具デザイナー tool designer、賃率係 wage rate、企画係 planner など）や技術者の職に就いていることである。この事実が示すのは、同じ徒弟の養成課程でありながら、この2つのコースの供給する人材が、企業内の分業における異なる職能部分を担うことになっていたということである。

GEのような重電部門に大きなウェイトを持つ企業で、しかもその重電部門の中核を担ったスケネクタディ事業所では、量産化に馴染まない単品もしくは少量の注文生産による製造が多く、また、幾分量産化された製品でも品種が多くまた頻繁に設計や仕様が変更されるため、常に〈研究・開発 laboratories〉⇒〈生産技術部 engineering departments〉⇒〈製図部 designing departments〉⇔〈製造技術 manufacturing departments・製造現場 shop〉という情報の流れの正確性と迅速性、そして実用性（製造現場の作業者がスムースに制作にあたれる情報であること）が極めて重要な意味を持っていた。このうち、製図部門で技師から与えられたアイディアを製造部門に伝達する役割を担い、同時に製造部門から出る製作上の難点や改善点の指摘を吸い上げるのが、製図工コースを出た設計技師や製図工であり、現場に伝達された情報を受け止めて製品の作成を指揮するのが職長（foreman）などの現場の管理・監督者たちであり、その指示命令を実行するのが、工場徒弟制の修了者を含む機械工や木型・金型工などの熟練職種の労働者たちであった[20]。そして、この点に関しては、機械工などの熟練職種のコースからも、製図工コースからも多数の現場監督者が生み出され、組織・管理機能の構築に貢献していたことも付け加えておく必要が

表 4-8　機械工コース修了者のキャリア

職位・地位	人数	割合（%）
賃金労働者（wage earners）	583	56.3
監督職（supervisors）	175	16.9
専門職（specialists）	170	16.4
その他（misc.）	36	3.5
技術者（engineers）	29	2.8
専門家（professionals）	27	2.6
その他ホワイトカラー職（white collar employees）	18	1.7
管理職（managers）	11	1.0
不明（n.a.）	1	0.1
合計	1,035	100.0

出典：General Electric Apprentice Alumni Association, *Alumni Directory of 1941* より作成。
注：1）機械工コースの修了者のうち、死亡した者、退職者、職名の記載のない者を除いた、1,035名についての分類である。
　　2）「職位・地位」の分類は表4-7に注記した通りである。

表 4-9　製図工コース修了者のキャリア

職位・地位	人数	割合（%）
専門職（specialists）	310	69.4
技術者（engineers）	45	10.0
監督職（supervisors）	37	8.3
専門家（professionals）	14	3.1
管理職（managers）	13	2.9
賃金労働者（wage earners）	12	2.7
その他（misc.）	9	2.0
その他ホワイトカラー職（white collar employees）	7	1.6
合計	447	100.0

出典：General Electric Apprentice Alumni Association, *Alumni Directory of 1941* より作成。
注：1）製図工コース修了者のうち、死亡した者、退職者、職名の記載のない者を除いた447名についての分類である。
　　2）「職位・地位」の分類は表4-7に注記した通りである。

あろう。

　フィリップ・リーヒー（Philip Leahey）が指摘するように、こうした生産のプロセスにおいては、作業の標準化や単純化、スピードアップ、機械化・自動化の推進といった標準的な「合理化」策は、あまり効果が無いばかりか、時としては、逆効果であり、むしろ、製造過程における技術情報の正確かつ迅速

な授受を可能にする専門的知識や技術を持った人材（製図工など）、受け取った情報を間違いなく製品に転写する腕を持った熟練労働者（機械工など）を過不足なく確保することのほうが肝要であったと思われる[21]。

こうした観点から見る時、GE が開始し、その後も長くその機能を維持した工場徒弟制の意味が明らかになってくるのではないだろうか。

4．GE の工場徒弟制が提起する問題

これまでの研究は、ともすれば19世紀末から20世紀初頭における大企業製造現場の管理問題の焦点を、現場作業の機械化や労働の標準化・単純化といった、いわば「熟練の解体」による直接的管理の徹底化の可否に合わせ過ぎて、視野を狭めすぎてきたのかもしれない。場合によっては、「熟練の解体」ではなく、ここで取り上げた事例のような企業が熟練工の養成課程を創設することによる「熟練の代替」あるいは「熟練の支配」とでも呼ぶべき方法が、それぞれの産業や企業の直面する市場や技術の制約によって、自然と採択されてきたのではないだろうか。すなわち、世紀末から今世紀初頭にかけての組織・管理改革の流れの中に、いわゆる「科学的管理」とは異なる道——熟練工の自家養成による組織能力の向上という選択が存在したと考えることができるかもしれない。ゼネラル・エレクトリック社スケネクタディ事業所における工場徒弟制の実態は、それを強く示唆している。

本章で取り上げた工場徒弟制を含め、持続性を持つ企業の労務政策が、専ら企業側の意図のみに拠って展開されたり、また、それぞれの企業における過去の労務政策と労働側の対応の歴史から全く切断される形で実施されたりすることは、稀である。現実には、「革新的」と看做される政策や制度も、それが労使双方に受容され、持続的に機能してゆくためには、過去の制度や政策の「読み替え」なり、「改鋳」なりといった、何らかの形での「過去の継承」が行われる。GE をはじめ当時のアメリカ企業が、その最も「弱い環」＝「アキレス腱」であった熟練の問題を、「徒弟制」という伝統的な、したがって熟練労働者たちにも受容しやすい形式を維持しながら解決しようとしたのも、ある意味で、極めて「合理的な」選択であったというべきであろう。

もちろん、今回取り上げたスケネクタディ事業所は、GE という当時技術革新の著しい重電産業の大企業の、今日的にいえば、「マザー・ファクトリー」であったという特殊性ゆえに、その中で、「研究開発（研究者、開発技師）」⇒「エンジニアリング部門（設計技師、生産技師、製造技師）」⇒「製図室（製図工、設計技師）」⇔「製造現場（職長、機械工、木型・金型工など）」といった設計・技術情報や業務命令の流れが決定的な重みを持ち、製図工や機械工の役割が特に大きかったであろうことなど、今回の検討の結果をただちに一般化しえない事情が存在するという点は留意しておくべきであろう。

　ここで今回、GE の工場徒弟制の生成と展開を検討する中で気づかされた組織・管理上の問題に触れておきたい。19世紀末から20世紀初頭は、前述したように生成しつつある大企業にあっては、組織体制の整備と管理運営の改革が焦眉の課題であった。当時の企業における組織・管理問題の焦点として、実はこれまであまり注目されてこなかった問題がある。それは、急速に拡大しつつある組織と変貌しつつある管理機構の中で、にわかに増大し始めた管理者、監督者、専門職の地位と役割をいかに確定するのかという問題である。それまで存在することのなかった重層的かつ職能別に編成された組織の形成、企業合同や市場の多様化による複数の類似した職能の併存、そして次々と生成してくるスタッフ的な新しい職能、こうした中で、大企業の管理と組織の編成はどのようにして築かれ、管理職やスタッフ職の役割はどのようにして確定されていったのであろうか。もちろん、鉄道会社など、先行して大規模化した企業の経験からも多くを学んだであろう。しかし、研究開発、製造技術開発、製造プロセスの管理、購買・出荷・販売、付随するスタッフ部門整備などにかんする組織と管理体制の確立は、当時の製造業企業に未知の課題を提起し続けていた。

　本章で取り上げた、工場徒弟制は、実は、たんに不足しがちな特定職種の人材を育成するだけでなく、明確な意図と制度を持った内部養成システムにより、はっきりとした役割意識と高い能力を持った熟練工、製図工を供給しそれぞれの職務についての役割規範を確立するとともに、かつ、明確にされた彼らの役割（それは他の職位との位置関係をも示す）を起点に、現場監督者、各種の専門家などの企業内での地位を確定し、組織的な秩序を形成するという意味を持っていたのではないだろうか。すなわち、ここでは、人を育てるプロセスが起点

となって、それが人の役割を確定するプロセスに寄与し、役割の確定が組織内でのタテヨコの人と人の関係を明確にし、結果として組織内における各人の地位関係を確定することに寄与していたと考えられる。内部的な人材育成システムを起点として、企業内における役割関係と地位関係が確かなものになり、結果として、企業内の階層的な編成が明確になっていったと考えられるのである。こうした意味において、この工場徒弟制は、必要とされる人材の供給という量的な役割を超えた組織・管理改革上の意義を有していたのではないだろうか。

今回のケースが示す事実から、今後検討すべきもう1つの重要な問題は、GEが、大きな費用と時間をかけて育成した人材を必ずしも全員内部に定着させない（あるいは人材が必ずしも定着しない）という、人的資源投資としては一見したところいかにも効率の悪い人材育成の仕組みを意図的に維持していた、という点である。また、徒弟養成課程を修了した人材が他企業に容易に就業するという事実は、ここで育成された熟練が、一般に企業の人的資源投資の理由として挙げられる企業特殊的熟練とは異なり、優れて汎用的な性格の強いものであったことを示している。汎用的な熟練形成への非効率的な投資という事実は、これまでの人的資源投資や人材の内部育成を説明する支配的な議論とは上手く整合しないように見える。この点をどう考えればよいであろうか。今後さらに検討すべき論点であろう。

5．工場徒弟制・「社立学校協会」・「人事管理」

本章で取り上げたゼネラル・エレクトリック社（GE）のケースが、決して例外的なものでなかったことは、当時の数多くの企業が、工場徒弟制などの熟練工養成の仕組みを中心にした企業内の学校制度（「社立学校 corporate school」）を発足させていたことからも明らかである。この問題については、かなり前に一度詳細に論じたことがあるが（関口定一［1978］）、ここでは、そのエッセンスを踏まえて、アメリカにおける「人事管理（personnel management）」の成立との関連で、工場徒弟制の歴史的な位置について考察しておくことにしたい。

表4-10および表4-11は、1920年ころまでに、工場徒弟制などを含む、企業

表4-10　鉄道業における「社立学校」の成立

年	企業名など	備考
1870	ニューヨーク・セントラル鉄道 (New York Central Lines)	学校の形式をとっていない制度
1902	グランド・トランク鉄道 (Grand Trunk Railway)	1910年にカナダにも設立
1905	ニューヨーク・セントラル鉄道 ニュージャージー・セントラル鉄道 (Central Railroad of New Jersey)	学校制度化。1910年までに9工場に設立
1906	ユニオン・パシフィック鉄道 (Union Pacific Railroad)	通信制学校
1907	サンタフェ鉄道 (Santa Fe System) デラウェア・アンド・ハドスン鉄道 (Delaware & Hudson)	1910年までに24工場に設立 3ヵ所に設立
1908	エリー鉄道 (Erie Railroad) シカゴ・グレート・ウェスタン鉄道 (Chicago Great Western Railway)	21工場中5工場に設立。1910年以後にもさらに数ヵ所に設立
1910	ペンシルヴァニア鉄道 (Pennsylvania Railroad) デラウェア・ラカワナ・アンド・ウエスタン鉄道 (Delaware, Lackawanna and Western)	YMCAと協力して設立

出典：United States Department of Commerce and Labor ［1911］ pp. 543-643の付表1より作成。
注：上記以外で1910年までに、鉄道企業7社「社立学校」を設立したことが確認されている。

内の従業員教育・訓練施設である「社立学校」を設置した鉄道業および製造業の企業の年代別一覧である。この表からは、当時の数多くの有力企業が、従業員の内部養成に取り組み始めていたことがわかる。また、表4-12主要社立学校設置企業の従業員規模と工場徒弟の数を示したものだが、これらの企業における基幹的な労働者の給源として工場徒弟制度が重要な位置を占めていたことを示している（データの制約から1900年時点の従業員数と1910年時点の工場徒弟数を対するという形を取らざるを得なかったが、おおよその両者の関係を把握することはできる）。

　これらの企業における「社立学校」における教育訓練の重点は、GEの場合と同様に、機械工などの熟練職種の労働者に置かれていた。特に、どの企業でも、機械工徒弟のウェイトが相当に高いことがわかる（表4-13、表4-14）。熟練職種の中でも技能の汎用性が高かったということであろうか。これらの企業

表4-11 製造業における社立学校 (corporation school) の設立

年	企業名もしくは学校名
1872	R・ホー社 (R. Hoe & Co.)
	プラット・アンド・ホイットニー社 (Pratt and Whitney) 1870年代に設立
1900	ノース・エンド・ユニオン・印刷学校 (North End Union School of Printing) 同業者組合による学校
1901	ボードイン・ロコモーティヴ社 (Baldwin Locomotive Co.)
	ゼネラル・エレクトリック社 (General Electric Co.) スケネクタディ事業所
1902	ゼネラル・エレクトリック社リン事業所
1903	インターナショナル・ハーヴェスター社 (International Harvester Co.) 学校を正規に設立したのは1906年もしくは1907年
1904	アリス=チャーマー社 (Allis-Charmers Co.) 1904年以前に設立
1906	ウェスティングハウス・エア・ブレーキ社 (Westinghouse Air Brake Co.)
	フォア・リバー・造船社 (Fore River Shipbuilding Co.)
1907	ウェスタン・エレクトリック社 (Western Electric Co.)
	イェール・アンド・タウン社 (Yale & Town Co.)
	ジョージ・V・クレッソン社 (George V. Cresson Co.)
	キャデラック・モーター・カー社 (Cadillac Motor Car Co.)
	ルドロウ・マニュファクチュアリング社 (Ludlow Manufacturing Co.)
1908	ブラウン・アンド・シャープ社 (Brown and Sharp) 1870年代に企業外の学校と協力して「工場徒弟制」を実施していた
	レイクサイド・プレス (Lakeside Press) R・R・ドネリー・アンド・サンズ社 (R. R. Donnelly & Sons) による
	ブリッジポート製造業者協会 (Manufacturers' Association of Bridgeport) 製造業者団体による学校
	ソルベイ・プロセス社 (Solvay Process Co.)
1909	ウェスティングハウス・エレクトリック・アンド・マニュファクチュアリング社 (Westinghouse Electric and Manufacturing Co.) 1880年以降。工場徒弟制を実施していた
	アメリカン・ロコモーティヴ社 (American Locomotive Co.)
1913	全国社立学校協会 (National Association of Corporation School : NACS) 結成 (37社加盟)
1918	NACS加盟企業147社に
1920	この時点で「社立学校」を設置していたことが確認できる主な企業 (設立年不祥)。
	グッドイヤー・タイヤ・アンド・ラバー社 (Goodyear Tire and Rubber Co.)、フォード・モーター社 (Ford Motor Co.)、パッカード・モーター社 (Packard Motor Co.)、マーゲンターラー・リノタイプ社 (Mergenthaler Linotype Co.)、ナショナル・キャッシュ・レジスター社 (National Cash Register Co.)、ドゥ・ラ・ヴィーニュ社 (De La Vigne Co.)、ワーナー・アンド・スウェージー社 (Warner and Swasey Co.)、ウィンチェスター・リピーティング・アーム社 (Winchester Repeating Arms Co.)

出典：United States Department of Commerce and Labor [1911] pp. 543-643 の付表1のデータをベースに Nelson [1975] pp. 95-100; Lescohier [1935] pp.269-270: Mays [1948] pp. 15-56 の記述により補足して作成。

表4-12 主な「社立学校」設立企業の従業員数と工場徒弟数

(単位:人)

企業名	従業員規模 (1900年時点)	工場徒弟数 (1910年時点)
ボードウィン・ロコモーティヴ社 (Baldwin Locomotive Co.)	8,000～10,000	379*
ゼネラル・エレクトリック社 (General Electric Co.) スケネクタディ事業所	6,000～8,000	309
ウェスティングハウス・エレクトリック・アンド・マニュファクチュアリング社 (Westinghouse Electric & Manu-facturing Co.) イースト・ピッツバーグ事業所	6,000～8,000	226
インターナショナル・ハーヴェスター社 (International Harvester Co.)	4,000～6,000	50
ゼネラル・エレクトリック社 ウェスト・リン事業所	4,000～6,000	210
ウェスタン・エレクトリック社 (Western Electric Co.)	3,000～4,000	26
ソルヴェイ・プロセス社 (Solvey Process Co.)	2,000～3,000	30

出典:1900年時点での企業規模は、Nelson [1975] pp. 7-8の表-3による。工場徒弟数はUnited States Department of Commerce and Labor [1911] pp. 636-643掲載の表による。ただし、Baldwin Locomotiveの工場徒弟数は、Vaculain [1904] による。
注:*1903年の数字。

表4-13 「社立学校」における主な職種(上位3位)の工場徒弟数とその割合

(単位:人、%)

	GEスケネクタディ事業所		ウェスティングハウス社		サンタフェ鉄道(全社)	
1	機械工	247 (80)	機械工	176 (78)	機械工	395 (70)
2	鋳造工	55 (18)	電気工	30 (13)	製缶工	53 (9)
3	木型工	28 (1)	木型工	15 (6)	客車・家具大工	37 (6)
	NYセントラル鉄道(全社)		R・ホー社		ブラウン・アンド・シャープ社	
1	機械工	310 (53)	機械工	214 (81)	機械工	110 (93)
2	製缶工	79 (14)	木型工	10 (4)	木型工	6 (5)
3	鍛冶工	19 (3)	鋳造工	5 (2)	鋳造工	2 (2)

出典:United States Department of Commerce and Labor [1911] pp. 636-643掲載の表から作成。

の工場徒弟のキャリアなどについての資料がほとんど入手できていないので、これら熟練工がそれぞれの企業が直面した組織・管理問題の解決にどのようにかかわったのかは不明である。

先の表4-11に示したように、熟練労働者の養成をはじめとする、さまざまなタイプの従業員の教育訓練のための「社立学校」を設立・運営していた企業

表4-14 「社立学校」で養成される「機械工」徒弟の比率（1910年）

	企業数	A 工場徒弟数（人）	B「機械工」徒弟数（人）	「機械工」の割合B/A（％）
鉄道会社	10	2,337	1,550	67
製造業企業	28	1,877	1,058	56
合計	38	4,204	2,608	62

出典：United States Department of Commerce and Labor [1911] pp. 636-643 掲載の表から作成。

表4-15 「人事管理系」経営者団体の展開

年	「社立学校」の系譜	「雇用管理」の系譜
1913	全国社立学校協会（National Association of Corporation Schools）結成	
1918		全国雇用管理者協会（National Association of Employment Managers）結成
1920	全国企業訓練協会（National Association of Corporation Training）と改称	労使関係協会（Industrial Relations Association）と改称
1922	両組織が合同して 全国人事協会（National Personnel Association）を結成	
1923	アメリカ経営者協会（American Management Association）と改称	

出典：Lange, W. H. [1928] 所収の Organization Development of the American Management Association: 1913-1927 というタイトルの図から作成。

は、1913年に、「全国社立学校協会（National Association of Corporate School: NACS）」を結成する。この協会は、急速にメンバーを拡大し1918年時点での加盟企業数は150社近くになる。重要なのは、この協会は1920年に「全国企業訓練協会」National Association of Corporation Training と改称した後、1922年に、ボストンを拠点として全国に組織を広げていた雇用管理系の専門家団体である「労使関係協会」Industrial Relations Association（旧「全国雇用管理者協会」National Association of Employment Managers、1920年に改称）と合同し、人事管理をタイトルに掲げた初の全国組織である「全国人事協会」National Personnel Association を結成したということである。ここに、アメリカで最初の「人事」を標榜する経営者・専門家の全国組織が形成されたのである（ただし、この組織は翌年、「アメリカ経営者協会」American Management Association と改称する）表4-15。

「労務管理の生成」は本書の主要テーマであるが、何をもって「労務管理」

が生成したということができるのであろうか。この問いは、一見自明のようでいて、実は容易に答えを示すことの難しい問題である。ここで取り上げている「人事管理」の形成という問題も然りである。どのような状態をもって、ある特定の名称を与えられる「管理」が成立したというのであろうか。

　ここでは、暫定的に次の3点の条件を、「人事管理」という名の労務管理がアメリカにおいて成立し、多くの企業に普及し、さらに他の先進工業国に広がる前提ができたと考えることにしたい。

(1)　数多くの企業で、「人事管理」と称される、類似の考え方に基づく、類似した制度のセットが導入される。
(2)　「人事管理」に関与する経営者や専門家団体（professional organization）が成立し、情報の交換が進み、企業間の人の管理に関する理念や政策、制度の標準化が進む。
(3)　「人事管理」の学術的な研究が進化し、理論化・体系化が進み、教科書の出版や高等教育機関での教育が行われるようになる。

　(1)については、すでに Jacoby, Sanford M.［2004］、Nelson, Daniel［1975］、Kaufman, Bruce［2008］、平尾武久他［1998］など数多くの実証的な研究がある。これらから、当時「人事管理」と呼ばれた労務政策は、おおよそ以下のような制度的枠組みのセットであったとみなすことができる。1910年代後半から1920年代初頭にかけてこれらの制度の多くが、大企業を中心に広範囲に普及することとなった。

- 雇用管理（雇用部の設置、採用に当たっての心理テストの実施、雇用記録の管理、現場の採用・解雇権限の制限、学卒採用の制度化、内部昇進の重視など）
- 企業内教育訓練の制度化（熟練工・技術者の育成、職長訓練など）
- 企業内福利厚生の充実（保険、年金、持ち家、貯蓄、持ち株、食堂、リクリエーションなど）
- 職場の安全衛生管理の制度化（安全教育、安全衛生マニュアル、安全運動など）

・「従業員代表制」などによる従業員の「非労働組合的」な発言権の付与、社内報などによるコミュニケーション・ルートの確立

次に、(3)については、Tead and Metcalf [1920] の出版が画期をなす。そして、(2)については、先にふれた「全国人事協会」の結成が重要な時期区分となる。

こうして、1920年代初めに、アメリカにおいて「人事管理」という名の「労務管理」、おそらく世界で最初のかなりの普遍性をもつ人に関する管理の形成を見ることになる。

この「人事管理」が何故にこの時点のアメリカで形成され、企業経営と労使関係にいかなる影響を及ぼしたのか、という点は別稿で改めて論じることとしたい。

注

1) Douglas, Paul H. [1921] pp. 101ff; Nelson-Rowe, Shan [1988] Chapter III and IV.
2) シャン・ネルソン゠ロウ (Nelson-Rowe) によれば、AFL などの労働組合は、公私の「職業学校」や「手工訓練学校」に対しては、極めて厳しい対応をしていたが、社立の工場徒弟制や徒弟養成学校に対しては、かなり寛容な態度で応じていたとし、その理由として、以下の点を指摘している (Nelson-Rowe [1988] pp. 217-223)。

①社立学校での熟練工の養成が、職業の断片ではなく、その総体を満遍ない職場体験を通じて学ばせようとしていること、②「職業学校」や「手工訓練学校」とは異なり、訓練が、実際の商業的な場で行われること、③職業教育は14歳以前に開始してはならないし、またアカデミックな学習を補完するものでなくてはならない、という組合の主張に、多くの社立学校の入校資格が合致していたこと。

実際に、今回取り上げるスケネクタディ事業所ケースについても、機械工組合をはじめとするクラフト・ユニオンの支部組合やそのメンバーによる抵抗や反対運動などがあったという、明確な証拠を見つけることはできなかった。

それにしても、組合が統制する徒弟制を通じた熟練労働者の育成と入職資格の付与を重視してきた機械工組合などのクラフト・ユニオンにとって、採用者数を含め、熟練工の養成課程の全体を会社に完全に掌握されることは、その存立の根幹にかかわる問題である。この重大問題に、少なくとも大規模かつ明瞭な反対の動きが生じなかったのは、スケネクタディ事業所の機械工組合など、養成対象となった職種のクラフト・ユニオンは、たとえ会社に養成課程を把握されていようと、その後の職場での労働生活の中で、工場徒弟制上がりの労働者たちを、自らの陣営に引き入れることがで

きるだけの勢力を持つと自負していたからであろうか。なお、今世紀初頭のスケネクタディ事業所において機械工組合などのクラフト・ユニオンがかなりの勢力を有していた点については、Leahey, Philip [1985] を参照。
3) 合併後における GE 社内でのスケネクタディ事業所の位置づけと組織上の課題については Passer, Halold C. [1952] が詳しい。
4) シャン・ネルソン＝ロウはスケネクタディ事業所の養成課程責任者であった C. F. マルキーズ（C. F. Marquis）の 2 つの証言を引用している。1 つは、1916 年の「いくらか経験を積んだ機械工と工具工の徒弟の必要は、われわれが採用できる人数をはるかに超えている」というものであり、もう 1 つは、「われわれは、雇用されているものに比べて、十分な訓練中の機械工を有してはいない。われわれの訓練室は、必要なものの半分の大きさしかない」というものである。しかし、他方では、スケネクタディとリン 2 つの事業所を併せた養成課程修了者の GE への残留率は30％程度であったというデータがある。この低い残留率が、会社の厳格な選別採用の結果なのか、それとも、GE 以外により好条件の雇用機会を求めて修了者が流失したためなのかを判断するに足る十分な資料を見い出すことはできなかった。ただ、GE は、修了者を慰留するために競合他社に比して有利な賃金や雇用条件を提示する、といった引き留め策を積極的に講じていなかったとの指摘がある。また、修了後他社に雇用機会を求めた労働者が後に GE という母校（alma mater）に回帰してくると確信していた管理者も存在したという（Nelson-Rowe [1988] pp. 212-214）。
5) これまで公表した研究成果の中では、GE が実施してきた apprenticeship system ないし apprenticeship course に「養成工制度」という訳語を充ててきた（関口定一 [1978] など）。英語の apprenticeship は通常「徒弟制」と訳されるが、20世紀初頭から、GE を含むアメリカの製造業大企業が相次いで導入した apprenticeship system ないし apprenticeship courses は、熟練労働者の養成課程を企業が支配し、企業の意にかなう熟練労働者を自前で養成しようするその性格において、中世のギルドに端を発し、クラフト・ユニオンなどの強い影響下にある徒弟制とはきわめて性格の異なるものであり、むしろ、日本企業における労務政策の一環としての「養成工制度」ときわめて類似する性格があると考えたからであった。

　しかし、その後、20世紀初頭から製造業の大企業を中心に広く普及したアメリカにおける企業主導の apprenticeship system ないし apprenticeship courses と日本企業の養成工制度それぞれの研究がすすみ、また、両者の比較研究が深化する中で、熟練工（skilled workers）を工場の現場で系統的に養成するこのアメリカの制度を「養成工制度」と表現することは必ずしも適切ではなく、「工場徒弟制」あるいは「社内徒弟制」と表現する方がより実態を正確に表現できると判断するに至り、本稿では GE の社内呼称を考慮して「工場徒弟制」と表現することにした（木下順 [1984] [2000] [2010]、菅山真次 [1985]、市原博 [2011]）。
6) 「テスト・コース」については、Wise, George [1979] および関口 [2014] に詳しい。
7) アルバート・ローラー（Albert Rohrer）は、大卒技術者の育成プログラムである

第 4 章　工場徒弟制から「人事管理」へ　*173*

「テスト・コース」の責任者でもあり、1894年からは事業所の電気監督（Electric Superintendent）を務め、その後事業所長補佐となった（*Schenectady Works News*, October 5, 1923）。

　ほぼ同時期に、スケネクタディ事業所に次ぐ規模を持ったリン事業所（Lynn Works, マサチューセッツ州）でも、設計担当の主任技師（chief engineer in charge of design）であったマグナス・アレグザンダー（Magnus Alexander）によって、同様の制度が導入された（Alexander, Magnus [1921] pp. 236ff；木下 [2000] p. 201）。

8）General Electric Company, *Regulation for Apprenticeship* (SW1833) 1909. 本章で、paterenmaker に「木型・金型工」という訳語をつけたのは、当時の GE の工場徒弟制においては、木型（wood patterns）もしくは金型（metal patterns）のいずれかが教授されることになっていたからである（*The Apprentice System of the Schenectaty Works* (GBE-61), 1928, 13）。

9）以上の説明は、1914年の GE のパンフレット、*Information Concerning the Shop Apprenticeship System for Boys at the Schenectady Works of the General Electric Company*（SW-1833）に掲載された徒弟契約書のひな型、ならびに、1920年に定められた *Apprentice Agreement*（SW-1810-B 250 11-16-20）による。なお、1920年の *Agreement* では、徒弟期間中に取得した特許（patent）の扱いについて詳しく定めた条項が付け加わっている。

10）賃率は養成職種によって異なったが、1908年の資料では、機械工など熟練職種の場合、最初 6 ヵ月の試用期間は 6 セントから 8 セントで、その後 6 ヵ月もしくは 1 年ごとに昇給があり、4 年目には時給15セントから16.5セントになった。製図工課程の場合は、同じく時給 6 セントから始まり、4 年目には15セントであったが、製図室で作業をする時間は、これよりも若干高い賃率（7.5セント〜18.5セント）が適用された（General Electric Company, *Regulation for Apprenticeship* (SW1833), 1909）。なお、1907年、08年当時のアメリカ東部の熟練工の組合賃率（union scale）は機械工で時給25セントから30セント、鍛造工で25セントから33セント程度であった（United States Bureau of Labor Statistics [1913]）。

11）General Electric Company, *Regulation for Apprenticeship* (SW1833) 1909. なお初期の契約書には、期間満了後に GE に雇用される場合、journeyman（熟練した職人）としての能力に見合った賃率を支払う旨の記載があったが、1920年の契約書ではこうした記述は見られない。*Apprentice Agreement*（SW-1810-B 250 11-16-20）参照。

12）1920年代になると、機械製図（mechanical drawing）の重要性を反映して、「工場の共通言語（universal language of the shop）」General Electric Company, *Shop Apprenticeship for Boys* (SW1833 A 300 1-2-20)、「技術の共通言語（common language of engineering）」General Electric Company, *The Apprenticeship System of the Schenectady Works* (GEB-61A, 1929) という表現が与えられるようになった。

13）General Electric Company, *Information Concerning the Apprenticeship System for Boys at the Schenectady Works of the General Electric Company* (SW-1833), 1914.

14) Ripley [1919] p. 118.
15) ポール・H. ダグラス（Paul H. Douglas）が全国社立学校協会（National Association of Corporation Schools: NACS）の1914年の年次大会の資料をもとに作成したデータによると、GE 社リン事業所の場合、制度創設以来1913年の調査時点までに、工場徒弟に応募した数1,710人、課程を修了した者156人（修了率9.1％）、うち GE に職を得たもの60人（工場徒弟養成課程への応募者の3.5％）であったという（Douglas [1921] p. 226）。極端に低い修了率および修了者の GE への残留率に見えるが、これは応募者の大多数が、試用期間中（時代によって異なるが1ヵ月から2ヵ月間）に脱落あるいは失格となり、徒弟契約を結んで正規の養成課程に進むことができないためと思われる。ただし、リン事業所のアレグザンダー（Magnus Alexander）は、1921年に「（徒弟）契約にサインした後に、養成課程から離脱（"jump"）する徒弟の割合は極めて低く、平均でもせいぜい5％以下である」と述べている（Alexander [1921] p. 239）。この点についてはさらに調査を行う必要がある。
16) General Electric Company, *Prepare for Tomorrow: Enroll in the Apprentice Training Program* (SW-6723), 1956.
17) Nelson-Rowe [1988] p. 209. またリン事業所における1914年までの残存率は、38％であった（Douglas [1921] p. 226）。
18) 1929年末のデータとの差は、その後の10年に以上の時間の経過がもたらした勤続効果が大きいと考えられる。
19) ダグラス（Paul H. Douglas）は、GE の養成工課程の修了者の多くが、GE と取引関係にある他企業に職を得て、しかも相当数のものがそれらの企業において重要なポジションに就いており、これが結果として GE の製品の販路を拡大あるいは確保する上で重要な意味を持ったことを指摘している（Douglas [1921] p. 227）。これと同様の事情は、修了者の半数程度しか GE に採用されなかった新規大卒者を対象とした「テスト・コース」についても指摘されている（Wise [1979] p. 173）。

　　ただし、ダグラスが示しているデータを見る限り、養成工課程の修了率と定着率の低さは、GE のみに見られる現象ではなく、鉄道業を含む多様な業種の多くの企業に共通した事情のようである。その中には、修了者の拡散が GE の場合のような効果を期待できない企業も存在する。

　　ダニエル・ジャコービー（Daniel Jacoby）は、全国社立学校協会による会員企業への調査結果を紹介しつつ、たとえ徒弟養成課程の修了者が他企業に流れたとしても、この制度は割に合うと考えている企業が存在することを示している（Jacoby, Daniel [1991] p. 894）。また、この NACS 調査の「徒弟制もしくは社立学校の設置費用を正当化するほどの十分な利益が存在すると製造業者たちが思っているか」という問いに対して、調査対象となったほとんどの企業が「イエス」と回答している（National Association of Corporation Schools [1914]）。
20) GE の事例ではないが、当時の工場における情報伝達において製図部門の果たす役割の重要性について指摘した論稿として、Burlingame, L. D.［1904］がある。

また、本稿では、資料の制約から、製図工養成課程の出身者が最も多く就いている職種である「設計技師（designer）」と「製図工（draftsman）」が当時の工場の中でそれぞれいかなる役割を果たし、また両者の職務どのように関連していたのかについて十分に確認することができなかった。

21) Leahey [1985].

参考文献

市原博［2011］「日本における「熟練工」概念と「熟練工」養成プランの形成——徒弟制度・学校・企業内養成とのかかわり方に焦点を当てて」『大原社会問題研究所雑誌』637。

木下順［1984］「1950年代日本の採用管理——「養成工」制度の意義をめぐって」『國學院経済学』31-3・4。

木下順［2000］『アメリカ技能養成と労資関係——メカニックからマンパワーへ』ミネルヴァ書房。

木下順［2010］「養成工制度と労務管理の生成——「大河内仮説」の射程」『大原釈迦問題研究所雑誌』619。

小林袈裟治［1970］『GE』東洋経済新報社。

坂本和一［1997］『新版　GEの組織革新——21世紀型組織への挑戦』法律文化社。

菅山真次［1985］「1920年代の企業内養成工制度——日立製作所の事例分析」『土地制度史学』27-4。

関口定一［1978］「アメリカにおける企業内養成工制度の形成（1900-1917）——社立養成工学校の成立・発展を中心として」『商学論纂（中央大学）』20-1。

関口定一［2014（刊行予定）］「「現場経験」を通じた大卒エンジニア育成——GEの「テスト・コース」の場合」、谷口明丈編著『エンジニア形成の歴史研究——現場主義の国際比較（仮題）』ミネルヴァ書房。

平尾武久他編著［1998］『アメリカ大企業と労働者——1920年代労務管理史研究』北海道大学図書刊行会

廣瀬幹好［2005］『技師とマネジメント思想——アメリカにおけるマネジメント思想の生成、1880～1920年』文眞堂。

Alexander, Magnus [1921] "Apprenticeship in the Metal Trades," in John R. Commons, ed., *Trade Unionism and Labor Problems: Second Series*, Boston, Mass.: Ginn & Co. (reprinted New York, A. M. Kelly, 1967).

Beatty, Albert James [1918] *Corporation Schools*, Bloomington, Ill.: Public School Publishing Company.

Burlingame, L. D. [1904] "The Drafting Department as a Factor in Economical Shop Management," *Engineering Magazine*, 27-4.

Douglas, Paul H. [1921] *American Apprenticeship and Industrial Education*, New York: Columbia University Press (reprinted New York: AMS Press, 1968).

Elbaum, Bernard [1989] "Why Apprenticeship Persisted in Britain but Not in the United States," *Journal of Economic History*, 49-2.

Jacoby, Daniel, [1991] "The Transformation of Industrial Apprenticeship in the United States," *Journal of Economic History*, 52-4.

Jacoby, Sanford M. [2004] *Employing Bureaucracy: Managers, Unions, and the Transformation of Work in the 20th Century* (revised edition), Mahwah, N.J.: Lawrence Erlbaum.

Kaufman, Bruce [2008] *Managing the Human Factor: The Early Years of Human Resource Management in American Industry*, Ithaca, N. Y.: ILR Press, 2008.

Kocka, Jurgen, [1980] *White Collar Workers in America 1890-1940: A Social-Political History in International Perspective*, London: SAGE Publications.

Lange, W. H. [1928] *The American Management Association and Its Predecessors: Significant Evidence of Trends in Personnel Management and Industrial Relations,.* Special Paper No. 17, New York, American Management Association.

Lazonick, William [1990] *Competitive Advantage on the Shop Floor*, Cambridge, Mass.: Harvard University Press.

Leahey, Philip [1985] "Skilled Labor and the Rise of the Modern Corporation: The Case of the Electrical Industry," *Labor History*, 27-1.

Lescohier, Don D. [1935] *History of Labor in the United States 1896-1920, Vol. III, Working Conditions*, New York, Macmillan:

Mays, Arthur B. [1914] *Principles and Practices of Vocational Education*, New York, McGraw-Hill.

National Association of Corporation Schools [1914] *Proceedings of 2nd Annual Convention: Papers, Reports, Bibliography, and Discussion*, June 9-12.

Nelson, Daniel [1975] *Managers and Workers: Origins of the New Factory System in the United States, 1880-1920*, Madison, Wisconsin, University of Wisconsin Press.

Nelson-Rowe, Shan [1988] *Market, Politics, and Professions: The Rise of Vovationalism in American Education*, Ph. D. Dissertation, State University of New York at Stony Brook.

Nelson-Rowe, Shan [1991] "Corporate Schooling and the Labor Market at General Electric," *History of Education Quarterly*, 31-1.

Nye, David [1985] *Image World: Corporate Identities at General Electric*, Cambridge, Mass.: MIT Press.

Passer, Harold C. [1952] "Development of Large-Scale Organization: Electrical Manufacturing around 1900," *Journal of Economic History*, 12-4.

Ripley, Charles, M. [1919] *Life in a Large Manufacturing Plant*, Schenectady, N.Y.: General

Electric Company.

Tead, Ordway and Henry Metcalf [1920] *Personnel Administration: Its Principles and Practices*, New York, McGraw-Hill Book Co., Inc.

United States Department of Labor, [1911] *25th Annual Report of the Commissioner of Labor, Industrial Education*.

United States Bureau of Labor Statistics (BLS) [1913] *Union Scale of Wages and Hours of Labor, 1907 to 1912*, Bulletin No. 131.

Vauclain, S. M. [1905] "The System of Apprenticeship at the Baldwin Locomotive Works," in John R. Commons ed., *Trade Unionism and Labor Problems: Second Series*, Boston, Mass.: Ginn & Co. (reprinted New York, A. M. Kelly, 1967).

Wise, George [1979] ""On Test": Postgraduate Training of Engineers at General Electric, 1892-1961," *IEEE Transactions on Education*, 22-4.

資料

今回用いた企業文書などの資料は以下のコレクションに含まれるものである。

① Archives of Organizational Files (AOF) I〜V：Keel Center, New York State School of Industrial and Labor Relations, Cornell University 所蔵の企業文書関係ファイル。
② Albert L. Rohrer Papers: Schenectady Museum 所蔵の文書。
③ General Electric Apprenticeship Alumni Association (GEAAA) Papers: Schenectady Museum 所蔵の文書。

付記

ゼネラル・エレクトリック社における企業内の徒弟制度について、スケネクタディ事業所を扱った本章では、企業文書にある shop apprenticeship system または shop apprenticeship course という記述に基づき「工場徒弟制」と日本語で表記している。同社のマサチューセッツ州のリン事業所を扱っている本書第7章では、「会社徒弟制」という表現が用いられている。1冊の書物の中で、事業所は異なるとはいえ、同一企業で実施されたほぼ同様の制度に対して、異なる名称が与えられる結果となった。これは本章が、主として企業の内部の人材育成の仕組みに焦点を合わせ、GEの当時の用語法を重視した叙述を行っているのに対して、第7章は日本との比較というより広い視角を取り、その際、日本企業の「養成工制度」と GE の企業内の徒弟制を包括する概念として、「会社徒弟制」という語を用いることが適切だと著者が判断した結果生じたものである。研究の視角や方法にかかわるものであるため、敢えて調整せず、異なる用語を併存させることとした。この点を付記して、読者の理解をお願いすることとしたい。

資料 4-1　1920年代の徒弟契約書

APPRENTICE AGREEMENT

This Indenture, made, this **First** day of **August**, 192**8**, by and between **Beck, George Wm. Gustave**, a minor, residing at **Schenectady** in the County of **Schenectady** and State of New York, hereinafter called the apprentice, party of the first part, **Mrs. Louise Beck** and ...., of **Schenectady, N. Y.** parents (and Guardian) of said apprentice, parties of the second part, and General Electric Company, a New York Corporation, having its principal place of business in the City of Schenectady, New York, hereinafter called the Employer, party of the third part;

WITNESSETH, that the said apprentice, who is a minor, of the age of **18** years on the **10** day of **January**, 192**8**, with the consent of said parties of the second part, which is evidenced by the joining of said parties of the second part in this instrument, does hereby, of his own free will, bind himself to well, honestly, faithfully and industriously serve the GENERAL ELECTRIC COMPANY, at their works at Schenectady, N. Y., as a Drafting Apprentice, for the full term of four (4) years, commencing **8-1-28** 192.... and ending .... 192...... or as hereinafter provided.

The year in the shop is to consist of two thousand three hundred and forty-four (2344) hours, and in the Drafting Room each year is to consist of two thousand one hundred and sixty-nine (2169) hours. Allowance for holidays and vacation has been made, and this number of hours is the net amount for each year.

Should any lost time occur it shall be made up by said apprentice at the end of each year and no year of service shall commence until the time lost in the preceding year and the prescribed work for that period in Mathematics and Drawings has been fully made up. The Employer reserves and shall have the right at any time to discharge the apprentice for cause and thereby become released of its obligations hereunder and should the state of business demand it, to suspend him, wholly or in part, and the making up of time so lost shall be at its discretion; should suspension be necessary, he shall, if he so requests, receive a "Certificate" stating length of service and why suspended.

Said apprentice agrees for the payments to be made him as hereinafter set forth, to disclose and assign to said Employer all inventions made or conceived by him while in its employ relating to business of the character carried on or contemplated by the Employer including those made by him during the period between the time when he entered the employ of said Employer and the date of this agreement; and he will, from time to time, upon request, make application, through the Patent Solicitors of the said Employer, for Letters Patent of the United States and any and all other countries, on said inventions, and assign all such applications to said Employer or its order forthwith. The necessary costs and expenses of making such applications and assignments and procuring said Letters Patent shall be borne and paid by the Employer, but said apprentice agrees, without charge for his service beyond the weekly payments herein provided for, at any and all times before or after the expiration of this agreement, to give the Employer, its attorneys and solicitors all reasonable assistance in preparing said applications and in drawing the claims; and from time to time, on request, to execute all papers and do all things that may reasonably be required in order to protect the rights of said Employer and vest in it or its assigns the inventions, applications, and Letters Patent herein provided for. Time actually spent by the apprentice on such work at the request of the Employer after the termination of the employment shall be paid for by said Employer at a reasonable rate.

Said apprentice shall receive for each hour of actual service rendered:
For trial period and for 1st year . . .20. . . . . . . cents per hour
2nd year . . .26-1/2. . . . . . cents per hour
3rd year . . .32-1/2. . . . . . cents per hour
4th year . . .40. . . . . . . cents per hour

When working piece work, the apprentice will be allowed, in addition to his wages, as above specified, fifty (50) per cent of the difference between his regular wages and the amount regularly paid by the Employer to others for such piece work.

Drafting Apprentices must pass a satisfactory examination in advanced Arithmetic, Algebra, Plain, Solid and Descriptive Geometry, Mechanics and Strength of Material and all Drawings and Tracings completed and accepted, in order to complete the 4th year's work.

And the said apprentice agrees that he will not leave said Employer during the term for which he is indentured; and the said parents and guardian of said minor, upon their part, agrees that they will provide suitable and proper board, lodging and medical attendance for the minor during the continuance of the term of this agreement.

And the said Employer agrees that it will teach, or cause to be carefully and skillfully taught, to such apprentice, every branch of the trade to which such apprentice is indentured, and that at the expiration of such apprenticeship, if said apprentice shall serve the full term of apprenticeship (including the making up of lost time, and the prescribed work in Mathematics and Drawings) in a faithful and satisfactory manner, it will give such apprentice a certificate, in writing, that such apprentice has served at such trade or craft a full term of apprenticeship specified herein, and the sum of One Hundred Dollars ($100.00).

It is further agreed that, except in case of sickness, legal holidays, or days on which the works are closed, said apprentice will not absent himself from work for any cause without permission of his foreman, and that he will attend class sessions regularly as required, for which he will receive the same hourly rate of wages as for regular work.

In witness whereof, the several parties have hereunto set their hands and seals, the day and year first above written.

Signature of Apprentice _George Wm Heck_ [L.S.]

"   " Father_____ [L.S.]

"   " Mother _Louise H. Heck_ [L.S.]

"   " Guardian, if any, _____ [L.S.]

"   " Employer { GENERAL ELECTRIC COMPANY
                     By _C. E. Eveleth, Mgr._ [L.S.]

出典：*Apprentice Agreement* (SW-1810-B 250 11-16-20).

第5章

フランスにおける「カードル (cadre) 層」の形成過程

松 田 紀 子

1. はじめに——「カードル」が想起させるもの

　フランスの企業には「カードル cadre (s)」と呼ばれる階層が見られる。日本語では一般に「管理者」「管理職」「管理層」などと訳されてきたもので、戦後フランスの企業経営組織を分析した吉森賢 [1984] は、この用語を「中間管理者」の項目で扱っている[1]。このように cadre を企業の組織における「管理職」と日本語に訳した場合、われわれは企業の経営組織形態の中心にあったアメリカ型の組織を想起して、「マネジャー」に辿り着く。「管理職」という日本語を中継点にフランスの cadre をアメリカ型の manager に引き付けて考えることになるのだが、このように cadre を manager に直接対応させる（たとえば cadre の英訳として manager を用いる）というのは的を射ているのだろうか。
　これに関して、フランスのカードル層研究の端緒となったリュック・ボルタンスキー Luc Boltanski『カードル層——ある社会グループの形成 Les cadres: la formation d'un groupe social, 1982』の英訳版（1987年）では、「訳者のことば」として「"salaried staff"（Harrap's）、"officials"（Larousse）、"executives, managers, managerial staff"（Collins）といった辞書の定義はすべて誤解を招く恐れがある」として、冒頭に「熟考の末このターム（=cadres）を英訳せずにそのままにしておくのが最善の道と判断した」と述べている[2]。ここには managers とは完全に重ならないフランスの cadres という言葉の特殊性が意識されているのである。
　しかしながら、20世紀前半のフランス企業を舞台とする経済活動についての研究が、エンジニア ingénieur や技術系職員 technicien はともかく、当時形成

されつつあったカードルと呼ばれる人々あるいは概念に注意を向けてこれを積極的に取り込む形で成されてきたかというと疑問がある。その理由として、フランス社会に見られた激しい労使対決や、企業経営における家族主義の傾向、アメリカ型経営の導入の遅れといった歴史が考えられるだろうが、とりわけ、当時のカードル概念が対象としているものの境界線が不明確で曖昧であったことも、扱いにくくしている理由であろう。

　カードル層が持つ曖昧さについては、たとえば工場現場の職長を考えてみるといい。冒頭に挙げた吉森は、cadres が「一般職員、作業員以外のすべての経営管理職を意味し、上は会長、社長から、下は工場の職長までを含む広い概念である」として日本の係長、職長に相当する cadres subalternes を紹介する一方で、職長 agent de maîtrise のほか事務系職員 employés または administratifs, 技術系職員 techniciens, 作業員 ouvriers を対象とする金属産業の団体協約を例に挙げ、「管理者の団体協約が全国に適用されるのに対し、一般職員・工員の団体協約は県単位に労使代表者間で交渉され実施される」と説明している[3]。会長・社長と同じく cadres に含められている職長が、団体協約の上では職員・工員と同じ部類に振り分けられていることになるのである。

　カードル概念の持つ不明瞭さや曖昧さを考えるために、たとえば社会関係の中での収入の決まり方からカードル層という社会グループの存在を見ようとしたものもあれば[4]、フランス国立統計経済研究所 L'Institut National de la Statistiques et des Etudes Economiques：INSEE の分類を掲載する以外には敢えて触れていないものもある[5]。また、カードル層を他者と切り離す社会経済的な裂け目 clivages socio-économiques を分析する指標として、賃金、学歴、企業との関係の在り方、仕事の内容、行使しうる支配力の大小、社会的出自・価値観といったものを提示するものもある[6]。

　しかし、いずれも1960年代以降の、しかも文字通り日本語の「中間管理職」に当たる cadres moyens を中心に見ているため、結果としてカードルという概念そのものが持つ意味を限定しているように思われる。そこには対象の扱い易さに加えて、グラン・ゼコールや大学を卒業してカードルとして入社し知識を売りものにする cadres diplômés の伸びが、現場での叩き上げで経験を積みカードル層に昇進する人々よりも高いという状況の変化も反映しているといえ

よう[7]。しかし、これでは今挙げたような職長の置かれている状況を充分に説明して「カードル」が、語彙の曖昧さを備えながら少なくとも使われ続けていることの意味を問うことはできないだろうし、先述のボルタンスキーの英訳版の訳者が提起したcadresを直訳することの難しさは見落とされてしまうであろう。

こうした分類の曖昧さは、1990年代以降については、もはや問題にならないといってよい。フランス企業のカードル層について分析してきた葉山滉[2008]によれば、1982年の職業分類改訂において、それまで「中級カードル」に分類されていた職業について「中間的職業」というカテゴリーが設けられ、「中級カードル」の呼称が廃止されたことで、企業の実態に合うかたちに整理された[8]。実態そのものが曖昧さを含んでいたところが、ようやく整理されたといえよう。

元来"cadre"という言葉は「額縁・枠」や「周囲・環境」といった意味の他に、18世紀末から一団の兵士を率いる将校や下士官を総称する軍隊用語として用いられていたが、これがさらに意味を広げて企業の構成員を示すようになったのは1930年代のこととされている[9]。すなわち、企業におけるカードル層という言葉の登場はテーラー・システムやアメリカの経営革命（マネジメントやマネジャーの成立）の後のこととなる。

そこで、cadreがアメリカのmanagerと重なる部分を持ちながらも完全には代替できないことの持つ意味を考える、また職長のようにcadreの曖昧な境界線上に位置するものに注目することは、たとえばアメリカと比較して当時のフランスの企業内部の組織、人的関係の在り方を探るうえでも重要であろう。

本章で考察の中心は、カードル概念の持つ曖昧さ・不明瞭さの原点を、「カードル」認識の形成過程に探ることである。すなわち、「カードルcadre」という名称が企業組織で使われるようになった30〜40年代のフランス社会における労使関係を軸に、これまでの研究には充分取り込まれてこなかったカードルの発生過程に注目し、当時のフランス社会が「マネジャー」ではない「カードル」をどのように生み出し認識していったのか探っていく。つまり、当時のフランス企業で働く人々の一部にどのように「カードル」としての自己認識が生まれたのか、また他の社会層からどのように「カードル」というカテゴリーが

認識されていったのかといった問題関心をもって、論を進めていく。そして、カードル概念の内容・機能を深く掘り下げ、この語の持つ曖昧さがどこからくるのかを明らかにしていきたいと思う（したがって、実体としてのカードル層が分析対象の中心とはならないことをあらかじめ断っておく）。

そのために、まず第２節では、カードルが登場する1930年代のフランス社会状況を踏まえた上で、カードル研究の参考書的存在である先述のBoltanski[1982]を手掛かりに、「カードル」というグループ（カテゴリー）が登場し、自己認識されるにいたった政治的・社会的背景を考えていく。これを受けて、第３節では視点を変え、「カードル」というカテゴリーが他の社会層からどのように認識されていったのかという「他者からの認識」を見ていく。ここでは、30年代の雇主層がこの新しい社会グループに対して示した反応と、ヴィシー期の「労働憲章」に登場した「カードル」をめぐる当時の社会の動きを40年代の新聞に見出していきたい。

2．「カードル」の先行形態から自己認識へ

（1） 30年代のフランスの社会状況

1936年５月から６月にかけてフランス各地で起きた工場占拠の大波とこれに続くマチニオン協定は、30年代のフランスが労働・社会面で経験した大きな出来事である。他国に遅れて恐慌による打撃に襲われ始めたフランスでは、右翼勢力がコンコルド広場に結集した「1934年２月６日事件」をきっかけにファシズムが成長の徴候を見せていた。36年の人民戦線政府の成立は、このファシズムと戦うことを課題とした運動の結果であった。左翼の連立政権である人民戦線政府は労働者を勢いづけ、新内閣成立を目前にしてフランス各地を工場占拠の波が襲った。この労働者の相次ぐ工場占拠に対し、初めは工場占拠を所有権と個人への侵害と見なして交渉に応じない方針を立てていた雇主層も、運動の拡大につれて革命的状況の発生に対する恐怖心が生まれ、「雇主団体の一部の指導者は当事者間の解決を断念し、政府の介入が必要になったと考えた」[10]。こうして、マチニオン会談は雇主層が政府に交渉の斡旋を求める形で開催され

たのである。

　首相官邸のオテル＝マチニオンでの話し合いは雇主層代表であるフランス生産総同盟 Confédération Générale de la Production Française：CGPF と、労働組合の代表である労働総同盟 Confédération générale du Travail：CGT に、仲介役の政府の代表を交えて進められ、団体協約の締結、平均12％の賃上げなどの内容を含む「マチニオン協定」が締結された。

　この「マチニオン」の経験は、CGT を中心とする労働者運動に比べて、CGPF を中心とするものの組織化が遅れていた雇主層には、雇主運動再編という新たな課題を残した[11]。協定締結後、CGPF については指導部が大企業中心であって中小企業の声を反映する仕組みになっていないため雇主層全体の代表になりえない、パリ中心・工業中心の組織であって地方の利害や商業の利害を十分に代表しているとはいえない、争議・労働問題を活動の対象から除外しており労働者の運動に充分対応できるだけの態勢が整っていない、といった批判があげられた。これに対して幾つかの再編の方向が試みられたが、結局は指導部に中小企業代表の参加を決めた新生 CGPF が、争議・労働問題の専門機関「社会的保護＝行動委員会 CPAS」と共闘体制を採り、地方の中小雇主も含め広く雇主層を統一することとなった。そして新たに政府が呼び掛けた「新マチニオン会談」に対しては会談への参加を「降伏」ととらえてたびたび延期させたうえ、会談からの撤退を表明するなど、自信を回復していったのである[12]。さらに労働者の雇用・解雇問題は「雇主の権威問題に関わる重大事態」として政府の調停が入るのを拒否していくのである[13]。

　ここで注目すべきは、1936年6月の会談の舞台に登場したのが誰かである。マチニオン会談の開催そのものが工場占拠ストによる労働者と雇主の対立を反映したものであることは、先に述べた通りである。会談では、この労使双方の代表が政府すなわち国の斡旋で同じテーブルに座り、生産活動の現場での労働に関わる問題を検討したのである。

　ところで、当時、工場・企業での生産活動に参加していたのはもはや雇主 patrons と労働者 ouvriers に限られてはいなかった。1930年代には会計・経理への関心の高まりをうけてこれを専門分野とする職員もいるし、また技術の進歩が経済活動を支えると考えられた19世紀末から人気の高まった、技術畑のエ

リートであるエンジニアも数を増した。とくに後者については、19世紀後半から職業団体が作られており（1892年に結成されたキリスト教技術者社会連合 Union Sociale des Ingénieurs Catholiques：USIC, 1918～19年に生まれた電気・金属・機械・化学各分野のエンジニア組合がまとまったフランス技術者組合連合 Union des Syndicats d'Ingénieurs Français など）、後でみるように、1930年代に「エンジニア」のタイトルをめぐってディプローム（免状）の標準化を整備する問題が生じた時にこの問題を重要視して改革を進めたのもこれらエンジニアの職業団体であった[14]。

　こうしてみると、雇主と労働者がマチニオンのテーブルに着いたことは、その他にも生産に携わっていた人々が当時のフランス社会に現実に存在していたにもかかわらず、雇主と労働者の２者が生産活動における諸問題を話し合う当事者となることを公に認めたことになるのである。

　この出来事は、企業・生産現場での利害対立を話し合うために、労働者側のCGT と雇主層のCGPF をそれぞれ代表に選んだというものだったが、当時のフランスではこれとは別に、労使の代表が公的な場面で意見を述べる機会があったことも忘れてはならない。フランスの経済行政には1920年代から国家の介入にあわせて利益代表制が導入されていたが、1918年の CGT 最小限綱領により提案され、「左翼カルテル」のもと1925年１月の政令で創設された「国民経済審議会（評議会）Conseil National Economique：CNE」も、この利益代表制の一環であった[15]。この CNE は、経済活動に関する問題を研究し、解決策を模索し、それを公的機関に採用させるよう提案するための諮問的役割を持っていた。これが人民戦線期の1936年３月19日法で改革され、新しく「職業部会」が設置されたのだが、ここで各職業に関する問題点を検討し、その解決策を模索すべく集まるのが、労使同数の職業団体の代表であった（圏点──引用者）[16]。すなわち、企業内の利害対立とは別に、公的機関・国家に対して利害を主張する場も労使の代表には与えられていたのである。

　したがって、CNE に続いてマチニオン会談・協定もまた、1930年代のフランス社会を労働者・雇主の二極でとらえる図式を明示したと言えよう。だからこそ、これに続くヴィシー期のいわゆる「国民革命」は、労使対決の嵐が30年代に吹き荒れたことを前提としてこれへの反動から階級闘争をなくす方向に諸

政策を位置づけ、2者構造を3者構造に置き換えていく[17]。「国民革命」のディスクールを研究したルールマンによれば、「国民革命」は30年代の遺産である階級闘争の図式、つまり「エゴイストで敵対的な利害」に収束する考え方や階級意識を変えるべく、「社会的 social」「倫理的 moral」という側面を強調している、という[18]。

そこで、マチニオン以降、組織運動の再編を果たして団結を強めた雇主層や労働者に対抗すべく、CNE あるいはマチニオン会談・協定で公認された図式からもれた人々（上に挙げた経理の専門家やエンジニアなど）が「カードル cadre」というタイトルの下に団体組織を形成していったのだ、と結論づけるのは、しかしながら早急であろう。というのも、雇主でも労働者でもない人々がごく少数であれば、雇主あるいは労働者に接近することが考えられる。そのうえ、これらの人々は比較的利害の共通する工場労働者や雇主に比べて、雇主の傍らで知識を生かして企業の運営を左右するエンジニアから現場労働者から昇進した職長クラスまで、様々な職種に細分化されているのである。少数でしかも生産活動の現場を必ずしも共有していない人々が、共通の利害を訴える苦労を敢えてするであろうか。

ところで、戦間期のフランスは労働人口構成の上で着実に変化を遂げていた。それは、（単位が統一されていないが）上級を含む職員 employés の増加（労働人口に占める割合が1926年の11.5％から46年には15.1％へ）、サービス産業従事者の増加、（知識を必要とする）高度な作業に携わる知的労働者の増加（26年の65万7千人から36年の82万1千人）、その中でも「エキスパート・技師 techniciens」の増加（26年の7万6,138人から36年の15万6,451人）、といった数値に現れているように、旧来の労働者ではない（事務系）職員が増加すると共に第3次産業の割合が高まっていたのである[19]。同時に、アメリカのテイラー・システムを第一次大戦後に不完全ながら経験したフランスは、技術の重要性を意識しており、技術のスペシャリストたちが重要視されていた。雇主・労働者で代表してきた生産活動の現場で両者以外の人々の存在が数の上で大きくなり始めていたのである。

こうして、雇主・労働者以外の人々が一勢力として彼らと対峙すると考えるための前提条件の1つは満たされていたといえよう。しかし、問題は残る。そ

れは、労働者や雇主に比べて様々な職種に細分化されており、多様な利害を主張すると考えられるこれらの人々が、互いに共通する最大公約数の利害を何に求めたか、である。そもそも、彼ら自身、代表を立ててマチニオンのテーブルに雇主や労働者と並んで席に着くことを考えていたのであろうか。また、すでに公の地位を獲得していた雇主・労働者が、彼らをどのように認識していたのか、すなわち交渉相手として認めていたか否か、という点も確認しなければならない。

戦間期のフランスで、マチニオン会談・協定による生産活動の代表の二極化により、労働者・雇主以外の人々がどのように自己認識し、また労働者・雇主から認識されていったかを問うこの問題関心は、彼らを広くカバーしている「カードル」という名称の持つ曖昧さ、柔軟性の背景を考える上で重要である。

次の項では、上の問題関心を念頭におきながら、フランスの「カードル」層の形成を研究したリュック・ボルタンスキーの分析を見ていこう。

（2）「カードル」：自己認識の形成とその背景──L. ボルタンスキーの分析から

第1節「はじめに」で示した通り、本章は「カードル cadre」概念の持つ曖昧さの背景を明らかにするために「カードル」という言葉が認識されるようになった出発点に近づきたい、また（できるならば）アメリカのマネジャー、マネジメントとの距離を計りたい、という2つの大きな関心を持っている。そこでこの項では、「1．はじめに」で言及した Boltanski［1982］を取り上げ[20]、前項で提示した自己認識・他者からの認識といった問題点がどのように扱われているかを探り、論を進める材料を得たいと思う。

Boltanski［1982］は、原題に「社会グループの形成」とあるように、社会関係に注目してその中からカードル層の形成を抽出しようと試みたものである。「カードル」層形成の問題を社会学的観点からとらえようとしているボルタンスキーは、本論に入る前に「社会学の一問題 une question de sociologie」と題する導入を設けて、cadre を定義することの難しさを指摘すると同時に、社会学的なカテゴリーを理論の上で扱う方法について注意を喚起する、という慎重さを示している[21]。

ボルタンスキーによれば、「cadre」という呼称は、行動や意思を現し得る一種の集合名詞として統合された1グループを示すかのように使われる（たとえば cadres は……である、cadres が……をする、cadres が……を望んでいる、といった言い回しがなされる）一方で、このカテゴリー内部の多様性・ヒエラルキーを考えた場合には存在・実体の客観性が否定される、といったジレンマに陥るという[22]。ボルタンスキーは、一般に社会史において社会・職業別のグループを認識する場合には、①そのグループを構成する人々は以前から存在はしていたが客観性を欠いていたか何らかの過ちにより命名が遅れた、あるいは、②名称が与えられた時からそのグループは存在する、と考えられたりするが、いずれの見方もそのグループに「形 forme を与え可視化する『社会的作用 travail social』」を見えにくくしてしまうので、ここでは、"cadre" に対してあらかじめ定義を準備したり、具体的な名称や組織、代表者、価値観などを持つ明白なグループに集まる歴史を追う、といったことはしない、という。つまり、分析対象を限定して、それを取り込む境界線やグループを定義するための指標をあらかじめ決めてしまわずに、グループへの入場・退場といった「再結集作用 travail de regroupement」や、グループ形成に伴う「定義・限定の社会的作用 travail social de définition et de délimitation」を分析していくという[23]。

　ここでボルタンスキーが言わんとしているのは、カードル概念に近づくには実体としてのグループの形成過程を重視すべきであって、把握しやすいように限定した対象、いわばグループ形成の結果からカードル概念の内容を考えるのではない、ということであろう。グループ形成過程を重視することは、グループの中心部分のみならず境界線上の動向にも目を向けさせることになる。これは、前節において「カードル＝管理職」と訳すことで意味を限定しているのではないかと疑問を投げた本章の問題関心と重なるものと言える。

　しかしながら、彼のこの意図が分析の上で成功しているかは疑問の余地がある。というのも、カードル概念をあらかじめ定義せずに、またどの時点から社会で一般的に使われるようになった言葉なのかを説明しないまま、エンジニアや職長のようにすでに社会で一般に用いられ明確に定義され得る言葉とカードルという名称を冒頭の記述から併記しているのである（たとえば、mouvements d'ingénieurs et de cadres、syndicats d'ingénieurs et de cadres など）。つまり、「エ

ンジニア」や「職長」と同じく「カードル」もまた社会で一般的に使われていたかのように示され、それぞれの名称が時間的・空間的にどのような関係にあるのか説明されないまま記述が進んでいく。これでは読者はボルタンスキーの分析に突然冒頭から登場したカードルという名称がすでにあったものと考えるべきなのか、そうであるなら時間軸をさらに遡らなければならないのか、という不安を抱えたまま読み進めることになり、非常に居心地が悪い。そして、ようやく120頁を過ぎてエンジニアを詳しく説明する節でエンジニアとカードルとの関連に触れられることになる。

　では、本論を見ていこう。

　ボルタンスキーが分析の発端を見出そうとしているのは、1930年代の社会である。とはいえ、上に示した彼の意図を考えれば、それがたとえば「カードル」という名称を掲げた組合の成立を直接に意味するのでないことは想像できる。逆にボルタンスキーは、将来カードルと呼ばれることになる人々を含め関心の対象を広く求めようと、30年代フランスの政治・経済の状況に広く目を向け、エンジニアの動きを中心に「中間層 classes moyennes」を入念に取り上げていく。

　フランスでは19世紀半ばからエンジニア ingénieur の組合は結成されていたが、19世紀末に結成されたキリスト教技術者社会連合（USIC）などを中心に1930年代に活発な組合運動を見せることになる（これについては改めて次の項で取り上げる）。その１つが労働者の工場ストからマチニオン会談に至る労使交渉への抵抗であった。

　「どの企業でも、工場占拠の当日には労働者代表はまっすぐ雇主（パトロン）のオフィスへと向かう。彼ら（労働者代表）が要求書を直接提出する相手は雇主であり、当面の同意を話し合う相手は雇主であり、労働協約に署名するのは彼らと雇主である。エンジニアは？　彼はもはや問題ではなかった。雇主は一連の出来事に驚き取り乱しており、一つの考えしか持たなかった、それは事態をより良く、より迅速に収めること、そしてすべてを奪い去ってしまうかも知れないこの嵐を静めて損失をできるだけ抑えること、であった。」[24]

　ボルタンスキーはジョルジュ・ラミランの『エンジニアの社会的役割』からこの記述を引用し、さらに「エンジニアと職長 agents de maîtrise が構成して

いる・こ・の・中・間・層 cette classe moyenne の正当な権利と利害が無視されている」と嘆くエンジニアの言葉（USIC）を取り上げて、当時の労使紛争の中で置かれているエンジニアの境遇を示した[25]（圏点・下線――引用者）。

　ここで注目すべきは第1にエンジニアが職長と共通の危機に直面している様子が描かれていること、そして第2にエンジニアが利害を主張するのに「中間層」という言葉を文中に取り込んでいること、である。

　第1の点は、「カードル」の多様性を考える上で重要なポイントになる。すなわち同じ危機に直面しているという認識が、知識のレベルや企業内のヒエラルキーの関係を越えて職長とエンジニアを引き寄せているのである。「カードル」というカテゴリーは、企業内のヒエラルキーを上から下まで広く覆うことがよく指摘されるが、その出発点には労使紛争への危機感が強く働いて一体感を生み出していたようである。

　では第2の点は何を意味するのだろうか。そこでまず、この当時「中間層」に言及することにどのような意味があったのかを考えなくてはならない。1930年代半ばのフランスでは、「中間層」が危機的状態に置かれていることを訴えてこの「中間層」の危機に政治的変革の潜在的な要因を盛んに見出そうとしており、政治団体は彼らの票の獲得を狙っていた。共産党は、階級闘争の方針を放棄してプロレタリアートと農民と中間層の結束を掲げ（ただし二陣営の対立の図式は変えず、中間層を独立した存在としては認めていない）、また、ベルギーのアンリ・ド・マンの影響を受けた新社会主義者は、マルセル・デアを中心としてファシズムへの闘争と急進社会党からの票の奪回を目的として、中間層の重要性を唱えた。一方、人民戦線への対抗から、右翼陣営も人民戦線政府に不満を抱く中間層の票を狙った。

　ところで、当時「中間層」を定義するのに盛んに取り上げられたのは資産の所有 propriété du patrimoine であり、この資産の所有という要素が、労働者と違って生産手段を所有する職人 artisan, 商人、小企業家 petit entrepreneur らを金利生活者と結び付けていた。この資産の所有は、まず所有形態によって中間層の起業家 entrepreneur des classes moyennes と資本家 capitaliste の区別を明確にさせる。すなわち、前者が個人的な資産 patrimoine personnel の所有であるのに対して、後者は個人から切り離されて anonymement 株式会社など

企業への資本参加という形をとった資産の所有であるというのである。また、「個人資産」を持たない労働者階級に対しては、人格を有した個人 personne ではない、交換可能な個人 individu の総体 masse でしかないとして、「中間層」との境界をはっきり指摘する[26]。

こうして、「中間層」は資産の所有を基準に、労働者や資本家 capitaliste とは区別して位置づけられたのであったが、これではまだエンジニアが中間層の一部として自らを位置づけ、自分たちの利害を主張するのに中間層という言葉を抗議文の中に取り込んだ背景を説明してはいない。これについてボルタンスキーは、中間層運動の側からの「資産」概念の拡張を指摘する。すなわち、エンジニアのように技術の知識や学歴があり大企業に雇われている給与生活者 salariés を、資産 patrimoine を生産手段としている小店主や小雇主などの独立自営の人々 indépendants と共に中間層の構成員として積極的に認識していくために、中間層の指標である「資産 patrimoine」の意味を「社会的、文化的、経済的資産」にまで拡張する操作がなされたという[27]。1938年に発足する中間層組合総同盟 Confédération générale des syndicats de classes moyennes：CCM が「農業、中小の商業・工業、職人層、自由業」に加えて、「職長、カードル層の諸職業団体、連盟、総同盟」を統合する意図があるとしているのはその成果と言えよう[28]。

この過程は、カードル層の形成を考える上で非常に重要な内容を含んでいるように思われる。すなわち、将来「カードル」と呼ばれることになる人々、「カードル」の先行形態ともいえる人々（ボルタンスキーは cadres と記述しているが）が、政治的に利用されるにせよフランスの社会においてその存在を認識されているのであり、しかもそれまで社会層の区別がいわば金銭の形をとった基準でなされていたのに対し、金銭の形を取らない知識や機能といったものが資産として評価の対象とされているのである。「カードル」という言葉が法律に登場するヴィシー期にカードル層がこの観点から重視され論じられることを考えると、知識や企業における機能という資産を持つ人々をカードルの先行形態ととらえることは誤りではない。

このように見てくると、ボルタンスキーが分析のなかで"cadre（s）"を説明もなく使っていることには抵抗があるものの、中間層という着眼点は、1930

第5章　フランスにおける「カードル (cadre) 層」の形成過程　*193*

年代フランスでカードルの先行形態の人々が社会的に認識されていること、金銭的な資産以外に技術や能力が評価されていることを明らかにしており、ヴィシー期の「カードル」へのつながりを暗示している点で評価することができる。

　このように中間層の動きに注目することは、しかしながら「カードル」の形成を見る上で限界がないわけではない。つまり、中間層運動における「カードル」の先行形態の位置づけからは、彼らがフランス社会で何らかの形で認識されて取り込まれていったことは推測できるものの、彼ら自身が（やがては「カードル」として）積極的に自己認識するようになるかどうか見えてこない。

　そこで次に、ボルタンスキーの分析から「カードル」の自己認識問題を探る手掛かりを挙げよう。

　1930年代のフランスで、労働者と雇主の代表に国に対して利害を主張する場が与えられていた国民経済審議会、相次ぐ工場占拠とその後政府の斡旋によって労働者と雇主の代表が生産現場の問題について交渉の場をもったマチニオン会談については先に指摘したが、ボルタンスキーはこの一連の出来事が有産・中産階級、たとえばエンジニアやブルジョワ bourgeois の内部にもたらした変化に注目する。

　従来からエンジニアには、企業を自ら所有する雇主エンジニアもいれば、企業で雇われて給与を受け取るエンジニアもいて、両者は同じエンジニア組合に参加し、また、ブルジョワにも資産のほかに給与を受け取る bourgeois salariés とその必要のない bourgeois non-salariés がいた。1936年までは賃金を受け取っているか否かでエンジニア内部、ブルジョワ内部に心理的な境界線が引かれることはなかった。しかし一連の工場占拠で労働者が雇主と直接交渉するのを前にして、企業に雇われているエンジニア salariés は、エンジニアであると同時に雇主である雇主エンジニアとの違いを強く認識させられることになる。同様に1920年代の物価の上昇や貨幣価値の下落によって資産からの収入が落ち込み、給与収入を当てにしなければならないブルジョワは、ブルジョワであると同時に労働力を提供する「労働者」であり、労使の階級闘争と同じく給金ブルジョワが利害を主張するためには雇主ブルジョワとの区別を明確にさせなければならなかった[29]。

　こうして、エンジニアあるいはブルジョワの内部に、給与を受け取っている

かどうか（salarié か non-salarié か）による境界線が新しく浮かび上がり、階級闘争の1極である雇主との社会的立場の違いが明確に提示され認識させられた。資産を持たない労働者と区別されて政治的な意図から中間層に含められた彼らであったが、社会関係の実感としてはマチニオンに臨んだ雇主と異なる自分を認識したのである。

中間層に関するボルタンスキーの分析にはもう少し触れておく必要がある。彼によれば広く中間層に含まれた人々は小雇主やエンジニアなど実に様々であったため、見解も多様であった。「資本主義」に対しては大きく分けて2つの見解があり、1つは大資本によって脅かされている中小の雇主が中心となって、資本の集中、トラストを非難するもの、もう1つは、経済的な無秩序を引き起こした自由主義経済を非難するものである。

この立場の違いは対策の違いにつながる。自由主義経済と密接な「自由と所有の概念」に愛着をもつ「職人層、小商工業者、自由業」は、経済の管理化に反対の立場にたつと同時に中小企業の経済的な自由を奪う資本の集中やカルテルを非難する。

これとは逆に、主に社会カトリシズムの立場に立つものは、資本主義の非人間性を弱め社会的混乱の原因を抑えて秩序を回復するのであれば、柔軟なディリジスムやプラニスムもよしとする。キリスト教技術者社会連合（USIC）（ボルタンスキーはエンジニアの史料として USIC の機関紙を取り上げる）のエンジニアもこの立場から、「『恐慌によって引き起こされた経済的無秩序』は、『すべての働き手 travailleurs の間に協働 collaboration』の精神が展開するように社会を組織し、それによって倫理的な規律に帰着できるかどうかということにこそ、望ましい経済的な復興がとげられるかどうかが懸かっていることを示した[30]」として、秩序・協働を重んじるコルポラティスト型の社会を目指そうとする。

興味深いのは、これらのエンジニアが「秩序」の観点と共に、エンジニアや技術系職員の「有能さ」を資産継承者（パトロン）の無能と置換すべきだ、とする主張も行っていることだ。彼らによれば、「所有者」と「経営者」とをはっきり対立させるわけではないが工場や炭鉱、建設現場などの現場で作業の進行や人間の指揮をとっているのはエンジニアや技術系職員であって、彼らだ

けで雇主の機能 fonction patronale を果たしている、というのである[31]。さらに、同じ USIC で、当時としては珍しく所有に基づく権威から知識に基づく権威への移行を論ずるものもある[32]。ここから読み取れるのは、企業における資本（雇主）の絶対性を否定し、資本（雇主）とは別の重要な役割を評価しようとする主張である。そこには、長い間資本と労働の二極に集約されてきた社会に、「有能さ」「知識」を旗印にして資本・労働に並んで社会を構成する第三の要素を表舞台に出そうとする意図が読み取れよう。

　1930年代のフランス社会については、激しい階級闘争が目に見える形で社会を混乱させ、これに続くマチニオン協定がこの混乱に対する（当面の）終結を意味したので、経済・生産活動の代表として直接交渉の場に出てきた労働者と雇主について語られるのが一般的である。しかしながら、その裏で、このように社会構造を転換させる動きが着実に進んでいたことを軽視してはならない。労使の階級闘争や交渉を通じてかえって社会における自分たちの地位の不安定さをはっきりと知らされたエンジニアや技術系職員らは、社会構造の概念を変えていくこの動きに自分たちの利害を見出だした。そして、2極で見られていた社会を3極にするべく、「知識」や「能力」を共通因子として雇主層あるいは労働者階級に対抗するためにまとまることになる。

　しかし、知識や能力を共通因子にするとはいえ、そこにあるレベルや領域の違いは否定できない。これらの違いを越えて人々が団結するには、互いの差異を際立たせる個別のタイトルは障害になったのではないだろうか。たとえば、エンジニアというタイトルは、19世紀末から戦間期にかけて若者の間で人気が高まったため様々な機関によってディプロームとして乱発され、その結果ディプロームの内容の曖昧さと質の悪化が問題になり、ようやく1934年の法で一定の基準が設けられたものである。この資格は、エンジニアのディプロームを持つ人と、ある程度の知識や能力はあるのだが資格は持たない人々との間に境界線を引く作用をもっていたのではないだろうか。

　このような境界線を越えて人々が団結するには、個別のタイトルにかわってそれらをすべてカバーするような呼称が大きな意味を持つ。雇主層あるいは労働者階級に対抗するために「企業の『聖なる諸要素』」と呼ばれる人々、すなわち労働運動に積極的に反対する人々や企業である程度の権威のある地位を占め

ている人々（agents de maîtrise, agents techniques, techniques, représentants, chefs de services commerciaux, comptables, etc.）、すなわちエンジニアのディプロームや肩書きの有無を問わず、エンジニアの立場や見解に同調し賛同しようというすべての人々」を集結させて1グループを形成する必要に迫られていたこの時期に、「等質性、組織、アイデンティティ、そしてそれまでは名前もなかった、このてんでばらばらの集合体 agrégat が、『カードル』という漠然としたタームで示され始めた、そして、その名称の曖昧さゆえにエンジニアの周囲に動員される人々の範囲がどこまでであるかを問うことを避けることができた[33]」のである。「カードル」という名称はまさにここに自己認識として登場する。

以上から、「カードル」としての自己認識、「カードル」という名称の登場が、フランスの社会状況を強く反映したものであるということは明らかであろう。労使の階級闘争とマチニオンによる団体交渉からの締め出しを直接の契機としながら、その背景にはフランス社会における様々な変化、たとえば価値観（「所有」に対する「知識」の重視）や経済活動（給与を受け取るブルジョワの増加、非労働者・非雇主の増加）、社会観（経済的自由から秩序・管理へ、2極から3極の社会へ）などの変化があった。また、カードル概念の持つ曖昧さも一種意図的であったことが確認された。

「カードル」の背景にフランスの社会変化があるならば、フランスの「カードル」とアメリカ型の「マネジャー、マネジメント」との関連を問うもう1つの問題関心に関しても、少なくとも初期の「カードル」が「マネジャー」には重ねられないこと、「カードル」が「マネジャー」を前提にこれを模倣して作られたとは単純に言えないこと、を回答として提示できよう。実際ボルタンスキーにおいては、「カードル」の発生・形成を分析する章では「カードル」と「マネジャー」との関連といった問題には触れられてはおらず[34]、マネジメントを含め広くアメリカからの影響について触れるのは、マーシャルプラン以降の「訪米生産性向上使節団 missions de productivité auxEtats-Unis」に始まる仏米交流からである。20世紀初頭のテイラー・システムの影響についても、企業の組織化や管理といった成果はフランスでは経済的ディリジスムの萌芽と重なる形で軍事産業を中心に取り入れられるものの、アメリカ式の経営研究・養成機関は戦後の生産性運動が展開するまでごく限られたものだったという[35]。

本章はカードルの初期形態に焦点を当てているためここでは戦後の展開には触れないが、戦後カードル層が確立する過程への橋渡しとして、ボルタンスキーの分析から次の2点だけ上げておきたい。1つは、フランス社会への影響である。アメリカのマネジメントの導入は、すでに変化を遂げつつあった資本対労働という旧来の社会関係が過去のものとなったことを決定的にし、また小雇主や商人、職人層などの「伝統的な中間層」から一定の教育を受けた企業のカードル層や給与を受け取るブルジョワを切り離して、ゆとりある生活や均質な価値観、競争心、といったアメリカのミドルクラス middle class と共通の特徴を持つ「新中間層」を生んだという。とくに給与を受け取るブルジョワについては、戦間期に見られた収入構成の変化（資産の金利収入から賃金に重心が移る）に加え、1950年代には教育水準の上昇に伴う教育費の上昇で貯金への考え方や時間の使い方など生活スタイルに変化が見られた[36]。これは、アメリカのマネジメントとの接触による、いわばフランスのアメリカニゼーションの結果として注目すべきであろう。

2点目は、ヴィシー期とのつながりである。大戦後アメリカを視察した生産性向上使節団は、フランスの生産性に関する遅れを技術面にではなく産業における人間関係に求めた。すなわち、「科学的管理法や企業の合理的経営のアメリカ・モデルを取り入れて、アメリカ企業にある『雰囲気 climat』をフランス企業にも生み出さなければならないが、この『雰囲気 climat』とは、ある技術、しかも新しい技術の産物であって、そこで必要となるのはエンジニアの知識に加えて、あるいはそれよりも、人文科学、心理学、社会学で」あり、「秘密をコミュニケーションに、命令を対話に、貪欲を寛容さに置き換えなければならない」と判断したという[37]。後で分析するが、ヴィシー期においてはカードルは労働者と雇主の「橋渡し」、社会関係改善の鍵として強く意識されているのであり、戦後の生産性向上運動を通じてアメリカ型の経営管理がフランスに取り込まれると共にカードル層が本格的な発展を見る背景には、カードルが鍵を握るこのような社会関係の下地がフランス側にあったからと言えるだろう。

（3） 1930年代のエンジニアとカードル

前項では、ボルタンスキーの分析をもとに「カードル」の自己認識と他者

（社会）からの認識がどのような状況から生まれたかを検討し、「カードル」がアメリカ型のマネジャーを模倣して登場したのではない、と推測できた。

ところで、先に指摘したように、ボルタンスキーにおいてはカードル層の形成が中間層と「エンジニア」の動きに注目して分析されているのが特徴であった。カードルの自己認識の成立を、中間層の運動を背景に「エンジニア」というディプロームの限界を越えたところに位置づけているのであるが、そこではエンジニアが自らを「中間層」と認識して「エンジニア運動」を「中間層運動」に結び付けていたことが大きな根拠となっていた（注25を参照）。

しかし、中間層運動への合流とカードル層の成立とは一致するものではなく、その間にはさらに一段階おかなければならない。エンジニアが「中間層」運動に合流したとしても、そのことから、中間層から小雇主や商人、職人を除いて「カードル」という新たな名称・グループをエンジニアが積極的に評価し、また自己認識した、とは言いきれないからである。すなわち、小雇主や商人、職人をも含む「中間層」運動を経由した後、そこから「カードル」層の成立に積極的に動いたのがやはりエンジニアであったかどうかは検討しなければならない。

ボルタンスキーにおいて「エンジニア」を「カードル」層成立への動きの中心のように思わせている、このエンジニアの中間層運動への参加という指摘は、彼がエンジニア側の史料としている「キリスト教技術者社会連合 USIC」の機関紙 *Echo de l'USIC* から引用されたものであった。この USIC は、1892年に産業界のエリート（エンジニア）達にキリスト教の社会的教理を普及させる目的で結成された組織で（「組合」ではない）、社会問題や企業におけるエンジニアの地位に関心を向けていた。戦間期には1920年の1千名から39年の1万名へと会員の数を急激に増やしたが、その会員の半数はパリのグラン・ゼコール出身者で占められていたものの（47％）、エンジニアの職業利害を追及するため、ポリテクニック（理工科学校）の出身者から独学のエンジニア autodidactes まで広く覆っていた[38]。このキリスト教エンジニア団体は、メンバーであるジョルジュ・ラミランがその論客であることからわかるように、「集団社会主義」と「自由主義」という「根本的な二つの誤り」を非難する社会カトリシズムの流れを汲んでいた。とくに1936年以降は、中間層運動と共に資本主義とボル

第5章　フランスにおける「カードル（cadre）層」の形成過程　*199*

シェヴィズムを二重に否定することによって従来の左右両陣営のいずれにも属さない新しい第三の立場を明確にし、生産の場では「雇主や労働者だけでなくエンジニアや様々なカードル層が生産に携わっていること」を示す時期が到来した、としている[39]。その具体的な形として、USICのメンバーを引き継ぎつつそこから雇主エンジニア patron-ingénieur を外したエンジニア従業員組合 Syndicat des Ingénieurs Salariés：SIS が1936年に作られる。37年には、フランス北部で金属産業の争議をきっかけに起きたエンジニアのストライキをUSICが支持し、労働者に対しては工場占拠によって労働の自由を脅かしたことを、雇主に対しては「エンジニアや cadres de maîtrise といった（労使の）中間に位置する要素 élément intermédiaire が存在しないかのように労働総同盟 CGT とのみ」調停の協定を結んだことを非難する〔圏点・下線──引用者〕[40]。

　このように見てくると、社会カトリシズムのもと、エンジニアの組織であるUSICは、企業においてはエンジニアに限らず雇主でも労働者でもない「中間の要素」にまで視野を広げる傾向があったことがわかる。そうであるから、エンジニア側の史料としてUSICを見ている限りでは、中間層運動に合流したエンジニアが職長、技術系職員らを含む「カードル」というグループに対しても積極的に評価し自己認識した、と推測するのも当然であろう。

　しかし、すべてのエンジニアが一致団結して、職長や技術系職員らと並んで「カードル」層を形成しようとする方向に向かっていたのだろうか。

　ここで、フランスのエンジニアについて触れておかなければならない。フランスのエンジニアは理系エリートの代表のようにいわれることが多いのだが、技術の専門家を示す日本語の「技術者」にはおさまり切らない言葉である。19世紀前半の土木公団エンジニアについての栗田啓子の研究でも記されているように[41]、エンジニアが現在のように技術者をさすようになったのは19世紀半ばになってから、しかもこれが一般に流布されるようになるのは19世紀末から第一次世界大戦にかけて、電気・科学産業などの高度に専門的な産業部門が展開するに至ってからであり、もともとは、エンジニアとは政府に帰属する「技術官僚」を意味していた。アンシャン・レジームのエンジニア（軍事・船舶・土木）は、専門学校で養成されること、キャリアの形成は軍隊と同様のシステムに従うことを共通の特徴としていたが、当時はまだ貴族の支配色が濃く、富裕

なブルジョワは専門学校の貴族的排他性を攻撃の的にしてきたという。革命後、国防上および経済上の理由から多くのエンジニアを育成することが急務となり、高等技術教育制度の改革が行われ、新たに設立された理工科学校（エコール・ポリテクニック、1794年設立）などは、アンシャン・レジーム下の貴族性を取り除いて万人に開かれた科学教育、しかも新しい社会に対応できる科学教育を目指したものであった。

　この理工科学校を卒業したエンジニアは、土木公団の一員として土木・公共事業の管理に携わっていくのだが、彼らには技術的知識のほか人的、物的資源を管理する能力が必要であった。その一方で、交通網の整備を第一の任務としていたこの土木エンジニアは、公共事業の費用の見積もりやその工事の有益性・効用などを理論づけるために、現実の経済事象と経済理論へと関心を拡げていったのである（この彼らの関心は、古典派経済学者からは軽視されてきた社会的厚生概念の開拓につながった）。したがって、技術官僚としてのエンジニアとは、技術の専門家であると同時に、経済の専門家でもあったのだ。

　その後、理工科学校は1816年のカリキュラム改革で応用科学から純粋科学へと重点を移し数学や化学、理論物理学の教育が強化されたため、創立当時の目的とされた〈科学と技術の結合〉が解体され、産業の要求に応える教育という理念が放棄されていった。それゆえ、民間の工業化の進展に必要な有能な技術者を必要とする産業家たちは、政府の技術官僚ではなく民間の産業で働く民間エンジニア ingénieur civil を育成する機関を国家とは別に設立していった。1829年設立の中央工芸学校 Ecole centrale des Arts et Manufactures は、民間エンジニア ingénieur civil のディプロームを最初に出した機関である。このディプロームは、19世紀のフランスでは雇用の際にとくに有利に働いたわけではなかったが、第二次産業革命によって製鉄業が進展し新しい産業が生まれたのに加え、アメリカのテイラー・システムの影響もあって1890年代から20世紀初頭にかけて科学・技術に強い人材への需要が高まり、民間エンジニアを養成する機関（大学の講座や通信講座も）が次々に作られた。民間エンジニアのディプロームも次々に出され、このディプロームを持つ人の数は急激に増えていった。しかし、この状況はエンジニアの急増と相対的な質の低下を招き、景気の悪化する第一次大戦直後と大恐慌の時期にはエンジニアの大量の失業を生むこ

とになった。そこで、これまでとくに基準のないまま放置されていたエンジニアのディプロームに一定の枠を設けて、エンジニアの質を安定させるべきだとする主張がエンジニアの間に高まり、エンジニアのディプロームを巡って盛んに議論が行われた。この問題は1934年にエンジニアの基準を定めた法律の制定で決着を見るのであるが、その一方で、この問題を通じてエンジニアの組織化が進んだ[42]。

　話をエンジニアと「中間層運動」、「カードル」の関連に戻そう。このようなエンジニアの歴史の中で、USICと並んで、20世紀初期のエンジニアを組織したものに「フランス技術者組合連合 Union des Syndicats d'Ingénieurs Français：USIF」がある。この組織は1910年代に生まれた電気・科学・機械・金属などの3つのエンジニア組合（SIEF、SICF、SIMMTP）が1920年に結集したもので、戦間期に展開した上のエンジニアのディプローム問題に敏感な組合であった。USIFは、エンジニアの大量生産は結果としてこのカテゴリーの格下げを意味するとして厳格な基準を求めており、エンジニアの名に相応しい機能と能力を強く認識していたのである[43]。そのUSIFは、月刊の機関紙 *Bulletin mensuel de l'USIF* に、エンジニアや職長 agentes de maitrise, 技術系職員 technicien などが「カードル」の名の下に集結することには否定的な見解を示している。*Bulletin* 発行責任者のポール・デュボワ Paul Dubois は、37年11月付の自由論壇欄 Tribune libre において、労使紛争の中でエンジニアや職長、職員らが結集する状況が生まれたことは認めるものの、エンジニアにはこの種の結集は意味がなく、むしろ犠牲を強いられる、と考えている。（「この種のカードル層の組合［＝エンジニアや職長、職員らが結集］は、企業内や地方レベルなら防衛組織 organisation de défense として有効だとしても、職業利害を守る組合運動には至らない。実際、この種の組合は、企業内の技術者その他すべて集結させれば労働者と同じように『力』で押せるが、その行動は成果をもたらさない。カードルのストライキは特殊な状況下で1度だけあったが、何ら良い結果が得られなかった。もともと良い結果などないのだ、なぜならカードル層 cadres に含まれる様々なカテゴリーはそれぞれの利害をもっており、その利害を調節するのは苦痛にほかならない。共通の主張が見つかったとしても、少数派であるエンジニアの利害は容易に犠牲にされてしまうだろう。〔……〕『カードル層』の組合が有効であると

しても、例外的で一時的なものである。このような集結が、エンジニアの職業利害 intérêts professionnels を考慮することはない。」)[44]

この主張は2年後の1939年4月の *Bulletin* でも繰り返され、「カードル層 cadres」が含む様々なカテゴリーについて「「カードル層 cadres」の原理は不十分であり組合運動には位置しない。さらにそれは（エンジニアの）権威そのものにとっても危険である。企業内の多様な地位の人が一緒になるこの組合では、エンジニアは自分の部下と直接対話することになる。仕事上の決定について彼らと話し合うことになるだろうし、そうなればエンジニアの権威が弱められるのは明らかだ」と述べる。そして、丁寧にも、「職長がエンジニアの主張を支持してストを起こす」という状況を仮想し、はっきりと否定している[45]。

これら USIF の主張を見てくると、USIC の史料に基づくボルタンスキーのエンジニア分析はすべてのエンジニアに当てはまるとはいえないことがわかる。中間層運動に合流している USIC のエンジニアは、職長や技術系職員を含む「カードル」というグループに対して抵抗はなく、これを積極的に評価して自己認識したと推測することができるが、エンジニアの厳密なディプロームを要求していた USIF のエンジニアは、「カードル」層として職長や技術系職員などと共通利害を追及することはかえってエンジニアの権威を弱めると考えて、彼らと距離を置こうとしているのである。

そうであるなら、一部のエンジニア（USIC）の他にも、「カードル」層の成立に積極的に動いた別のベクトルがあったと考えなくてはならないだろう。それはもちろん、エンジニアのディプロームを持たない人々でエンジニアの周囲に結集しようとした人々であるが、強調したいのは彼らの「カードル」というカテゴリーに対する意思である。たとえば、労使紛争のさなか、職長らは一種のエリートであるエンジニアと同じ社会的地位に置かれたわけだが、その後も自分たちをエンジニアと共に位置づけたいために、エンジニアと共に自分をカバーする「カードル層」というカテゴリーを好んで意識したのではないだろうか。エンジニアが望むか否かは別として、労働者とははっきりと一線を引き、しかもエンジニアと同じ地位に置くこの「カードル」というカテゴリーは、とりわけ労働者寄りに見られがちな人々には魅力があったものと思われる。カードル概念が持つ曖昧さは、このように自己認識と他者からの認識がズレている

人々を含む柔軟さを持っているところからくるのではないだろうか。

　残念ながら、当時の職長クラスの人々の意識調査や彼らの組合の文献を見て確認する作業はできていない。しかし、解放後の1944年10月に成立し、44年から46年にかけカードル層のカテゴリー作りに中心的な役割を果たしたと言われる管理職員総同盟 Confédération Générale des Cadres が、エンジニアを中心に出張代理販売人（VRP）、さらに現場監督 contremaîtres を組織しようとしているところを見ると[46]、かえってエンジニアの側からの「カードル」への関わりだけではこの呼称を自己認識する人々の広範さ、曖昧さを十分に考えられないように思われるのだが、どうであろうか。

3．他者からの認識と自己認識の強化

（1）　他者からの認識──雇主層の事例から

　第2節では、「カードル cadre」概念が持つ曖昧さや柔軟性の背景を「カードル」層（の先行形態）が登場する30年代のフランス社会に求めて、主にリュック・ボルタンスキーの分析を手掛かりに「カードル」としての自己認識が現れる過程を探った。その結果、「カードル」とアメリカ型の「マネジャー」とは、戦後は密接に関連していくものの、発生の段階では30年代のフランス社会の状況を強く反映していることが推察された。

　この節では、視点を変えて、「カードル」としての自己認識ではなく、「カードル」が他の社会層からどのように認識されていくかという過程、すなわち「他者からの認識」を見ていく。これにより、カードル層のフランスの社会における位置づけがより明確になるであろうし、逆にカードルというカテゴリーを生み出したフランスの状況についても考えることができる。

　「カードル」の自己認識を促した大きな原因は、30年代の激しい労使紛争とこれに続くマチニオン会談以降確立されていった団体交渉の権利から締め出されたことであった。彼らはエンジニアを核に、労働者 ouvrier と雇主 patron の2陣営に仕切られている社会に対して自分たちの社会的地位を認めさせ、また中間層という第3の立場から、労使の対決が混乱を招くこの社会を変革しよ

うとした。しかしながら、もしこの動きが社会的に一切無視されていたならば、「カードル」層の形成は一方的な主張に止まりその地位が認識されるには至らなかったであろう。そこで、すでに確立した社会的地位を得ていた労働者と雇主が、この動きに対してどのように反応したかが重要になってくる。

エンジニアがカードル層の一部を構成するに至る過程を観察したインゴ・コルボーム Ingo Kolboom は、以下にみるとおりエンジニア側の変化すなわち「カードル」としての自己認識にいたる過程を問うと共に、雇主層が見せる積極的な関与に注目している[47]。

第2節で見たように、「エンジニア」は19世紀初頭より高等教育機関での科学教育を受けた人々に与えられる資格であったが、このディプロームを持った人々は従来、ブルジョワ階級の出身である、あるいは企業内で労働者に対して監督者的な立場に立つ、といったことから、労働者階級よりも雇主層に近い意識を持っていた。しかしエンジニアの内部にも格差はあり、1931年以降恐慌による失業などを経験したエンジニアの中には、労働者階級寄りの意識を強めるものもいた。また、雇主層寄りの意識を持っていたエンジニアも雇主が彼らの利害の代弁者とはなり得ないとことがわかると[48]、雇主エンジニアをも含んでいたエンジニア組織、キリスト教技術者社会連合 USIC が、雇主を除いた新しい組織、エンジニア従業員組合 SIS になる、というようにエンジニアの雇主離れが進んだ。コルボームによれば、企業主が「雇主」「雇主層」といった標語のもとに新しい動きを見せる一方で、エンジニアの中で労働者総同盟 CGT やフランスキリスト教労働者総同盟 CFTC などの労働組合に参加する意思のない人々が、いろいろな意味を持たせることのできるこの「カードル」という言葉を用いた、という[49]。

他方、雇主層においては、このようなエンジニアを含む存在はこれまでほとんど無視されてきたものだったが、しかし1936年の一連の労働争議で、企業や社会での孤立、雇主の権威の低下、一部のエンジニアの CGT への合流などを見て危機感を強め、エンジニアその他の「非労働者」を無視するのではなくて「協力者 collaborateurs」として積極的にとらえ直すことになる[50]。企業の規模の拡大と雇主の絶対的な権威の低下によって労使間の距離が広がっていたこともあり、企業の経営側と労働者その他の従業員の間の社会的な橋渡しをすると

いう役目をエンジニアや技術系職員らに新たに認めたのだ。雇主組織、フランス生産総同盟 CGPF の社会・労働問題の情報機関である CPAS（社会的保護＝行動委員会）も、彼らカードルを技術や指揮といった機能だけでなく「社会的な役割」をも持った人材としてとらえ、「事業が成功し階級間の協力が成るためには、この二極（＝技術面の機能と社会的な役割）が別々になっていてはいけない」と訴えている[51]。CPAS のジェルマン・マルタンや USIC のメンバーで雇主層のカードル問題の指南役となったジョルジュ・ラミランによれば、カードルという「社会的な橋渡し」は、企業経営者とは異なる立場で労働者の不満を直接聞くことができるし、また企業内のヒエラルキーの上下すべてに雇主の任務を分与することで残りの人々に対して協力して仕事をしなければならない理由を納得させることもできる、という[52]。しかし、このような「社会的な橋渡し」は、労働者でなければだれでもいいのかというとそうではない。これについて雇主層は、雇主から「権威」や「機能」（の一部）を委託されているかどうかという点を基準とした。また、カードルに名を換えることでエンジニアのような技術の専門家も労働・社会問題への関わりを強めることになったので、若手の雇主（40歳未満）からなる「若手雇主センター Centre des Jeunes Patrons：CJP」では協力者 collaborateurs（あるいはカードル）の採用や研修において、道徳や人格、「愛社精神 esprit maison」といった題材が取り上げられるべきだ、とする議論も行われている[53]。

しかしこのカードルと雇主との関係については、雇主層の中に意見の違いもあった。コルボームによれば、ジェルマン・マルタンにおいては雇主とカードル層がしっかり区別され「両者を混同してはならない」と示されているのに対して[54]、CJP はメンバーとなる雇主の範囲を厳密な意味での雇主に限らず、「若手の企業主、雇主の息子、将来雇主になる人、雇主の委任を受けた部長クラス」をメンバーにするとして雇主とカードル間の壁を低くしている[55]。後者のこの柔軟な定義は、カードル層も雇主と同じ立場に立つことを意味しているわけで、フランスの雇主の不可侵性・絶対性を否定した画期的なものであったと言えよう。次の項でみる1940年代の新聞でも、CJP がカードル養成に積極的に動いていることがわかる。

こうしてカードルというカテゴリーを確立した雇主層だが、内部にカードル

形成への反対が全くなかったわけではない。しかし、このカテゴリーの形成が労使紛争による危機感を出発点としているように、雇主層に共通する大問題は、労働組合の力をいかに抑えるかであった。したがって、CGTの独占状態を阻む組織や団体に対しては支援を行っていき、これは石油、航空機、炭鉱、金属などの産業に及んだ[56]。

　以上、コルボームの分析を見てくると、雇主層は、カードル層を認識するのはもちろん、カードル層を支持しようとしていたことがわかる[57]。認識というよりもカードルという新しいカテゴリーを率先して確立した、というほうが適切かもしれない（コルボームが引用している37年の雇主層の文献には文中に"cadres"と明記されている）。そしてその背景には、雇主層の様々な思惑があったと言えるだろう。当時権威の低下が問題となっていた雇主は、「カードル」という新しいカテゴリーを作って彼らに雇主の「権威」や「機能」を分与し委託するという形をとることで、雇主の権威の体系を支持する形で取り込み、雇主の権威の回復をはかったのである。

（2）　ヴィシー期の経験──「労働憲章」に現れたカードルをめぐって

　カードルの歴史において、これまでに見た30年代の経験を経た後のヴィシー期はどのような意味を持つ時期なのか。この問題を考える上でヴィシー政権下の1941年10月4日に制定された「職業の社会的組織化に関する法──いわゆる労働憲章」（官報掲載は1941年10月31日）は、この憲章体制の結果が貧弱であったとはいえ[58]、「カードル」に国家の法律として初めて言及したことから、カードルの歴史から切り離せないものである。とはいえ、これまではカードルに国家の法律として初めて言及したこの憲章の制定について、カードル組織の指導者らが歓迎したことは述べるものの[59]、この法が「カードル」としてエンジニアや職長といった分類とは別に新たなカテゴリーを設定したことの意義、世論の反応、憲章制定によって生じた変化などに充分に触れてこなかった。しかし、この法律がカードルの歴史上の初めての経験であるならば、法の制定と並行して「カードル」の内容などを巡る論議も行われたと考えられる。

　そこで、この項ではこの労働憲章に現れた「カードル」をめぐる当時の動きをつかむために、ひとつの手掛かりとして当時の新聞を取り上げ、そこにどの

ように「カードル」が扱われているかを探る。そして30年代の経験がどのようにヴィシー期につながっているかを観察し、さらに戦後の経緯にどのように反映されていくかを見ていく材料を見出したいと思う。

　ここで取り上げる新聞は、ヴィシー期の大半を網羅している *La Vie Industrielle, Commerciale, Financière, Agricole* 紙（以下、*La Vie Industrielle* と略す）で、この新聞についてはオリヴィエ・ヴィーヴィオルカの詳しい研究がある[60]。*La Vie Industrielle* はパリ発行の経済夕刊紙で、1940年11月20日に第1号が発刊されてから中断することなく、1944年8月17日まで延べ939号を数えることができる（現存する資料は1944年8月17日号までであるが、当号はとくに最終号として発行された様子はない。ヴィーヴィオルカによれば *La Vie Industrielle* は1944年8月17日以降発行が中断された、という[61]）。

　一般にヴィシー期の研究は資料（史料）の点で困難を伴うことが多いなかで、このように中断することなく発行し続けた *La Vie Industrielle* は当時の社会を語る貴重な文献の1つであり興味深い。これについてヴィーヴィオルカは次のように述べる。ドイツ占領期にドイツを代表する機関としてパリに駐在していたドイツの軍部と大使館は、政策方針の違いから互いに相手をライバル視しており、出版に関してドイツ駐パリ大使であるオットー・アベッツを中心とする大使館側が出版担当のチームを設立すると、軍部も「パリ・ソワール紙」を財政的に支援するといった動きを見せた。そして *La Vie Industrielle* もまたドイツ軍部の財政支援を受けて生まれた新聞だったのである。ただし「株式会社 *S. A. La Vie Industrielle*」の設立当初から「株主の唯一の権利は利益への参加である」として株主と編集部とははっきりと一線を画しており、後に株主間の問題が生じた際にフランス人株主の株保有率を高めたこともあって、*La Vie Industrielle* の編集部はナチス・ドイツの支配からは比較的独立性を保つことができ、しかも情報領域の広い一般紙とは異なるこの経済専門紙は、検閲の対象から免れることになったという[62]。

　では、労働憲章が制定された当時、*La Vie Industrielle* 紙には「カードル」がどのように登場したのだろうか。*La Vie Industrielle* 紙の記事を見ていくと幾つかの大きなポイントに絞ることができる〔以下、［　］内は記事の日付〕。

　第1は、「カードル」の名称の表れ方・扱い方の変化である。「カードル」が

La Vie Industrielle 紙で盛んに登場するようになるのは労働憲章が制定される41年10月以降であるが、それ以前には「カードル」の表れ方に２つの傾向が見られた。１つは、「カードル」の名称が記事に登場しないことである。労使の組合解散を機に労使対決の歴史をふりかえる記事［40年11月20日］はもちろん、新しく制定される労働憲章を検討する記事［40年11月27日、12月7〜9日］の中でも、雇主と労働者以外には触れられていない。その理由としては、30年代の階級闘争の当事者である雇主と労働者の２者（２極）間の関係を改善することが緊急の課題であったために、後に記事に登場するような両者の「橋渡し」としての役割を持った人々まで考慮に入れる余裕はなかった、あるいはルールマンが指摘する「２者（２極）対立の図式」による考え方を変えるまでには至っていなかった、ということが考えられる[63]。

　これに対するもう１つの動きは、1930年代後半に組合としてカードルの名前を掲げたフランス経済管理職員総同盟 Confédération Générale des Cadres de l'Economie Française：CGCEF の代表が、41年２月17日の占領地域フランス大使（代表）ドゥ・ブリノンとの会見で「カードル、エンジニア、技術職員、職長 les cadres, ingénieurs, techniciens et agents de maîtrise」の公的機関への代表の参加を要請した、と伝えているものである［41年２月21日］。ここには「カードル」が明記されており、エンジニア、技術職員、職長が「カードル」と併記されている（ただし後の３者を「カードル」の対象として示しているのか、４者を並列に置いているのかは判断できない）。これは30年代後半からすでに「カードル」と自己認識している人々の、第一の傾向に対する抵抗であり、生産者を労働者と雇主に代表させた国民経済評議会 CNE やマチニオン会談以来の代表権問題解決の糸口を新しい経済体制に見出そうとして取った彼らの行動であったのだろう。

　このように30年代の労使２極対立の影が色濃く残っていたフランスの社会だが、労働憲章の制定が近づくにつれ新しい「コルポラティスト型社会」の実現という観点から労使関係を論じるようになり（労働憲章の制定による CGT, CGPF の解散について、労働者を総動員する組合運動によってこれまで自由を勝ち取ってきた労働組合からの反発が大きく、「労働者の頭のなかでは『コルポラシオン』の実現は機が熟しておらず彼らには理解できない」［41年7月24日］、コルポラ

ティスト型の社会を実現するには雇主組合をトラストの影響から解放し、被雇用者 salariés 組合の階級闘争の側面を協調路線の思考に代えなくてはならない［41年7月29日］)、これ以降「協力者 collaborateurs」あるいは「カードル」と呼ばれる人々が記事に登場することが多くなる。しかし初期にはこの2つの名称に具体的な対象の列挙あるいは詳しい言い換えが加えられており（たとえば「協力者 collaborateurs［エンジニア、技術系職員、職工長］」［41年9月17日］、「「カードル」すなわち、最高幹部の権力の一部を委託されて彼等のプランの実施に寄与する協力者 collaborateurs」［42年1月8日］）、名称だけでは対象が充分に伝わらない、すなわち決定的な定義が確立されないままこれらの名称が使われ始めたことが想像できる。とくに「カードル」については42年12月に労働省で閣外相ラガルデルを中心に行われた話し合いの場で、カードルのカテゴリーの範囲が検討の対象となる［42年2月16日］など、労働憲章から1年以上を経ても輪郭が不明確であったことが読み取れる。

　このように見てくると、占領期初期、労使の階級闘争を否定するコルポラティスト型社会の方向に向かった時[64]に、「カードル」の名称は、労働者と雇主以外の人々を取り込むべく定義が確立されないまま使われるようになったのであり、ヴィシー政権が目指した新しい社会像の追及の中で「カードル」という名称の一般化は進んだものと考えられる。

　これを裏づけるのが以下のように新しいフランス社会におけるカードルの存在意義を説く記事であり、これを第2のポイントとしよう。

　「国民革命における社会関係」と題して新しいフランスにおける労働の場 (monde du travail) での展望を検討したマルセル・ディディエは、機械化が進んだ結果「人間」喪失を招きさらには階級闘争が激化したとして、今後は「グループ精神」を再生させ「労働の境界」を広げるために、各企業内での労働者と「カードル」の接近 (rapprocher le personnel ouvrier et les cadres) を通じて職業上のみならず人間的なコンタクトを打ち立て、雇主と労働者が共通項を持たなくてはならないと言う［41年10月2日］。

　また編集長のアンドレ・テラスは、以前（自由主義経済）とは習慣、伝統、思考形態が変わってしまった新しい社会的枠組み（管理経済）の中で、「カードル」すなわち最高幹部の権力の一部を委託されて彼等のプランの実施に寄与

する協力者 collaborateurs をどこに求めるかがこの管理経済を動かしていく上で重要であるが、これは柔軟性に富む若者達に期待する、という見解を示している［42年1月8日］。

「管理職員総同盟 Confédération Générale des Cadres：CGC」の書記長ジャック・ブリセが企業におけるカードルと労働憲章について語ったところでは、企業のカードルはこれまで雇主と労働者の間にあってその位置が明確なものとされず、「経済・社会組織のなかで自らの意見を発表する場面もなければその重要性に見合った形で参加する術」も、公権力が「カードル」の真価を認めて彼らの意見を求めることもなかったので、たとえば戦時下の軍需向上での生産不足を防ぐことができなかったとしている。そして「建設的な展望に立つ」CGC としては、資本・カードル・労働力 le capital, les cadres et la main-d'œuvre が生産に携わる者の基本的なカテゴリーであり、この3者による「正しく合理的な」協同作業こそ企業さらには職業、経済の発展をもたらす、と考えている。この考え方は、階級闘争の原因をなくさない限り階級闘争は消滅しないと言ったフィリップ・ペタンが唱える「労働共同体 communauté du travail」を実現するもので、労働憲章に基づいて設立される社会委員会への支持を表明している。さらに、企業レベルでは労働者からの様々な要求と雇主側の懸念の両方に通じる立場にあるカードルは、「生産に携わる様々な構成要員の間に、直接かつ忠実な協力関係をもたらすことの出来る不可欠な橋渡し」になることをその使命としている、と言う［42年3月10日］。

一方、労働憲章に関する研究の中で、キリスト教技術者社会連合 USIC のドゥラコミューンはエンジニアの視点からカードル問題を取り上げ、将来のコルポラティスム体制においてカードルが担う「企業の長と被雇用者・労働者間の真の橋渡し」という大役を紹介し、このカードルの社会的機能〔圏点──引用者〕いかんによって企業社会委員会の成果は左右されるとしている［42年4月10日］。

「カードルと経済運営 Les cadres et le gouvernement de l'Economie」を書いたジャン・ドゥラトゥールによれば、カードルは生産や売り上げといった経済問題と同時に（労使関係など）人間関係という社会問題〔圏点──引用者〕も把握し、両者を調整しなくてはならない。「カードルの努力を支持することが重

要である、というのもカードルなしで行き詰まったフランスの経済は、彼らなしでは「より良い状態に復帰すること」すなわち社会問題に経済問題の解決法を見出し、経済問題に社会問題の解決法を見出してそれを実現させることはできないだろう。」［43年10月28日］

　これらの記事に共通するのは、フランスがコルポラティスト型社会として再出発するうえでそれまで激しく対立していた労働者と雇主を橋渡しするのがカードルであり、彼らの社会的機能にフランス経済回復の行方がかかっていると見ていることである。ここには、アメリカ型マネジメントあるいはマネジャーを実現することを第一の目標として準備されたのではなく、30年代フランス社会の経験を背景に労使の社会関係改善の鍵を握る労使の仲介役を強く期待されたフランスのカードル像が見える。さらにこのように「カードル」の社会的な役割を強調させることになった労働憲章を起点として、30年代階級闘争の当事者である労働者と雇主を含め企業における人間・社会関係を見直す作業が行われていることも *La Vie Industrielle* 紙の記事に表れている[65]。

　こうしてフランス社会の社会関係の改善や意識改革の柱として認識された「カードル」は、新しい社会の実現と共に重要な使命を与えられたカテゴリーであるので、この「カードル」をどのように養成するかという問題が取り上げられるようになったのは言うまでもない。そこで「カードル」の養成機関・講座が紹介されるわけだが、興味深いのはこれらの機関・講座が技術面の訓練に限定しないで「心理」あるいは「倫理」といった内容を含む点を強調していることであり、これまで見てきた労使関係の橋渡しとしての「カードル」の使命が改めて示されている。たとえば「社会カードルの養成 La formation des cadres sociaux」と題する記事［42年1月28、29日］は、新しいコルポラシオン体制の運営に相応しい人物の養成問題と「専門的カードル養成センター Centre de formation des cadres professionnels」における職業上の技術訓練を越えた養成講座に触れ、また管理経済の下で運営の中心を担える人材（= cadres）を技術面の訓練のみならず下で働く者の心理の理解を含めて養成するために設立された「高等職業組織学校 Ecole supérieure d'organisation professionnelle」の説明では、ここからの卒業生が組織委員会に関わることとなり、従来のように雇主層の組合から選ばれた人材ではなく、自由主義体制とは異なる新体制への理

解を持った新しい人材が経済を動かしていくことになる、としている［42年3月11日］。

　ところで、前に述べたように「カードル」の名称は対象とする具体的な範囲が限定されないままこの名称が多用されるようになったわけだが、「カードル」養成の様々な機関・講座の紹介はこの名称が実に広い範囲で使われていることを明らかにした。たとえば、「cadres de maîtrise の養成」と題する記事で対象となっているのは職長クラスである。皮革産業職業学校は元々「フランス皮革学校」として生皮の卸売人の養成（2年）のために戦前に設立されたが、40年9月には若者の失業者を引き受ける目的で職業訓練センターが加えられ、商業から職業訓練へと指導内容が移っていった。しかしこのセンターを「カードル」の学校とするには指導内容を高めることが必要と考えられ、校長ルソー夫人の努力で指導内容が一般教養（フランス語、会計、etc.）、専門講座（応用工学、数学、皮革技術、etc.）、実地訓練、体育にまで広げられた、という［41年7月2日］。一方、先の「高等職業組織学校」（2年制）には工業生産に関わる経済、金融、社会諸問題を内容の中心とするコースと、当時フランスで遅れが問題にされていた会計の専門家を養成するコースが設けられ、グラン・ゼコールや法学部の出身者といった高い水準の人材を学生として受け入れている［42年3月26日］といい、「カードルを求めて」と題する記事ではカードル候補の人材側と採用する企業側、あるいはグラン・ゼコールの責任者やグラン・ゼコール出身者の団体代表など、カードル採用の道に関心のある人たちからの要望に応えられる「カードル就職センター」の設立が構想されているという［42年11月21日］。

　このように、「カードル」を掲げた養成機関・講座はその名称の下に実に多様な内容を含んでおり、企業内のヒエラルキーの上下に広がる人々を対象としていたのである。こうして労働憲章以降「雇主・カードル・労働者」と3者を並べることが一般的になり[66]、雇主・労働者のいずれでもない人々が「カードル」という名称にまとめられることになったわけだが、その新しさへの一種の興奮が時間と共に落ち着き養成機関の講座の内容など具体的な現実を通じて「カードル」が含むものの多様さが意識されるようになると、その多様さゆえの問題が当時の人々の間で次第に認識されていったことは注目に値する。たと

えば、労働憲章から約1年半を経た43年4月3〜5日付の社説は、雇主に引き寄せられる経営カードル cadres de direction と労働者寄りの職長との間で利害の近似を見出す難しさを例に、カードルがグループとしてまとまる難しさを挙げる一方、この多様な利害が混在しているカードルだからこそ労使間の一体を保証できるといい、カードルの持つ多様性は、組合としてのまとまりのもろさの原因にもなるが、集団としての機能を発揮できるのはコルポラティスム的な均衡において以外考えられない、と結んでいる。また若手雇主センター Centre des Jeunes Patrons のリール・ルーベ・トゥルコワン支部は、43年4月17日パリでの会合で工業・商業企業で「カードル養成・改善」に関する諸問題を討議し、ジェラール・ヴァニエが職工長 agent de maitrise と上級カードルは問題とするところが全く異なる、と両者を区別しながら、用語「カードル」の定義を挙げた〔43年4月23〜27日〕。ちなみに職人の世界にも「カードル」という名称が用いられ、職人のカードル養成機関 Ecole des Hautes Etudes artisanales が同業組合社会問題研究所 Institut d'Etudes corporatives et sociales の枠内に1941年設立されている〔43年11月4日〕。

このような「カードル」の多様性は企業内での養成課程にも反映されており、これを踏まえて行われている企業内部のカードル養成の例を次に挙げておこう。先の若手雇主センターのパリでの会合の席で、エレクトロメカニック社のポール・デゾンブルが企業内でのカードル養成や、若手エンジニア、カードル候補の人材採用の場を設ける努力の例を詳細に紹介したところによると、①見習いの中から見込まれた人が職長へと昇進する、②若手エンジニアや将来のカードル候補生の採用は、すでに企業で勤めている理工科学校やパリの高等商業学校 (Ecole des Hautes Etudes Commerciales：HEC)、職業学校などの出身者が新規卒業予定者に声を掛けて行われ、採用された人には工場での1年間の研修がある。さらに1941年から上級カードル向けの特別研修が現場を離れて12日間行われた（主なテーマは、「人間的な人格」、「指導者 chef とその任務と使命」、「指導者 chef と下位者」、「上位者への対応」「利己主義とその効果」など）を始めとし、さらに6回の研修が実施され計130人の上級カードルが再教育を受けた。またその成果が素晴らしいことから、職長についても42年1月より本社で1週間の研修を始めている〔43年6月3〜4日〕。

ここで注目したいのは、第1に見習いから職長への昇進とエンジニアや上級カードル候補生の採用ルートが別に設けられていること、第2に上級カードル向けの研修では企業内ヒエラルキーの秩序を尊重し維持するようなテーマが選ばれていることである。採用面ではカードル層内部に2種類あり差異を明確にしているにもかかわらず、彼らが「カードル」という看板の下にまとまりえたのは（あるいは、まとめられると考えられたのは）なぜであろうか。そこにはどのような共通利害が彼らの間にあったのだろうか。これについて43年4月3～5日付の社説は、「多様な利害が混在しているからこそ労使の一体を保証できる」という一種の使命感を明示しているが、労働憲章で雇主や労働者と同等の地位が与えられ、労使対決の記憶の新しいこの時期に対立を克服し社会的平和をもたらす鍵になると認識する彼らには「カードル」の名の下に集うことがとても新鮮で魅力のあるものだったのだろう、と考えられる。

　以上、ヴィシー期をカバーする *La Vie Industrielle* 紙から「カードル」を扱った記事を拾いだし、まず労働憲章で公式化された「カードル」の名称がどのように現れ扱われたかを明らかにした。そこには、具体的な内容・対象を示しながら協力者 collaborateurs に加えて「カードル」という名称が一般化する過程が見られた。続いて、記事に説かれている新しいフランス社会での「カードル」の存在意義を取りだし、フランスの「カードル」に対しては30年代のフランスの社会状況への反省・忌避から労使関係を改善する鍵としての「社会的な機能」が強く期待されていたことを確認した。これは前節で見たように、30年代後半に雇主が「カードル」を認識・支持する根拠として用いていた概念である。ヴィシー期にコルポラティスト型の社会を目指すと共に、この概念が社会の中で一般化して浸透していったということだろう。

　したがって、本論が冒頭から課題にしているアメリカ型の「マネジャー」との関連について言えば、フランスの「カードル」はアメリカ型の「マネジャー」がフランスに持ち込まれて生まれたというよりは、30年代の激しい労使対決を経験したフランスの社会状況に強く引き込まれているのである。しかし、「カードル」という名称が一般化する一方で、養成機関・講座の具体的な内容で確認されたように「カードル」という名称のもつ多様性が顕在化していき、この点が問題視され始めている点も看過してはならないであろう。

4. むすび

　フランスの1930年代は、相次ぐ工場占拠とその帰結のマチニオン協定といった労使紛争の歴史として語られることが多い。しかし、本章で考察を試みた「カードル cadre」は、逆に、この30年代の労使紛争を通じて、労働者 ouvrier あるいは雇主 patron のいずれとも異なり彼らに対して直接自分たちの利害を表明する場がないこと、また国に対しても利害を表明する場が与えられていないことを認識させられ、中間層運動やエンジニア運動と関わりながら自己認識を強めていった。そして、権威の低下を前に危機感を強めていた雇主層も彼らを自分の権威体系に取り込む形で積極的に認識し、さらにヴィシー期の労働憲章がカードル層を法的に公認することにより、戦後にはカードル層は統計の分析対象とされたり年金制度に有利な条件が与えられたりするなど、フランス社会での社会グループとしての地位を確立していった。

　しかしながら、カードル層は企業内あるいは国に対して利害が主張できる社会的な地位、すなわち交渉権の獲得だけを目的に生まれたのではない。30年代に雇主の権威が低下したのには、高度な技術の発達を筆頭に金融・法律・商業の専門化が進み、現場の労働者や職員らが遠く離れた雇主よりも、知識があり有能なエンジニアその他のスペシャリストに敬意を向けていったという事情がある。つまり、雇主が経営・管理の実権の一部をカードルの先行形態である彼らに委任する条件は整っていたのである。しかし、フランスには経営者企業が生まれにくく企業創業者の家族ではない専門の経営者がトップの意思決定を行えない、という指摘があるように、これらのスペシャリストたちは最高意思決定を行うことは期待されておらず、またそれぞれの分野に（教育機関の段階から）高度に専門化されていたために、彼らが互いに職種を越えて横の繋がりを強く持つことは少なかったのだろう。その彼らが、国民経済審議会やマチニオンの経験を通じて共通の利害感覚を持つと共に企業で置かれている「社会的橋渡し」という役割、さらにこれに雇主からの権威の委譲という流れを受けて、最終的に彼らが管理者集団として雇主から経営の実権を堂々と奪っていくのである。ヴィシー期に入って盛んにカードル養成講座が作られるのも、その現れ

だと考えられる。こうして、戦後アメリカの経営学がフランスに導入されると、アメリカ的価値観まで含めて幅広く、このカードル層が一番の担い手として活躍することになる。

注

1) 吉森賢［1984］223頁。
2) Bolanski, L. [1987] p. xiii.
3) 吉森［1984］223〜236頁。
4) Penouil, M. [1957].
5) Parodi, M. [1987].
6) Grunberg, G. et Mouriaux, R. [1979] p. 15.
7) 1984年4月に東京（早稲田大学）で開かれた日仏経済・労働会議は、『生産システムの管理と組織：日本とフランスの比較』と題して、「生産システム」（プログラムの言葉より「単に企業の生産組織のみでなく、技術と労働、人的資源と教育訓練、生産活動と、消費といった分野をカバーする」）の日仏比較をメインテーマに、「日仏における企業の歴史的展開と労働問題研究の現状」、「人的資源管理の新しい展開」「労働のシステムと産業組織」といったテーマが話し合われたが、このなかでトゥールーズ大学のルイ・マレ Louis Mallet は第2のテーマのもと、「カードルの人事管理の新形態」と題する発表を行っている。このなかで彼は、グラン・ゼコールや大学を卒業してカードルとして入社する高学歴の cadres diplômés の伸び率が、現場での叩き上げで cadres に昇進する人々の伸び率より高いことを示しているが、cadres の名の下に性質の違いをはっきりと区別した両者を扱っていることで、cadres の持つ意味の広がりを明確に提示している。
8) 葉山滉［2008］5頁。
9) cf. *Petit Robert 1*, 1988.
10) 廣田功［1994］311〜312頁。
11) 廣田［1994］第7章参照。
12) 廣田［1994］330頁。
13) 廣田［1994］333〜335頁。
14) Grelon, A (dir.) [1986a].
15) 廣田［1994］167頁。
16) 原輝史［1992］13頁。
17) ヴィシー期研究のロバート・パックストンは、ヴィシー期の3者構造について、「労働組合運動を挫折させる目的をもっていた」ものだという。Paxton, R. [1973] p. 211.
18) Ruhlmann, J. [1993] p. 130.
19) Boltanski [1979] p. 90.

20) Boltanski [1982] 注7のルイ・マレ報告参照。
21) Boltanski [1982] pp. 47-58.
22) Boltanski [1982] pp. 47-58.
23) Boltanski [1982] pp. 51-52.
24) Lamirand, G. [1954] p263, cite in Boltanski [1982] p. 68. なお、ラミランは同題の著作を1932年にも出版している。32年版には"cadres"という記述は見当たらないが、54年版では30年代の工場占拠を描写する中に"cadres"が見られる。この間にカードルを巡る状況が大きく展開したことを意味するものであろう。
25) *Echo de l'USIC*, janv., 1937, cite in Boltanski [1982] p. 68.
26) Boltanski [1982] p. 94.
27) Boltanski [1982] p. 100.
28) Boltanski [1982] pp. 68-69.
29) Boltanski [1982] pp. 104-111.
30) *Echo de l'USIC*, juil. -aout, 1934, cite in Boltanski [1982] p. 117.
31) Boltanski [1982] p. 118.
32) *Echo de l'USIC*, nov. 1934, cite in Boltanski [1982] p. 120.
33) Boltanski [1982] p. 126.
34) 戦間期の分析で manager が登場するのは次の1度だけである。「アメリカでバーリーとミーンズによって社会科学に導入された所有者と経営者の対比、すなわち opposition entre propriétaires et gestionnaires はフランスでは条件が整っていなかった」。Boltanski [1982] p. 118.
35) Boltanski [1982] pp. 193～194. この生産性向上運動については、以下の諸論文に詳しい。原輝史報告「第二次対戦後生産性向上運動の日仏比較」(日仏経済・労働会議『生産システムの管理と組織：日本とフランスの比較』1994年、東京・早稲田大学にて)。Richard F. Kuisel, "Les mission de productivité: l'industrie, les syndicats ouvriers et le programme de « Technical Assistance »", in *Le Plan Marshall et le relèvement économique de l'Europe*" (Colloque tenue à Bercy les 21, 22, et 23 mars 1991 sous la direction de René Girault et Maurice Lévy-Leboyer). Christian Stoffaes, "La révolution invisible: une mise en perspective de l'expérience des missions de productivité", in *Le Plan Marshall, op. cit.* Anthony Rowley, "Les missions de productivité aux Etats-Unis", colloque des 4 et 5 décembre 1981, Fondation nationale des sciences politiques.
36) Boltanski [1982] p. 108. Cf. Kuisel, Richard F. [1993a].
37) Boltanski [1982] pp. 160-161.
38) Grelon, A. [1982b] p. 17.
39) *Echo de l'USIC*, janv. 1937, cite in Boltanski [1982] p. 79.
40) *Echo de l'USIC*, janv. 1937, cite in Boltanski [1982] p. 80. このストライキは、1936年11月にリール地方で勃発した金属業の労働争議に複雑にからんだものである。組合活動を理由に欠勤した労働者の解雇に端を発したこの労働争議では、占拠された工場の

明け渡しを要求する雇主との対立が続き、争議の長期化を懸念した政府が工場の「中立化」（所有権行使の一時保留）を宣言して調停に乗り出した。雇主は雇用・解雇が雇主の権威に関わる問題であるとしてこの政府の調停を拒否するのだが（廣田［1994］333～334頁）、その一方でエンジニアや職長が労働者や雇主のように調停委員会への参加を認められていないことに対して抗議する事態となったのである。

　この抗議を、日刊紙 La Journée industrielle が驚きをもって次のように伝えている。「この（労働）争議は、まったく思いもよらない出来事を最後まで隠していたと言える。（労使間の）紛争がほとんど終結したと見られていたところに、予測もしない局面を迎えることになった。エンジニアと職長が、調停委員会から締め出されていることに抗議して1月11日に仕事を再開しないことを決めたのだ」。「平静を取り戻した空への落雷」と表現するこの抗議は、CGTが攻撃の的として10人の職長を調停に持ち込んだのに対して、調停委員会で抗弁する場を与えられていなかったエンジニアや職長の「締め出しという微妙な問題」を起源としている、という。そして、リール・ヴァランシエンヌ地方の1千人のエンジニアと職長をメンバーとする組合SIAMの弁として、調停委員会の構成員である労働者と雇主の2代表はこの紛争でエンジニアと職長を代弁することはできない、という（La Journée industrielle, 10/11/1/37）。

41）栗田啓子［1992］序章、1章参考。
42）Grelon [1982b]; Thépot, A. [1982], 松田紀子［2006］。
43）Thépot [1982] pp. 17-18.
44）Bulletin mensuel de l'USIF, juillet 1937 pp. 9-10. なおここで「カードルのストライキ」と言っているのは、注40のエンジニアと職長の抗議ストのことである。
45）Bulletin mensuel de l'USIF, avril 1939, p. 3.
46）Descostes, M. et Robert, J.-L. (dir.) [1984] p. 18.
47）Kolboom, I. [1982] pp. 71-95.
48）La Vie industrielle, 10/11/1/37.
49）Kolboom [1982] p. 75.
50）Kolboom [1982] p. 76.
51）L'Elan Social, 18 nov. 1937, cite in Kolboom [1982] op.cit. p. 78. このCPASは、社会・労働問題への対策が整っていなかったCGPFを非難して、「電波産業組合会議所CSIR」会長ブルノ（P. Brenot）大佐が中心となって1936年9月に設立した情報・宣伝機関である（廣田［1994］第7章参考）。
52）Kolboom [1982] p. 76.
53）Kolboom [1982] p. 83-84.
54）L. Germain-Martin, "Le patronat français. Sa situation, son évolution", Revue de Paris, 15/4/1937, cite in Kolboom [1982] p. 79.
55）Le premier tract des Jeunes Patrons (1938), cite in Bernoux [1974].
56）Kolboom [1982] p. 88.
57）これまでの企業史研究に現れたカードルには、たとえば次のものがある。自動車企

業のルノー Renault を研究したフリデンソンが引用したトゥーレーヌの分析には、1939年に文系職員や技術系職員らとともに時間給でなく月給の形で手当てを受け取っていた人のうち、1.3％を「カードル」が占めており、彼らの中核となる工芸学校 Ecoles des Arts et Metiers 出身のエンジニアを採用するにあたっては特別の研修・選別が行われていた、という記述がある（A. Touraine, *L'évolution du travail ouvrier aux usines Renault*, Paris, 1955, p. 165 cite in Patric Fridenson, *Histoire des usines Renault*, 1972, Seuil, p. 287）。ただし、ここでの「カードル」という言葉が当時の分析概念として文献に現れていたかどうかは確認できない。また、ガラス製造のサン・ゴバン Saint-Gobain 社の分析をしたダヴィエによれば、製造方法の変化により職人の技術から均質な労働者の手へと生産が移っていくにつれ、労働者との距離が近い職長や技術系職員に信頼を置くと共に、すべてをサン・ゴバンに負っている"cadres-maison"に社内昇進のチャンスがあったという。また、1930年代に技術以外を専門とする"エンジニア"（特許、商業など）が登場したことにも触れている（Daviet [1988] p. 672, p. 675）。

58) 原［1994］104～105頁。
59) たとえば Julliard, J. [1972].
60) Wieviorka, O. [1985] pp. 397-431.
61) Wieviorka [1985] p. 429.
62) Wieviorka [1985] pp. 405-407.
63) Ruhlmann, J. [1993].
64) 労働相のルネ・ブランは若返りを図らねばならないフランスにおいて、労働憲章は社会関係における若返り策であるとし、そこでは職業利害（intérêts professionnels）が階級利害（intérêts de classe）に取って代わり、職業ごとの団結・協力が絶対的な規範となる、という（cf. *La Vie Industrielle*, 31/10/41）。また、国民革命の名のもとに「権利ではなくて義務と責任が、自己主張ではなくて協力が、要求ではなくて服従が説かれた」という（渡辺和行［1994］90～91頁）。
65) たとえば「労働憲章」への労働者・雇主の反応を検討したテラスは、労働者に比べてコルポラティスムを勧める労働憲章を評価していないともいわれる雇主も、競争を排除し容易に確かな利益を得たいと考えており労働者と同じく平静さと安全を必要としているが、当時の状況ではコルポラティスムが容易に実現できるとは考えられず、「パトロンはまさに自分の権威に執着しており、企業の運営すなわち生産に責任を持つのはパトロンで在り続ける。というのも労働者が自らの独立性への侵害にがまんできないように、パトロンも無責任な統制が自分の運営に関わるのを受け入れることはできない」と言う。そのために「エスプリ」を変えていかなければならない、と結んでいる［41年8月9～11日］。また「社会的連携に向けて」と題した記事は、近年の（労使対決の）記憶が今だに重くのしかかっていて、雇主は労組が有害な動きに再び出るのではないかと気を揉んでいるし労働者はようやく手に入れた自由を失うのではないかと疑っているので、労働憲章実現の過程には多くの障害があり憲章への賛同は完全

なものではなかったが、両者とも社会的平和を堅固な基盤の上に据えねばならず、それが労働憲章が実現しようとしている両者の連携であると主張している［42年9月9日］。ラガルデル労働相を中心とする会合の席でも社会委員会事務局の三者委員会が「雇主、労働者およびカードル」が果たすべき役割について述べ、企業内での経済的、技術的機能のヒエラルキーを維持する必要性を雇主に認めた上で、なによりも雇主が「自分たちの社会的責任について正確な概念を持ち、私欲を度外視して他の人達に対する自分たちの責任を認識し、パテルナリスムを放棄すること」を必要としている、と言ったことが伝えられている［42年9月26～28日］。

66) *La Vie Industrielle*, 4/11/42.

参考文献

栗田啓子［1992］『エンジニア・エコノミスト――フランス公共経済学の成立』東京大学出版会。

原輝史［1992］「戦間期フランスにおける産業組織化と強制アンタント――国民経済審議会アンケート（1939年）分析」『社会経済史学』58-5。

原輝史［1994］「フランス――被占領国の戦時経済と経済ディリジスム」『社会経済史学』60-1。

葉山滉［2008］『フランスの経済エリート――カードル階層の雇用システム』日本評論社。

廣田功［1994］『現代フランスの史的形成』東京大学出版会。

松田紀子［2006］「戦間期フランスにおける高等技術教育の課題と対策」廣田功編『現代ヨーロッパの社会経済政策――その形成と展開』日本経済評論社。

森川英正編［1991］『経営者企業の時代』有斐閣。

吉森賢［1984］『フランス企業の発想と行動』ダイヤモンド社。

渡辺和行［1994］『ナチ占領下のフランス　沈黙、抵抗、協力』講談社。

〈定期刊行物〉

Bulletin mensuelle de l'USIF, 1937-1939.

Echo de l'USIC, 1934, 1937.

La journée industrielle, 1937-1941.

La Vie industrielle, commerciale, agricole, financière, nov. 1940-août 1944.

Bernoux, P. [1947] *Les Nouveaux Patrons, Le Centre des Jeunes Dirigeants d'Entreprise*, Ed. ouvrière.

Boltanski, L. [1979] "Taxinomies sociales et luttes de classes", *Actes de la recherche en sciences sociales*, no. 29.

Boltanski, L. [1982] *Les Cadres: la formation d'un groupe social*, Editions de Minuit. (*The Making of a class: Cadres in French Society*, Cambridge Univ. Press, 1987).

Daviet, J-P. [1988] *Un destin international: la Compagnie de Saint-Gobain de 1830 à 1939*, Ed. des Archives contemporaines.

Descostes, M. et Robert J-L. (dir.) [1984] *Clefs pour une histoire du Syndicalisme cadre*, Ed. ouvrières.

Fridenson, P. [1972] *Histoire des usines Renault*, Seuil.

Grelon, A. (dir.) [1986a] *Les Ingénieurs de la crise: titre et profession entre les deux guerres*, Ed. de l'Ecole des Hautes Etudes en Sciences Sociales.

Grelon, A. [1986b] L'évolution de la profession d'ingénieur en France dans les années 1930, A. Grelon (dir.), *Les ingénieurs de la crise, titre et profession entre les deux guerres*, Ed. de l'Ecole des Hautes Etudes en Sciences Sociales, 1986.

Grunberg, G.et Mouriaux, R. [1979] *L'univers politique & syndical des cadres*, Presses de la Fondation nationales des Sciences politiques.

Julliard, J. [1972] "La charte du travail", *Le gouvernement de Vichy 1940-1942*, Armand Colin.

Kolboom, I. [1982] "Patronat et cadres: la contribution patronale à la formation du groupe des cadres (1936-1938)", *Le Mouvement social*, no.121.

Kuisel, Richard F. [1993a] Seducing of the French: The Dilemma of Americanization, University of California Press.

Kuisel, Richard F. [1993b] "Les mission de productivité: l'industrie, les syndicats ouvriers et le programme de «Technical Assistance»", *Le Plan Marshall et le relèvement économique de l'Europe* (Colloque tenu à Bercy les 21-23 mars 1991 sous la direction de R. Girault & M. Lévy-Leboyer), Comité pour l'histoire économique et financière de la France.

Lamirand, G. [1954] *Le rôle social de l'ingénieur: scènes de la vie d'usine*, Librairie Plon, 1954 (Editions de la revue des jeunes, 1932).

Mallet. L. [1994] "Evolution des modes de gestion des cadres", *Colloque franco-japonais, Organisation et gestion du système productif*, Tokyo.

Parodi, M. [1981] *L'économie et la société française depuis 1945*, Armand Colin.

Paxton, R. [1973] *La France de Vichy 1940-1944*, Seuil.（原典は、*Vichy France, Old Guard and New Order, 1940-1944*, 1972）.

Penouil, M. [1957] *Les cadres et leur revenu*, Ed.Gemin - Librairie de Medicis.

Rousso, H. [1979] "L'organisation industrielle de Vichy (Perspectives de recherches)", *Revue d'histoire de la Deuxième guerre mondiale*, no. 116.

Rowley, A. [1981] "Les missions de productivité aux Etats-Unis", colloque des 4 et 5 décembre 1981, Fondation nationale des sciences politiques.

Ruhlmann, J. [1993] "L'escamotage de la notion de classes moyennes sous l'Occupation" *Vingtième Siècle, revue de l'histoire*, no. 37.

Thépot, A. [1982], "Images et réalité de l'ingénieur entre les deux guerres", A. Grelon (dir.),

Les ingénieurs de la crise, titre et profession entre les deux guerres, Ed. de l'Ecole des Hautes Etudes en Sciences Sociales, 1986.

Stoffaes, C. [1993] "La révolution invisible: une mise en perspective de l'expérience des missions de productivité", *Le Plan Marshall et le relèvement économique de l'Europe* (Colloque tenu à Bercy les 21-23 mars 1991 sous la direction de R. Girault & M. Lévy-Leboyer), Comité pour l'histoire économique et financière de la France.

Wieviorka, O. [1985] "Une droite moderniste et libérale sous l'Occupation: l'exemple de *LA VIE INDUSTRIELLE*", *Histoire, Economie et Socété*, 1985, no. 3, pp. 397-431.

第6章

日本製糸業における労務管理の生成とジェンダー

榎　一江

1．はじめに

　本章の課題は、労務管理の生成にジェンダーがどのように作用したのかを日本製糸業の事例を通して考察することである。そのため、製糸工場における作業監督者の機能変化に注目する。周知のように、製糸業は日本の経済発展を底辺で支えた産業のひとつであったが、製糸作業は女性である繰糸工の手工的熟練によるところが大きく、技術的な改良は遅れていた。しかし、輸出糸の生産に向け、器械製糸が普及し、大量斉一な生糸の製造を目指して大規模工場での生産が本格化すると、繰糸作業の監督業務が発生した。一般に、監督業務の担い手の多くは熟練工女たちであったが、日本製糸業の先進地である長野県では男子が「見番」（検番）として監督業務を行った。本章がとりあげるのはこの作業監督者たちであり、とりわけ教婦とよばれた女性監督者に注目しながら、製糸経営内における男性監督者および技師・技術者との関係について検討を行う。

　ここで労務管理の生成とは、科学的管理などの試みを通じて現代的な組織と管理手法が生み出され、定着する過程をさす。通常その過程は、現場の労働集団や職長・請負人から権限が奪われ、事業主が下級監督者から提供された情報に基づいて一元的な管理を貫徹してゆく過程と理解されている。しかしながら、われわれの共同研究は、その道のりがそれほど単純でなかったことを前提に出発している。『大原社会問題研究所雑誌』に掲載された特集「徒弟制の変容と労務管理の生成——20世紀前半における経営革新とその担い手」は、19世紀末から20世紀前半にかけて、製造業大企業において、管理、技術、教育訓練面で

の革新の担い手がいかなる職業経歴を経て現場に生成し、育成されたのか、また、彼らが上級経営者および現場の労働者との間にいかなる位置を占めたのか、を問うものであった[1]。この議論を踏まえ、日本製糸業の事例を考察するのが本章の課題である。

ところで、東條由紀彦によれば、検番の機能は明治期と大正期とでは大きく異なっていた。もともと、明治期の検番が募集人を兼務し、いわば「村」における市民社会の序列を工場に移しこむ人格的存在であることが期待され、実際の繰糸作業においても、同郷の工女で編成された「組」を率い、その成績に人格的な責任があるものと考えられていたのに対し、大正期の検番は下級労務職制に近いものとなっていたという[2]。教婦も同様に、当初の役割からその機能を変化させていった点にまずは注目しよう。

そもそも製糸教婦の原型は官営富岡製糸場帰りの伝習工女が、新しい器械製糸の技法を全国各地で工女たちに指導したことにある。教婦は、新入り工女に繰糸技術を教える教師としての役割を担っていた。彼女たちが単に経験的な繰糸技法を伝達指導する機能を果たしたのに対し、学校出教婦の役割を重視したのが清川雪彦である[3]。清川は、1903年以降、製糸教婦を輩出した東京高等蚕糸学校製糸教婦養成科（およびその前身の東京蚕業講習所）の卒業生に焦点を当てた検討を行い、一般に男性の検番が実技の指導を行うことができなかったのみならず学歴もまた低かったために技術的な知識も十分ではなかったのに対し、技術知識を有する製糸教婦に対する需要の高まりとともに、教婦の地位向上や権限・機能が拡大していったとする。具体的には、明治末期には現業長—検番の下に配置されていた検査工女（教婦）が、昭和初期には工務主任（現業長）直接の指揮下で検番と同格ないしそれ以上の扱いを受けるに至ったという。品質管理が厳格化するにつれ、教婦の役割は、的確な技術的指示を通じ工女と技術者（もしくは現業長）とをつなぐ媒介役として、ますますその機能が重視されるようになり、生糸の格付け方法が変化した24年ごろをひとつの転機として、「全国各地の製糸工場では、その後着実に検番から教婦への代替化が進行することとなる」と結論づけた[4]。同時にそれは、「従来の労働強化的労務管理中心の生産管理から、より合理的・科学的な工程管理・作業管理を含む生産システム的管理への移行」を通じて、日本製糸業が生糸需要の変化に適応する局面

として描かれている[5]。

確かに、製糸教婦が1920年代に女性の専門職として普及したことは事実である[6]。また、製糸業のあり方がより科学的・合理的な管理へと向かっていたというのも妥当な評価であろう。東京高等蚕糸学校製糸教婦養成科の卒業生による自己認識が、そうした自負を抱いていたとしても不思議はない。しかしながら、教婦を多く配置した個別経営に視点を定めると、違った景色が見えてくる。結論を先取りしていえば、この時期大規模化する経営組織内で起こっていたのは、むしろ教婦の地位低下ともいうべき現象であった。明治期の教婦と比べた時に確認されるこの変化は、生糸生産のあり方が変化する中で、生産管理に直接従事する者の経営内における役割・機能が限定されていく過程ととらえることができる。その過程に監督者の性はどのように作用したのだろうか。本章は、この製糸教婦の役割に注目することによって、労務管理の生成に伴う管理者機能の変化について考察する。そのため、管理のあり方そのものを分析するものではないことを、あらかじめ断っておく。

2．日本製糸業における管理問題の生成

（1） 諏訪製糸業と検番の役割

日本製糸業において、輸出糸の品質管理がどのように行われていたのかは、中林真幸による諏訪製糸業の研究に詳しい[7]。生糸の品質管理と同時に、生糸生産にあたる製糸労働者に対する監督業務が発生したため、ここでは、先行研究を通して諏訪製糸業における検番（見番）の役割について確認することにしよう。

中林によれば、そもそも1880年代初頭までは、製糸家が生糸の品質を検査することはなかったという。製糸家が横浜の売込問屋に出荷した生糸は、貿易商社に販売される際に検査を受け、その検査に基づいて生糸の価格が決められていたのである。序章で設定された労務管理の諸相に照らすならば、第Ⅰ相が想起されよう。製糸家が把握するのは、生産された生糸の量のみであり、製糸工女の行為それ自体を管理することはなく、労務管理以前の状態といえよう。し

たがって、生糸の品質に関する情報はすべて商社に蓄積されていたのに対し、複数の製糸家が共同出荷する製糸結社は、共同再繰によって一定の出荷単位を維持するだけでなく自ら生糸の品質を検査し、その結果を生産に直結させる仕組みを作り出した。その際、生産現場に設置されて重要な役割を担ったのが、検番であった。開明社の事例を見てみよう。

開明社は、1879年に長野県諏訪郡の製糸家18人によって結成された製糸結社である。のちに日本最大の製糸企業となる片倉製糸の片倉兼太郎は、林倉太郎、尾澤金左衛門とともにこの中心を担っていた。もともとフランス向けの生糸を生産していたが、84年以後、共同再繰によってアメリカ向けの生糸を生産するようになる。このとき加盟製糸家数は24で、加盟製糸工場における繰糸工程から、共同再繰工場における再繰、出荷に至る一連の過程が、84年「開明社規則」の「職制並検査法」をもとに明らかにされている。そこでは各製糸場における検番の役割が明記されていた。「開明社日誌」によれば、1884年9月6日の総会において、「各製糸家ニ於テ立見番ヲ置キ、社員巡回、粗製ハ立番ヘ注意スルコト、光沢仕訳ハ猶一層厳密ニ致ス事」が決議された。また、85年1月5日の総会では雇用巡回検査人1人と社員1人による「巡回検査」を確認し、同年5月13日の総会では「巡回検査ノ条ヲ改正　巡回人ハ雇人一人（社員ハ巡回セズ）」と変更された。さらに88年「開明社規則」第52条1項は、巡回検査人について「毎日各製糸場ヲ巡回シ製糸場検査人ニ指揮ヲナス」と定め、「製糸場検査人」（検番）の設置とこれに対する指揮が規定されたという。こうして、製糸場検査人（検番）を各工場に設置し、これに対して巡回検査人が品質管理の指導を与えるという方針が確立したのである。

検番はもう1つ重要な役割を担っていた。それは、労働者募集を行うことである。通常、諏訪郡の製糸家は工女との間に1年間の雇用契約を結んでいたため、毎年厳冬期の1～3月に製糸場が休業すると工女たちはいっせいに帰省した。その間を利用して各地に検番を派遣し、戸主との間にその娘や妻の雇用契約を結ばせていたのである[8]。このように募集人を兼務する検番は、製糸労働者にとって採用から生産過程におけるすべてを統括する存在であり、強い権力関係にあった。実際、「信濃毎日新聞」は検番が優越的な地位を利用して性的関係を強要する事例（1903年7月27日）や、労働者募集に応募してきた少女に

対して婦女暴行に及ぶ事例（07年7月27日）を報じている[9]。これらが検番制度の問題点として認識されていたことは言うまでもないが、繰糸場で検番の果たす役割は大きく、欠くことのできない存在であった。

先行研究が紹介している片倉組三全社の工場に関する記事は、その様子をいきいきと伝えている。「六十人一列に一名宛合計六名の見番が、洋服姿の容儀正しく、一刻の油断なくグルグル巡視して、中には器械の具合直しを手伝つてやる、温度には注意してやる、解舒（かいじょ）の手つきを示してやる、汗ダラダラで声を絞つて説明を試みて居る」（「信濃毎日新聞」1903年7月27日）という報告は、繰糸工60人を担当する検番の業務が具体的な繰糸技術の指導にまで及んでいたことを示している[10]。

当然ながら、生糸生産において重要な役割を担っていた検番に対する教育も実施された。東京の蚕業講習所（東京高等蚕糸学校の前身）では、1907年から14年にかけて、製糸工場の監督指導者に製糸法とその「学理の一般を諒得せしむる」目的で、年1度短期間の講習が開かれ、計315人の検番や現業長が受講したという[11]。11年の卒業生一覧（東京・京都蚕業講習所）の分析によれば、受講生の大半は検番であったが、工場長や現業長も相当数含まれていた。片倉組や小口組・石川組・交水社などの大規模製糸工場のほか、三重・米子・郡是など、いわゆるエキストラ格の上質糸を生産する工場からの参加者が顕著であったという[12]。したがって、当時の諏訪製糸業における検番が、他地域の工場長や現業長に匹敵する役割を果たしていたことがうかがえるのである。実際、14年に東京高等蚕糸学校が設立されると、同校はより高度な教育・研究を行う機関となり、検番そのものに対する教育は終了したのである。

（2） 郡是製糸株式会社における教婦

1896年に京都府何鹿（いかるが）郡で成立した郡是製糸株式会社は、先行する諏訪製糸業とは異なる経営方針をとっていた[13]。同社の場合、繰糸技術に関しては、教師という名目で入社した新庄倉之助と教婦の国松いまによって統一が図られた。創業期の工場組織によると、教師1名は月給10円、教婦1名は年俸120円となっており、これは現業長の年俸150円に次ぎ、支配人の年俸に並ぶ支給額であった。さらに、教婦のもとには3人の助教婦が配置されており、彼女らは月

給5～6円を支給されていた。一般の繰糸工女185人は日給平均9銭であったから、その地位が一般の工女とは隔絶したものであったことがわかる。また、繰糸場掛が月給7円、再繰場掛が月給6円、成績採点掛が月給3～5円、デニール掛が月給6円となっており、社員扱いとされたその他男性係員たちの処遇と比べても遜色のないものであった[14]。

教師の新庄倉之助は、何鹿郡蚕糸業組合の書記をしていた1887年に、群馬県の深澤雄象が興した研業社に派遣され、技術習得を行っていた。前橋滞在中に洗礼を受け、89年に帰郷した新庄によって、郡是製糸の生産方式や工女管理の基礎が形成されたといわれる[15]。98年には、国松いまを農商務省蚕業講習所に派遣し、また郡蚕業講習所製糸部の教婦養成科に工女を入所させるなどして、教婦の養成を図った[16]。郡蚕業講習所は、京都府蚕糸同業組合連合会立高等養蚕伝習所を改組して、98年に設立された。99年に農商務省の蚕業講習所が東京と京都に分割・拡充され、京都に主として養蚕の教育研究を行う農商務省立京都蚕業講習所が設置されるのに合わせて、城丹蚕業講習所と名称を改めたが、何鹿郡に設置されたため、人材養成に便益を得たという。

城丹蚕業講習所製糸科には、「修業期ヲ三ヶ月トシ専ラ教婦又ハ検査工女ヲ速成スルヲ目的トス」る別科と、「修業期ヲ三ヶ月トシ女生ヲシテ本科ヘ入学ノ予備ヲ納メシムルヲ以テ目的トス」る予備科があった[17]。この城丹蚕業講習所製糸科（のちに製糸部）は、1923年に廃止されるまで、多くの教婦（または検査工女）を養成した。たとえば、11年時点で何鹿郡の教婦は41人で、うち郡是製糸3工場の教婦は39人に及び、わずかに2工場が各1人の教婦を置いていただけで、他の工場は教婦を配置していなかった[18]。10年までに城丹蚕業講習所で養成された教婦は73人で、この時、他郡の工場をも含めた郡是製糸の教婦数は63人であったから、そのほとんどがここで養成されたとすれば、城丹蚕業講習所製糸部は事実上郡是製糸の教婦養成機関とみなしうるものであった。郡是製糸が明治期にこれほど多くの教婦を工場に配置できたのは、こうした公的機関の利用が可能であったためといえよう。

もっとも、すでに京都府・兵庫県で10工場を展開していた同社は、1913年11月に見習教婦養成講習会を開いて教婦の社内養成に取り組み始めた[19]。そして、17年に郡是女学校が設立されると同校教婦養成科に引き継がれた。ここでは、

「業務に精進し工女を指導すべき徳望を有するもの」を対象に、6ヵ月間の教育が実施された[20]。京都府に提出された私立学校設立の書類によれば、教婦養成科は6時から18時までの修業時間のうち、「工場管理法」(8～9時)、「製糸法」(14～15時)の授業のほかは、中間休憩時間を除きすべて製糸実習を行っていた。日曜日には、「修身」(13～14時)の授業があったが、ほとんどの時間を繰糸実習に充てていたことがわかる[21]。

しかしながら、郡是製糸における教婦は製糸場での繰糸作業を指揮・監督するだけでなく、寄宿舎生活においても重要な役割を担っていた。同社は寄宿舎を寮舎と呼んだが、寮舎には室長や組長と呼ばれる女性管理者が配置されていた。一般に、各室は同地方、同年齢の者で編成され、15畳の部屋に10人の工女を収容し、その中から適当な人物を室長とした。室長には、①比較的年長者、②品行方正にして気質明瞭、③業務成績普通以上の者を選任することになっており、年度末には「室長慰労金」が交付された[22]。また、組長には工場で工女を指導・監督する教婦を当て、各室の調和を図り、寮風興起の任にあたらせたのである[23]。このように、工場での生産過程のみならず寮舎での生活過程をも統括する指導者の存在を通して、「よい人がよい糸をつくる」という社長波多野鶴吉の理念を追求した同社の方針は、分工場でも徹底された。京都府・兵庫県に工場を展開していた郡是製糸は、1916年に岡山県に津山工場を設置したのち、18年に岐阜県、19年に山形県、20年に宮崎県、島根県、21年に福岡県に進出し、従業員数、釜数、生糸生産高ともに急速に拡大していった。その過程で各工場に自社養成の教婦を配置していったのである。

3．生糸生産の変容と製糸教婦

郡是製糸のように早くから教婦の自社養成を行う企業はそう多くなく、一般には、公的機関が教婦の養成や派遣を行っていた。たとえば、製糸業の後進地帯であった宮崎県では、「製糸技術の改良を計らんか為」、1910年度より製糸教婦の設置を奨励し、補助金下付の制度を設けた。その結果、10年には2工場に教婦2人、11年には4工場に教婦4人、12年には8工場に教婦9人、13年には10工場に教婦11人が補助を受けて配置されたという[24]。検番を重用していた長

野県でも、長野県工業試験場が産業試験場試験育繭の製糸試験、繭質との関係試験、製糸機械器具並びに技術の改善向上に関する試験等、製糸に関する試験研究を行う一方、10年から屑繭整理教婦の養成を、19年から製糸教婦養成を行っていた。養成期間は、製糸科が4月から翌年3月にかけての1年間、屑繭整理科は10月から11月にかけての1ヵ月間で、養成人員はいずれも25人以内となっていた[25]。

長野県など製糸先進地域を管轄する東京地方職業紹介事務局の報告によれば、ここでの教婦はもっぱら新入りの工女の養成に従事したようである。もともと製糸工女の養成は、熟練工のもとでの見習いによるものが多かったが、養成期間の短縮を図るため、工場に入る前に模範教育を施すようになったという。地方庁の蚕糸課は、この養成方法を研究し、養成教婦を育成して、それによって工女を養成する試みを開始した。長野県の場合、蚕糸課で養成した教婦によって養成される「女工養成所」の費用の3分の2を県費で負担した[26]。養成教婦を必要とする工場主は、「製糸技術員派遣規程」によって申請すれば、1年を限度に教婦が派遣されることになっていた。また、製糸場で雇用している技術員を長野県の製糸技術員として嘱託する場合もあった。その場合、「東京高等蚕糸学校製糸教婦養成科及長野県工業試験場製糸教婦養成科卒業又ハ之ト同等以上ノ学識技能ヲ有スルコト」かつ「身体健全志操堅実ナルコト」という条件があった（「製糸技術員派遣規程」第1条）。一例として、1922年に製糸技術員として嘱託申請された新村八重子（1900年生まれ）の経歴を見てみよう。彼女は、07（明治40）年に東京で尋常高等小学校に入学し、翌08年に長野県上伊那郡朝日村の尋常高等小学校に転校して、14（大正3）年3月に高等科1学年を修了した。同年4月から長野県諏訪郡下諏訪町山一組模範工女養成所に入場し、翌15年3月に修了して同製糸場で繰糸業に従事していたが、5年後の20（大正9）年4月に松本市にある県立工業試験場製糸科教婦養成所に入り、翌21年3月に修了して、長野県の製糸教師嘱託となり、山一組模範工女養成所に勤務していた[27]。同養成所は、22年度の第二養成所として長野県に申請されており、同年申請された9養成所のうち最も大きく、100釜を要する養成所であった。教婦2名が配置されていたが、そのうち上記1名を嘱託として申請したようである[28]。

また、1924年5月31日現在、東京管内869工場の教婦数は1,057人で、養成工女19人に1人の割合であったという[29]。ここでは、教婦の配置がもっぱら工女養成のためと想定されていることに注意しておこう。教婦は、製糸工場の作業監督者というよりは、新入工女に製糸技術を教える教師として把握されているのである。実際には、すべての教婦が養成のみを行ったわけではないが、養成人員の増加に応じて教婦の必要性が増したと考えられる。先述の片倉製糸は、26年から松本に教婦講習所を開設し、毎年優秀工女の中から60人を選抜して3ヵ月の短期講習を施し、教婦を自社で育成し始めたのである[30]。

ところで、1920年代半ばは、生糸生産のあり方が大きく変容した時期でもあった。アメリカ市場における生糸需要の変化に伴い、優良糸を生産することで知られた郡是製糸でも、ムラ・フシの欠点を指摘されるようになっていた。対策として日本製糸業にセリプレーン検査機が導入され、セリプレーンが糸格を決定する状況に至ると、それまでの要領よく重要平均を目的に合わせるのではなく、律義で几帳面に均一な糸をひくことが繰糸工に求められるようになったのである[31]。

それまで郡是製糸は、生産工程の分業化を進めることで能率増進を実現してきた。創業期の工女が煮繭・索緒・繰糸の作業を1人で行い、対釜製糸能率が50匁ほどであったのに対し、1911年から開始された煮繭分業は10釜に1人の煮繭工を置くことで煮繭の統一を図り、糸量の増加をもたらした。さらに、沈繰法の導入により、煮繭場と繰糸場を別室にする「煮渡し」方式が採用され、完全な煮繭分業により煮繰分業が進んだ。また、22年ころから推奨された索緒分業は6釜に1人の割合で索緒工を置いたが、同社独自開発の自動索緒装置が開発されたため、25年に廃止された。いずれにせよ、繰糸工は索緒作業から解放され、繰糸中に順次糸緒を継ぎ足していく接緒作業に集中できることになり、25年に対釜製糸能率は196.7匁となっていた。残された課題は、職工に対する指導・訓練を徹底することであり、「管理」のあり方が追及されるようになったのである。「管理」という用語が肯定的に用いられるようになったのも、この時期の特徴である。専務片山金太郎は、「最モ研究改良ノ余地ノアルノハ管理ノ方面デアラウ」と述べ、管理問題への取り組みを指示した[32]。また、外部の講習を受けた職員からも、「工業ノ成否ハ一ニ管理者ノ良否ニヨル、従来ノ

科学的管理法ハ今ヤ人的管理法ニ移リ、資本機械等ノミヲ考ヘズ人トイフモノニツイテ考エル研究ガ盛ンニナリツツアル」という報告もあった[33]。

そのため、職工の指導にあたる教婦に関しては、郡是女学校の後進である誠修学院教婦養成科に各工場から場長により選定された工女を入学させることにより、組織的な養成を開始した。実際、1926年以降の同社「職工統計」には、工女の退社理由に「教婦」という項目が登場している。工女はいったん退社して教婦養成科に入学し、半年間の養成を受けて工場に赴任したのである。ただし、繰糸作業の指導・監督に従事する教婦は、もはや全人格的に生産の責任を負うような存在ではなくなっていた。1919年には、月給制をとる教婦の欠勤が問題となり、「教婦ノ欠勤者ニ対スル給料支給方ニ付テハ実際ノ事情ヲ調査シ、自己ノ便宜ノ為メニシタル欠勤ニ対シテハ日割ヲ以テ減給スルコト」が協議されている[34]。さらに、多くの男子職員が現場に配置された20年代以降、教婦の役割は限定される傾向にあった。また、組長として寮舎管理の担い手と期待された教婦は別室を与えられ生産管理に専念することになり、寮舎の管理は教育係に一任されることになった。教婦は、より限定的な製糸工程の管理者として、工女に対峙したのである。

管理問題に取り組む郡是製糸では、1920年代半ばになると、職工に接する男性職員の質が議論となっている。1926年10月の場長会では、直接職工に接する「職工係」の素質が不十分であった点が指摘された。また、11月の場長会では、「労務係」の名称を変更して「人事係」として独立させ、将来的には主任を置く方針が確認された。誠修学院では、工務係養成科が設けられ、各工場より推薦された「青年ノ秀才教育」を実施し、工務係の資質向上を図ることになった[35]。いずれも、製糸工場で職工に接する男性係員であったが、彼らの役割をめぐって経営組織内部でも混乱が続いていたように思われる。職工の採用は人事係に、生産工程は工務係という男性係員に主導権があるなかで、教婦の役割は繰糸作業の指導・監督という生産現場の管理に限定されていったのである。

もともと教婦は、工女に繰糸技術を教えることを主たる役割としていた。彼女らの教え方次第で生産する生糸が左右される状況では、経営は彼女らを厚遇して生糸生産を託すほかなかった。こうした明治期の教婦像は、工場組織が拡大し、多くの教婦が工場に配置されるにつれ、変容していった。彼女らは明治

期の教婦とは全く異なる存在となっていたのである。郡是製糸で確認されたこの変化を端的に示すものとして、農商務省による教婦の把握の仕方を確認しておこう。

4. 農商務省による作業監督者の把握

ここでは、農商務省によって実施された全国製糸工場調査から、戦前期の製糸工場における作業監督者層がどのように把握されていたのかを概観しよう。実は、先述の清川も同じ調査を利用して、1910年から36年までの「教婦数」および「検番数」を分析し、21年と24年以降、教婦比率が上昇傾向にあることを確認している。本章は、厳密には全ての調査で「教婦数」「検番数」が計上されているわけではないことに留意し、また技師・技術者との関係で監督者がどのように把握されていたか、を問う。

全国的な製糸工場調査の嚆矢は、1895年の「第一次全国製糸工場調査表」（農商務省農務局）であった。これは、「十人繰以上製糸工場の現況を知るの便に供せんか為調成したるもの」として、各府県の調査をもとに作成された。もっとも、調査項目は座繰／器械、釜数、繰湯（蒸気／火気）、運転（人力／水力／汽力）、年間製造額、百斤あたり製造費のみであり、労働者数や作業監督者数の把握は意図されていなかった。季節的産業であった当時の製糸業に年間を通じて従事する者はほとんどいなかったし、職工数は釜数に相当するというのが当時の常識であったためでもあろう。しかし、98年の「第二次全国製糸工場調査表」では、「繭使用高」「屑物算出高」「工女ノ数」が調査項目に加わり、以後、継続して労働者数が把握されるようになった。

この調査で初めて「教婦」数が把握されたのは、1911年の第6次調査であった。14年の第7次調査でも同様に工女数、教婦数、工男数がそれぞれ調査されているが、この後、調査項目における「教婦」の位置づけは微妙に変化していく。その変遷を示したのが、図6-1である。

1917年の第8次調査では、「技術者数」として「技師」と「教婦」が並んで掲載された。凡例では、「表中技術者欄ニ技師トアルハ専門学校卒業者若ハ之ト同等以上ノ学識経験アル者、教婦トアルハ国道府県又ハ団体ノ教婦養成所卒

図6-1　全国製糸工場調査における調査項目の変遷

1911、14年		1917年		1921年		1924年		1927～32年		1932～36年	
工女	繰糸	工女	繰糸	工女	繰糸	職工	男	職工	男	作業監督者	男
	揚返		揚返		揚返		女		女		女
	其他		其他		其他	現業員又ハ検番	男	作業監督者	男	職工	男
	計		計		計		女		女		女
教婦		工男		工男		技師(技術者)		技術者		其他	男
工男		技術者	技師	現業員又ハ検番							女
			教婦	技術者		技師				計	男
						教婦					女

出所：農商務省『全国製糸工場調査表』、『全国器械製糸工場調』各年。
注：年は調査年。

業者若ハ同等以上ノ学識経験アル者ナリ」と説明されている[36]。続く21年の第9次調査では、新たに「現業員又ハ検番」という項目が追加された。凡例では、「表中現業員又ハ検番トアルハ前項〔技術者〕ニ該当セサル作業監督員ナリ」と説明された[37]。そして、24年の第10次調査では「教婦」の項目が消え、「現業員又ハ検番」の男／女と「技師」という区分になり、教婦数は「現業員又ハ検番」の「女」として把握されているのである。さらに、27年の第11次調査では、「作業監督者」の男／女と「技術者」という区分になっている。凡例によれば、「表中技術者トアルハ技師、現業長、工務長若ハ工務主任等専ラ技術ニ関シ作業監督者ノ上ニアリテ作業ノ指導監督ヲナス者ナリ」、「表中作業監督者トアルハ検番、教婦等直接作業ノ監督ヲナス者ナリ」とある。同様の区分をとる30年の農林省蚕糸局による「第12次全国製糸工場調査」では、改めて製糸工場で働く人々を整理している。凡例によると、「作業監督者トハ見番、教婦等直接作業ノ監督ヲ為ス者ヲ謂ヒ、技術者トハ技師、現業長、工務長、工務主任等専ラ技術ニ関シ作業監督者ノ上ニ在リテ指導監督ヲ為ス者ヲ謂ヒ、職工トハ直接作業ニ従事スル者及作業ヲ幇助スル者ヲ謂フ」とある。

ところで、蚕糸恐慌対策として1932年10月に製糸業法が施行されると、器械製糸業を営む製糸業者は主務大臣の免許を受けることとなり、事業内容を農務大臣に届け出する義務も生じた[38]。そのデータを集約して2年毎にまとめられたのが、『全国器械製糸工場調』である。『昭和7年度全国器械製糸工場調』で

表6-1 製糸業における監督者層の推移

(単位：人)

		1911	1914	1917	1921	1924	1927	1930	1932
職工	女	1918,55	206,650	284,549	293,815	286,096	335,469	356,891	272,880
	男	10,722	11,593	19,791	22,289	23,822	31,232	29,658	10,324
作業監督者	女	1,452	1,277	1,419	1,671	2,575	2,432	2,798	2,371
	男	—	—	—	7,336	4,631	5,834	5,589	5,659
技師・技術者		—	—	283	279	394	1,332	1,407	

出所：図6-1に同じ。

　は、「従業員数」として、「作業監督者」「職工」「其他」の男／女数が把握されているが、技術者に相当するものがなくなったのが特徴である。なお、1934年度、36年度の調査においては、「従業員数中ニハ揚返以後及束装以後ノ行程ノミヲ行フ製糸工場ノ従業員ヲ含マズ」と説明されている。

　以上の変遷を教婦の位置づけに着目して整理してみよう。1910年代当初、独自の地位を占めていた教婦は、もっぱら男性を指す技師の登場とともに一時技術者として位置づけられた。しかし、20年代には現業員・検番となり、さらに30年代には作業監督者（女）として、技術者の下に位置づけられたのである。これは、先の郡是製糸の事例でみられたように、繰糸技術の担い手として製糸工場で重用された教婦が、男性技術者のもとで生産管理に従事する末端の作業監督者に位置づけを変えていく過程とみることができよう。

　改めて、職工、作業監督者、技師・技術者の推移を確認したのが、表6-1である。さて、教婦を示す作業監督者（女）が1921年と24年にかけて急増しているのがわかる。同じく21年から27年にかけて、検番を含む作業監督者（男）は急減しており、検番から教婦への代替が進むという先行研究の根拠となっている。しかしながら、21年にはじめて「現業員又は検番」という項目が登場した時、ここに性別の表示はなかった。凡例も、技師、教婦以外の作業監督員と示しており、ここに男女の特別な教育を受けていない現場監督者が含まれていたと推察される。24年調査で「教婦」という区分がなくなり、「現業員又は検番」の男女という区分が設けられると、「現業員又は検番（女）」が急増したのはそのためであろう。

1924年度長野県蚕糸課の調査によれば、県内の教婦は合計159人で、工女出身者は132人、工女を経ていないものは27人であった。学歴別にみると、教婦養成卒業者は28人にすぎず、義務教育修了者128人、義務教育未修了者３人となっていた。うち「工場管理ノ特殊教育ヲ受タルモノ」については、教婦養成卒業者で20人、義務教育修了者で48人、義務教育未修了者で１人となっている。工場管理についての特別な教育を受けていない者が90人と過半を占めていたのである[39]。

　1920年代に製糸教婦の増加がみられたとはいえ、学校出教婦は限られていた。女性工場労働者がほとんどを占める製糸工場においても、管理の担い手に着目すれば、圧倒的に男性が多く、彼らはより上位の管理者となっていた。27年調査で、技術者について作業監督者の上位者としての詳細が示されると、前調査時の394人から1,332人へとその数は急増している。この技術者のもとに配置されたのが、作業監督者（女）としての教婦であり、これは特定の学校を卒業した明治期の教婦とは異なる存在であったといえよう。

５．職業婦人としての製糸教婦

　製糸経営内における教婦の役割が、技師とともに技術者と位置づけられるようなものから、技術者のもとで現場を管理する者へと変遷する過程は、経営内での教婦の地位低下ともとらえられる現象であった。しかしながら、技術者のもとで働く専門職としての製糸教婦は、婦人の望ましい職業の１つとしての地位を確立していった。1926年に刊行された『現代婦人職業案内』（主婦之友社）には、「技術を主とする職業」の１つとして製糸教婦が取り上げられている。

　　絹糸が我国の重要輸出品であり、絹糸の需要が全く無くならない以上、製糸教婦は不景気知らずの婦人職業です。この仕事は、製糸工場なり、官庁なりに蚕業技手となって就職し、製糸女工や講習生を指導監督するのであります。
　　【収入】普通民間の製糸会社では、大抵食費向う持で初給三十五円から四十円くらゐ。成績次第でずんずん昇給します。官庁では四五十円くらゐです。

【資格】製糸教婦を養成する左記学校を卒業せねばなりません。こゝへの入学資格は、年齢満18歳以上の女子で、高等小学校卒業程度以上の学歴を持ち、二ヶ年以上製糸に従事したものとされてゐます。修業年限は二ヶ年、志願者は各府県庁の学務課へ申し出れば、そのほうから手続きをしてくれます。
　東京高等蚕糸学校製糸教婦養成科（東京市外瀧野川町西ヶ原）[40]

　さらに、1934年に刊行された『小学校卒業の女性のための女子就職の手引』（三友堂書店）には、「製糸女工の先生」として製糸教婦が紹介されている。そのための学校として東京学校蚕糸学校とともに上田蚕糸学校（長野県上田市）の教婦養成所を紹介し、この仕事を「特別な仕事」として紹介している。

　養蚕業は、日本でも非常に重要な事は前に申しました。従ってこの仕事も、余り知られてゐませんので紹介しましたが、いろいろな学校へ入る約束がありますし、養蚕の盛んな地方の人でも、女工生活二年もしなければなりませんから、入学するまでに大分時間がかゝるやうですから、誰にもといふわけには参らぬ事を申添へておきます。
　しかし永く職業婦人として生活して行かうと思ふ人のためには、非常によい方法ではないかと思はれます。仕事としても非常に面白い、ためになる仕事です。その代り相当頭がよくなくてはつとまらない仕事です。この点を覚悟の上、永く職業婦人としてせいかつして行かうと思はれる人々は、この方面へ行かれるとよいと思はれます[41]。

　このように、製糸教婦という存在は、職業婦人として社会的に認知されていたのである。

6．おわりに

　日本製糸業において、輸出糸の価格に直結する品質管理問題に敏感な経営では、繰糸技術の指導・監督に従事する検番や教婦に対し、極めて重要な位置づけを与えていた。ただし両者の役割は少々異なっていた。毎年雇用契約を結ぶ

諏訪製糸業において、検番が募集人を兼務していたことは、優良工女を確保するうえで重要な意味を持っていたと考えられる。しかし、郡是製糸のように複数年契約を結び、経営間移動もほとんどない製糸経営においては、その必要がなかった。むしろ、繰糸技術の指導のみならず、工場寄宿舎内での生活をも指導する教婦が監督業務の中心を担っていた。両者はいずれも、明治期の製糸経営において重要な管理者であったから、学校教育を通して養成することが試みられたものの、教婦養成が組織的に拡大していったのに対し、検番の養成教育は進展しなかった。男性監督者に対する教育は、さらに上位の現業長や工場長に対する蚕業教育へと特化していったためであり、検番はそのような教育を受けた上級監督者のもとで現場を指揮する下級労務職制となっていったのである。

農商務省の全国製糸工場調査で教婦数が調査項目に挙がったのち、1917年調査では技師と並び技術者として教婦数が把握されていたことは、この間の事情を反映している。郡是製糸のような一部の経営で自社養成が始まっていたとはいえ、教婦は蚕業講習所等の公的機関で養成され、蚕業技手として府県等を通じて派遣されるものも多く、独立した地位を占めていた。21年調査で「現業員及び検番数」が調査項目にあがっても、教婦は技師とともに技術者として把握されており、この時点では、検番と教婦の役割は異なるものと把握されていた。しかし、24年調査では教婦という項目がなくなり、「現業員及び検番数」の「女」として教婦数が集計され、その後は「作業監督者」の「女」となった。もはや教婦は特別な教育を受けたものに限定されておらず、末端の作業監督者でしかなかったのである。

ところで、1924年ごろを1つの転機として、「全国各地の製糸工場では、その後着実に検番から教婦への代替化が進行することとなる」という先行研究の指摘はどのように理解すべきであろうか。実際、片倉製糸のように検番を多くおいていた製糸経営が、26年から教婦の自社養成を開始し、全国の工場に教婦を配置していった事実は、検番から教婦への代替化を如実に示している。しかしながら、この議論の根拠となった全国製糸工場調査のデータを再確認すれば、教婦数および検番数として把握された調査項目自体が変化していたこと、また、監督者の多くを男性が占め続けていたことがわかる。本章は、先行研究が検討しなかった技師・技術者数との関係に着目し、27年調査で技術者数が急増した

ことを指摘した。日本製糸業においては、女性監督者数の増大とともに、より上級の管理者層が急増しており、教婦の経営内における地位低下と作業監督者層の階層化が進んでいったとみるべきであろう。この間、教婦は繰糸作業の指導・監督に業務を限定することで末端の作業監督者となり、工女養成の広がりとともに一定の増大をみた。その意味で、「検番から教婦への代替化」は一部の経営で見られたとしても、この時期の変化を的確にとらえたものとは言い難いのである。むしろそれは、明治期の検番・教婦から作業監督者と技師・技術者との機能分化の過程として把握されるべきであろう。実は、清川雪彦も昭和初期に教婦が工女と技術者（もしくは現業長）とをつなぐ媒介役となったことを的確にとらえていた。ただし、それ以前の教婦像について、検番のもとに配置された検査工女を教婦と同一視したために、教婦の役割変化を地位向上ととらえたのであるが、それは必ずしも妥当なものとは言えないのである。

しかしながら、このことは製糸教婦の社会的地位の低下を意味しない。むしろ、一定の学校を卒業して従事する専門職としての製糸教婦は、職業婦人の活躍が目覚ましい大正期において、女性が従事するのに望ましい職業の1つとなっていた。ただ、現実の生産現場で多く存在したのは、技師とともに技術者として把握された明治期の教婦とは全く異なる作業監督者であり、熟練工女に簡単な教育を施して養成された教婦たちであった。彼女たちの業務は、製糸場での技術指導に限定されることで専門職として確立していったのである。特定の学校を卒業した職業婦人としての教婦は、そうした教婦を養成する役割を担ったと考えられる。その意味で清川が明らかにしたように学校出教婦は日本製糸業の発展に貢献したといえよう。

最後に、労務管理の生成にジェンダーがどのように作用したのか、という問いに答えよう。日本製糸業において、明治期の検番や教婦は全人格的に生産に責任を負う存在であり、単なる作業監督者ではなかった。1920年代に労務管理の生成がみられた製糸業において確認されたのは、技師・技術者という上級管理者と現場の作業監督を担う者との機能分化であった。男性の検番が比較的早い段階で、より上級の技術者とは異なる作業監督者としての地位を確立したのに対し、もともと技師に相当するとみられた教婦は、変遷の末、作業監督者（女）となり、より上級の技術者のもとで現場を管理・監督する存在となった。

多くの女性が従事した教婦は、職業婦人の一つとして定着したが、その上位には男性の監督者が置かれ、その役割も限定されていった。労務管理の生成にともない、女性管理者としての位置づけを得た教婦は、決して現業長や工場長といった職位につくことのない下級管理者となることによって、望ましい婦人の職業となったのである。

注
1) 特集「徒弟制の変容と労務管理の生成——20世紀前半における経営革新とその担い手」は『大原社会問題研究所雑誌』619、2010年5月に掲載されている。
2) 東條由紀彦［2005］298、299頁。
3) 清川雪彦［1988］。
4) 清川［1988］18頁。
5) 清川［1988］25頁。
6) 三好信浩［2000］70～72頁。
7) 中林真幸［2003］。
8) 中林［2003］291頁。
9) 中林［2003］453頁。
10) 中林［2003］279頁。
11) 清川［1988］5頁。
12) 清川［1988］29頁。
13) 以下、郡是製糸株式会社における教婦の役割については、榎一江［2008］における分析を基にしている。
14) グンゼ株式会社社史編纂室編［1978］66頁。
15) グンゼ株式会社社史編纂室編［1978］40、41頁。
16) グンゼ株式会社社史編纂室編［1978］90頁。
17) 「蚕糸同業組合定款」（1901～17年）〔京都府庁文書大6 -67〕所収、「業務規定変更届」（1901年12月20日付）。なお、1923年には製糸部が廃止された。
18) 農商務省農務局［1912］、データは1911年7月現在。
19) グンゼ株式会社［1998］136頁。
20) グンゼ株式会社社史編纂室編［1978］198頁。
21) 「私立学校設立ニ関スル件」（1917年3月23日付、郡是女学校設立者波多野鶴吉）学務部「大正六年　私立専門学校　実業補習学校　各種学校」所収、〔京都府庁文書大6 -44〕。
22) 「寮務日誌」（1920年4月30日）〔グンゼ株式会社所蔵。以下、特に断りのない経営資料は同社所蔵である〕。
23) 清水重治「郡是女子寮管理法」〔稿本〕（1920年2月）。

24) 「宮崎県蚕糸業大要」［1914］25～26頁〔国立国会図書館所蔵〕。
25) 蚕糸雑誌株式会社［1929］91頁。
26) 東京地方職業紹介事務局編［1925］109頁。
27) 諏訪生糸同業組合「模範工女養成所書類　自大正十一年至大正十三年」〔岡谷蚕糸博物館蔵〕。
28) 諏訪生糸同業組合「模範工女養成所書類　自大正十一年至大正十三年」〔岡谷蚕糸博物館蔵〕。「教婦二名ヲ要スルモ一名ハ別途製糸技術員嘱託申請」との注意書きあり。
29) 東京地方職業紹介事務局編［1925］111頁。
30) 清川［1988］24頁。
31) 東條［1990］272頁は、「この検査法の改変は、具体的な生活の場における労働のあり方の変化にとって、際立って大きな意味を持ったように思われる」と述べている。
32) 「場長会録事」（1925年11月）。これは、郡是製糸の工場長たちが集う定期会議の記録である。
33) 「場長会録事」（1926年4月）。
34) 「場長会録事」（1919年3月）。
35) 「場長会録事」（1927年1月）。
36) 農商務省農務局［1919］1頁。
37) 農商務省農務局［1923］1頁。
38) 製糸業法施行規則第9条は、「製糸業者ハ毎年七月三十一日迄ニ前年六月一日ヨリ当年五月三十一日迄ノ一年間ノ事業概況書ヲ農林大臣ニ提出スヘシ」と規定した。
39) 東京地方職業紹介事務局編［1925］117頁。
40) 主婦之友社編［1926］69頁。
41) 婦人職業研究会編［1934］109～110頁。

参考文献

榎一江［2008］『近代製糸業の雇用と経営』吉川弘文館、2008年。
清川雪彦［1988］「技術知識を有する監督者層の形成と市場への適応化――日本製糸業において学校出教婦の果たした役割」『社会経済史学』54-3。
グンゼ株式会社社史編纂室編［1978］『グンゼ株式会社八十年史』。
グンゼ株式会社［1998］『グンゼ100年史』。
蚕糸雑誌株式会社編［1929］『長野県の蚕糸業』蚕糸雑誌。
主婦之友社編［1926］『現代婦人職業案内』主婦の友社。
婦人職業研究会編［1934］『小学校卒業の女性のための女子就職の手引』三友堂書店。
東京地方職業紹介事務局編［1925］『管内製糸女工調査』。
東條由紀彦［1990］『製糸同盟の女工登録制度――日本近代の変容と女工の「人格」』東京大学出版会。
東條由紀彦［2005］『近代・労働・市民社会――近代日本の歴史認識Ⅰ』ミネルヴァ書房。

中林真幸［2003］『近代資本主義の組織——製糸業の発展における取引の統治と生産の構造』東京大学出版会。
「宮崎県蚕糸学大要」［1914］〔国立国会図書館所蔵〕。
三好信浩［2000］『日本の女性と産業教育——近代産業社会における女性の役割』東信堂。

農商務省農務局［1895］『第一次全国製糸工場調査表』。
農商務省農務局［1898］『第二次全国製糸工場調査表』。
農商務省農務局［1912］『第六次全国製糸工場調査表』。
農商務省農務局［1916］『第七次全国製糸工場調査表』（明治文献資料刊行会『明治前期産業発達史資料別冊（63）Ⅳ所収』）。
農商務省農務局［1919］『第八次全国製糸工場調査』（明治文献資料刊行会『明治前期産業発達史資料別冊（64）Ⅱ』所収）。
農商務省農務局［1923］『第九次全国製糸工場調査』（明治文献資料刊行会『明治前期産業発達史資料別冊（64）Ⅱ』所収）。
農林省農務局［1926］『第十次全国製糸工場調査』（明治文献資料刊行会『明治前期産業発達史資料別冊（64）Ⅲ』所収）。
農林省蚕糸局［1929］『第十一次全国製糸工場調査』蚕糸業同業組合中央会（1927年度調査）。
農林省蚕糸局［1932］『第十二次全国製糸工場調査』（1930年度調査）。
農林省蚕糸局［1934］『昭和7年度全国器械製糸工場調』。

第7章

会社徒弟制のトランスナショナル・ヒストリー[1]

ゼネラル・エレクトリック社リン事業所からトヨタ自動車へ：
1903～70年

木下　順

1．はじめに

　19世紀の欧米諸国において、徒弟制（apprenticeship）は熟練職種に入職するための主な径路であった。たとえばイギリスにおいては、19世紀中葉から機械工、鋳物工、印刷工、大工、石工などにおいて職種別に結成された労働組合であるクラフト・ユニオンが、徒弟制度を修了したことを熟練資格として認定し、正式メンバーとして迎え入れたのである[2]。

　徒弟は職人や親方とともに労働現場に参加した。最初は掃除や運搬などの使い走りとして追い回され、職場に慣れてくると、実際に物を造らせてもらいながら、少しずつ「クラフトの秘密」を身につけた。

　教育学者はこれを「正統的周辺参加（Legitimate Peripheral Participation）」と名づけている。徒弟は「ものづくり」を行う職場集団に入り、その隅っこのほうで実力に応じた位置を与えてもらうことによって、ものづくりに参加して価値を生み出すだけでなく、努力して向上しようとする動機づけを与えられる。徒弟が目指すのは職場の先輩である職人や親方のようになることであって、「ああなりたい」という欲求が徒弟を動機づけるのである[3]。

　したがってクラフト・ユニオンのメンバーは徒弟制をコントロールすることによって自分たちの働き方や価値観を次の世代に受け継がせることができた。これは、イギリスのクラフト文化を受け継いだアメリカにおいても同様である。たとえば働きぶりについて言えば、生産技術の変化に応じた新しい働き方を使用者が徒弟に教えようとしても、先輩労働者が近寄ってきて、「そんなのじゃ駄目だ！」と言うことができたし、その考えを執拗に押しつけることもできた。

なぜなら職人たちは徒弟の「先生」であり、職場集団はいわば教師集団だったからである。こうして、クラフトの秘密とともに、生産過程を自分たちでコントロールするという自律的労働者（autonomous craftsmen）の行動様式が次の世代に受け継がれていった[4]。

　見よう見まねという古くからの学びがアメリカにおいて大きく変化しはじめたのは、19世紀末のことであった。自然科学の成果が生産過程に応用されるようになると、労働者も学理——数学や物理などの理論的な知識——を身につける必要がでてきた。また、図面をもとに製造されるようになると、労働者にも図面が読めなければならなくなった。学理を理解するために座学——教室での学習——が必要とされるようになった。

　アメリカで最初に徒弟に学理を教えたのは、ニューヨークの印刷機械製造企業R・ホー社（R. Hoe and Company）である。ホー社は1872年に徒弟学校（apprentice school）を開設し、冬のあいだ、仕事を終えた徒弟を強制的に通わせた。また、技能に幅をもたせるため、複数の職場を経験させた。これに続いて鉄道会社が徒弟学校を設け、機関庫で働く機械工などを訓練した。

　これらの施設は現場での訓練を補完するものだった。「R・ホー社の従業員は、企業内教育をうけたからといって『会社人間（カンパニー・マン）』にはならなかった」と社史に明言されているように、クラフツマンの文化を変容させようとするものではなかった。これは鉄道会社も同様であって、労働組合の承認を得ながら徒弟学校が運営されていたのである[5]。

　だが、19・20世紀転換期に使用者によってオープンショップ運動が開始され、労働組合員を職場から排除するさまざまな政策が展開されるようになると、徒弟学校もその目的で運営されるようになった。自律的クラフツマンの影響から徒弟を隔離するため、オープンショップ使用者はさまざまな産業教育の手法を用いて、労働組合の影響を受けない職場づくりを目指した。こうして世紀転換期に徒弟制をめぐる階級闘争が展開したのである。この新たな途を切り拓いたのがゼネラル・エレクトリック社（General Electric Company：GE）のリン事業所（Lynn Works）であった[6]。1903年に開始されたリン事業所の徒弟学校は「リン方式（Lynn system）」とも新徒弟制（new apprenticeship）とも呼ばれた。後に詳しく述べるけれども、リン方式は、①技術教育（座学）と②職場間の

「遍歴」という点ではホー社と共通であったが、この他に、③訓練職場を設け、④専門の徒弟監督係を任命した。

GE社リン事業所の徒弟学校は、職場のクラフツマンと徒弟とを分離し、競争させながら運営された。徒弟は職場で働く先輩労働者から技能を学ぶのではなく、訓練職場に集められて監督係の庇護下に置かれたのである。つまり労働者集団のなかに位置を与えられつつ技能と文化を学ぶ「正統的周辺参加」ではなく、労働者集団から隔離されたいわば「無菌室」である学校的環境のなかで養成されたわけである。

そこで、社会関係──マルクスの言葉では生産関係──のレベルに着目して、これをそれまでの徒弟学校とは区別して、会社徒弟制（corporate apprenticeship）と呼ぶことにしよう。

本章は次のように構成されている。第2節においては、GE社リン事業所を嚆矢とする会社徒弟制が発展し、そして最終的に挫折した過程を描き出す。第3節では、日本における会社徒弟制の成立をその歴史的背景とともに述べる。そして第4節において、戦後を代表する会社徒弟制としてトヨタ自動車の養成工制度を考察する。

こうして、会社徒弟制はアメリカで挫折し日本で成功したという結論が、本章の前半から導き出される。そうすると、なぜアメリカで失敗したものが日本で成功したのか、という疑問が生じる。第5節はこの論点を、アメリカと日本との「国民形成」の違いとして解いてゆく。そして最後に第6節において、日本における会社徒弟制すなわち養成工制度の意義について論じ、技能養成を労使関係のなかで考察することの重要性を指摘して、綴じ目とする。

2．GE社リン事業所における会社徒弟制

マサチューセッツ州リンは19世紀はじめから靴づくりの町として知られていた。奴隷制をめぐってアメリカが分裂しようとしていた1860年、この街の労働者は、機械化によって劣化した労働条件を挽回しようとして、それまでで最大規模のストライキを敢行した。その後もリンでは労働者が組合によく組織されていた[7]。そのような町に、将来性のある産業として電気機械製造工場が地元

の製靴業者によって誘致されたのは、1883年のことである。製靴労働者の街に、大勢の機械工や電気工がやって来た。

機械工は機械工国際組合（International Association of Machinists：IAM）に結集した。リン事業所にも多くの組合員がいたけれども、多くはそのことを隠して働いていた。IAMは1903年にこの事業所に支部を設立した。そして、ニューイングランド各地の工業都市でIAMが大々的な組織化運動を開始すると、ゼネラル・エレクトリック社（GE）の組合員たちもそれに加わり、1906年に労働時間の短縮とクローズド・ショップ制の実施を要求してストライキを開始した。会社はストライキ弾圧業者として著名なピンカートン探偵団を護衛に雇い、スト破りを導入するとともに、裁判所から差止命令（injunction）を獲得してストライキを終結させた[8]。

先ほども述べたように、会社徒弟制がGE社リン事業所に導入されたのは1903年。つまりIAMがリン事業所に支部を結成してオルグ活動に力を入れた年である。この頃、事業所にはまだ機械工8人につき1人しか組合員がいなかったという。そして、会社徒弟制はIAMに加入する機械工が徐々に増加する中でスタートを切った。会社は「学校を卒業したての16歳の少年」を採用し、最初の1、2年は生産現場に行かせず、設備の整った実習職場と教室に通わせて、徒弟監督係のもとに置いた。現場において「正統的周辺参加」という方法で訓練されるかわりに、社立学校という隔離施設に入れられ、純粋培養されたのである。イヴァン・イリイチの言葉を借りれば「学校化された（schooled）」徒弟制が開始されたのである[9]。

こうすれば、「企業と学校のリンケージ」[10]を通じ、学校の規律に順応した子供を選んで、社立学校の規律へと間断なしに少年を送り込めるわけである。これはR・ホー社の徒弟学校とは似ても似つかぬ、会社徒弟制の本質であった。

創設者のマグナス・アレグザンダーはリン方式の理念について次のように述べている。

　　この方式が正当化されるのは、今日の多くの労働者の労働に対する態度（attitude）が、少年に良くない影響を与えるので、徒弟は最初のうちは労働者の間にではなく、選ばれた2、3人の指導員の影響のもとに置かれるべき

第7章　会社徒弟制のトランスナショナル・ヒストリー　*247*

だというものであります。これらの指導員は、少年の人格（character）を形成するとともに、知識や熟練を教授することに力を注ぐのです。目的を誠実に追求することとか、賃金などを考慮しないでひたすら最も早くかつ正確に仕事をすすめようとする義務感とかを、体で覚えさせるのです。

　労働にたいするそのような態度が、職場での悪影響に対抗しうるほど充分に開発されると、徒弟は今度はさまざまな職場に配属され、残りの徒弟期間を熟練労働者（journeymen）とともに、また熟練労働者と競争しながら、働くことになります。[11]

　GE社リン事業所が会社徒弟を自律的クラフツマンから遠ざけようとした苦心のほどが滲み出た文章である。そして、「熟練労働者との競争」は激しいストライキのなかで行われたのである。

　ところで、ここに引用したアレグザンダーの発言は、技術者団体であるアメリカ機械技術者協会（American Society of Mechanical Engineers：ASME）の大会で行われた報告を活字化したものであった。これは労務管理史研究について一般的に言えることだが、ある制度を運営するにあたってそれが労働運動あるいは労働者文化に対抗したものであることを示す証拠を見つけることは難しい。ASMEのアレグザンダー報告も、ずいぶんと持って回った口上の中に本音を包み込んでいる。

　次の史料は、会社徒弟制をはじめとする企業内教育の推進団体、全国社立学校協会（National Association of Corporation Schools：NACS）の年次大会で語られたものである。匿名の座談会だからだろうか、より直截に本音が語られている。

　　代議員：「彼ら［機械工の徒弟］に指導員を張り付けても、四六時中そばについているわけにはいかない。また、『会社とは別のやり方』を教えたくてうずうずしている熟練労働者が大勢いる。彼らは近寄ってきて、『坊主、そんな馬鹿なことやっちゃあいけないよ』と言うのです。」
　　代議員：「うちではそんな奴は馘（くび）にしてしまう。」
　　代議員：「現場を押さえれば、うちもそうします。けれど、いつでも発見

できるわけじゃない。かといって労務係に少年のあとを付け回させれば、スポイルしてしまう。そんなことしないで訓練職場に一年間入れてごらんなさい。そうすれば、オープンショップに紛れ込んで来たアジテーターなんぞに誑かされないですむのです。」[12]

ここで主に発言している代議員がアレグザンダーであることは大いにありうる。アレグザンダーはこの団体の主な創設者の1人だからである。だがこの点を史料的に証明することはできない。

この会話が、フレデリック・テイラーによる生産管理が全米に普及した頃に行われたことに注目してほしい。会社徒弟制は、自律的労働者による職場のコントロールがテイラーシステムによって脅かされていたときに、新しい生産体制の先兵を養成すべく、実施されたのである[13]。

では、会社徒弟制はアメリカではどのような働きをしたのだろうか。NACSの活動を通じて、会社徒弟制は多くの大企業に普及した。修了者は熟練労働者として現場で働き、その多くは現場監督者に昇進した。だが、その効果は、いま取り上げているGE社リン事業所においてすら微弱なものだった。1903年から31年までの間にこの事業所で会社徒弟となった者のうち、これを修了した者は36.2％、また31年まで働き続けた者は6.6％であった[14]。アレグザンダーの企図は成功からはほど遠かったといえよう。また、1920年代からのGE社の労使関係を研究したシャッツの書物にも、会社にとってリン方式の修了者が労使関係のうえで役に立ったという記述はない[15]。

それでも、1920年代まで会社徒弟制は行われていた。だが、1930年代に入ってニューディールのもとでの労働政策が会社徒弟制にとどめを刺したと思われる。とりわけ1937年には全国徒弟制度法（フィッツジェラルド法）が連邦議会を通過したことは大きい。この法律のもとに連邦レベルでは労働省徒弟訓練局や諮問委員会が設置され、州レベルでも、雇用者・雇用者団体、労働組合、政府機関などが加わった委員会のもとで労使が協調して徒弟訓練を行うようになった。そして会社や事業所のレベルでは、徒弟の採用、訓練、報酬などが労使交渉の対象となり、協約の条項に含まれるようになったのである[16]。

* * *

19世紀には現場の労働者集団による技能と文化の伝承の仕組みとして実施されていた徒弟制において、19世紀末に学理を教える必要が出てきて、座学が補完的に実施されるようになった。そして20世紀に入ると、労使関係を管理する目的で、会社徒弟制が成立した。会社徒弟制は生誕の地であるアメリカにおいては、自律的クラフツマンを職場から排除するという目的を達成しなかった。しかし、それはやがて日本に導入され、日本の土壌のなかで開花し、その目的を達成したのである。

3．戦前期日本における会社徒弟制

隅谷三喜男は『日本職業訓練発展史』において、戦前期の職業訓練を次の6段階に分割した[17]。

第一段階　伝習生制度の成立と崩壊の時期：
　　　　　幕末から明治十年代はじめまで
第二段階　職人徒弟制の変容と展開の時期：
　　　　　明治十年代なかばから二十年代まで
第三段階　工場徒弟制の形成と展開の時期：
　　　　　明治二十年代終わりから三十年代まで
第四段階　養成工制度の成立と動揺の時期：
　　　　　明治四十年代から大正十年代はじめまで
第五段階　養成工制度の定着と展開の時期：
　　　　　大正末年から昭和十年前後まで
第六段階　養成工制度の法制化と崩壊の時期：
　　　　　昭和十年前後から終戦まで

このうち伝習生制度とは洋式工業において御雇外国人技師・職工から技能を教わりそれを周りの労働者に伝習してゆくものであり、職人徒弟制とはそれ以外の産業における近世以来の伝統的な住み込み制の年季奉公が変容したものであり、工場徒弟制は工場に直接雇用された徒弟が職場において賃労働者として

の雑役などにたずさわりながら技能を習得するものである。しかし、日露戦争の頃から学理の教育が必要となり、これと併せて体系的な職業訓練が生まれた。

隅谷の6段階論においては、「明治三十年代まで」すなわちおよそ日露戦争からは養成工制度の時代とされており、それが①「成立と動揺」、②「定着と展開」、そして③「法制化と崩壊」の三段階に細分されている。そして①への転換は日露戦争前後、①から②への転換は1920年代、②から③への転換は1930年代半ばとされている。

私は、隅谷の時期区分は妥当だとしても、労使関係の展開を考慮した場合、それぞれの時期の意味づけを再検討すべきであると考えている。この点を念頭に置きながら、日本における会社徒弟制の成立と発展を見てみよう。

日本において重工業の大企業[18]が徒弟学校を設置するのは、およそ日露戦争（1904〜05年）の頃──隅谷の「第四段階」──である。新規学卒者をすぐに徒弟として雇い入れて座学と共に2、3年の訓練を行う点において、これらは後の会社徒弟制──隅谷の「第五段階」と共通点があった。しかし、熟練労働者の行動様式を変容させようとする政策はまだ取られていなかった。歴史家アンドルー・ゴードンの言葉を引用すれば、「こうした計画は、会社に献身的な中核的労働者グループを育成し、職長や現場リーダーの候補者とすることを狙ったものである」。そのために、「すでに世紀の転換点には、熟練労働力を定着させ、会社の費用で訓練した貴重な職工を確保」しようと試みはじめた。したがって、これらは19世紀末からアメリカで登場したR・ホー社や鉄道会社などの事例に対応するものなので、日本についても徒弟学校と呼ぶことにしよう。この徒弟学校の試みは、しかしながら、隅谷のいう第四段階の終わりにあたる「1921年になっても、この課題の解決には、ほど遠いところにいたのである」[19]。

さて、日本において労働運動は1890年に始まり、1900年の治安警察法や1910年の大逆事件などによって政府からブレーキをかけられながらも、大正デモクラシーを背景として友愛会などを中心に活力を取り戻した。そして第一次大戦後の、およそ1917（大正6）年から21年にかけて、関東と関西の工業地帯を中心に、局地的なゼネストともいうべき労働運動の高まりを見た。しかも、1917年にはロシアで十月革命が起こり、レーニンを指導者とする社会主義政権が誕

生していた。体制変革の夢を抱いてストライキに参加する労働者も出てきたのである。

　当時の熟練労働者の中心は、徒弟期間を終えたあと工場から造船所へと労働現場を渡り歩いて腕をみがく「渡り職工」だった。のちに「瞼の母」や「沓掛時次郎」などを書いて国民的な作家となる長谷川伸は、土工の親方の家に生まれたが、家が没落したので20歳頃には横浜船渠（ドック）で石工の小僧を2、3年やっていた。日露戦争の直前、1903年頃のことである。本章が対象としている金属加工の労働者に比べれば、近世からの緊密なネットワークをもつ渡世ではあるが、それだけに職人社会の雰囲気をくっきりとイメージさせる効果があるので、少し長く引用することにしたい。

　土工や石工が、波と風に逆らって潮留工事を敢行して海を埋め立て、花崗岩を1つずつ積み上げてドックをつくった。彼らはそれぞれ請負師と親分子分の関係をむすび、1人前に育つと修行の旅に出た。たとえば犀次という土工は、

　　若いときから菅笠一蓋（すげがさいっかい）をいただき、仕事着の手筒半纏に、引ッ張りの印半纏と腹掛け手甲脚絆（てっこうきゃはん）に草鞋（わらじ）穿き、小風呂敷包一ツもたず、日本の半分ぐらいは渡り歩いた末に親分になったのだそうです。そうした諸国遍歴の土工旅を西行（さいぎょう）とも飛びッちょともいい、稀には黒鍬（くろくわ）渡世の修行旅なぞという者もあった。西行とは西行法師からとったもので、諸国巡りをするから云うのでしょう……。西行は帳場（ちょうば）といい慣わした土木工事の現場が、どこにあるかをすぐ知ることが出来た、同業の土工に聞けば三里五里先のことは勿論、十里二十里先のことでも、問われれば知っているだけは教えるのが当然の義務だったのです、……帳場が見付かると、仕事中は遠慮して控えて待ち、昼飯か小食（こじょく）のとき、適当にだれかを見付け仁義をつけます……先方は辞儀を受ける、受けたものが紹介者になって親分に執り成しする。……西行の方でも菅笠を伏せておけば一宿の所望なのだし、菅笠を返しておけば草鞋銭の所望ということにきまっていた。辞儀は平明素朴で形容を用いない、大工・左官・木挽・石工・畳工はもとより土工の方でも、冗漫で空疎な辞儀の文句を嫌った、渡り職人である限り、蒲鉾工でも菓子工でも辞儀を付けた。辞儀の要点はどこの何という同業の目上についてこの業を学び、何々という名の者

で生国はどこと、これだけのことをいうに過ぎないから短い、そしてその中には謙遜が強く出ていなくてはいけないのでした[20]。

犀次が自己紹介をする姿は広沢虎造の浪曲「清水次郎長伝」などに登場する侠客を彷彿させるが、それは身分社会における同職どうしの辞儀として共通なのである。そして、石工や土工ほど整然とした同職ネットワークを築かなかったとしても、金属加工業の職人たちもまた、同職を頼って工場を渡り歩いて腕を磨いていた。彼らの夢は、勤勉に働いて小金を貯めて、いつかは独立して商人か農民になるか、あるいは自ら小さな工場を持つことであった。

すでに見たように、イギリスのクラフツマンは渡り職人を受け入れる全国的なネットワークを構築していた。日本でも徳川時代には弱いなりに同職のネットワークが存在した。しかし、明治維新による身分制の解体と、幕末からの洋式技術に基づく嵐のような工業化のなかで、職人が築いた共同性は次々と吹き飛ばされていった。しかもイギリスのようにクラフト（職能）別の労働組合運動として再編成されるどころか、その近世の残滓も、横山源之助の『日本之下層社会』によれば、世紀転換期には消滅しはじめていた。そうだとすると、長谷川伸は江戸・明治の職人社会の残照を描き出したのかもしれない。そして大正ともなれば、渡り職工の人生は「仁義なき稼ぎの旅」に明け暮れるようになったのである[21]。

第一次大戦後に京浜・阪神の大工場の間を燎原の火のように燃え上がったストライキは、このような渡り職工たちに担われたものであった。労働者は明治末からの社会主義運動の影響を受け、ストライキやサボタージュなどの共同行動をつうじて階級意識を育てていた。

では、この深刻な事態に対して、大企業はどう対応しようとしただろうか。

明治末から大正期にかけて、労働者は企業を渡り歩いてさまざまな職場を経験し、幅広く深い熟練を身につけていた。この企業横断的な熟練形成という経営環境のなかで、大企業は腕の良い渡り職工を企業内に定着させる目的で、退職金、手当、あるいは福利施設などを充実させるとともに、勤続年数を反映した賃金を支払おうとした。

しかしこの賃金政策は根本的な矛盾を含んでいた。すなわち、この原初的な

年功制のもとにおいて、企業を渡り歩いて熟練を形成した労働者は、勤続年数は長いが熟練は低い労働者と比較して、自らの熟練を低目に評価されてしまい、失望して他の企業に移ってしてしまったからである。しかも、定着した労働者にしても、もともと忠誠心に乏しく、しかも隠れ労働組合員かもしれなかった。逆に、他所で修業をして腕を磨いてきた労働者にその能力に見合った賃金を支払えば、いま居る労働者も渡り職工の渡世を始めたくなり、結局はいつまでたっても閉鎖的な企業内労働市場を構築することはできないだろう[22]。

では、大企業はどのようにしてこの矛盾を解決したのだろうか。この点について社会政策学者の大河内一男は、その最晩年に、次のような仮説を発表している。大正末から昭和のはじめにかけて、大企業は「今まで他人任せであった労務管理いっさいを自分の直轄の仕事に移すことを決意した」。そして、

　同時に見逃しえないのは、会社が自ら指揮采配を振るったもう一つの、これは表面には出ていないねらいは、労働組合の運動に、新規学卒から育てあげた「子飼い」からの大事な若い養成工を接触させないようにする、ということでした。労働組合と新規採用した若い従業員との間に鉄壁を設けて、労働組合がそこまで入って来ないようにする。そのためにはあらゆる監視監督を怠らない、というのが、その時期の日本の企業の労務管理の隠された重要事項でありました。[23]

私は社会政策学会でこの説を紹介し、それを「大河内仮説」と名づけた[24]。つまり、「技能の面でもしつけの面でも、無垢」[25]な新規学卒者を採用したうえで、現場においては忠誠心を示して整理をまぬがれたベテラン労働者から技能と文化を伝承させ、教室においては技術者から学理を伝達させた。これが大河内仮説の内容である。

すでに第2節で論じたように、アメリカにおいても大河内仮説に示されるのと同じ方策が一部の企業で取られた。1890年代末から1910年代にかけての労使関係の危機と、それに対抗する使用者のオープンショップ政策のなかで、ゼネラル・エレクトリック社（GE）リン事業所をはじめとする会社徒弟制がその対策として生まれた。労働組合員を職場から締め出すとともに、組織的体系的

な訓練をひととおり終えた労働者を先輩労働者と競わせようとした。つまり、大河内が仮説的に指摘したような労務政策が取られたのである。だが、すでに見たように、アメリカにおいてはこの労務政策はうまく働かず、ニューディール法制のなかで終止符を打たれた。

これに対して日本の大企業は、1910年代末から20年代にかけての労使関係の危機を契機として会社徒弟制をスタートさせ、そしてそれを労務管理の柱として育て上げることに成功した。

第一次大戦直後に始まった大規模な労働争議は、ロシア革命などの国際情勢と日本国内の社会主義・共産主義運動を背景としたため、資本家や経営者そして政府によって体制的な危機と受け止められた。しかし他方、ワシントン体制にもとづく造船不況とそれに続く昭和恐慌（1927～32年）は、労働市場を売り手市場から買い手市場へと転換し、経営に楯突く労働者を解雇するまたとない好機となった。このような「不都合解雇職工」については、企業のあいだで情報交換が行われたため、指導者だけでなく一般の労働組合員までも再就職の見込みを断たれた。こうして「経営者らは、1920年代の終わりまでに、主要造船所・機械工場・製鉄所から、自立的で強固な労働組合を追放するのにほぼ成功していたのである」。第一次大戦後の十数年にわたる労使対抗から巻き起こった濛々たる砂塵が収まってみると、大企業のなかには会社組合、穏健な工場別の労働組合、そして労使融和を唱える日本主義の組合ばかりが生き残り、広い意味での工場委員会体制が成立していた。大企業の経営は、これら工場委員会によって、まがりなりにも労働側との合意を形成したのである[26]。

企業は大幅な人員整理を行って渡り職工を中心とする熟練労働者の多くを解雇し、やがて景気が回復すると、彼らを臨時工などとして雇用した。したがって、図式的に言えば、1920年代前半まで働いていた熟練労働者の運命は、整理をまぬがれ職場において会社徒弟すなわち養成工の指導者の役割を担った熟練労働者と、解雇されたのち臨時工として雇用された熟練労働者とに分かれたのである[27]。この場合も、大河内のいうように、「新規採用した若い従業員」を労働組合員から隔離して、企業忠誠心をもった熟練労働者を育成しようとしたと思われる。

養成工制度は全社的な労務管理の一環として位置づけられた。その要として、

第一次大戦後から1920年代前半にかけて、大企業のなかに職工課、工場課、あるいは総務部などと呼ばれる専門的な労務管理部門が設けられた。われわれはこれを労務部と総称することにしよう[28]。

労務部は、尋常小学校や高等小学校と連携して、職業経験をもたない若者を学年末（3月・4月）に直接募集し、新規学卒者として採用した。その割合を統計的に明らかにすることはできないし、また景気などにも大きく左右されるだろうが、おそらくブルーカラー労働者のせいぜい20から30％であったであろう。しかしこれは基幹労働者（カードル）を養成するのを目的とするものだから、数や割合が多くなればなるだけ重要になるという性格のものではない。また逆に少ないから重要ではなかったと決めつけられるものでもない。問題は質――職場集団における重要性――であって量ではないのである。少数ではあれ、それは「きわめて重要なグループ」なのであった[29]。

大企業が労務管理の一環として発足させた会社徒弟制は、満洲事変に始まる準戦時体制のなかで、国策に組み入れられた。そして日中戦争にともなう戦時体制への移行によって、熟練工の養成は生産力拡充の要となった。これは『日本職業訓練発展史』のいう「第六段階」にあたる。

会社徒弟制によって養成された熟練労働者は、機械工場における中堅職工ないし幹部職工となり、「基幹的熟練工」と呼ばれた。日本では熟練が社会的資格として確立しなかったので、俗に熟練労働者といわれる者たちのなかで、「相当期間少くとも三年位は是非とも訓練のために費や」した「中堅工」を、基幹的熟練工と呼んだのである。

日中戦争にともなった物的資源を統制・運用するため1938年に国家総動員法が定められた。この法律には、深刻な熟練労働力不足を補うための規定があり、それにもとづいて、「従来、主として大工場において実施されてきた養成工制度……を拡大し、自主的施設を義務的施設化することによって、工場・事業場における組織的熟練工養成をいっきょに拡大しようという方策が取りあげられた」[30]。こうして「中堅職工タルニ須要ナル知識及技能ヲ授」けるために、1939年3月に工場事業場技能者養成令が発令された。こうして基幹的熟練工を一気に増加させようという政策が打ち出されたわけである。

もっとも、好景気による頻繁な労働移動やその後の全面戦争に伴う徴兵など

によって、この法律はそのとおりには実施されなかった。しかしそれでも、この勅令によって養成工制度が公に認可され、補助金によって強化されたことが重要である。

というのも、この勅令にもとづいて、たとえば愛知県で設立されたばかりの自動車会社がさっそく会社徒弟制を発足させたからである。

4．トヨタ自動車における会社徒弟制

豊田喜一郎によって1937年に設立されたトヨタ自動車は、工場事業場技能者養成令が発布された翌月にあたる39年4月、尋常高等小学校や青年学校を卒業した少年を迎え入れて会社徒弟制を開始した。「養成工」と呼ばれた339人の徒弟たちは、3年間の徒弟期間のうち最初の1年間、寮において8つの班に分かれて共同生活をした。文字どおり「同じ釜の飯を食った」のである。寮では6時半に起床し、「部屋の掃除の後、毎朝［社是である豊田］綱領を暗唱し、綱領に沿った重役の講話」を聴いた。徒弟は職場で熟練労働者から手ほどきを受け、大卒技術者を教師とする座学によって学理を学んだ。創業者の息子である英二は、1967年から92年まで社長と会長を勤めることになる人物だが、東京大学工学部を出てすぐ入社するとともに、徒弟に「力学」を教えた[31]。

敗戦後に起こった激しいインフレーションを終息させるため、連合国軍最高司令官総司令部（GHQ）はデトロイト銀行のジョゼフ・ドッジ頭取を招聘して厳しいデフレ政策を実施した。このドッジ・ラインのなかで、トヨタ自動車は販売不振と資金繰りの困難に直面し、一部の労働者を解雇することにした。その前に「解雇はしない」と左派系の労働組合に約束していたこともあり、この政策は労働者の憤激を買った。1950年に組合はストライキに入った。現場監督者は連日の吊るしあげを食った。この50年トヨタ争議において、養成工たちは組合指導部に対する反対勢力の中心にいた。ストライキが組合の敗北のもとに終息すると、養成工たちは親睦団体である「豊養会」を結成した。

朝鮮戦争にともなう特需景気が一段落した1953年、トヨタ労働組合はふたたびストライキに入った。豊養会は今度も経営側についた。そして翌54年、豊養会や職制たちはトヨタ組合のリーダーシップを握った。この経緯は重要なので、

少し詳しく見てみよう。

養成工が豊養会を結成し左派指導部に抵抗したのは、じつは総務部からの働きかけによるものであった。総務部人事課の職員であった山本恵明は、30年後に次のような証言を残している。

> 当時は、話し合いをするといっても、それを人事課や、職制が組織を通じて持ち出したのでは、とても話しにならなかった。そのため、話し合いのきっかけ、ないし話し合いの場をどうつくるかということからまず始めなければならなかった。その時に、大いに働いてくれたのが養成工出身の人達である。この養成工出身の人達は、終戦直後の労働組合の組織づくりのときにも大きな力となってくれたことがあるが、この二十五年の大争議の収拾のときにも再び最後の良識派のトリデとなる役割を果してくれた。私が従業員と話し合いをどう進めていったらいいのかで迷っているときに、その人達のことが、真っ先に頭に浮んできたのである。そこで養成工出身の人達の集りの会として豊養会という会の組織化をはじめ、それを第一期生の会、第二期生の会というようにまとめていき、彼等が自主的にグループ活動を推進できるような態勢をととのえていった。そうした自主的グループができ上ったところへ、人事部長と私が出かけていって、それこそヒザヅメで、「トヨタはこれでいいんですか」、「どうすれば会社が正常な形になるんですか」、「あなたはどう思いますか」……ということを話し合った。[32]

山本恵明は自分を中心に語っているので、やや見えづらいところがある。この工作の中心にいたのは50年争議で会社の最前列に立った総務部長の山本正男である。たまたま、というより恐らく意図的にであろうが、その部下として土井三吉という養成工出身者が現場から引き抜かれて総務部に配置されていた。ある時、土井は部長の山本正男から声をかけられた。

> 「土井君は養成工出身だったね。おれは現場は知らないんだが、現場を知らずして会社の建て直しはできない。何かいい方法はないか」

土井は一期生の仲間を引き合わせた。その後、一期生たちは、年に何度か、

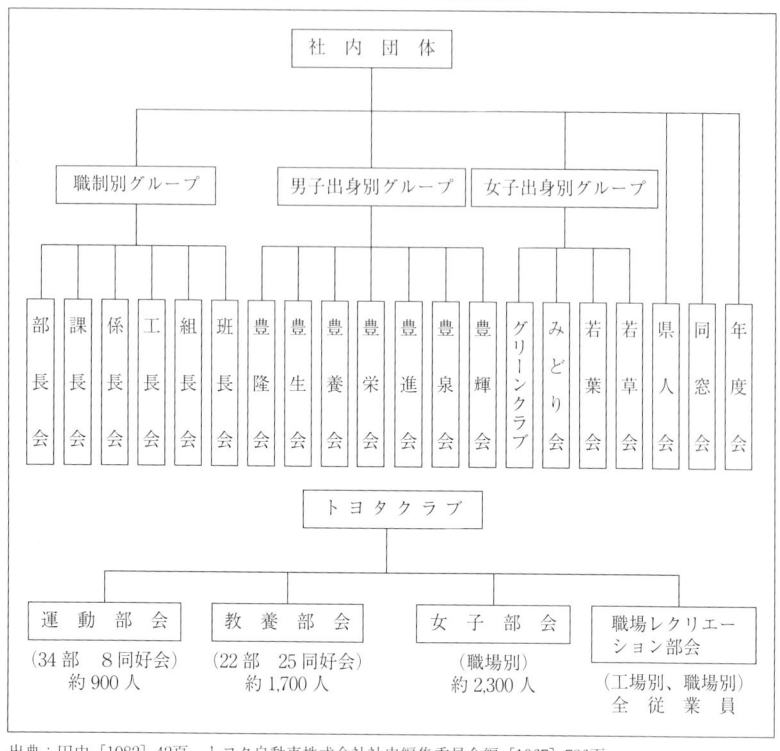

図7-1　トヨタの社内団体

```
                           社 内 団 体
        ┌──────────────────┼──────────────────┐
    職制別グループ      男子出身別グループ   女子出身別グループ
   ┌──┬──┬──┬──┬──┐  ┌──┬──┬──┬──┬──┬──┐  ┌──┬──┬──┬──┬──┬──┐
   部  課  係  工  組  班  豊  豊  豊  豊  豊  豊  グ  み  若  若  県  同  年
   長  長  長  長  長  長  隆  生  養  栄  進  泉  輝  リ  ど  葉  草  人  窓  度
   会  会  会  会  会  会  会  会  会  会  会  会  会  ー  り  会  会  会  会  会
                                          ン  会
                                          ク
                                          ラ
                                          ブ
                        トヨタクラブ
        ┌────────┬────────┬────────┐
     運動部会    教養部会    女子部会   職場レクリエー
                                      ション部会
   (34部 8同好会) (22部 25同好会)  (職場別)   (工場別、職場別)
    約900人     約1,700人    約2,300人    全従業員
```

出典：田中［1982］42頁。トヨタ自動車株式会社社史編集委員会編［1967］726頁。

すしなどを用意した山本の自宅に招かれ、現場の思いを伝えた。それが、五三年に一期生の親睦会組織「一養会」が生まれるきっかけだった。一養会のソフトボール大会では、山本が審判を務めた。

　二期、三期生も同じような会を作り、五六年には、養成工全体の「豊養会」ができた[33]。

ちなみに豊養とは、豊田と養成工とを組み合わせた名称であり、その名付け親は彼らの「先生」であった豊田英二である。

　1952年に人事課長となった山本恵明は、「だいたい毎日、［山本正男］部長と手わけして会社が終ってから三ヵ所ぐらいで、夜懇談し」た。「こうした話し

合いの場を、例えば班長会、組長会とか、出身県別の会とか、高卒、大卒別の会とか、あるいは釣の会、運動グループの会とか、というように拡げていった」[34]。その結果、トヨタの社内に、図7-1のような団体が網の目のように張り巡らされた。

その原点こそ、トヨタ自動車の発足とほぼ同時に開始された、養成工制度であった。養成工制度すなわち会社徒弟制は、労使関係のうえでも、また生産管理のうえでも、要の位置にあった。そのことを知っているのは誰よりも経営トップであったというべきである。豊田英二の甥であり1982年から99年までトヨタ自動車の社長と会長を勤めた豊田章一郎の次の言葉は、そのことを物語っている。

「養成工はすごいんだ。現場のリーダーだったよ。日本が強いのは現場だからね」[35]。

5. アメリカと日本の国民形成

ゼネラル・エレクトリック社（GE）リン事業所もトヨタ自動車も、会社徒弟制を利用して反抗的な労働者を抑え込もうとした。GE社リン事業所は、機械工国際組合（IAM）の組合員から徒弟を隔離するために、会社徒弟制を実施した。この方式は1920年代まで踏襲されたが、なかなか効果を挙げないまま、1937年全国徒弟法によって終止符が打たれた。そしてこの年に産声をあげたトヨタ自動車は、その2年後に会社徒弟制を発足させた。訓練終了後も養成工と呼ばれた労働者は、2度の大争議において会社の藩屏（はんぺい）となり、生産においては基幹的熟練工としてトヨタ生産方式のもとで生産性の向上に務めた。つまり、トヨタは忠誠心をもつ基幹的熟練工を養成するのに成功したのである。1世紀半の歳月を経てマグナス・アレグザンダーの夢は戦後日本において現実のものとなった。

では、会社徒弟制のこの違いをどのように説明すればよいだろうか。なぜ合衆国の会社徒弟制は生産性向上に邁進する職場リーダーを育てられなかったのだろうか。

これ自身はとても大きなテーマであり、本章で説きつくせるものではない。

ただ、ごく簡単に言うならば、アメリカでは1920年代の福祉資本主義のあとニューディールが行われ、ワグナー法をはじめとする労使関係制度が法制化されたことが大きな理由だろう。また日本についてはクラフトの伝統が弱かったからだという説明が有効だろう。

本章では、しかし、異なった説明を試みよう。それはアメリカと日本では国民形成のあり方が異なるからだというものである。

（1） アメリカの国民形成

1） 植民地時代

本章で事例としたゼネラル・エレクトリック社（GE）の事業所があったマサチューセッツ州リンは、アメリカに渡航したピューリタンたちが大挙して上陸したボストンとセイラムの中間地点にあり、アメリカで最も早く法人化した（インコーポレイティド）タウンのひとつである[36]。その意味で、ニューイングランドの政治社会を鋭く観察したフランス貴族アレクシ・ド・トクヴィルの文章から話を切り出すのがいいだろう。トクヴィルは、マサチューセッツに即して、ニューイングランドの「タウンの内部には真の政治生活、活発で、完全に民主的共和的な政治生活が支配していた。……タウンはあらゆる段階の役務を割り当て、税を定め、税額の割り当て、徴収も住民が行なった」、と述べている。タウンには、上は村役方（セリクトメン）に始まり、課税額査定者、収税人、保安官、書記、貧民監督、学校委員、教区委員、検査役、柵監視人、道路監視人から、果ては泥の中をはいまわって迷い豚を連れ戻す豚監視人（ホッグ・リーブズ）に至るまで、多くの種類——トクヴィルは19種類と記している——の役務があった。これらの役職はタウンミーティングで決められた[37]。トクヴィルの明快な説明に耳を傾けてみよう。

> たとえば学校を一つ建てるという場合を考えてみよう。村役方は一定の期日に、予め公示した場所に全有権者を招集する。そこで何が必要であるかを明らかにする。ついで、この必要を満たすべき措置、そのための経費、適切な場所を知らせる。有権者の集会はこれらすべての点について意見を求められ、趣旨を承認し、場所を定め、課税を票決する。しかる後にその意志の執行を村役方の手にもう一度返すのである[38]。

このあと日本の村落統治について概観するが、それと比較できるように、トクヴィルが指摘した古典的な論点を入植当初（1630年から50年）のマサチューセッツの政治生活に即して明らかにした、ディヴィッド・ホールの『改革をめざすピューリタンたち』によって説明しておこう。

イギリスの革命（ピューリタン革命）が開始されるまで、約２万人がニューイングランドにやってきた。彼らはイギリス本国において特権をもった人びとに小突きまわされ続けた人びとであった。王権や貴族と結びついた者どもは、政界や市民生活のなかで幅をきかし、国教会の信仰を押し付け、法律を恣意的に運用し、選挙を牛耳り、自分たちが得をするように課税した。多くの地方官は特権と腐敗の塊だった。不正や不平等のはびこるイギリス社会のなかで、信仰の自由や対等で公正な取り扱いを希求する人びとが、小さな船ではるばる大西洋を渡ってきたのがマサチューセッツ植民地だったのである。したがって、彼らが新天地で作り上げたのは、公正で平等な参加型の社会であった。

生活の土台となる土地の配分は、フリーホールド（自由保有権）の原理にもとづいて行われた。土地を分配された世帯は、コモンで家畜を食ませ、森林を伐採するなどの特権を享受した。規則を犯したり権利を濫用した者は罰せられたが、その基準つまりタウンの規則はすべての住民に等しく適用された。このシステムを維持するためにこそ、住民は先に挙げたさまざまな役務を担ったのである。こうして権威主義的な統治を回避する努力が続けられた。

土地は等しく与えられたものの、多くのタウンにおいて、公民資格をもつのは教会員に限られていた。その意味で教会は「国家のなかの国家」いやタウンのなかのタウンといえるかもしれない。たしかにその面はあるけれども、統治の方式を見れば、教会はタウン以上に反権威主義であった。

マサチューセッツ植民地を建設しそこに移住してきたのは、会衆派の人びとだった。会衆派教会は、「恩寵の経験」についての証言を教会員が審査してメンバーに加えるという、自律的な契約にもとづく信徒団体であった。したがって、教会員が不適切な行為を行えば、会衆によって訓戒を受け、さらに破門されることもあった。その組織原理は、キリストに次ぐ権威は、聖職者にではなく、目に見える聖徒にあるという考えに基づいている。したがって牧師の「人事」も会衆が握る。世俗的権力もこれには介入できない。タウンの教会は、ケ

ンブリッジやオックスフォード、後にはハーヴァードを卒業した牧師を雇い入れ、会衆が説教などのサーヴィスを不満に思えば契約を打ち切り、代わりに評判の良い牧師を招聘した。このように、教会の統治は権威主義をできるだけ排除して行われた。

　このように、入植から十数年の間に、権威主義的なイングランド社会の反省に立って、ニューイングランドの政治社会がタウンを基礎的な単位として形成された。出生率が高かったこともあって、タウンはまるで細胞分裂のようにニューイングランドの一帯に拡大した。

　マサチューセッツやコネティカットの植民地において、最初に建設された統治体はタウンであった。まずタウンができ、そのあとで植民地政府が設立されたのである。そして独立革命のときに、植民地ごとに結成された邦(ステイト)を単位として連合規約をもとにアメリカ合衆国(ユナイテッド・ステイツ)が発足した。そのうえで、強力な中央政府を樹立すべく合衆国憲法が制定・批准されて、現在のアメリカ合衆国が成立するのである。つまりアメリカにおいては、以上に述べたようなタウンにおける平等主義的な自治という心の習慣(ハビッツ・オブ・ハート)を基盤として、州が組織され、連邦が組織されたのである。

2）　国民形成と自由な労働(フリー・レイバー)

　ホールが取り上げた時期、およそ1630年から1650年に、平等主義的なタウンの自治が開始された。しかし、それぞれのタウンにおいて階層が固定化しはじめ、ジェントリー層が姿をあらわしてくる1640年代から、タウンミーティングにおいても選出される役職者の顔ぶれが固定しはじめた。それとともに植民地社会には、エリート的な名望家層と、それに恭順する階層があらわれた。だが、「1630年から1640年代初頭に創られた制度や社会慣習は、部分的な変更はあるが、そのままの形で存在し続けた」のである[39]。

　さきに述べたように、タウンの自治は存続したものの、植民地社会は総督のもとで階層化され、本国の権威主義が浸透していた。アメリカ革命は、目上の人びとに恭順するという、18世紀の植民地における人びとの習慣を打ち破った。歴史家ジョイス・アップルビーが言うように、「恭順という植民地時代の作法は、独立戦争の犠牲となり、人びとは平等であるという考えを受け入れること

が愛国心の発露となっていった」[40]。

　この変化を一身に体現しているのはベンジャミン・フランクリンである。人口に膾炙しているフランクリン像は、裸一貫から印刷屋として大成功した独立自尊の人物だというものである。フランクリンこそインディペンデントな人間の典型だとされている。しかし実際のフランクリンは違った。ある時までは植民地政府の人びとと仲良くやっており、息子をニュージャージー植民地の総督につけてもらった。それが、かなりの高齢になって独立派に身を投じ、息子とも縁を切ったのである。そのフランクリンが、1820年代になって、典型的な独立自尊のメカニックとして語られるようになった。このフランクリン像の変化が、植民地時代から独立戦争後の初期共和国にかけての社会思想の変化を典型的に示している[41]。

　典型的なメカニックというフランクリン像は、独立戦争から1世代あとに生じたアメリカの社会思想の変化を反映したものである。このように19世紀になると、自らの才覚で立身出世する人が理想的なアメリカ人だとするイデオロギーが支配的となった。

　とはいえ、これは北部の話である。南部諸州においてはプランター（農園主）が力を持っていた。プランターは自分たちが温情をもって奴隷たちを大事に扱っているのだと主張した。この温情主義（パターナリズム）は、独立自尊という北部諸州の社会思想の対極にある。19世紀半ばになると、南北の社会思想の対立は、関税政策や連邦制をめぐる対立と相俟って、国家を2分する論争にまで発展した。

　この渦中に登場し、「分かれたる家は立つこと能わず」と言い放ったのは、エイブラハム・リンカーンである。次に引用するのは、共和党から大統領候補に指名される直前におこなった演説である。

　　胸を張って言いますが、私は25年前には雇われ人夫として木を叩き割って柵を作ったり平底船で働いたりしていました。私は誰もがチャンスをつかんでほしいと思います。そして黒人は自らの生活を改善する権利をもっていると信じます。最も貧しい男にも、他の人びとと同じだけ、豊かになれるチャンスが得られるようにしたいものです。……自由な社会なら、多くの人びと

がそうであるように、貧しい家柄に生まれても、いずれはマシな生活ができるようになるはずです。……今年や来年は人に雇われていても、やがては独立して、さらには人を雇えるようになる。これが社会の真っ当なあり方です[42]。

　リンカーンはインディペンデントな人間が刻苦勉励して立身出世する社会を理想としたのである。誰でも小商人や小生産者や自営農民になれる世界を夢見たのだといえよう。この社会思想はアメリカ歴史学で「自由労働イデオロギー」と呼ばれている。
　経済的にも社会的にも文化的にも独立(インディペンデント)しているということが19世紀アメリカ人の価値であった。したがって、たとえ雇われ者であっても、心はインディペンデントであった。19世紀はじめに工場に雇われる運命に陥った労働者たちは、歴史家デイヴィッド・ゾンダーマンのいうように、「労働者も管理者も共和国のルーツを共有している。だから従業員は誰でも管理者から敬意(リスペクト)をうけて当然なのだ。使用者と従業員がほんとうに生産の実を挙げようと思えば、管理する者とされるものとの上下関係は解体してしまわねばならない」と考えていた[43]。この考え方に立って、低賃金、不安定雇用、抑圧的な就業規則、そして組織化を阻止するための共謀罪での告発に直面したニューイングランドの労働者は、「工場奴隷」という隠喩を用いた。この考え方は「賃金奴隷」という言葉とともに普及した。そして、より深刻な動産奴隷制——南部諸州のいわゆる黒人奴隷制——を廃絶するために闘われた南北戦争のあと、「自由な労働」の社会を期待した労働者が泥棒貴族の跋扈する金ぴか時代に直面したとき、この「賃金奴隷」という言葉はふたたび労働運動の旗印となった[44]。
　だが、自由労働イデオロギーにもとづいて賃金制度を廃絶しようとして生産者協同組合などを推進した労働騎士団などの努力は、熾烈な企業間競争と周期的な経済恐慌のなかで挫折し、世紀転換期ともなると、賃労働者が自営業者として独立するのはほとんど夢物語となった。目先の利く幹部は、賃労働者の運命を甘受しつつ同職的団結による労働条件の向上を図り、騎士団から離れてアメリカ労働総同盟（AFL）を創立した。

3) 命令の正当性

　労働運動の主流が労働騎士団から AFL に移行する時代は、重層的な管理組織をもつ巨大企業が出現しつつある時代でもあった。まず鉄道業が、次に鉄鋼業が、そして世紀末には電気機械工業が管理組織の発展を先導した。そして、組織の時代はそれに対応する新しい人間像をもたらした。

　今日われわれが組織で働く人びとの代名詞として用いている「マンパワー」という言葉は、近代的な巨大企業のひとつであるウェスティングハウス社のなかで産声をあげた。19世紀には「馬力の十分の一の動力」を意味していたこの言葉を、経営の言葉に鋳直したのは、トマス・フレンイヤーという販売部長だった。フレンイヤーはヴァーモント州のバプティスト派牧師の家に生まれ、自らも神学校からフィリップス・エクセター・アカデミーそしてハーヴァードへと進学した。だが父親が亡くなって学資の道が絶えたので勉学を諦め、勤め人生活に入ったという経歴の持ち主である。居並ぶ技術者や職長たちを前に、フレンイヤーは次のように語った。

　　今夜わたしたちの関心の的となるのは滝や機関の馬力ではありません。意志を持つ生物がもつ一種のパワーなのです。他によい名称がありませんので、マン・パワー（Man-Power）と名づけておきましょう。……

　　人びとをコントロールすること、またこのようなコントロールを民主的な社会のなかで行いうるかどうかという問いは、私には時宜にかない、われわれの興味をそそるものに思われます。

　　はたして同僚に対する権力の行使は危険なものでしょうか。過去2世紀以上にわたって、われわれは権力にたいする従属の軛をはずすべく闘ってきたのではないのでしょうか。……幸いにもわれわれは、奴隷の足枷が打ち破られ、封建貴族の支配が遠い昔のこととなった時代に生きております。しかし世界の歴史のなかでは、少数者の多数者に対するリーダーシップやパワーは依然として現実のものでありますし、また重要なものなのです。事業は成し遂げられねばなりません。偉大な計画を遂行するためには、力を与えられた少数者によって多数者の労働を組織し利用することほど有効な方法は、今だにないわけであります。……

効果があって、しかも民主主義を阻害せず、自由を破壊しない管理的統制は、どうやったら実現できるでしょうか。言い換えれば、民主的なコミュニティーにおける真の組織原理は何なのでしょうか。それは、彼らが自分でしたいことをやっていながら、しかもあなたの望むように行動しているということなのです。つまり、彼らを駆り立てるのではなく、あなたのやらせたいような欲望を他者に注入することなのです。人間を知り、あなた自身の目的に沿ったかたちで、欲望と愛着の対象を彼らの目の前に置いてやることなのです。[45]

この講演は共和主義の伝統に立って、命令の正統性を正面から問うている。ニューイングランド植民地の建設をつうじて「権力にたいする従属の軛をはずす」ことを学び、独立革命によって「封建貴族の支配」を最終的に打ち破り、そして南北戦争によって「奴隷の足枷が打ち破」られたアメリカ。そのアメリカで巨大企業が生まれ、「力を与えられた少数者によって多数者の労働を組織し利用する」必要が生じた。だが、巨大企業における上司からの命令は「民主主義を阻害」し、「自由を破壊」するものではないだろうか。フレンイヤーはアメリカ巨大企業体制に対しての根源的な問いを投げかけたのである[46]。

（2）　日　　本

では日本はどうだろうか。どうやら、命令の正当性などは問われたことがないようだ。上司は上司であるということの故に、命令を出す正当性をもつ。こんなこと、いまさら聞いてどうするの、と嗤われるのが落ちであろう。日本ではフレンイヤーの共和主義的な問いは意味をなさないとされているのである。

すでに述べたように、命令の正統性を問題にすることは植民地建設以来のタウンの自治に根差すものであった。それならば、日本においても、農村における自治のあり方を考察するのが妥当な研究手続きであろう。

1）　中央・地方関係と国民形成

ニューイングランドの植民地権力と同じように、幕府も大名も、領地にある村を直接に掌握しなかった。村請制のもとで、村落は年貢や諸役を上納する単

位であった。村人は村役人をつうじて幕藩権力と接触し、神社で寄合を開いて年貢の割り付け、入会、祭礼などについて相談した。

近代国家をつくるため、中央官僚機構が構築されて統治機構が制度化され、最終的に明治憲法が公布されて明治国家が完成した。この場合、中央・地方関係の整備も行わなければならなかった。憲法発布に先立って町村合併が行われ、近世以来の7万5千の自然村が、ほぼ5分の1の約1万6千の行政村にまで集約された。町村合併に引き続いて市制町村制および府県制・郡制が制定された。国家形成の一環として「国家─道府県─市町村」の序列がつくられた[47]。そして道府県は、内務官僚を中心とする知事が派遣され、内務省官制に基づき県治局がその監督にあたった。県治局は1897年に地方局となった。

そして、日本においても明治憲法が制定されたあと国民形成が行われた。この場合も、国家形成と同じように、なじみのない西洋の文化や制度を取り入れなければならなかった。すでに国制はほぼ1890年に定まり、また軍隊、鉄道、電信、病院、学校、大学などの基礎的な制度もこの頃までに体系的に導入されていた。だが、これはいわば国家の外郭が構築されたにすぎないのであって、その中味つまり内郭を整備するのはその後のことであった。

日本では西欧文明を導入することをつうじて国民形成が行われた。明治政府は東京帝大を優秀な成績で卒業した若者を派遣して欧米の学知を体系的に導入した。助教らはドイツをはじめとする大学に留学して、医学、工学、法律、経済などの専門分野だけでなく、社会科学の専門分野に沈潜して博士号を取って帰朝し、それぞれの講座で日本語により後進を教授した。そればかりか、文学、語学、美術、音楽、造園など、西欧文明のあらゆる分野の知識を一身に体現させるべく、国費を投じて留学が行われた。

この留学の波はちょうど世紀転換期と重なっている。この時期は、ドイツの膠州湾占領、ボーア戦争や北清事変（義和団事件）などが起こるとともに、帝国主義列強の国内で社会問題が深刻化する時期であった。歴史家ダニエル・ロジャーズは『グローバル・クロッシングズ』のなかで、アメリカの社会改良家たちが「社会改革の考え方や政策や立法などを学ぶためにトランスナショナルな交流を行った」ことを指摘し、「意見交換や人的な繋がりのトランスナショナルなネットワーク」を通じてさまざまな社会政策の「模倣、適用、変容がト

ランスナショナルに展開された」と述べている[48]。

　日本もまた欧米とほぼ同時期に社会問題に悩まされた。横山源之助が『日本之下層社会』を著したのは1899年、横山も参加した農商務省の『職工事情』の発表されたのは1903年のことである。留学生たちも社会問題研究を志した。商業学教育と交通経済の研究のために留学した関一も、統計学を学ぶために留学した高野岩三郎も、留学して博士論文『日本経済史論』を著した福田徳三も、ドイツ歴史学派の碩学のもとで学び、それぞれ社会政策の専門家となって帰国した。

2）　地方改良運動

　さて内務省地方局は、道府県の監督にあたるとともに、「賑恤救済ニ関スル事項」すなわち貧民救済も所管事項としていた。救済にあたるセクションはまだなく、府県課が監督業務と貧民救済を担当していた。

　政府は府県課長であった井上友一を欧米に派遣した。1900年6月から足かけ10ヵ月の欧米視察をつうじて、井上はフランス、ドイツ、ロシア、ハンガリー[49]、イギリス、アメリカを巡遊して、これらの国の帝国主義政策と、中央と地方との関係と、都市社会政策の実態とをつぶさに研究した。

　帰国すると井上は地方行政の革新と社会事業の促進を手掛けた。その集大成となったものが、1908年と09年にそれぞれ開始された、感化救済事業講習会と地方改良事業講習会であった。

　感化救済事業講習会を実施するにあたっては、内務省の嘱託をしていた留岡幸助が、縁の下の力持ちのような役割を果たしたと思われる。留岡は、同志社大学を卒業したあと北海道の監獄の教誨師として少年の更生施設の重要性に気づき、渡米して監獄および感化院で実地に学んだ。帰国後は巣鴨に感化院「家庭学校」を経営するかたわら、内務省嘱託として全国に出張し、社会事業の調査・指導と社会事業家のネットワーク作りを行った。

　地方改良事業講習会は井上友一が中心となった。中央・地方関係が1890年頃に整備されたあと、県治局あるいは地方局が行ったのは、地方自治が法規にのっとって行われているかを監視することだった。これに対して、1893年に入省した井上は、住民の自発性をどのように引き出すかについて、考えをめぐら

した。そのために、海外出張で得た問題意識を発展させるべく、部下とともに欧米の都市社会政策を調査してそれを敢行した。また、松平定信（楽翁）をはじめとする江戸時代の民政を調査するとともに、二宮尊徳による農村自力更生運動を模範とする報徳運動を他の政府高官とともに開始した。このような周到な準備を積み重ねたうえで、道府県の役人を東京に集めて、地方改良事業講習会を行った。

　井上は中央官僚であるとともに篤志家のオルガナイザーでもあった。正月は留岡を自宅に招いて、全国の篤志家から来た年賀状をふたりで読み、返事を書いた。篤志家とは、留岡によれば、地主、資産家、門閥家などであって、それぞれの自治体のなかで、町長・村長、学校長、宗教家らと連携しながら公共事業を発達させ、「健全な町村を作らんとする」人びとである[50]。床次竹二郎地方局長などを説得して、井上府県課長は1909年から地方改良講習会を開始した。これは内務省だけではなく、農商務省、逓信省、大蔵省などの中央官庁から講師を招聘して、篤志家や、道府県の役人に1ヵ月近くにわたる講習を行うというものであった。

3）　自治の訓練

　地方改良講習会は大正半ばまで継続して開催されたが、そのなかで井上が行った講演のタイトルは、「自治の訓練」であった。

　自治の訓練とは、訓練によって自治を振興することだった。訓練の主体は村にあっては村長、校長、神主・僧侶および篤志家であるが、これら村落リーダー層に自治の訓練をほどこすのは地方官僚であり、その地方官僚に自治の訓練の何たるかを教えるのが他ならぬ地方改良講習会の目的であった。

　すでに明治国家は、青年団、在郷軍人会、納税組合などの行政浸透団体を、市民社会のなかに網の目のように張り巡らせていた。『内務省史』は地方改良運動の目的をそれらの団体との関連において次のように述べている。

　　具体的には、行政浸透補助組織の形成、個人または組織による町内会の教化、政争を否定する非党派性の強調の形をとり、さらにこの方針の浸透をはかるために表彰・模範例の蒐集・地方改良事業講習会の開催などが行なわれ

た。行政浸透組織としては、おびただしい組織が部落を基盤としてつくられている。在郷軍人会・赤十字社・愛国婦人会・納税組合・貯蓄組合・農会・産業組合などがこれであり、これらは、いずれも部落及び五人組の共同体的規制によって強制される「自発性」を行政浸透に利用する組織であり、知事・郡長・町村長の行政系列に統合されていた[51]。

「自治の訓練」は、「強制された自発性」を市町村の住民のなかに作り出すための方策であった。

「自治の訓練」も「強制された自発性」も、「白い黒」・「生き地獄」・「熱い氷」などと同じ、形容矛盾を含んだ撞着語法(オキシモロン)である。そもそも自治は訓練されるものだろうか。自治は必要に迫られて内発的に行うものであって、外発的に訓練されるものではない。もし自治の訓練によって促進されるものがあるとすれば、それは公式であれ非公式であれ、力をもつ者の顔色を覗いながら実行される能動的な行いであろう。それは「目上の者」からスイッチを押されれば動き出す、ロボットに他ならない。この訓練が行き届いた集団は、自ら秩序を形成する真の自治能力を喪った烏合の衆にすぎないから、いったん統治機構を支える官僚統制の網の目が瓦解してしまえば、そこに出現するのは人脈と金脈と暴力の支配する混沌とした世界である。それが事大主義——「大」に仕える主義——の帰結である。井上の推進した自治の訓練は、「強制された自発性」の訓練に他ならなかった。それは本書第1章で論じた個人本位の集団を形成する訓練ではなく、集団本位の集団を形成する訓練である。

アレクシ・ド・トクヴィルは、「人が社会に従うのは、自分が指導者より劣っているからでも、自治能力が他人より低いからでもない。仲間と手を結ぶことが有益に思われ、しかもこの結合はある調整権力なしには存在しえないことを知っているから、社会に従うのである」と述べている[52]。これこそトクヴィルがニューイングランドにおける自治の本質と考えたものであった。それは個人から出発して集団を形成する営為である。もし仮に、この精神を心の習慣とする人びとが秩序の崩壊した場にいれば、自分たちで組織をつくり、組織の長を互選し、組織に不具合があれば修正し、それを自分たちで運営し続けてゆくであろう。フランス革命後に貴族の家に生まれ、民主主義は群衆支配を生

み出すのではないかと懸念を抱きながら渡米したトクヴィルが、ニューイングランドの自治に人類の将来を託したのは、この1点である。自治は訓練されて身につくものではない。「秩序は自分たちでつくるものだ」との思いで、一人ひとりが試行錯誤を繰り返しながら、経験をつうじて身につくもの、それが自治である。

6．むすびにかえて──徒弟制の政治

アメリカと日本をまたぐトランスナショナルな歴史を、17世紀から20世紀半ばにおよぶ長いタイムスパンで描こうとして、ずいぶん曲がりくねった論考になってしまった。

（1） 地方改良運動から会社徒弟制へ

予定では、このあと地方改良運動から会社徒弟制に至る道筋を明らかにするはずであった。だが、これについては書くことは、紙数の上でも、また時間の点でも、不可能である。興味を持たれる方は、20年近く前に発表した論稿「日本社会政策史の探究（上）」をお読みいただきたい[53]。その内容をごく簡単に述べれば次のとおりである。

1） 地方改良運動の時期に静岡県安倍郡で、郡長として赴任した若手内務官僚・田沢義鋪によって青年団を対象とする泊まり込みの修養講習会が開始された。田沢はこのあと明治神宮造営局総務課長として東京に戻り、神宮外苑の造営にあたって全国の青年団に呼びかけて作業奉仕を組織し、この青年団動員の総括として、1人1円の募金活動を行い、外苑の一角に「日本青年の殿堂」を1925年に完成させる。初代の日本青年館である（老朽化のため1979年に建て替えられた）。一方、合宿方式の修養講習は、日露戦争下に青山師範学校の学生・蓮沼門三によって開始された修養団に引き継がれ、全国の景勝地において当地の師団より借り受けた軍用テントのなかで班ごとに合宿をする、天幕講習会として発展させられた。

2） 米騒動に直面して、田沢は危機感を募らせた。忙しい公務の合間を

縫って天幕講習会への参加を欠かさなかった田沢は、修養団を「青年団の幹部団」として位置づけた。こうして市町村の「中堅となるべき青年を修養団に加入させ、その固い団結によって、市町村の青年団を内部から動かして行ったら、非常によい結果が見られるのではないか」という組織論を打ち出した。

3） 米騒動に踵を接して労働争議が頻発した。活発となった労働運動の対策として、内務大臣となっていた床次竹二郎は財界に働きかけて五百数十万円の寄付金を集め、1919年に協調会を発足させた。田沢は、翌1920年に、徳川家達(いえさと)を会長とし渋沢栄一を副会長とするこの財団法人の理事のひとりとなり、渋沢のいう「交温主義」——「資本家も労働者も互に敬愛忠恕の心を以て交を温め合ふ」主義——の実践に乗り出した。

4） 翌1921年の2月、協調会が主催し、修養団が実行部隊となって、第一回の労務者講習会が世田谷の国士舘で開催された。東京砲兵工廠、鉄道省、横須賀海軍工廠から送られてきた70名の労働者と、田沢ら約十名の講師が5泊6日で合宿をし、「対等なる人格の相互尊重」（協調会宣言）の実践が行われた。その時の感想文からは、少なくとも一部の労働者に大きな感化を与えたことがわかる。それ以後、国営工場はもちろんのこと、住友系企業をはじめとする民間企業でも、労務者講習会が精力的に開催された。

5） 修養団の天幕講習会は、もともと学生・教員・農民を主体にしたものであったのが、この頃から「官吏・職工・会社員」を中心とするものへと変化してゆく。その割合は、1919年には3.2%にすぎなかったが、22年には13.1%、29年には46.6%となり、39年には73.4%にまで増加する。協調会労務者講習会の参加者が修養団天幕講習会に参加していったと見てよいだろう。

以上のように、地方改良運動の「自治の訓練」に始まり、修養団の天幕講習会をへて、協調会の労務者講習会に至る、官僚と経営者と社会教育者に率いられた教育運動が、日本における労務管理の前史であったと考えることができる。

（2） トヨタのジンシツ管理

　最後に、本章を結ぶにあたり、ふたたびトヨタ自動車に戻りたい。これは『日本経済新聞』の1986年の記事である。

　　インフォーマルグループ［非公式集団——引用者］への参加が、もう一つの職場生活とさえいわれているトヨタ自動車の場合は、人間関係管理ではなく「人質管理」といわれる。
　　同社では、毎年五月の通称オールトヨタオリンピックと呼ばれるグループ十三社の参加する会社対抗の競技大会を中心にして、全社的な大会が毎月のように開かれている。それに出身地「県人会」、趣味、スポーツの各種同好会、クラブなどの様々なインフォーマルグループの行う余暇活動も多い。トヨタの社員は、こうしたグループにいくつも参加するのが当たり前になっている。管理職はこうした活動に積極的に参加し、職場の風土を少しでもよくすることが求められている。だから仕事の一部といってよい。トヨタは血縁、地縁を重んずる。各職場、各家庭を底辺とする巨大な血縁、地縁集団を形成し、全社的、全地域的な相互信頼関係を築いている。インフォーマルグループ活動は血縁、地縁集団の内部を細かく結ぶネットワーク的な役割を果たしている。人質管理で均質的な人間集団を形成できたことが、同社の極限までの生産性向上、合理化の隠れた秘密とさえいわれる。トヨタの合理主義はこんなところにまで、きちんと貫かれている[54]。

　誤って「ヒトジチカンリ」と読まれかねない「人質管理（じんしつかんり）」という言葉は、まずめったに使われない。もちろん人事管理や経営学の教科書にも出てこない。しかし、日本における人事管理の特徴を把握する場合に、さらに日本における集団と個人の関係を理解するうえで、鍵となる言葉だと思われる。QC運動をもって日本は品質管理の祖国のように言われたりもするが、ジンシツ管理においても日本は祖国であるかのようである。トヨタ自動車の労働者の質は、管理者と現場監督者に率いられたインフォーマル・グループの活動によって保証されている。これは井上友一が地方行政を推進するにあたって

行った、行政浸透組織を活用する「自治の訓練」と同じやり方である。会社の中のことだから、むしろ経営浸透組織と呼ぶべきかもしれない。行政の意思が官製中間団体をつうじて住民の思想と行動に浸透するのと同じように、経営の意思が職場と社内団体をつうじて労働者の思想と行動に浸透するのである。非公式の力は、職場、事務所そして地域社会の隅々にまで張り巡らされている。労働者はインフォーマルグループに「自発的に」参加するよう促される。だが、ネットワークの創始者のひとりである山本恵明は、これが経営によって張り巡らされたことを証言している。トヨタの労働者たちは「強制されつつ自発的に」加わったのである。

　社内における「自治の訓練」組織というべきトヨタのインフォーマルグループ活動は、会社の働きかけを受け、養成工すなわち会社徒弟制の出身者によって開始された。トヨタの会社徒弟制は、労働組合を左派系指導部から争奪する組合員を養成し、(本章では詳しく説明しなかったが) トヨタ生産方式を現場で支える基幹的熟練工を養成した。

　歴史家チャールズ・メアーは、「相互信頼にもとづき、生産性向上をともに目指す、労使協調」を生産性の政治 (politics of productivity) と名づけた[55]。本章の議論を踏まえれば、徒弟制の政治 (politics of apprenticeship) こそがトヨタ自動車における生産性の政治を可能にしたと結論づけることができよう[56]。

注

1) 本章は、2013年10月12日にアメリカ合衆国コネティカット州ニューヘイヴン市にあるアルバータス・マグナス・カレッジ (Albertus Magnus College) において行われたニューイングランド歴史学会 (New England Historical Association) の秋季大会で報告した際のフルペイパーを基にしている。報告に際しては Andrew Gordon, Fabian Drixler, James P. Hanlan, Bruce Cohen をはじめとする諸先生にお世話になり、また有益なコメントを賜った。記して感謝したい。
2) 小野塚知二 [2001]。
3) レイヴ、ジーン & ウェンガー、ティエンヌ [1993]。
4) Montgomery, David [1987]。
5) 木下順 [2000] 300〜302頁。
6) この当時、ゼネラル・エレクトリック社 (GE) にはリンの他にマサチューセッツ州ピッツフィールドおよびニューヨーク州スケネクタディに事業所があった。リン事業

所はエリヒュー・トムソンらの創設したトムソン=ハウストン社の系譜をひき、スケネクタディ事業所はトマス・エディソンの系譜を引いていた。その意味で技能養成政策にはかなりの違いが生じていた。スケネクタディの徒弟制については本書第4章を参照されたい。

7) Blewett, Mary H. [1988].
8) 木下順［2000］302～307頁。
9) イリイチ、イヴァン［1977］。
10) 菅山真次［2011］。
11) Alexander, Magnus W. [1907] p. 479.
12) NACS [1914] p. 440.
13) Montgomery [1987] chapter 5 White shirts and superior intelligence.
14) Horowitz, Morris A. and Herrnstadt, Irwin L. [1969] p. 234.
15) Schatz Ronald W. [1983].
16) 平沼高［2007］。
17) 隅谷三喜男［1970上］7頁。
18) 戦前期の日本においては製鉄、鉄道や造船をはじめ、官営工場の比重が高い。そこで経営主体として営利法人を意味する「会社」ではなく、広く経営体を示す「企業」という言葉を用いて大企業とする。そのうえで、「会社徒弟制」の語を米日に共通の概念として用いる。
19) ゴードン、アンドルー［2012］59、118～119頁。
20) 長谷川伸［1971］72頁。
21) 熊沢誠［1993］引用は58頁。
22) ゴードン［2012］109～110、155頁。
23) 大河内一男［1983］13～16頁。
24) 木下［2010］。「資料の欠落があちらこちらにあった日本の戦前の時代、そういうものを何かの理屈でずっと統一的な歴史として流れを跡づけようとする場合には、その欠落部分を補填するという意味においても、理論仮説がどうしても必要になるのではないか」と断ったうえで、大河内は「仮説」という言葉を十数回も用いている。
25) 氏原正治郎［1975］419頁。
26) ゴードン［2012］127、131、238、497頁。
27) 解雇された熟練労働者が中小企業の経営者や労働者となり、二重構造形成の素材となったことは言うまでもない。ただこれは本稿のテーマではない。
28) 兵藤釗［1971］436～439頁。
29) ゴードン［2012］127～128、132、275～277頁。この「企業と学校のリンケージを制度的基盤とする、学校から職業への「間断のない移動」のシステム」については、菅山真次によって、企業・学校・行政の一次史料を用いた詳細な実証研究が発表されている。ただし、菅山はブルーカラー層の新規学卒者一括採用は「高度成長期以降、学校と協力・連携した職業安定機関が展開した新規学卒者紹介事業をきっかけとして創

出された」と主張している［菅山（2011）］。これは本稿がもとにしたゴードンの歴史研究とは異なる。その理由は、労働力を量的なものとして把握するか、それとも企業内の階層性を踏まえた質的・構造的なものとして把握するかという、方法論の違いに起因するのではないか。ともあれ、戦前・戦中のブルーカラー労働者についてのリンケージ研究が待たれる。

30）隅谷［1970下］294頁。
31）読売新聞［2003］97、99頁。
32）田中博秀［1982］41頁。
33）読売新聞［2003］138頁。
34）田中［1982］41〜42頁。
35）読売新聞［2003］142頁。トヨタの労使関係における養成工の意義を明らかにしたのは、野村［1993］である。とくに110〜113、135〜140、213〜214、261、264頁を参照されたい。
36）Faler [1981] pp. 1-7.
37）トクヴィル［2005（1上）］98〜102頁。
38）トクヴィル［2005（1上）］101頁。
39）ホール、デイヴィッド・D［2012］。
40）Appleby, Joyce [2000] p. 133.
41）ウッド、ゴードン・S.［2010］。
42）Lincoln, Abraham [1860].
43）Zonderman, David [1992] p. 221.
44）フォーナー、エリック［2008］上、182〜183頁。
45）Frenyear, Thomas C. [1903] p. 78.
46）フレニイヤー講演の歴史的文脈については、木下［2000］第7章「「マン・パワー」の発生」を参照されたい。
47）この秩序はアメリカと正反対である。アメリカではまずタウンが自治の基本的な単位となり、州が形成され、そして合衆国憲法がそれぞれの州によって批准されてはじめて連邦政府が誕生したのである。
48）Rodgers, Daniel T. [1998] pp. 3, 7, 31.
49）オーストリア＝ハンガリー二重帝国のなかで、ハンガリー王国として半独立の状態にあった。井上はオーストリアではなくハンガリーを研究している。
50）留岡［1908］［1909］。
51）大霞会［1971］435頁。
52）トクヴィル［2005（1上）］103〜104頁。
53）木下［1995］。
54）日本経済新聞［1986］。
55）Maier, Charles S. [1978].
56）本章で「会社徒弟制」と表記した制度は、第4章の工場徒弟制や第8章の養成工制

度に関係があるので、用語の統一を図ってみた。しかしいずれの章においても研究の基本的な枠組みに関わることなので、今回は調整しないことにした。

参考文献
イリイチ、イヴァン［1977］『脱学校の社会』東洋、小澤周三訳、東京創元社。
氏原正治郎［1975］『日本労働問題研究』東京大学出版会。
ウッド、ゴードン・S［2010］『ベンジャミン・フランクリン、アメリカ人になる』池田年穂・金井光太朗・肥後本芳男訳、慶應義塾大学出版会。
大河内一男［1983］「日本の社会運動における連続と断絶」『運動史研究』第11号。
大霞会内務省史編集委員会［1971］『内務省史　第二巻』(1970年、大霞会)。
小野塚知二［2001］『クラフト的規制の起源――19世紀イギリス機械産業』有斐閣。
木下順［1995］「日本社会政策史の探求（上）――地方改良、修養団、協調会」『国学院経済学』第44巻第1号、11月。
木下順［2000］『アメリカ技能養成と労資関係――メカニックからマンパワーへ』ミネルヴァ書房。
木下順［2010］「養成工制度と労務管理の生成――「大河内仮説」の射程」『大原社会問題研究所雑誌』No.619、2010年5月。
協調会徒弟問題研究会［1938］『基幹的熟練工の重要性とその養成に就て』協調会。
熊沢誠［1993］『新編　日本の労働者像』ちくま学芸文庫。
ゴードン、アンドルー［2012］『日本労使関係史、1853-2010』二村一夫訳、岩波書店。
菅山真次［2011］『「就社」社会の誕生――ホワイトカラーからブルーカラーへ』名古屋大学出版会。
隅谷三喜男［1970上］『日本職業訓練発展史（上）』日本労働協会。
隅谷三喜男［1970下］『日本職業訓練発展史（下）』日本労働協会。
田中博秀［1982］「日本的雇用慣行を築いた人達――山本恵明氏にきく（1）」『日本労働協会雑誌』第280号。
トクヴィル、アレクシ・ド［2005（1上）］『アメリカのデモクラシー　第1巻（上）』松本礼二訳、岩波文庫。
留岡幸助［1908］「市町村自治の四角同盟」同志社大学人文科学研究所編『留岡幸助著作集　第二巻』同朋社、1979年、初出は『人道』第四一号、明治41・9・5。
留岡幸助［1909］「農村と篤志家」同志社大学人文科学研究所編『留岡幸助著作集　第二巻』同朋社、1979年、初出は『地方改良講演集』上巻明治42・12・25。
トヨタ自動車株式会社社史編集委員会編［1967］『トヨタ自動車30年史』別巻。
豊田英二［1985］『決断――私の履歴書』日本経済新聞社。
日本経済新聞［1986］「新・社風の研究（8）職場生活（下）信頼関係築く余暇活動」『日本経済新聞』6月4日。
野村正實［1993］『トヨティズム――日本型生産システムの成熟と変容』ミネルヴァ書房。

間宏［1993］「解説・熟練工中堅工問題」間宏監修・解説『日本労務管理史資料集　第3期第7巻　熟練工・中堅工問題』五山堂書店。
長谷川伸［1971］「ある市井の徒」『長谷川伸全集　第十巻』朝日新聞社。
兵藤釗［1971］『日本における労資関係の展開』東京大学出版会。
平沼高［2007］「現代アメリカの徒弟制度──自動車産業及び建設業を中心にして」平沼・佐々木英一・田中萬年編著『熟練工養成の国際比較』
フォーナー、エリック［2008］『アメリカ自由の物語──植民地時代から現代まで（上）』横山良・竹田有・常松洋・肥後本芳男訳、岩波書店。
ホール、デイヴィッド・D［2012］『改革をめざすピューリタンたち──ニューイングランドにおけるピューリタニズムと公的生活の変貌』大西直樹訳、彩流社。
読売新聞特別取材班［2003］『豊田市トヨタ町一番地』新潮社。
レイヴ、ジーン＆ウェンガー、エティエンヌ［1993］『状況に埋め込まれた学習──正統的周辺参加』佐伯絆訳、産業図書株式会社。
Alexander, Magnus W. [1907] "A Plan to Provide for a Supply of Skilled Workmen," *Transactions of the American Society of Mechanical Engineers* (28).
Appleby, Joyce [2000] *Inheriting the Revolution: the First Generation of Americans*, Cambridge, Mass.: Belknap Press.
Blewett, Mary H. [1988] *Men, Women, and Work: Class, Gender, and Protest in the New England Shoe Industry, 1780-1910*, Urbana, Ill.: University of Illinois Press.
Faler, Paul G. [1981] *Mechanics and Manufacturers in the Early Industrial Revolution: Lynn Massachusetts, 1780-1860*, Albany, N. Y.: State University of New York Press.
Frenyear, Thomas C. [1903] "Man-Power," *The Electric Club Journal* 1-1.
Horowitz, Morris A. and Herrnstadt, Irwin L. [1969] *A Study of the Training of Tool and Die Makers*, Boston, Mass.: Department of Economics, Northeastern University.
Lincoln, Abraham [1860] *Abraham Lincoln's Speech at New Haven*, March 6, The History Place── Abraham Lincoln. http://www.historyplace.com/lincoln/haven.htm 2012年1月15日取得。
Maier, Charles S. [1978] "The Politics of Productivity: Foundations of American International Economic Policy after World War II," Chapter 2 in Peter J. Katzenstein, ed., *Between Power and Plenty: Foreign Economic Policies of Advanced Industrial States*, Univ of Wisconsin Press.
Montgomery, David [1987] *The Fall of the House of Labor: The Workplace, the State, and American Labor Activism, 1865-1925*, Cambridge. U. K.: Cambridge University Press.
NACS [1914] *Proceedings of the National Association of Corporation Schools*, 2nd. Philadelhia, 1914.
Rodgers, Daniel T. [1998] *Atlantic Crossings: Social Politics in a Progressive Age*, Cambridge and London: Belknap Press.

Schatz, Ronald W. [1983] *The Electrical Workers: a History of Labor at General Electric and Westinghouse, 1923-60*, Urbana, Ill.: University of Illinois Press.

Zonderman, David [1992] *Aspirations and Anxieties: New England Workers and the Mechanized Factory System, 1815-1850*, New York: Oxford University Press.

第 8 章

戦前期日本電機企業の技術形成と人事労務管理

市 原 　 博

1．はじめに

　本章は、戦前期の日本の重電機産業の発展を主導した芝浦製作所・日立製作所・三菱電機の3社を対象に、欧米先進国で製作される重電機器と同等の容量を持つ製品の開発・製造を可能とする技術力が蓄積される過程において、その担い手となった人材の育成方法と彼らに対する人事労務管理がどのような特徴を持ち、また、いかなる変容を遂げたのかを考察することを目的としている。ここで人事労務管理という用語を使用するのには、上記の技術力の蓄積の主体となった多様な人材を考察の対象とするという含意が込められている。電機の技術は、電気現象に関する科学的知識と機械技術が結合した当時の先端的な「輸入科学技術」としての性格を持った。それを担う人材には、①欧米の科学・技術知識を導入する者、②それらの知識を製造過程に定着させる者、③その知識を製造過程で実際に活用して製品を作り上げる者という3者が必要であった。それぞれの主要な担い手として、①は上級技師、②は下級技師と技手、③は職長と熟練職工を措定することが許されるであろう。日本における用語法では、①と②の人材に対する管理は人事管理、③の人材に対する管理は労務管理と呼ばれるのが一般的であった。人事労務管理という用語を使用するのは、この3階層の人材を考察の対象にしたいという意図からである。
　戦前期日本企業の従業員の管理に関する研究では、労働研究が労使関係の視点に導かれて進められたことを反映して、労働運動の主体との関係で重視された職長・熟練職工を対象とする労務管理研究が積極的に進められてきた[1]。それと対比すると、①と②の人材に当たる技師・技手に対する人事管理の研究は

近年に至るまであまり取り組まれてこなかった。

　先行研究の厚い蓄積のある労務管理研究では、職人の人材形成の中心的方法であった伝統的な徒弟制度が、輸入技術に基づく近代工業の人材形成方式として早期に機能不全に陥り衰退したこと、それに代わる人材形成方式として多くの製造業企業で採用された見習工制度も空洞化し、人材形成はもっぱら若年工が雑役を経験しながら「見よう見まね」で技能を身に着けるという方法に頼るようになり、その非体系的な経験のみによる技能形成の非効率性と学理的教育の欠如という欠陥を克服する方法として、企業が養成施設を設立し、若年者に養成工教育を施す養成工制度が日露戦後から1920年代に広まったことが論じられてきた。そこでは、彼らの人材形成や行動様式、社会関係に対する「職業の世界」の規制力は否定的に認識され、彼らの企業秩序への包摂の側面が強調されてきたということができる。上記の人材形成方式の転換と並行して進められた製造工程の管理の変容も、職長を介して管理する「間接的管理」方式から技術者が管理の直接の主体となる「直接的管理」方式への移行としてとらえられ、「間接的管理」方式は単に克服の対象として認識されてきた。そのため、「間接的管理」方式において職長が果たした重要な役割が積極的に評価されることも稀であった[2]。

　一方、技師・技手の人材形成については、実証的な知見が乏しい中で、戦前期の日本企業の人事制度が「学歴身分制度」を基本的な枠組みとしていたという通念と共鳴して、それぞれにとって高等教育・中等教育レベルの技術教育の意義が高く評価されるのが通例であった[3]。そして、とりわけ高等教育を受けた技師と職工たちの間に生じる恐れのあった文化的摩擦を緩和・解消するのに技師たちの「現場主義的」行動様式が重要な役割を果たしたと評価されてきた[4]。

　しかし、「現場主義的」行動様式は日本の学卒技師の行動を規定する一般的な原理になっていたとは評価できず、また、学卒技師の「現場主義的」行動を促進させるマネジメントが形成されていたと考えることもできない。実際には、高等教育卒の技師たちの製造に関する技術知識の限界から、徒弟や見習工上がりの熟練職工・職長の知識・技能が製造工程において大きな役割を果たしたし、彼らの製造工程に対する規制力は相当後にまで残ったのである。また、製造・

設計現場での経験を基礎に、様々に存在した学習機会を利用して基礎的な工学知識を獲得して技術系職員の地位に昇格したいわゆる「現場型技術者」が、職長・熟練職工の作業への管理の浸透に大きな役割を果たしたことも確認できる[5]。本章は、高等教育修了技師に加えて、これらの人材が技術形成に占めた位置を解明することにより、日本の製造業企業の技術形成に「職業の世界」が及ぼした影響にアプローチしようとするひとつの試みと位置づけられる。

2．創生期の製品開発と技術者・職工

日本の重電機工業の創生期には製品の開発・製造において職長・熟練職工や「現場型技術者」が大きな役割を果たした。その背景には、新製品の設計・製造が「研究試作的製造」という言葉で表現されるような方法で行われていたという事情が存在した。1898年に三菱長崎造船所に設立された電気工場を起源とし、1906年に神戸造船所に設立された電機工場が19年に電機製作所に発展し、それが21年に分系会社として独立して誕生した三菱電機では、電機工場の設立から第一次世界大戦前期まで、新製品の設計は欧米の書物・カタログから得た知識を活用したり実物をモデルにした「見まね」「見とり」方式で行われた。設計の内容は設計者個人の腕と判断に任せられ、おそらくは機構・構造だけを示す図面しか作成されなかった。こうした不完全な設計図をもとに職長や熟練職工の腕と知識に依拠して製品の製造がなされ、当然頻発した不備、欠陥や故障に対しては、「考えるだけの考えを加え、あとは判断できめて、先ずやって見る。悪ければ直すと言う態度」[6]で、作った後に現れた問題点を現場でつぶしていくという対処方法がとられていたのであった。

不完全な製品設計しかできないことを前提に、製造工程や完成・納品後に出現した欠陥をその設計・製造に関与した者たちが力を合わせて1つひとつつぶしていくというこのようなソリューション方式は、創業期の日立製作所でも見られた。同社の母体となったのは、電機製品の国産化を企図した小平浪平により1906年に設立された日立鉱山工作課の機械修理工場であり、日立製作所として同鉱山から独立する前年の10年に初めて独自の5馬力電動機を開発・製造し、第一次世界大戦期に至って大形の発電機・電動機・変圧器を多く開発・製造す

るようになった。それらの製品の開発の経験について、同社の社史は、「みな書物とか雑誌とかの文献によるか、外国輸入品の類似のものを外部からスケッチし、それによって設計するものであるから、全く独自の考えで工夫考案したものであった。時としては盲目滅法に突進した場合もあった。従って失敗に次ぐ失敗がひんぴんと起った」[7]と正直に記しているのである。

　高等技術教育を受けた人材の採用がこうした開発・製造方式からの脱却にすぐにはつながらなかったことを示すのが、日本の重電機工業のパイオニアの地位を占める芝浦製作所の経験であった。同社は、天性のからくり細工の才能を基に実地経験と独自の創意工夫で機械技術を身に着け、蘭学者の指導を受けて西洋の科学知識を学んだとはいえ、西洋機械工学を学ぶ経験を持たなかった「現場型技術者」の象徴的存在である初代田中久重が工部省の求めに応じて1875年に創立した日本初の電信機製造工場を起源とした。電信機の自給を意図する工部省により78年に同工場が買収されると、初代久重は各種機械製作工場を開き、81年に初代久重が死去した後は、工部省電信寮製機掛に勤めていた初代久重の弟子で養子の二代目久重が当初は兼務で工場の経営を引き継いだ。翌82年に海軍から水雷製造の依頼を受けた二代目久重は、製機掛を辞職して芝浦に新工場を建設し、事業を拡張した[8]。

　初代久重による工場設立からこの時期まで、田中工場の業務を担った中心的人材は、初代久重に弟子入りして技術を学んだ人々であり、その中には初代久重と縁戚関係にある人も多かった[9]。しかし、同工場が民間を代表する機械工場に成長したことを反映して、高等技術教育を受けた技術者の採用が間もなく開始された。1886年12月から翌年7月にヨーロッパ視察の機会を得た二代目久重は、一般機械類への製作品目の拡大を志向するようになり、同時に、「従来の技術が兎角実地経験偏重の弊がある」のを改めるために「大いに学者を聘用して技術の進展を期」[10]するようになったのである。88年頃には、初代久重の女婿で工部大学校卒の田中林太郎が技師長の職にあり、また、工部大学校卒で後に電友社を創立する加藤木重教が設計部門に所属し、山田要吉と志田林三郎という2人の工学博士が技術顧問を務めるようになっていた。90年には工学士の岩田武夫も設計部門に加わっていたことが確認できる[11]。二代目久重は、さらに、89年に工場内に技術者養成塾を開設し、5年または7年間技師により入

塾者に電気工学、機械工学の講習を授け、修了者を技手に採用する取り組みを開始した[12]。

こうした学理的な工学知識を保有する人材の採用が進んだにもかかわらず、同工場の製造部門が職長や熟練職工たちの統制下に置かれ、学卒の技師たちの管理が製造工程に及ばない状況は容易に変わらなかった。「現場型技術者」の1人である小野正作の経験がそれを端的に示している。1888年に小野は、同工場顧問の山田要吉からの依頼で監督として同工場に入所した。そこで彼が見た職場の状況は、以下のようなものであった。

　　従来各工場が思ひ々々に職工長の気儘に仕事を遣って居て工場相互の連絡が取れず何の工場にも火床を置て火造物を遣って居ると言ふ風で……工場主と昔友達だと言ふ職工が所々に幅を利かせて居て勝手な事をするので他の職工も之を見習って我儘に仕事を遣り工場の取締は寛大過ぎて経費も当時外の工場より多く掛かった。

上述のように学卒技術者の招聘が始められていたにもかかわらず、職長や職工たちの仕事の進め方を統制することができずにいたのである。小野に与えられたミッションは、こうした職場管理の改革であり、彼は力ずくで職工たちを統制しようとしたが、職工たちとの深い関係に捉われた二代目久重の支援を得られず、憤激して辞職し、その試みは挫折に終わった[13]。

海軍の政策変更による受注の激減により田中工場は間もなく経営危機に陥り、1893年に抵当流れの形で三井銀行にその経営が移管され、名称も芝浦製作所と改められた。三井銀行より同所主任として経営責任者に任じられた藤山雷太は、電気機械製作への進出を決断し、「電気機器の方面に於ては、須く新進の人材を登用し、最新の科学を応用しなければならぬ」という方針を採用して学卒技術者を幹部技術者に招聘した[14]。具体的には、鐘紡技師長で理学士の吉田朋吉を製造課長兼技術長に就任させ、新進の技術者として名高かった横浜電話交換局長・工学士の潮田傳五郎を電気工事部長に招聘した。そして、三井銀行への経営移管後も工務監督や製造課技師として残留した二代目久重や田中林太郎らを初めとする田中工場時代の幹部職員が新たに任命された幹部職員との融和を

欠いたために整理された後、95年から97年にかけて、のちに同所の技術開発の中心となる若手の学卒技術者が採用された。98年には設計部門が製造部門から独立させられるとともに、製造部門の長として工学士の斯波権太郎が招聘され、設計部門の責任者には潮田が任命された[15]。こうして三井傘下で採用された新たな経営戦略に対応して、学卒技師の採用が進められ、設計部門のみならず製造部門も学卒の技師が統制する態勢へと移行したのである。

しかし、こうした取り組みにもかかわらず、職場の管理不在の状態は容易には改められなかった。工手学校卒で1899年に入社した三澤為麿は入所当時の状況を次のように回想している。

　　　職工と伍長、組長との間柄は多くは親分、子分で〇〇（不明）。よく工場内にて喧嘩が出来一度第二工場の監督福原七之助氏が職人に刃物を以て追廻はされ全人総立ちとなり仕事も手に付かなかった。……更田君も製缶工場を見廻はりの際職人が赤大せるリベットを拋付けられ首に当ったこともある[16]

こうした無規律な状態を改善し、製造部門の統制を可能にするために実施されたのが、三井銀行移管後も低迷を続けた同所の経営立て直しを担って1899年に主事に任命された大田黒重五郎による改革であった。この改革は、「工場名主の征伐」と呼ばれる配下職工の賃金のピンはねをしていた古参職工の解雇で知られている。しかし、それを可能にするために実行された改革のもっとも重要な内容は、上記の学卒幹部技術者の多くを解雇し、その代わりに、製造部門の責任者である新設の工場取締のポストに実地経験だけで技術を身に着けた「現場型技術者」小林作太郎を抜擢したことにあった。その背景には、学卒幹部技術者たちの製造技術能力の不足に起因する彼らの職工統率力の欠如があった。大田黒は、古参職工の解雇を彼らに相談したところ、「それに手を着けやうとすると、片腕を拗がれる位の覚悟が必要になる、怖いから誰も手が着けられない」と消極的な反応を示され、「監督する技師といふのが講釈ばかりで実地にやれる力がな」いために「職工が「これはいけない」と言ふと「さふか。」といふことで、職工政治になって」[17]いることに気づき、製造部門を統制する役割を小林作太郎に期待したのであった。

表8-1　小林作太郎の略歴

1869年9月23日	長崎市で彫金職人の子として生まれる。
1880年	陸用蒸気機関の模型を制作。
1881年	汽車の模型を制作。
1884年	汽船の模型を制作、伊藤博文の目に留まって皇太子に献上される。
1885年	鯨の模型を制作、有栖川宮親王に献上。
	長崎県知事等の推薦で三菱長崎造船所に入所、設計部に勤務し、コーターの指導を受ける。
1890年	第三回内国勧業博覧会に壜中軍艦を出品、皇太子に献上される。
	病気のため辞職、姉の嫁ぎ先で静養中に電気書籍を読破、佐賀機械製造会社顧問となる。
1893年	上京し、上野図書館で電気学を独学、学問での立身の難しさを感じて田中製造所に職工として入所。
1894年3月	第二工場技手に登用、月給5円、加俸金12円。
1897年3月	工場係となる。
7月	電気技士となる。
1899年5月	第二工場主任となる。
1900年	工場取締に抜擢される。

出典：木村安一[1939]。

　小林作太郎の略歴を示したのが表8-1である。彼は、初代久重と同様に、子供のころから傑出した機械製作の才能で知られ、三菱長崎造船所設計部での外国人技師による指導と独学で技術を学び、田中製造所に職工として入所した後、その能力を見いだされて技士に登用された人物であった。彼は後に「技術の偉人」として国定教科書で取り上げられたことで知られている。

　上記の「名主征伐」以後も親方請負はすぐには廃止されなかったが、製造工程の細部を知り尽くす小林の威令の下で、職場の秩序が正され、また、職工任せであった工作の標準化も開始された。従来は、工作機械の精度が劣悪で、ゲージ類も揃わず、バイト（刃物）も職工自身が用意したために正確な加工作業がなされず、部品の完成には職工による現場合わせの加工が不可欠であった。小林の統制下で、1901年頃から公差の概念が持ち込まれ、職工に規定寸法通りの加工が要求されるようになり、また、小林による欧米の実例の研究に基づき、08年には工具の貸与制度が導入されたのである[18]。こうした芝浦製作所の経験は、電気機械の初期の製作が職長・熟練職工の技能に依存していたこと、彼らの作業への管理の浸透に「現場型技術者」が大きな役割を果たしたことを示している。

創業期に製造工程が職長・熟練職工任せになり、技師による管理が行き届かなかったこと、製造技術の進歩に「現場型技術者」が大きな役割を果たしたことは三菱の電機事業でも同様であった。第一次世界大戦後に至るまで、その製造工程の管理は、「技術課〔設計担当——引用者〕から工場に図面が送られると工場の技師は一通は形式的に目を通して工長に渡す、工長は並職に工作を命ずると同時に材料の心配をする」[19)]という形で行われており、製造担当の技師が実質的に関与せず、職長に設計図面を投げ、職長が図面に基づき、段取りや作業日程の決定、材料準備を行っていたのである。工場の技師は「材料その他の事務と工作の過誤始末と安全規律の取締り」[20)]を任務と心得ている状況だったとされる。また、「工作方法はすべて同氏の頭脳から考え出され」たと評され、同事業の立ち上がり期の製造技術を主導した皆川春治郎は、工手学校卒で三吉工場や三菱長崎造船所で経験を積んだ後、神戸電機工場設立とともに同所の製造部門の主任に就任した「現場型技術者」であった[21)]。

国産技術開発を社是とし、創業直後に高尾直三郎と馬場粂雄という後に小平の両腕として同社の技術的・経営的発展を主導した東京帝国大学卒の技術者を採用したのを皮切りに、学卒技術者の採用を積極的に進めた日立製作所でも、「現場型技術者」と職長・熟練職工が果たした役割は大きかった。1911年の独立とともに設けられた作業係の初代係長に就任したのは高尾直三郎であったが、高尾は、自分が製造の仕事に通じていないので実際には部下の飯島祐吉にすべて任せていて、「創業当時の苦難を切り抜けたのは飯島君の持つ人柄の功績で」[22)]あったと回想している。高尾に称賛された飯島祐吉は、工手学校の卒業生で、日本鉄道盛岡工場を振り出しにいくつかの工場で経験を積んだ後、小坂鉱山・日立鉱山を経由して同社の創業に参加した「現場型技術者」であった[23)]。その飯島は、創業当時の同社では、「技術者の顔振れは学校を出た許りの若年黄嘴の無経験者と鉱山建設に従事せる当時に習い覚えた僅か許りの経験を有する位の連中で誰一人力強い経験を有するもの無き有様で」あり、「内部の製品には不安があり愁眉半ば閉す状態であったので茲に実際作業の経験家即腕の人々の輸入が決行され」、特に鋳造と仕上の面で「経験のある職長が外部より輸入され」[24)]たと、製品の開発・製造に果たした豊富な経験を持つ職長の役割を強調していたのである。

3．技術者の職能的専門化と統制の強化

　第一次世界大戦期から1920年代になると、各社で技術者の職能的専門化が進められるようになり、その技術的能力の蓄積を背景に彼らによる製造工程への統制が強められた。この動きを会社が明確な意図をもって推進したことを確認できるのが三菱の電機事業である。同社では、「技術の専門化は行われず、設計場と工場の人事の交流を絶えず行い、各人に広い知識を与えるため種々の勉強をさせていた」[25]が、芝浦製作所が技術者を各機種に専門化させて好成績を挙げているという情報に接して、16年に正木良一設計主任のイニシアティブにより設計と製造の職能間だけでなく、設計部門内部でも担当機器の専門分化が断行された。また、これを契機に、「設計、工作、製造技術の基礎事項についても技師の責任を感じ、従来職工に任せたことも学理的に考察することが始まり、また製品の標準化など考えるようになった」とされたのである[26]。

　しかし、こうした取り組みによる技術力の向上にはなお大きな限界が存在した。1920年に技手の実習生として入社した人物は、入社当時の設計のあり方について、「今日数十枚の青焼きを必要とするものでも、4、5枚で片がついた。つまり現物任せである。……少し変わったものになると仕損じはつきもので……それだけに手直しもお上手であった」[27]と述べている。設計の非力を製造工程や製造後の工夫と修正により補うという製品開発方式からの脱却は容易ではなかったのである。少しの狂いも許されない鉄道用の変電所機器の製造に際して、製造後に製品トラブルが生じても修理や部品交換を普通のことと考え、故障を大して気にかけない従来の態度が問題化したという回想も残されている[28]。製品の問題点を製造後になって潰していくという考え方がすでに開発思想にまで昇華していたといってよい。

　三菱電機の技術力の向上に決定的な意味を持ったのは、1923年11月に実現した米国の電機企業ウェスティングハウス社（以下、W社）との技術提携であった。資本関係を伴うこの提携により、「W社から図面、技術資料、工作仕様書が続々と持ち込まれ、特許も自由に使用できることとな」り、また、W社から3名の技術者が神戸製作所に派遣され、半年から2年間、交流機・変圧器設計

と工場管理等の指導がなされた[29]。三菱電機からは、特定の技術的課題を与えて短期間にできるだけ多数を派遣するという方針の下に、W社へ60名以上の人員が派遣され、技術の修得が進められた。

　その成果は三菱電機の製品開発のあり方を変革するものであった。まず、前出の正木良一が本社に技術課を新設して、設計の標準化に乗り出した。W社のスタンダードブックを参考に各部門の専門家の知識・経験を結集して作成された部品や材料の基準を収録した設計基準総覧が編纂され、毎年改定、追加されていった[30]。欧米の図書を参考に設計者諸個人の独自の考えで行われていた設計も、W社の方式に統一されて行った。その結果、「造船所時代は図面枚数も少なく、詳細は工作技術者に任すやり方であったが、W社と提携してからは細かい部分迄工場に指示する方式に改め」[31]たとされるように、設計の段階で工作方法を検討し、図面を通じてそれを製造部門に指示するようになり、製造に対する設計の統制が強化されたのであった。

　電機事業がもともと造船所に所属していたため、機械技術者を造船事業に取られ、弱体だったとされる工作技術も、その克服を意識して「重点的に米国へ派遣された現場技術者の努力により一段と進歩し」[32]、また、W社の材料に関する情報に学んでその重要性の認識が深まり、その研究がすすめられた。1933年には工作仕様書が作成され、以後その充実が図られるなど、工作方法の標準化も進められたのである[33]。

　製造への管理の浸透は、工程管理の改革によっても進められた。上述のように、三菱電機における製造工程の管理は職長に一任される状況に置かれてきたが、1922年にやはり前出の正木良一が工程係を新設してその係長に就任し、改革に乗り出した。正木は組長を集め、「自分の組の仕事を知るために組長さん銘々が詰所へきて、図面に目を通して手帖に書き留めておられる」が「誰かが図面をよく調べて皆さん銘々の仕事を書いて知らせてあげたらばどうだろうか」と提案し、同意を取り付けた。そして、製造工程の順序・作業着手と終了の日程・材料受け入れから製品発送までを一覧表にした工程表を作成し、それに基づき、作業の分割命令書である工事伝票、材料の一覧表と倉庫伝票を発行し、工程係が作成する伝票で作業を指示するシステムを作り上げた。正木はこのシステムが容易に機能しなかったと回顧しているが、工程管理は正木の後任

者により整備されて行き、20年代末には、工程係計画方が工程表等を作成し、進捗方が作業進捗状況をチェックし、遅延への対策をとるようになっていた[34]。こうした工程管理の進化を通しても、技術者による製造部門への統制が強化されたのである。

　前述のように技術者の職能的・製品別専門化の面で三菱電機に先行していたとされ、大田黒の改革以来その技術力を向上させてきた芝浦製作所でも、日露戦後にはいまだその技術力に大きな限界を抱えていた。当時開始された中・長距離高圧送電に対応して各地に建設され始めた大規模水力発電所で使用される大容量・高電圧の発電機器はすべて外国製品で、日本の電機産業をリードしていた同社も製品を納入できなかったのである。その原因の1つは、「得意先の諸会社で購入した外国製電気機械を組立てる時部分的に見せて貰って設計の参考に」すべく「設計係の人を各地に出張させて諸所の会社で見せて貰った」[35]と回想されるような「見とり」方式が残る製品開発にあった。このような開発方式では、大容量・高電圧機器のような新しい技術課題の解決が求められる製品の開発に際して、多くのブラックボックスが残ってしまい、その完成まで試行錯誤の連続とならざるを得なかった。こうした技術的限界を打破するのに大きな役割を果たしたのが、同社の場合も米国電機企業との技術提携に基づく技術導入であった。

　同社は、1909年にゼネラル・エレクトリック社（General Electric Company：GE）と技術提携契約を締結した。そこでは、同社の株式の24％をGEに提供するとともに、GEのライセンス・研究情報の供与、GEでの日本人技術者の訓練とGE技術者の派遣、経営スタッフの教育などに対する見返りとして同社がGEに売上の1％をロイヤルティとして支払うことが取り決められていた[36]。この契約に基づき、翌10年に、設計部門の責任者として同社の技術開発をリードした学卒技術者岸敬二郎が前出の小林作太郎ほか8名の技術者とともにGEに派遣された。岸はその経験を、「研究室その他秘密に亘る処も充分に開放され、益する処非常に多かった」[37]と回顧している。その後も、GEに同社の駐在員が置かれ、多くの職員が見学に派遣され、同社の技術力の向上に貢献したのであった。

　外国の電機企業から技術導入することなく、独力での技術力向上を目指した

日立製作所でも、第一次世界大戦期を経て1920年代になると、設計技術者の製品別専門化が進み、また、彼らと製造職能との分離が進んだ。設計部門が製品別に分けられたのは、設計係が課組織に変更された18年であり、22年には、それまで設計係に属していた変圧器・配電盤の製造部門がそれぞれの工場係として独立し、設計と製造職能の分離が組織的に完成した[38]。この頃から、設計技術者の担当製品の専門化が進んだ。17年に入社し、誘導電動機の設計を命じられた児玉寛一は、「当時の設計課には水車設計、変圧器設計、誘導電動機設計、交流発電機設計、直流機設計、配電盤設計（油入遮断機を含む）の六グループがあって、各グループ毎に主任（通称であって職制には無かった）があ」[39]ったと回想している。「変圧器の設計は高尾氏の兼任する処で馬場氏の回転機設計と相対峙したが、勿論制度不完全の際とて截然たる区別があったわけではない」[40]とされるように、製品設計に明確な分担が存在しなかった創業期と異なり、この時期になると馬場粂夫設計課長の統括下で設計部門内部が製品別のグループに分けられるようになったのである。

直流機設計部門で活躍した人々に関する回想記では、さらに進んで、1818年に部分品設計部門が設けられ、発電機・電動機を構成する部品ごとの設計担当の専門化が進んだことが指摘されている。この試みは、部品設計担当者の数が多くなりすぎ、そのすり合わせがうまく行かずに失敗したとされているが、「理想設計方式」として「1部は永く今日に伝わっている」と評されており[41]、この時期に設計専門化への取り組みが意図的に行われたことが示されている。

こうした設計の製品別分化と設計技術者の専門化は、一般機械製造を担当した亀戸工場でも確認できる。1918年に同工場の設計係に配属され、のちに設計係長から同工場長にまで昇進する福元稔は、「最初の頃は設計者誰でもが、各種製品を設計出来る様に養成してあったのを、大正七年から各製品別にそれぞれ責任者を決めて、何れも狭く深く研究することにした」[42]と書き残しているである。

製品の設計・製造の経験が蓄積されるに伴って、設計方式や製品の標準化も進んだ。設計の標準化は、技術資料の蓄積の上に1916年に作成された「日立製作所設計規定」により本格的に開始された。この「設計規定」は、イギリスのLow'sの機械設計方式に依拠して、各種設計図面の製図様式と製図法、原価計

算を含む設計事務の詳細を記述した250頁14章600節からなるものであった。この「設計規定」の整理統合が進められた後、27年には、原材料や工作関係の規格を加えた「日立規格」が作成された[43]。『日立製作所史』はこうした標準化の進行を、特に一般機械について、「設計の基礎が理論的に確立され、設計方式の標準が定まり、一部には標準設計による製品の標準化さえ進められるに至り、来るべき多量生産の基礎が固められた」[44]と評価している。実際、前出の福元稔は、亀戸工場での設計について、従来部品図面1枚ごとに仕上面指定を書き込んでいたのを、18年頃から標準化してf、F等の記号で指示するようになり、さらに、嵌合公差表を採用して図面に嵌合記号を書き入れることになり、公差とマイクロメーター、リミットゲージの採用に基づく互換性生産方式へと進んでいったと回想しているのである[45]。

　製造への統制は、工程管理の強化を通しても進行した。1919年3月に製作課の中に工程係が新設され、設計図面と仕様書に基づき製作大日程を作成し、工程進捗の促進調整を担当する期限方がその内部に置かれたが、その主任には高等工業機械科卒業者が任命された。また、作業の段取や請負単価の調査決定を職責とする調査方も工程係に設置された。後述する時間研究や動作研究に取り組んだのは彼らであったという[46]。製造工程での職長・熟練職工の行動を技術者や職員が統制する仕組みが整えられ始めたのであった。

　こうした製造工程への統制の強化を反映して、製造部門においても高等教育卒技師の主導権が強化された。それは、芝浦製作所と三菱電機で観察される。「現場型技術者」小林作太郎が製造技術をリードする役割を果たしてきた芝浦製作所では、1911年に小林がその功績を評価されて常務に昇格したが、その後任の製造部長に東京高等工業学校卒の技師が就任し、以後、製造部門の長には主に高等工業学校機械科卒業者が就任するようになった。また、三菱電機では、前出の「現場型技術者」皆川春治郎が、19年頃に「学校出の技師達も経験を積んで皆川氏に習うことも少くなり、他方に於て新しい学問や工場管理の新知識の必要も起きてきたため」に「工場の主導的地位を去って」、23年には退職に追い込まれたのであった[47]。

　こうした製造工程への統制の強化と並行して、職工の賃金に対する管理が強化されたことが確認できる。この時期に取り組みが開始された科学的管理法に

基づく時間研究がその主要な手段となった。三菱電機神戸製作所では、1920年代に、独自の割増金や加給金の支払いを受けた記録職・運搬職などの補助作業員や鋳造工以外の直接工は出来高賃金制と予定時間割増給制度の適用を受けていたが、その大部分は出来高賃金で支払われていた[48]。23年の報告書によれば、その出来高の単価は役付工の経験による所要時間の見積に基づいて決定されたため、能率を反映せず、平均して賃格（常備賃料）を5割以上超過するのが普通であった。こうした単価決定の放漫化を防止するために、出来高賃料が常備賃料を超過する率に反比例させて役付工の賞与を増減する制度が導入されたが、十分な効果を実現することはできず、工場による寛厳の差が大きかった[49]。単価決定が抱えたこうした問題点を解決する道を開いたのが、24年から扇風機工場で開始された時間研究による標準作業時間の設定と、それを通した標準単価の決定であった。この取組は、苦境にあった扇風機事業の再建を託された本間亀吉技師が、能率向上に対応して単価の切り下げを繰り返す状況を脱却するために、時間研究により単価を安定的に設定することを目指して、W社でIE（Industrial Engineering 生産工学）の手法を学んできた加藤威夫技師に依頼して25年夏に開始された。時間研究の目的が請負作業時間の決定に置かれたことを反映して、実際に行われた時間研究は、「現在行っている作業をその儘研究の対象とし」、賃率の設定でも「現在の実収入を確保することを最初の方針と定め」るなど、科学的管理法としては妥協的な内容となったが、26年2月には時間研究による新単価が実施されるようになった。一定の型の製品の見込生産が行われる扇風機と異なり、一品型の受注製品が多い重電機器に時間研究による標準単価の決定を及ぼすことは簡単ではなかったが、各作業を要素動作に分解し、時間研究を基に一定の算式で標準時間を算出するようにした。この結果、新設された測定係員が設計図を基に作業の順序とその許容時間を決定し、それに基づいて単価が定められる方式が神戸製作所全体に及ぶようになったとされている[50]。従来職長が把握していた出来高給の単価設定の権限が経営側に掌握されるようになったのである。

　同様の取り組みは、日立製作所でも確認できる。同社では、創立当時から組請負による単価請負制度が実施されていたが、1911年頃から「日課」と称する作業命令書兼請負金額指定書を職工に交付し、請負工賃を係員が決定して作業

させるようになった。しかし、請負工賃を決定する際に、係員による予定作業時間の判定が一定しなかったために同じ作業でも請負工賃に差異が生じ、職工からの不満が生じてしまった。そこで、1918年より、「標準作業職工を指定し、其の職工の作業時間を精細に「ストップウオッチ」を使用して「タイムスタデー」をやり之を記録し、作業中に於ける無駄を省略する方針」での工場係による請負工賃調査が開始され、1925年頃までかけて日立工場全体の標準工賃表が作成されたという[51]。

　芝浦製作所でも、ほぼ同じ時期に科学的管理法の導入の取り組みと並行して、賃金制度への経営側の統制が強化された。同社では、前述した大田黒による「名主征伐」以後も親方請負が継続して実施されていた。1910年に制定、実施された「工賃請負規則」では、工賃請負は、入札または指名により請負人と契約を結び、請負人が従業人を使役して工事に関する一切の責任を負い、従業人は請負人から工賃と歩合を受けると規定されていた。17年の「工場規則」でもこの規定がほぼ踏襲されていた。この親方請負がいつ廃止されたかは明確にできないが、24年実施の「割増金規定」では、割増金付工事を名義人が従業人を使役して一切の責任を負って遂行するとする一方で、その仕事に要する見積時間、仕事相当の給料、割増金から決定される指定金額は製造部長が決定し、指定金額工事明細を記載した割増金付工事計算書を担当係が作成することとされた。賃金決定に対する経営側の統制が強化されたということができる。さらに、翌25年12月に制定された「鶴見工場工人工賃及手当規定」では、出来高払、時間割払、配当付時間割増払の3方法で賃金を支払うことが規定された上で、出来高払の仕事に対しては製造主監がそれぞれの仕事の種類に応じた仕事給を決定し、工賃係主任が仕事に要する時間とその仕事給の積により標準工賃を決定して、特定の仕事に対して工賃を指定することとされた[52]。ここでは、親方請負がすでに廃止され、工賃の決定が経営側の管理下に置かれていたと考えることができる。芝浦製作所では、20年代初頭から技術提携先のGEに学んで作業の時間測定の取り組みがなされ、GEからワーレン（A.K. Warren）技師が派遣された24年以降に科学的管理法の導入が本格的に展開されるようになったと言われている[53]。これと並行して職工の賃金に対する統制が強められたのであった。

こうして、技術力の蓄積を基盤に、職長・熟練職工に対する労務管理の性格が、事業立ち上げ期に見られた第Ⅰ相から第Ⅱ相へ移行し始める様相が見られるようになった。しかし、それは未だ限界を持つものであった。製品設計や基盤的製造技術の開発に「現場型技術者」の果たす役割が大きく残り、ひいては、製造工程において生じた問題の解決に職長・熟練工の持つ知識が役立てられる状況が継続されたのである。

4．「現場型技術者」・熟練職工の役割とインセンティブ

製品の設計開発や製造技術の開発に「現場型技術者」が大きな役割を果たしたことは、三菱電機と日立製作所の事例で確認できる。三菱電機では、1922年頃設計部門に設置された改良係で彼らが活躍した。改良係は、図面調査と工具設計の担当者により構成され、設計部門から設計図と摘要表を受け取って、図面調査担当者が工作技術上の観点から図面をチェックし、改良の必要を認めた時には適当な措置を取り、必要な材料を列記した材料表を作成した。工具設計担当者は、ゲージ制度・標準工具制度を管掌し、また製品の製作に必要な工具の設計を行った[54]。このように設計職能と製造職能をつなぐ重要な役割を担った改良係で職工から登用された技術者を積極的に活用することが試みられた。その一事例は、職工身分で入社し全在籍期間にわたって図面調査係に所属した技師に見ることができる。彼は、夜学の実業補習学校で英語と数学を学び、独学で技術を修めた人物で、その職務は捲線工作であったが、その努力と実力を評価されて工具設計に配置換えになり、捲線工具の開発に従事するようになった。その後、図面調査に移動して標準絶縁方法の制定、工作方法書の作成、回転機捲線コイルの計算方式の制定などを行う傍ら、製作図面の調査修正、コイル捲型の設計等に従事し、やがて年来取り組んでいた電機子コイル自在捲型の完成に成功した。その功績と実力が評価され、彼は技手を経て技師へと昇格し、工作研究係と工具設計を兼務するようになり、ウェスティングハウス社（W社）留学を経て、さらに捲線工場の責任者も兼務するようになったのであった[55]。

こうした職工から登用された技術者の活用が意図的に行われていたことは、

神戸製作所に関する社内調査報告書で、「事務と技術（実地の工作技術）との間に介在し、充分なる実地の経験と知識を有する者」でなければその任務を果たしえない職務では、「職工中より適任者を採用して之等の事務に当らしめ、その間にありて特に有為なるものを登用する」方針が示され、そうした職務の例として、「技術課の材料表の作成、改良係、工作課の工程係等」が挙げられていることから知ることができる[56]。実際、1920年代初頭には高等教育卒業者が改良係にかなり見られたが、24年以降は、図面調査、工具設計ともその担当者の過半が中等学校以下の学歴保有者からなる技手として職員録に登場した人々だったのである。

改良係には、また、技師と同等の待遇を受ける工師・工師補に職長を経て昇格した人々が存在した。同社の職員録から確認できる3名中、2名がそれぞれ図面調査、工具設計に全在籍期間従事していた。特に、工具設計に従事した者は、W社に提携翌年の1924年に工具研究を目的に派遣され、工具工場、図面調査、工作研究係、マグネトー工場を兼務したことが確認できる。彼は、電気扇風機の開発に当たっても、設計責任者からの依頼に応えて、部品や工作用装置を開発し、その成功に貢献した[57]。このように、職工上がりの工師が、設計と製造をつなぐ役割を果たし、神戸製作所の製品開発に不可欠な存在となっていたのである。

一方、日立製作所では、電気機械の製造に不可欠な基盤的製造技術の開発において、「現場型技術者」が大きな役割を果たした。日立工場関係者の回想録や追悼本を調査し、その中で言及されている「現場型技術者」と評価できる人々の情報を一覧表にしたのが、表8-2である。

製造の責任者として大きな役割を果たした飯島祐吉については前述した。部品製造の中核技術であった鋳造技術の開発が盛岡工業学校出身者の宮手義雄により担われたことはよく知られている。宮手は、工業学校卒業後に事務員をしていたが、1908年に日立鉱山に入職し、日立製作所独立と共に移籍した。彼はそれまで鋳物の経験を持たなかったが、「事物を見て真似する事等には非常な天才を持って」いたのを小平所長に見込まれ、鋳物の試作を命じられた。同所移籍後は鋳物工場の責任者を任され、18年に鋳工係の独立と共にその係長に就任し、27年に病気を理由に退職するまで同所の鋳造技術の責任者を務めた「功

表8-2 日立工場の「現場型技術者」

氏名	出身	入社年	担当職務	職位	主な功績
飯島祐吉	工手学校	1907	工作・原料・工程管理	副工場長・原料部長	製造部門の責任者、工程管理を推進
宮手義雄	盛岡工業学校	1908	鋳造・製缶	鋳工係長	鋳物工場の創立時からの責任者
横田兼吉	茨城工業学校	1914	絶縁	ワニス係長	絶縁材料の開発を主導
藤田勝	小学校	1910	調度	調度主任	原価計算の基礎を築く
林弥源太	東京高等工業学校附属教員養成所	1915	電工	電工係長	コイル捲方法の改良
廣津熊太	工手学校	1916	現地試験・修理	技術部長	技術管理部門の責任者
野上熊二	アメリカで苦学	1920	鋳鋼	製鋼係長	鋳鋼工場の創設を担当

出典:『日立工場二十五年回顧録（其の二）』、武市彦四郎［1982］、今井恒三郎［1975］より作成。

労者」と評価されている[58]。18年からは製缶作業が鋳工係に組み入れられたので、宮手は製缶作業にも関与することになった[59]。

　電機製品の開発の成否を決するほどの重要性を持った絶縁技術の開発を任されたのが、茨城工業学校出身の横田兼吉であった。日立工場での絶縁塗料の開発は、最初は京都大学卒の技術者に命じられた。しかし、彼が1913年に京都大学に戻ったため、翌14年に入社した横田に、入社早々その開発の任が与えられた。横田は、「小平さんを初め高尾さんなどから、例へば絶縁油にせよ電気鉄板にせよ私に命ずれば立ち処に分析結果は掴み得ると云ふやうな性急な」[60]要求を受け、苦しみのあまりキリスト教に救いを求めたほどの苦労を重ねた末に、同所で最初の黒色ワニスの開発に成功し、34年にはワニス係長に昇進したのであった。

　日立工場の主力製品である回転機・変圧器等の製作工程において重要な位置を占めた捲線作業を担当する電工係で大きな業績を挙げたのは、1912年に東京高等工業学校附属教員養成所を卒業した林弥源太であった。彼は、工業学校や母校の教員を経て、15年に日立工場電工場主任に採用された。電工作業における林の功績は、「ポールトランスがコイルを別に作って置いて之をコアーに入れる式だったのをコアーに直接1次も2次も捲き付ける方法に改め大いにスペースと工賃とを節」したり、手捲きで行っていた発電機のコイル捲き作業を機械捲きに改良してコストを大幅に削減するなど、作業方法を根本から改善する

大きなものであった。さらに、「ダイヤモンド型捲の基を開いたのも同氏である」と評されている[61]。林は、18年に電工係が新設されると、その初代係長に任命された。

納入機械の現地据付指導・試運転・故障調査を担当し、設計技術者から恐れられたのが廣津熊太であった。廣津は、1913年に工手学校電気学科高等科を卒業し、芝浦製作所勤務を経て、16年に工場係員として日立工場に採用された。当時は「設計の考え落しや、現場の手落ち、乃至工場では組立てない部品の不適合が現場で発見されることも度々で」あったので、大型機械の納入に際しては据付指導や試運転に無償で技術者を派遣するのが慣例となっており、また、運転開始後の故障も多く、そのたびに技術者が呼び出された。この職務を担当した廣津は、機械のトラブルの原因が使用企業のミスに由来する場合には巧みに交渉して、相手企業を納得させるのに手腕を発揮し、日立工場側に責任のある場合には設計技術者に改善を求めることになり、それがたびたびであったため、設計技術者たちから嫌われ、嫌な思いをしたという[62]。廣津も、33年に主に営業技術を担当する技術係の係長に昇進し、40年には新設の技術部長という上級管理職に就任した。

1920年に車両用直流モータの製作に当たり必要になった鋳鋼品の自給計画が立てられた際に、その担い手として招聘された野上熊二も正規の学歴を持たない人物であった可能性が高い。彼は「アメリカにて苦学しながら、製鋼会社に勤務」した人物とされ、帰国後日本製鋼所室蘭製作所を経て久原が経営する笠戸造船所で鋳鋼作業を担当していた。高尾からの要請を受け、9ヵ月間アメリカで調査した後日立工場に転籍し、鋳鋼工場の立ち上げを担当し、これを成功させた。彼も、25年に鋳鋼係が新設された際にその初代係長に任命されている[63]。

日立製作所では、現場経験を通して技術を身に付けたこうした「現場型技術者」たちが、電機製品の製造に不可欠な基盤的技術や営業技術の担い手として大きな役割を果たしたことが確認できる。

芝浦製作所では、「現場型技術者」の象徴ともいうべき小林作太郎の前述した活動以外に、「現場型技術者」に該当する人々が大きな役割を果たした事例を資料的に確認できない。しかし、次節で分析するように、下級職員から上級

表 8-3　電機学校芝浦 ECR 会所属員の配置職場

(単位：人)

設計		製造		その他			
製図係	10	回転機組立	18	試験	9	技術調査・研究	7
配電盤・器具	5	制御装置組立	11	検査	23	販売関係	4
制御装置	3	変圧器	9	動力	2	商品係	2
直流機	2	家庭用具	12	材料関係	5	図書係	5
交流機	1	配電器具	4	原価係	3	建設係	1
設計部	1	小物	1	工賃係	1		
		鍛冶・鉄板関係	4	荷造発送係	2		
		設備工作	3	生産関係	3		
		製造主幹付	1				
		製造部	5				
合計	22		68		48		19

出典：電機学校同窓会［1926-28］より作成。
注：鶴見工場第三工作場は回転機組立と推定した。
　　材料関係は、生産材料係 4、材料集配係 1
　　生産関係は、生産係 1、本社生産本部発番係 2
　　技術調査・研究は、研究係、技術部、技術調査係、技術本部をまとめた。

職員への登用と、職工から下級職員への登用が多く実施され、職工から上級職員にまで登用された者も少なからずいた事実から、「現場型技術者」が大きな役割を果たしていたことを推測することが許されるであろう。同社は、1908年時点で、「工場部は実験を積み手腕を練り上げたるものに富み、設計者は学校出身者多し」[64]とコメントされており、「現場型技術者」は特に製造部門で活躍していたとみられる。実際、各種学校である電機学校の同窓会誌に掲載された同社の同窓会支部員の所属部署を示した表 8-3 によれば、製造部門に属した者が一番多かったのである。検査・試験関係の仕事を担当した者がこれに次ぎ、一部に設計・研究部門に所属した者がいた。

　技術力の蓄積を背景に技術者による製造工程への統制が強化された後になっても、職長や熟練職工が重電機器の製造において重要な役割を果たし続けたことは、三菱電機の事例で確認できる。同社では、昭和恐慌期の受注減少の中で、安値受注を主張する営業部門からの要請で原価低減が至上課題となった。そこで、設計・製造など関係部門が職能の壁を越えた図面会議を開催し、部品ごとの予算を作成してそれを中間監査するなど、VA（Value Analysis 価値分析）的手法での原価低減が推進された。その際、職長や熟練職工もこれに参加し、彼

らの持つ知識が活用されたのである。たとえば、1932年頃、配電盤の累積欠損が問題になった際には、工程係長を中心に、定時後に毎日2時間ほど主任、伍長、組長が集まり、ボルト・ナット類の変更から部品の多量生産方式への変更などの様々な手段を1年かけて検討・推進し、利益を確保できるようになったという[65]。

1930年代になっても、製造工程での問題解決に職長・熟練職工が重要な役割を果たすことが期待されていたことが、残存する神戸製作所の工場委員会の議事録から確認できる。そこでは、製造上に生じた問題点が毎回取り上げられており、それを解決することが職長・熟練職工に期待されていたことをうかがい知ることができるのである。工程進捗を妨げる要因として職工側から繰り返し出された外注部品の不良を含めた材料・部品の欠陥に対しても、担当係の管理職である技術職員からは、品質の悪さを考慮に入れて対処するようにとか、悪いものでも程度により使える場合があるので判断して選別せよといった指示が出されていた[66]。また、設計図面の出図の遅れや漏れを問う声に対しても、設計能力の不足が原因なので製造工程での努力で遅れを取り戻すように職工側に要請された[67]。製造工程で生じる様々な攪乱的トラブルを解決し、工程計画と品質を確保しつつ作業を進行させる責任が、30年代になっても職長を中心とする現場の職工たちに負わされており、製造部門の技術者たちの職務の重点は、その条件の整備と統制に置かれていたと判断されるのである。

5．技術者の人材形成とキャリア

「現場型技術者」や職長・熟練職工の役割の重要性は、技術者の人材形成やキャリアのあり方にも影響を与えた。戦前期の日本企業の人事制度に関する通念は、各自の教育資格を基準に従業員の企業内での位置づけが決定される「学歴身分制度」をその基本的枠組みとしていたというものである。本章で取り上げている3社の人事制度も、この通念に沿ったものであった。

創立直後の芝浦製作所では、職員と職工の区別が明確になっていなかったが、1893年に三井に経営が移管された後には、三井の管轄本部に在籍する月給の使用人と、管轄本部に籍のない主に日給の芝浦限職員、それに職工からなる人事

制度が採用されていた。この人事制度は、月給と日給の職員が給与額の多寡によりそれぞれ一等から六等、一等から四等に位置づけられ、その下に日給の賃金を支払われる職工が置かれるという「身分」的な性格を持っていた[68]。この人事制度と教育資格が結合していたことを示す規定類は確認できていないが、こうした「身分」的な人事制度は教育資格との結合を前提に設計されるのが通例であったので、同社でも教育資格との結合関係が存在したと想定するのが妥当であろう。

　三菱電機と日立製作所では、人事制度と教育資格との結合関係が明確に観察される。三菱電機の母体となった三菱造船では、従業員を本社採用の社員（本社使用人）、事業所採用の場所限り傭員、職工に区分する人事制度が採用されていた。社員（本社使用人）の間での上下関係は職務上の権限関係によるものではなく、給与額の多寡にもとづいていた。その意味で、この人事制度も「身分」的な性格を持っていたということができる。三菱造船の人事制度は変遷をたどるが、1919年に本社使用人が正員、場所限り傭員が准員に改称され、独立後の三菱電機では、専門学校（高等工業・高等商業等）程度以上卒業、甲・乙種実業学校（工業学校・商業学校等）程度以上卒業をそれぞれ入職資格とする正員と准員からなる職員の下に職工が置かれる人事制度が採用されていた。正員は参事、技師・事務、技師補・事務補の3段階に分けられていたが、23年に技師補・事務補が廃止され、2段階に整理された。他方、准員には技手・書記の役名が与えられた[69]。

　日立製作所は、特に、人事の運用に対する教育資格の影響力が大きかった企業として知られている。同社の職員の人事制度は、独立以前に適用されていた久原鉱業の職員身分制度を引継ぎ、本社採用の職員、事業所長の権限で採用する雇員、それに職員の見習という位置づけの見習生からなる3階層の身分から構成されていた。本社採用の職員は月給額を基準に10等級に分けられ、それに採用されるには、大学・専門学校卒業の教育資格が必要であった。一方、甲種工業学校等の中等レベルの実業学校卒業者は基本的に見習生に採用され、雇員へと昇格する道を進んだ[70]。これらの職員身分の従業員の下に職工が置かれていたのは前記2社と同様であった。

　以上のように、「学歴身分制度」が人事制度の基軸となるという通念と異な

表8-4 芝浦製作所 月給使用人の採用状況

(単位：人)

	雇入	工人から登用	日給者より昇級	嘱託より任用	練習員・臨時職員より登用	教習工より登用	期末在籍者数
1920. 6-20.11							437
1920.12-21. 5	7						439
1921. 6-21.11	26						415
1921.12-22. 5	31		6				445
1922. 6-22.11	3						439
1922.12-23. 5	29		4				467
1923. 6-23.11							449
1923.12-24. 5	49		29				374
1924. 6-24.11	5						367
1924.12-25. 5	37	2	21				419
1925. 6-25.11	5	9	18				449
1925.12-26. 5	32	4	23				497
1926. 6-26.11		2	14				511
1926.12-27. 5							507
1927. 6-27.11	2						509
1927.12-28. 5	4						506
1928. 6-28.11	1						478
1928.12-29. 5	2	3	32				507
1929. 6-29.11	2	1					508
1929.12-30. 5	17	17					540
1930. 6-30.11							489
1930.12-31. 5	2						367
1931. 6-31.11	1						366
1931.11-32. 5	2						362
1932. 6-32.11	1			3			362
1932.12-33. 4	2		41	1	4		408
1933. 5-33.10		2		1	1		402
1933.11-34. 4	4		34		2	14	452
1934. 5-34.10		1			2		452
合計	264	41	222	5	9	14	

出典：芝浦製作所［1920-34］より作成。

らない人事制度が採用されていたにも関わらず、実際の人事制度の運用において、日給職員や技手といった下級職員や職工から上位身分へ登用されたものが多かったことが注目される。それは、上述してきた「現場型技術者」や職長・熟練職工の果たした役割の大きさを反映したものだと考えられる。表8-4は、

表8-5 芝浦製作所日給職員の採用状況

(単位:人)

	雇入	臨時雇員より昇級	工人より登用	練習員・臨時職員より登用	期末在籍者数
1920. 6-20.11					617
1920.12-21. 5	58				622
1921. 6-21.11	77				622
1921.12-22. 5	236	11			806
1922. 6-22.11	99				839
1922.12-23.5	129		11		895
1923. 6-23.11	13				490
1923.12-24. 5	147				554
1924. 6-24.11	119				629
1924.12-25. 5	99		37		702
1925. 6-25.11	63		13		728
1925.12-26. 5	121		13		791
1926. 6-26.11	34		6		773
1926.12-27. 5	10		14		747
1927. 6-27.11	2				725
1927.12-28. 5	11				695
1928. 6-28.11	67		1		697
1928.12-29. 5	88		8		711
1929. 6-29.11	90		79		833
1929.12-30. 5	31		2		834
1930. 6-30.11	7		3		732
1930.12-31. 5			3		449
1931. 6-31.11			3		435
1931.11-32. 5	4		1		426
1932. 6-32.11	6		2		425
1932.12-33. 4			1	1	377
1933. 5-33.10			4	2	373
1933.11-34. 4	1			1	330
1934. 5-34.10	1		23	36	381
合計	1513		224	40	

出典:芝浦製作所[1920-34]より作成。

芝浦製作所で1921年12月から34年10月までの月給使用人の採用状況を示したものである。この間に月給使用人として直接採用された者264名に対して、日給職員から月給職員に登用された者は222名にのぼり、職工(工人)から月給職員に登用された者41名を加えると、下位身分からの登用職員が月給職員採用者

表8-6　三菱電機技手の技師昇格者数

年	技手数	1923	24	25	26	27	28	29	30	31	32	33	34	35	36	37	合計(人)	昇格率(％)
1922	34	1			1	1	1	2	3			3	4	1			17	50
23	23						1					1	5	3	1		11	48
24	18					2								2	1		5	28
25	36				1		2					1	1	3	6	4	18	50
26	36						1					1			4	9	15	42
27	22												1	1	4	3	9	41
28	9												2	1	2		5	56
29	5												1		2		3	60
30	7												1	1			2	29
31	11												1				1	9
32	1												1				1	100
33	6															4	4	67
34	8															4	4	50
35	8																0	0
36	21															3	3	14
合計	245	1	0	0	2	3	5	2	3	0	0	6	11	15	19	31	98	40
占有率		1	0	0	2	3	5	2	3	0	0	6	11	15	19	32	100	

出典：三菱電機［1922-36］より作成。
注：各年の職員録に登場した者を対象とした。

のほぼ半数を占めたのである。一方、日給職員の採用状況を示した表8-5によれば、ここでも職工からの登用者が224名にのぼり、月給使用人に登用された日給使用人の数にほぼ匹敵した。日給使用人の離職率は、月給使用人はもちろん職工よりも高く、そのため採用者数も多かったので、採用者中に占める職工からの登用者の割合は高くはなかったが、彼らが日給職員の重要な供給源であったことには変わりはない。

　三菱電機でも、教育資格の壁を越えた昇格が広く見られた。表8-6は、職員録を利用して、各年に准員の技手として初出した者が技師として登場した年とその人数を一覧表にしたものである。1922年から36年の間に技手として職員録に掲載された者の約4割が技師に昇格していた。技師に昇格するまでに技手として職員録に掲載された年数は、当初は12、13年前後が多かったが、35年以降の昇格者の急増を反映して、31年以降に職員録に登場した技手では5年以下に短縮していた。技師に昇格せずに職員録から消えた技手の大部分は昇格に必

表 8-7　三菱電機・技手の昇給、技師昇格事例

(単位：円)

年	A	B	C	D	E	F	G	H	I
1921	技手 40	技手 40			技手 40				
22	45	45		技手 41	45		技手 41	技手 45	
23	50	50	技手 50	46	49		46	49	
24	55	55	56	51	54		51	53	
25	60	60	62	55	59	技手 70	56	57	技手 55
26		64	69	61	64	75	61	62	60
27		69	74	66	69		66		
28	67	74	79	71	74	80	71	68	65
29	74		84	76			76	73	70
30	79	79	89		79	85	81		
31				81					
32	技師 79	技師 79	技師 89				85	76	
33					技師 83	技師 89	技師 85	技師 76	技師 75
出生年	1892	1901	1901	1901	1903	1889	1901	1911	1899

出典：三菱合資人事係［1932］、同［1933］より作成。
注：1）各人の出身校は以下の通り。A・B―/三菱工業学校実習科、長崎造船所修業生。C/県立工業学校夜間部電気科中退、1912年に職工入社。D/県立工業学校電気科、1920年図工として入社。E/三菱工業学校専修科、長崎造船所修業生。F/陸軍砲兵工科学校。G/県立工業学校電気科、1920年職工として入社。H/県立工業学校電気科、1919年職工として入社。I/三菱工業学校専修科、長崎造船所修業生、1919年職工として入社。
　　2）表中の技師・技手・工師補の表記は、各資格への初任年を表している。

要な年数を務める前にその名前が消えており、職員録に10年以上掲載されながら37年にもなお技手であった者は5人に過ぎなかった。30年代半ば以降の事業拡大の影響もあり、技手は昇格に必要な年数を務めれば、ほぼ全員が技師に昇格していたのである。同じ期間に職員録に技師（補）として初出した者128名に対して、技手から技師への昇格者は98名であり、彼らの存在は大きなものであった。その上、技師には職工身分出身者も存在した。たとえば、管制器設計係の技師には、06年に図工として電機工場に入職し[71]、職員録に18年に技手として、24年に技師として登場した者がおり、また、24年に変圧器設計係の技師として職員録に登場した人物は、16年に小細工係の職工として入職し、すぐに写図・製図の職務に異動して[72]、19年に設計課交流機係の技手として職員録に登場したことを確認できる。技手から技師に昇格した幾人かの給与履歴を示した表8-7にも、職工籍から技手を経て技師に昇格した者が4名含まれている。彼らは、工業学校を卒業または中退したり、三菱工業学校を卒業した後長崎造

船所の修業生を経て職工として入社した者たちで、職工に多かった小学校卒の者たちではなかったが、現場での経験に基づく技術力を評価されて上位の教育資格に対応する身分に昇格していった人々は決して例外的ではなかったのである。

人事制度に対する教育資格の影響力が強いことで知られた日立製作所でも、1936年に在籍した工業学校卒業者で26年以前の入職者全員が本社採用の職員に昇格していたことが明らかにされている[73]。

このように各社で教育資格の壁を超える登用が広く行われたのは、上述の如く「現場型技術者」や職長・熟練工が製品の開発や製造技術の面で重要な役割を果たしている中で、彼らの意欲を引き出すインセンティブとして昇格が必要と考えられたからであろう。それは、彼らの給与にも反映していた。入手できた三菱電機の1920年代前半のデータによれば、正員の平均月間給与額は110円から120円で、60円前後である職工の平均月間賃金額の2倍弱の水準であったが、技手を含む准員のそれは46円から54円の間で、職工よりも少なかった。准員の給与分布をみると、40円台から50円台にかけて山を形成し、70円台以上の者は例外的で、職工には見られた90円台以上の者はいなかった。表8-7で技手から技師に昇格した者の給与履歴を見ると、技手は40円程度の初任給から始まり、毎年5円程度の定期昇給を受け、70円台から80円台に到達した時に技師に昇格している。技手は技師に昇格することにより、給与の壁を打破できたのである。一方、職工の賃金分布をみると、50円台をピークにして、准員にはいなかった80円以上の者も多く、正員クラスの100円以上の賃金を得ていたものもかなりいた。大きな貢献が可能な職長や熟練工には報酬面での見返りが提供されたと推測される[74]。芝浦製作所では部長・技師長・工場長という上級管理職に就任した人々の教育資格と給与額を知ることができる。その中には工手学校卒業者が3人いた。彼らの給与額を幾人かの高等教育修了者のそれと比較した表8-8によれば、彼らの最高給は高等教育修了者のそれに引けを取らないレベルに達していた。下位の教育資格保有者でも、上位の職位に就任すれば、教育資格に左右されない給与が支給されたと考えられる。

ただ、上級管理職の職位に昇進するには、高等教育修了という教育資格の保有が大きな意味を持った。芝浦製作所では、主要職員の人事記録[75]から検出さ

表8-8 上位管理職就任者の給与

		卒業年	入社年	初任給(円)	最高給(円)	最高給時の職位	経過年数
大竹武吉	工手学校		1896	25	350	取締役販売部長	26
小堀重雄	工手学校	1900	1901	22	302	設計部長代理	25
島村一郎	工手学校	1907	1912	30	300	鶴見工場長	26
岸敬二郎	東京大学	1895	1895	40	250	電気部主任	12
納富盤一	東京大学	1897	1897	55	375	工務部長	22
小金井晴正	東京大学	1905	1905	37	400	製造主幹	21
風間憲一郎	東京大学	1913	1913	60	350	技師長兼設計課長	24
高橋綱吉	東京高等工業	1897	1897	18	327	工務部副部長	23
久保正吉	東京高等工業	1903	1905	32	325	製造主幹代理	21
太田黒静雄	熊本高等工業	1904	1906	38	345	製造部長	20

出典：芝浦製作所六十五年史『名簿及主要職員経歴』、工業之日本社［1916/17, 1921］、日刊工業新聞社［1934］より作成。

れた上記の職位就任者36名のうち、工手学校卒の3名と不明の2名を除く全員が大学または高等工業学校卒業者であった。また、三菱電機でも、職員録に課長として掲載された者は全員が、高等教育卒を採用条件とする技師または技師補として職員録に初出し、課長の下位職である主任も、職員録に掲載された43名中、技手として初出したのは4名に過ぎなかったのである。日立製作所日立工場においても、独立後1935年までに技術系で部長、副工場長、工場長に就任した者は、前出の飯島祐吉と学歴不明の1名を除けば全員が高等教育修了者であり、その上、高等工業学校卒の倉田主税を除けば、全員が大学卒業者であったことが確認できる[76]。同所では、大卒者に対する高等工業学校卒業者の処遇の低ささえ問題になっていた。敗戦後に小平社長をはじめとする同社の経営幹部が公職追放されたのを受けて社長に就任することになる倉田は、12年に月給35円の雇員として採用されたが、同じ年の東京帝国大学出身者が月給70円の職員として採用されたことに憤慨したこと、この年に幾人もの高等工業出身者が憤激のあまり退社したことを回想している[77]。前出の福元稔は、当時日立製作所が所属した久原鉱業の社長であった久原房之助が12年に来所した折に、高等工業学校・大学出身者間の給与格差是正を直訴している。この時久原は、山間僻遠の日立に優秀な大卒者を確保するのが困難なので「自然高給で迎えることにした。今のところ止むを得ないが将来は考えて行く」と慰撫した[78]が、その

後も格差は存続し、高等工業出身者で組織した社内団体十一会が演説会を開いて格差是正を求める運動を展開したという回想も残されているのである[79]。

6．おわりに

　本章で論じてきたように、戦前期の日本重電機工業を主導した3社とも、第一次世界大戦期から1920年代に技術力の向上に伴い、職長・熟練職工に対する労務管理の位相が第1相から第2相に移行する様相を呈し始めたが、新製品の開発・製造に果たす「現場型技術者」や職長・熟練職工の役割の重要性が失われなかったために、その移行は貫徹されなかった。彼らが現場経験を通して獲得した知識が基盤的製造技術分野や設計と製造をつなぐ技術分野で不可欠な役割を果たす状況がその後も継続し、そこでは、彼ら独自の創意工夫が依然として重要となったからである。各社が世界水準の容量を持つ電機製品を開発する技術力を形成したのは30年代初頭とされるが、そこに至る過程で、外国から導入した先進技術を吸収・消化して新製品の開発・製造を成功裡に遂行するためには、技術導入の担い手になった高等教育卒技術者の持つ学理知識だけでなく、彼らの持つ現場の技術知識が必要で、そのため、マネジメントを担う高等教育卒技術者が「正しい作業内容と作業手順」を決定し、「賃金と解雇」によりそれを強制すれば製品の製造が成功するという世界は実現しなかった。「現場型技術者」と職長・熟練職工の定着を促し、その能力の発揮を促進する手段として採用されたのは、彼らに上位身分への昇格の機会を与えるというインセンティブ政策であり、その結果、戦前期の日本企業の人事制度の枠組みと理解されてきた「学歴身分制度」は安定しなかったのであった。

　こうした事態が生み出されたのは、一面では、高等教育卒技術者の製造技術知識の不足が原因であり、それは、高等技術教育の内容が設計知識偏重であり、「十分に工場や実地の経験のある者でなければ出来難い」「好い設計」を行える人材を育成できる内実を欠いているからだという批判も存在した[80]。しかし、対象とした3社で、高等教育卒技術者の育成方式に大きな違いが存在した。三菱電機については詳細を把握できないが、芝浦製作所と日立製作所では、その方式が正反対であったことを確認できる。

芝浦製作所では、技術者の育成に実地経験が重視されていた。それを示すのが、工業学校卒業者だけでなく、大学や高等工業学校卒業者も教習工として採用し、職工籍に置いて 6 ヵ月から 2 年間現場作業の経験を積ませた教習工制度の存在であった。この制度は明治30年代から開始され、実際、熊本高等工業機械科を卒業して1904年に入社し、後に取締役にまで昇進した大田黒静雄は、「学校を出ましてから芝の芝浦製作所へ、日給四十銭の仕上職工としてはいりました」[81]と後年回想している。この制度は当初は規定なしに実施されていたが、1933年に規定が制定され、大学・専門学校卒業生、中等実業学校卒業生をそれぞれ 1 年間教習した後、前者は職員に登用し、後者は各人の技能に応じて職員と職工に分けることとされた[82]。

　一方、日立製作所では、高等教育卒技術者に実地経験を積ませて育成するという方針は採用されなかった。このことを示すのが、1928年に仙台高等工業機械科を卒業して入社し、日立工場の最初の溶接係員になった斎藤哲夫の経験である。彼は、溶接作業員任せになっていて標準化が全く進んでいなかった溶接作業の改善を志し、自ら溶接作業をマスターしようとしたが、「大学とか、工専〔高等工業学校——引用者〕出の係員は入社と同時に管理者と見なされており、工具の仕事に手を出すことは許されない仕組みとなっていた」という同社の技術者育成方針がその障害となったと回想しているのである。彼が溶接技術の改善に取り組むためには、「『将来有為な管理者となるためには専門の技能を身につけておくことも必要なはずだ』と尤もらしい理窟を並べて」粘り強く係長を説得する必要があったという[83]。

　こうした両社の技術者育成方針の差異の背景には、「現場型技術者」の象徴とも言うべき田中久重を創立者に戴き、後に「技術の偉人」と称えられることになる「現場型技術者」小林作太郎の力により創業期の苦難を乗り越えた芝浦製作所と、「国産技術開発」への熱望から工学士小平浪平が創立し、創業期から大学卒技師の採用を進め、しかも東京帝国大学出身の技術者を好んで採用する[84]という強い学歴志向を備えた日立製作所の社風の違いともいうべきものが存在したと考えることができる。こうした対照的な技術者育成政策を採用した両社で、現場経験を通して獲得された「現場型技術者」や職長・熟練職工の技術力を積極的に活用することを促す人事労務管理が同様に実施され、第 1 相か

ら第2相への相の移転の困難さが存在したことを確認できる点に、日本においても「職業の世界」がもった重要性が示唆されているということができよう。

注
1) 労使関係史の視点に導かれた労働史研究の問題点については、市原博［2001］を参照。
2) 代表的な研究業績は、兵藤釗［1971］。
3) 内田星美［1984］［1988］、沢井実［1995］など。
4) 森川英正［1988］。
5) その一端は、市原［2009］［2010］でも論じた。
6) 三菱電機［1951］24頁。
7) 日立製作所［1960］29頁。
8) 木村安一［1940］11～16頁。
9) 田中近江翁顕彰会［1931］236～239頁。田村栄太郎［1943］150～153、173～177頁。
10) 木村［1940］18頁。
11) 木村［1940］18～19頁、今津健治［1992］200頁。
12) 著者不詳［1969］29～31頁。
13) 引用とも、鈴木淳編［2005］158～160頁。
14) 大竹武吉［1931］11頁。
15) 木村［1940］23、32、137～138頁。
16) 三澤為麿［不詳］1～2頁。
17) 河野磐城［1936］205～206頁。
18) 高橋綱吉［不詳］11～12、木村［1940］49頁。
19) 三菱電機神戸製作所［1931］頁数記載なし。
20) 三菱電機［1951］331頁。
21) 三菱電機［1951］30～31頁。
22) 高尾直三郎［1965］170頁。
23) 堀川澄二［1934］272頁。
24) 飯島祐吉［1934］。
25) 三菱電機［1951］37頁。
26) 以上、三菱電機［1951］38頁。
27) 三菱電機［1951］398～399頁。
28) 三菱電機［1951］59頁。
29) 三菱電機［1951］67、81頁。
30) 三菱電機［1982］50頁。
31) 三菱電機［1951］77頁。
32) 三菱電機［1951］82頁。

33) 三菱電機［1982］50頁。
34) 以上、引用とも、三菱電機［1951］333～334頁。
35) 大田黒重五郎［1937］
36) Hoshimi Uchida［1980］154頁。
37) 大竹［1931］38頁。
38) 日立工場［1961］20頁。
39) 児玉寛吉［1978］96頁。
40) 楠本宗次郎［1934］195～196頁。
41) 榊原吉三［1934］249頁。
42) 福元稔［1974］
43) 日立工場［1961］373頁。
44) 日立製作所［1960］60～61頁。
45) 福元［1974］
46) 菅山真次［1987］66～67頁。
47) 木村［1940］139～147頁。三菱電機［1951］30～31頁。
48) 野田信夫編［1923］頁数付記なし。
49) 三菱合資会社資料課［1923］5頁。
50) 以上、三菱合資会社資料課［1927］引用は、2、15頁。詳しくは、佐々木聡［1998］92～121頁も参照されたい。
51) 内藤忠吉［1983］58～61頁、日立工場［1961］51頁。
52) 以上、芝浦製作所六十五年史資料『規則類・工場関係』26、195、206、208、217～220頁。
53) 佐々木［1998］62～91頁。
54) 野田編［1923］頁数付記なし。
55) 三菱電機［1951］269～272頁。
56) 三菱合資会社資料課［1923］21～22頁。
57) 三菱電機［1951］19、69頁、本間夙子［1969］68、78頁。
58) 堀川［1934］274頁。
59) 北村初太郎［1934］240頁。
60) 横田兼吉［1952］181頁。
61) 大津・小林・児玉［1934］206頁。
62) 小宮義和［1987］108～112頁。
63) 武市彦四郎［1982］
64) 実業の日本［1908/ 2］。芝浦製作所六十五年史資料『営業案内及逸話』より引用。
65) 三菱電機［1951］189～190頁。
66) 三菱電機神戸製作所［1931/ 6/ 7］67～72頁。
67) 三菱電機神戸製作所［1937/ 6 /14］57～59頁。
68) 木村［1940］161頁。「身元保証金規則」（1895年3月14日制定実施）、芝浦製作所六

十五年史資料『規則類・職員関係』243頁。
69) 三菱重工業 [1956] 169〜172頁。
70) 日立工場 [1961] 46頁、菅山 [1987] 61頁。
71) 三菱電機 [1951] 14頁。
72) 三菱電機 [1951] 400〜401頁。
73) 菅山 [1987] 86頁。
74) 三菱合資会社総務課 [1921-25]、三菱合資会社総務課 [1921, 23]、三菱電機神戸製作所 [1921, 23]。
75) 芝浦製作所六十五年史資料『名簿及主要職員経歴』。
76) 日立工場 [1961] 20〜23頁、日立工場元幹部職員の追悼本の記載による。
77) 倉田主税 [1980] 346〜347頁。
78) 福元 [1983] 12〜13頁。
79) 小宮 [1987] 64頁。
80) 大河内正敏 [1914] 216頁。
81) 工政会 [1934] 16頁。
82) 木村 [1940] 175〜176頁。
83) 斎藤 [1981] 21〜22頁。
84) 馬場条雄 [1974]。

参考文献

飯島祐吉 [1934]「日立工場25年を顧みて」『日立工場二十五年回顧録（其の一）』。
市原博 [2001]「戦前期日本の労働史研究」『大原社会問題研究所雑誌』510。
市原博 [2009]「職務能力開発と身分制度」『歴史と経済』51-3。
市原博 [2010]「人的資源の形成と身分制度」阿部武司・中村尚史編『講座・日本経営史 第2巻』ミネルヴァ書房、所収。
今井恒三郎 [1975]『日立工場技術部の変遷』日立工場技術部日技会。
今津健治 [1992]『からくり義右衛門』ダイヤモンド社。
内田星美 [1984]「大正・昭和初期（1910-1930）民間企業技術者の能力開発」『東京経大学会誌』139。
内田星美 [1988]「大正中期民間企業の技術者分布」『経営史学』23-1。
大河内正敏 [1914]「工業教育私見」『東京学芸雑誌』31-392。
大竹武吉 [1931]『工学博士岸敬二郎伝』岸敬二郎君伝記編纂会。
大田黒重五郎 [1937]「昭和十二年二月九日芝浦クラブハウス、岸敬二郎氏胸像、小林記念室落成除幕式来賓挨拶」芝浦製作所六十五年史資料『営業案内及逸話』所収。
大津・小林・児玉 [1934]「電工場の歴史」『日立工場二十五年回顧録（其の二）』所収。
木村安一 [1939]『小林作太郎伝』東京芝浦電気。
木村安一 [1940]『芝浦製作所六十五年史』東京芝浦電気。

北村初太郎［1934］「製缶工場史」『日立工場二五年回顧録（其の二）』所収。
楠本宗次郎［1934］「変圧器工場と之を周る人々」『日立工場二十五年回顧録（其の二）』所収。
倉田主税［1980］「私の履歴書」日本経済新聞社編『私の履歴書、経済人12』。
工業之日本社［1916/1917, 1921］『日本工業要鑑』工業之日本社。
工政会［1934］「高等教育懇談会」『工政』171。
児玉寛吉［1978］「馬場さんの思い出」「馬場さんを偲んで」編纂委員会『馬場さんを偲んで』「馬場さんを偲んで」編纂委員、所収。
小宮義和［1987］『零砕余話』小宮義和。
河野磐城［1936］『大田黒重五郎翁口述　思出を語る』大田黒重五郎翁逸話刊行会。
斎藤哲夫［1981］『当って砕けろ』斎藤哲夫。
榊原吉三［1934］「直流機設計に携われる人々」『日立工場二十五年回顧録（其の二）』所収。
佐々木聡［1998］『科学的管理法の日本的展開』有斐閣。
沢井実［1995］「重化学工業化と技術者」宮本又郎・阿部武司編［1995］『経営革新と工業化』岩波書店。
実業の日本［1908/2］。
芝浦製作所［1920-1934］『業務用営業報告書』。
芝浦製作所六十五年史資料『規則類・工場関係』。
芝浦製作所六十五年史資料『規則類・職員関係』。
芝浦製作所六十五年史資料『名簿及主要職員経歴』。
菅山真次［1987］「一九二〇年代重電機経営の下級職員層」『社会経済史学』53-5。
鈴木淳編［2005］『ある技術家の回想』日本経済評論社。
高尾直三郎［1965］『日立とその人々』高尾直三郎。
高橋綱吉［不詳］「思出のままに」芝浦製作所『旧職員の手記類』所収。
武市彦四郎［1982］『日立鋳鋼の歴史』日立製作所勝田工場。
田中近江翁顕彰会［1931］『田中近江大掾』田中近江翁顕彰会。
田村栄太郎［1943］『日本電気技術者伝』科学新興社。
著者不詳［1969］『二代目田中久重』鎌倉。
電機学校同窓会［1926-28］『電気工人会会誌』。
内藤忠吉［1983］「大正5年～14年頃作業工賃の思い出」前掲『日立工場五十年史回顧録』（草稿）所収。
日刊工業新聞社［1934］『日本技術家総覧』日刊工業新聞社。
野田信夫編［1923］『三菱電機株式会社神戸製作所経営組織』三菱史料館所蔵。
馬場粂雄［1974］「福元稔君を偲ぶ」「福元さんを偲んで」編纂委員会『福元さんを偲んで』「福元さんさんを偲んで」編纂委員、所収。
日立工場［1961］『日立工場五十年史』日立製作所日立工場。
日立製作所［1960］『日立製作所史Ⅰ』日立製作所。

兵藤釗［1971］『日本における労資関係の展開』東京大学出版会。
福元稔［1974］「亀戸工場の大正七年から十二年の思い出」「福元さんを偲んで」編纂委員会、所収。
福元稔［1983］「助川時代の思い出」小平記念会『日立工場五十年史回顧録』（草稿）所収。
堀川澄二［1934］「当社と人」『日立工場二十五年回顧録（其の二）』所収。
本間夙子［1969］『本間亀吉』非売品。
三澤為麿［不詳］納富盤一宛書状　芝浦製作所六十五年史資料『営業案内及逸話』所収。
三菱合資会社人事係［1932］『昭和七年度採用者履歴書』（三菱史料館所蔵）。
三菱合資会社人事係［1933］『自昭和八年一月至同年六月採用者履歴書』（三菱史料館所蔵）。
三菱合資会社資料課［1923］「科学的工場経営の研究」『資料彙報』69。
三菱合資会社資料課［1927］「三菱電機神戸製作所に於ける時間研究と賃率設定」『資料彙報』286。
三菱合資会社総務課［1921-25］『年報』三菱史料館所蔵。
三菱合資会社総務課［1921,23］『社報』三菱史料館所蔵。
三菱重工業［1956］『三菱重工業株式会社史』三菱重工業。
三菱電機［1922-36］『職員録』。
三菱電機神戸製作所［1921,23］『労働統計月報』三菱史料館所蔵。
三菱電機神戸製作所［1931/6/7］「第二十二回工場委員会議事録」三菱史料館所蔵。
三菱電機神戸製作所［1937/6/14］「第三十二回工場委員会議事録」三菱史料館所蔵。
三菱電機［1951］『建業回顧』三菱電機。
三菱電機神戸製作所［1931］「産業合理化局御一行　当所御視察の際管理上の施設一端説明の概要」三菱史料館所蔵。
三菱電機［1982］『三菱電機社史』三菱電機。
森川英正［1988］「日本の技術者の『現場主義』について」『横浜経営研究』8-4。
横田兼吉［1952］「追憶」小平浪平翁記念会『小平さんの思ひ出』小平浪平翁記念会、所収。

Hoshimi Uchida [1980] "Western Big Business and the Adoption of New Technology in Japan: The Electrical Equipment and Chemical Industries 1890-1920" edited by Akio Okouchi, Hoshimi Uchida. Development and diffusion of technology: electrical and chemical industries, University of Tokyo Press.

第9章

日本の労働者にとっての会社

「身分」と「保障」を中心に

禹　宗杬

1．課題と方法

　本章の課題は、日本の労働者にとって会社とは何であったかを、「公共性」と関連づけて解明することである。そもそも会社は営利を目的とする組織であり、その限りでは公共性と距離のある存在である。しかし、現代化が進むにしたがって[1]、会社が公共的な機能の一部を担うようになったことも事実である。それはすなわち働く人の生活の安定であり、会社が主体となって働く人のリスクをシェアすることである。
　では、なぜ企業が働く人のリスクをシェアするのか。それは一言でいえば、企業が働く人と長期的な関係を結ぶようになったからである。長期的な関係を結ぶことは、企業と働く人がその場限りの契約ではなく、組織への帰属に基づく身分的な地位を重視する方向に転換したことを意味する。単なる契約に基づく関係であれば、企業は働く人に所得を提供するだけで済み、働く人はそれを糧にしながら生活上の諸リスクを自分で処理することになる。しかし、長期的な関係を前提とすれば、日々の時間単位を超えて生ずる働く人のリスクを企業のなかで処理することが必要となるのである。
　こうして、現代企業に働く労働者は通常、企業に属するがゆえに享受できる、失業に対する保障、老後に対する保障などの地位＝身分を獲得する。本章ではこれを身分の第一側面ととらえる。ただし、現代企業は階層的な位階秩序を形成するのが常で、そのどちらに位置するかによって働く人の地位は大分違ってくる。階層制の内での地位、これを本章では身分の第二側面ととらえる。
　こうみると、「身分」と「保障」は密接にかかわっているのがわかる。しか

し、以下で検討するように、両者がどのように関係しているかが、十分論じられてきたとはいいがたい。本章が両者の関係性に焦点を当てながら、会社の性格と労働者の営みを究明しようとする所以である。この際、2点に留意する。1つは、同じような技能を有する労働者が、実際は異なる身分に属するのが日本の特徴であるということ。もう1つは、第一次大戦期を境として日本の「常雇」は会社の構成員となっており、これは保障の面で確認できるということである。先行研究をふまえ、このような課題設定の意味をより具体化しよう。

　第1に検討すべきは、身分のとらえ方についてである。いち早く日本企業の身分制を概念化した氏原正治郎氏は[2]、それを社員―準社員―工員―組夫の位階秩序と把握したうえで、日本の特徴を「技術」と「技能」との峻別に求めた。これは基本的には「経営体内部の職能、採用、解雇、昇進経路、給与など」の差に注目したとらえ方である。本章の用語に従えば身分の第二側面に即した把握で、氏の研究は、階層制に関する限り、全体像を描くのにほぼ成功しているといえる。ただし、社員層と工員層との間に隔絶したギャップがあるようにとらえている点は、修正しなければならない。なお、工員層が一枚岩でないことも考慮すべきであろう。より大きな問題は、身分の第二側面に関する認識が十分でないことである。すなわち、工員と企業とのかかわりが、「日給制の場合には、労働者は時間を売り、請取制の場合には、労働者は、仕事を売っていた……工員層は、企業経営にとっては、よそものであった」と把握されるだけで、第一次大戦期を前後して進んだ工員と企業との関係性の進展が反映されていないのである[3]。したがって、本章は次のような仮説に立つ。①日本企業が身分制に強く依拠したのは事実である。しかし、階層間にそれほど深い断層が存在したわけではない。②日本の特徴は何より、同じ技能を有する労働者が異なる身分に属することである。③工員層は企業にとって戦前すでに内側のものになっていた。ただし、臨時工は除く。

　もっとも、身分の第一側面に関する研究蓄積がないわけではない。たとえば、間宏氏に代表される「経営家族主義」論がそれである。ただし、その主張を鵜呑みにすることはできない。これが第2の検討課題である。間氏は、企業が従業員の生活保障に努める理由を、「親に相当する経営者は、子である従業員の生活について面倒をみる」という態度に求め、なお賃金を含めた生活保障全般

に関していえば、そのうち「福利厚生が大きな役割を果たしている」と評価した[4]。しかし、この間進んできた比較研究の成果は、必ずしも日本の企業内福祉の水準が高いものでないことを示している[5]。よって、本章は次のような仮説を提起する。①日本の経営者は、従業員の生活についてそれほど重い責任をとったわけではない。②福利厚生制度の発達には従業員側の要求が大きく働いた。

第3に検討すべきは、身分制の変化についてである。この問題にもっとも精力的に取り組んできた二村一夫氏は、独自のクラフト・ユニオン（職業別組合）不在説に基づき、日本で身分差が縮小されたのは、ブルーカラーの「長年抱いてきた差別に対する憤懣」をバネとして、戦後「工職混合組合」が結成されたためだとした[6]。本章も、身分制に決定的な変化をもたらしたのは戦後である、という立場に立つ。ただし、憤懣が溜まるだけでは変化が起こらない点で、氏の説明は補完が必要と考える。本稿の提起する仮説は、次の通りである。①戦前すでに身分差は縮まっていた。この経験なしに、戦後の「身分差撤廃」は生じ得ない。②ブルーカラーは身分差縮小の内的論理を有していた。「長年の経験＝勤続は学識に比肩し得る」というのがそれである。③身分差縮小を容認した背景にはホワイトカラーの思惑も存在した。「ノン・キャリア」はブルーカラーと手を握ることで「キャリア」との身分差を縮めようとしたのである。

以上をふまえ、本章の見取図を予め示せば、次のようになる。「複線管理」が日本の人事労務管理のもっとも大きな特徴であった。「複線管理」とは、上位身分・資格の一定枠は初めから別コースで確保しておき、残りを多数に競わせる管理方式である。「年功」は戦前日本の労務管理のコアとはいえない。それはむしろ労働者側の武器であった。労働者は年功を主張することによって、複線管理に穴を開け、より多くの人が地位を向上できる途を探ろうとしたのである。なお、「生活保障」も戦前の日本企業の営みを象徴するものとはなれない。日本企業は、複線管理に注いだエネルギーに比べれば、労働者一般に関する責任にはそれほど力を入れなかった。

以下、叙述は、第2節で第一次大戦期にいたるまでの身分と保障の形成を、第3節で第一次大戦後における身分と保障の変化を論じる。そして、「おわりに」にて戦時政策と戦後における新たな雇用慣行の成立をふまえ、本章のイン

プリケーションを簡単に述べる。もとより、身分と保障の変化においては戦時期と戦後のインパクトが重要であるが、紙幅の関係により割愛せざるを得ない。なお、資料は主に日本国有鉄道のケースに依拠し、関連する事実をもって補完した[7]。

2. 経営における身分

(1) 労働者の定着

そもそも経営の外側にいたはずの労働者が経営に定着する様子からみることにしよう。図9-1は、駅・機関区・工場など日本国有鉄道（国鉄）の現業機関に働く労働者の移動率の推移を示したものである。1910年代までは概ね20％を超えていた入職率と退職率が、20年代に入って急速に収まり、大恐慌を挟む30年前後には5％水準まで落ちているのがわかる。労働者と会社との持続的な関係の主要な指標を定着度に求めるとすれば、20年代は日本の労働者が会社と安定的な関係を持ち始めた時期であるといえよう。

これはほかの重工業大企業にもあてはまる。そもそも国鉄をはじめ海軍工廠、官営八幡製鉄所（以下、八幡と略す）など官営企業は労働者の定着率が高いほうであった[8]。それに比すれば1910年代までの民営企業労働者の移動率には目を見張るところがあった。図9-2は、この時期住友製鋼所[9]に働いた職工の入職率と退職率を表したものである。景気の変動によって変化が激しいものの、不況のときにさえ50％を下回らず、好況の際には退職率が100％、入職率が150％を超えている。なお、図には出ていないが、15年にそれぞれ314人と296人いた雇入職工数と解雇職工数は、17年には1,756人と1,756人、18年には1,393人と1,270人と激増した[10]。第一次大戦期の好況で、上記の国鉄現業員のグラフをそのまま増幅した形で移動率が跳ね上がっているのがわかる[11]。しかし、流動が当然であった民営企業労働者の行動様式も20年代を境としてすっかり変わることになる。ここで住友伸銅鋼管の30年前後の入職率と退職率をみると、29年4.6％と2.9％、30年5.7％と8.0％、31年1.3％と2.9％、32年3.6％と6.0％、33年22.3％と6.1％、そして34年が104.5％と10.0％である[12]。国鉄と

図9-1 国鉄現業員の移動率の推移（1908〜41年度）

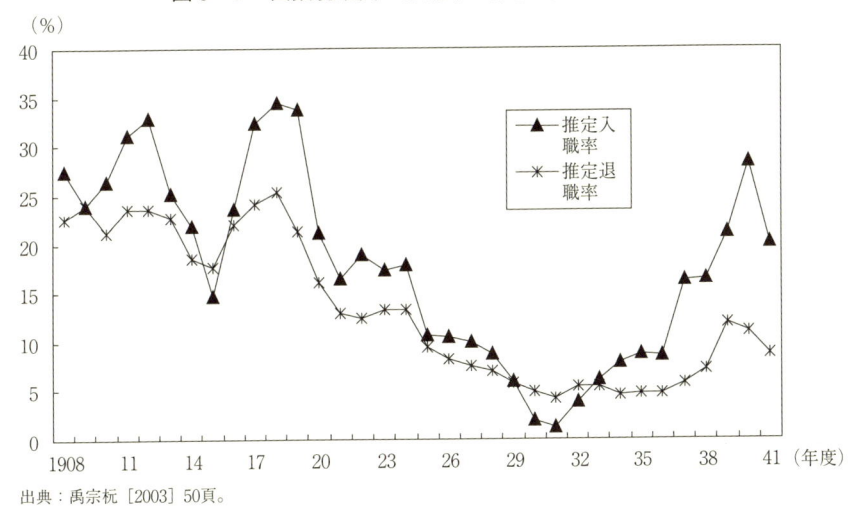

出典：禹宗杬［2003］50頁。

図9-2 住友製鋼所職工の移動率の推移（1902〜15年）

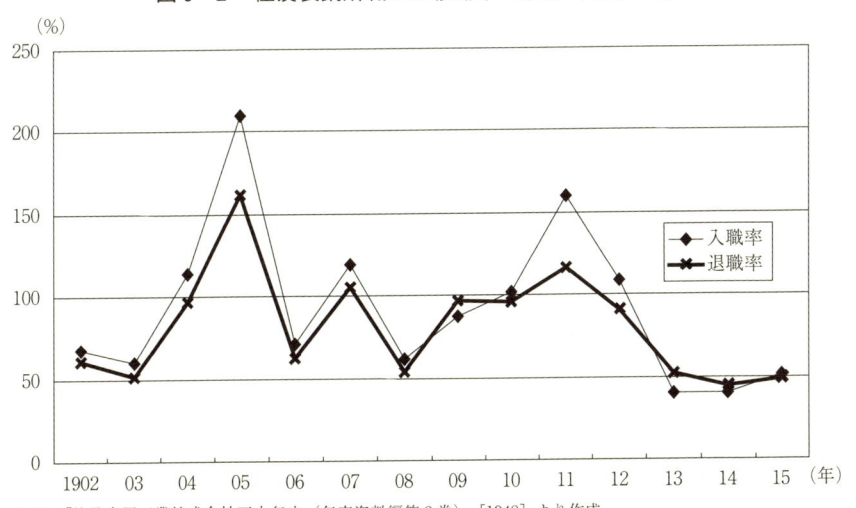

出典：『扶桑金属工業株式会社五十年史（年表資料編第2巻）』［1948］より作成。
注：入職率、退職率ともに前年末の職工数に対する当該年間の雇入職工数、解雇職工数の比率。

同じように、30年代半ばに入ると移動率が再び高まるものの、20年代に一応労働者が定着した様子が見て取れる。

このような労働者の定着は幾つかの要因で説明され得る。熟練工を確保しようとした経営の足止め策や内部養成・内部昇進が本格化したこと、横断的な労働市場と労働者間の相互救済を求めた労働組合運動が挫折したこと、そして資本主義の成長に伴い労働者が独立自営できるチャンスが著しく縮小したことなどがそれである。ただし、定着の要因がわかったとしても、定着の構造と論理までが十分解明されたとはいいがたい。定着は、労働者と会社との間に新たな関係が構築されたことを意味する。はたして、両者の関係はどのような構造をもち、その新しさはどのような論理で用意され、かつ後の時代に引き継がれたのであろうか。

（2） 身分と保障

戦前、職員と職工との身分差が大きかったことはよく知られている。しかし、職工を一枚岩としてとらえるのは間違いである。日本の会社は決して職工を一元的には取り扱わなかった。ここでは採用要件と雇用形態および保障の程度が予め異なっているのを「身分」、同じ身分のなかでの序列の差を「資格」として定義し、その大まかな形成過程をみることにする。

通常、職員は学歴あるいはそれに相当する試験によって採用が決められた。そして、その雇用形態は期限の定めのないものであった。これらはあまり説明を要しない。問題は保障である。まず、職員は月給制によって日々の収入が保障された。国鉄の場合は、病気欠勤90日間・私事欠勤30日間の満額保障、それ以降の半額保障である。反面、日給職工などは公休日も給料を払われなかった。ただし、賃金支払形態だけで身分を判断するのは早計である。たとえば、技術官には日給者がかなりいたし、後でみる「月給職工」も実際は日給で支払われるのが普通であった。長時間勤務をする場合が多い関係上、時間外勤務に対して増務給を支給してやる必要があったためである。よって、殊に職工の場合はほかの保障と合わせてみなければならない。

この時期もっとも深刻なリスクの1つは業務上の死傷であったが、それを除くと[13]、従業員の処遇上重要な意味をもったのは、日々の収入保障のほかに雇

用の保障と老後の保障であった。雇用保障からみると、官吏の場合、日常的な解雇のリスクからはほぼ保護された[14]。問題となるのは経営上の都合による場合である。これに対しては、最初「技術非職ノ者規定」などで決めていたが、後で「文官分限令」のなかで統一的に規定し、3年を限度として休職を命じ、休職中は俸給の3分の1を支給することにした[15]。なお、経営上の都合で退職する者に対しては、「現俸給半ヵ月分×勤続年数」の算式で退職手当をも支給した[16]。一方、老後に対しては、「官吏恩給令」によって手厚い保護を行った[17]。

ここで休職および退職手当が、勤続期間にかかわりなく基本的にすべての官吏に適用されていることに注意を促したい[18]。これは自分の使用人である以上はそれに対して一定の責任を果たすという組織（ここでは国）の意思表現である。採用要件では高等官と判任官に分けられたものの、雇用形態と保障の面では官吏の身分はほぼ同じものであった。これは民営企業の職員についても基本的には当てはまる。しかし、職工は異なっていた。

(3) 職工の身分と資格

日本の経営は職工を1つの身分としては取り扱わなかった。初期には西洋からの導入技術に適応できた熟練工の一部を「官吏並み」に待遇した。横須賀造船所（以下、横須賀）の「月給職工＝抱職工」[19]、国鉄の「有等職工」などがそれに当たる[20]。後者の場合は主に各職の小頭と機関方（機関士）がその待遇を受けた。彼らは等外吏として「職工等級及月給表」が適用された。実際は日給で支払われる場合が多かったが、官吏並みの待遇であるゆえ、一定程度の収入保障と失業保障は与えられたといえる。よって、同じく職工と呼ばれるものの、雇用形態と保障の面で彼らは他の職工とは違う身分を形成することになる。

しかし、近代化の進展は熟練工の供給不足をきたし、それは熟練工の流動化に拍車をかけた。リーダーだけでなく多くの熟練工ともう少し持続的な関係を築くのを望んだ経営は、やがて一定期間勤続の約束を採用要件として彼らを雇い入れることになる。いわゆる「定雇（または定傭）職工」である。その年期は、横須賀の場合5・7・10年、国鉄の場合5年が普通であった。定雇には年期内の雇用が保障されるとともに年期を終えたときに手当が支給された。官吏

の退職手当に当たるものである。横須賀の場合は「一箇年ニ付十五日分宛」が基本であった。つまり、5ヵ年の年期は75日分、7ヵ年の年期は105日分、10ヵ年の年期は150日分である[21]。期限の定めを除けば、雇用に関する限り、上記の官吏とほぼ同等の処遇が与えられたといえよう[22]。

ただし、官吏と違って、「〇年以上」という要件が保障の前提となっていることに留意しなければならない。このような制限は、後で年期がなくなり、期限なしの雇用が普遍化するなかでも、根強く生き残った。たとえば、八幡は「職工満五箇年以上勤続セルモノ」に限って「死亡賜金」を支給すると規定した[23]。死亡による退職においても勤続年数が待遇の基準になっているのである。これは裏を返せば、「〇年未満」の労働者に対しては経営がさしたる責任を負わないことを意味した。そして、この年期を定めない労働者、すなわち勤続の相対的に短い労働者が、横須賀においては「日雇」、国鉄においては「臨時傭」であった。やがて「定雇」は年期の適用をはずれ、期限の定めのない雇用、すなわち「常雇」に変わっていたが（ただし、「定雇」という表現もそのまま使われた）、臨時雇との区別は依然として残った。こうして日本の職工は、近代化が始まった時点ですでに[24]、官吏並みのリーダー格、定雇、臨時雇の3つの異なる身分に分かれたのである。

この時期、臨時雇がどの程度存在したかは、正確にはわからない。国鉄においては、殊に運転・運輸業務の場合、法律による規制が強かったがゆえに、常雇の比重が比較的大きかったと思われる。ただ、駅・機関区などでも所属長の権限で職工・人夫は裁量的に使われたし、建設・保線などではそもそも少なくない臨時雇が使われていたので、その数は必ずしも無視できるほどではなかったと推測される。横須賀においては、1887年の時点で定雇の海軍工夫1,099人に対し、日雇職工が1,574人も存在した[25]。時代が下って1910年、浦賀船渠の浦賀工場では工員約850人に対し、臨時工が約350人いたとされる[26]。なお、明治末に臨時工の常傭工に対する比率は、長崎造船所や芝浦製作所ではほぼ1割内外であったと報告されている[27]。1919年、八幡においては本職工1万2,742人に対して臨時および試験職工が3,787人であった[28]。全体的な傾向として、決して少なくない労働者が、臨時雇の身分に置かれていたといえよう。

職工身分の分化を考える際、次の2点に留意する必要がある。その1つ目は、

職工のなかでの資格の形成である。従来職工は、経営による処遇の差をさておけば、その作業集団の内部においては職工長—職工という比較的単純な序列をなしていた。それが日露戦争を前後する時期に、国鉄の場合は「職工長助手」、八幡の場合は「伍長」[29]をその間に置き、作業集団を階層的に編成することに変わったのである。八幡の場合、既存の職工長は組長に名称が変わり、そのうえにさらに工手が設けられた。従来の職工長—職工の代わりに、(工手)—組長—伍長—平職という序列に沿って現場の作業管理が行われるようになったのである。

この際、組長・伍長などの「役付工」は、基本的に職工の内部昇進で当てることが意図された。たとえば、「各職組長ハ製鉄所職工トシテ三箇年以上勤続シ現ニ伍長ノ職ニアル者ノ中ヨリ之ヲ命ス」[30]の如くである。問題は工手である。工手は職員並みの身分であった。よって、組長から工手になれば、それは職工から職員に身分上昇したことになる。ただ、工手は中等学校出身者を当てるか、若年者を別途に育てる方法によっても充たされた[31]。八幡の場合、1910年に設置された「幼年職工養成所」(後の職工養成所)がその育成施設に当たる。この場合は、「職工」は経験を積むための一時的な身分となり、実際は養成所修了というある種の教育資格をもって職員身分に就くこととなる。

留意すべき2つ目は、見習職工の地位である。現場での見よう見まねで技能習得を行う場合は別として、経営が意識的に見習職工制度を設けた場合、見習職工は職工のなかでのエリート予備軍であった。近代化過程で経営は必要度の高い者を対象に身元保証金をとる慣行を有していたが、国鉄において見習職工は「准等外職工」および「定傭職工」とともにその対象になっており、長崎造船所においても見習職工は「定雇職工」とともに強制貯金制の対象となっていた[32]。見習職工の地位は、その養成方法が制度化されるにつれ、より確固たるものとなった。たとえば1914年ごろ大阪鉄工所は、見習職工を修了した者を直ちに伍長または伍長待遇として優遇した[33]。住友鋳鋼所は1919年「見習職工契約期間満了ノウエハ組長心得、伍長又ハ部雇職工トシテ採用ス」[34]と定めた。見習職工は平職工の育成というよりは役付工の育成という意味を有し、経営も将来中堅たる役付工を確保する目的で長い年月をかけて見習職工を育てたのである。

総じて、職工は幾つかの身分に分かれたうえで、さらに常雇のなかで複数の資格が設けられた。上位からみると、職員待遇の工手は一定部分が中等学校出身者・養成施設修了者で供給され、残りは役付工からの昇進で埋められた。役付工は一定部分が見習職工修了者で供給され、残りは常雇職工からの昇進で埋められた。常雇職工は一定部分が最初からその身分として雇われ、残りは臨時職工からの昇進で埋められた。日本の職工が辿った途は、常識的に考えられるように、技能を有しない者同士として入社し、年月とともに技能に磨きをかけ、その技倆を競い合って上位の資格に昇進していく、というような単線的なものではなかった。いま、経営が用意した途、すなわち最初から上位身分・資格の一定枠は別コースで確保し、残りを多数に競わせることを「複線管理」と名づけるのであれば、この複線管理こそが、戦前の日本の労務管理を特徴づけるものである。複線管理が確立した後の日本の労働者の苦闘は、まさにこれと向き合い、戦うことであった。第一次大戦期以降の動きをみよう。

3．身分制の変化

（1）　保障の追求

　第一次世界大戦期を前後して労働者に対する経営の姿勢は大きく変わる。その重要な変化の1つは、労働者の生活保障に本腰を入れ始めたことである。これは救済施設の設立として具体化した[35]。救済施設は単に経営の「恩」を表すものではない。日本国有鉄道（国鉄）において救済組合が最初作られたのは1907年であるが、この時でさえその目的は、「壮丁ノ選良ヲ得且ツ既ニ有スル熟練ナル現業員ノ他ニ転ズルヲ防ガントスル」とともに、「同盟罷業等ノ騒擾ニ付和雷同シ秩序ヲ紊ルガ如キ弊根ヲ絶」つためと明記された。どのようにして労働者との安定的な関係を築けるかが、正面から問われていたのである。ただし、初期段階での救済は業務上の死傷と死亡および55歳以上の退職（「老衰救済」）に限られていた。中途退職者には掛金の「払戻」が行われただけで、それも掛金総額の7割から9割が戻されるに過ぎなかった。要するに、制度設計において失業リスクへの対応はあまり省みられなかったのである[36]。

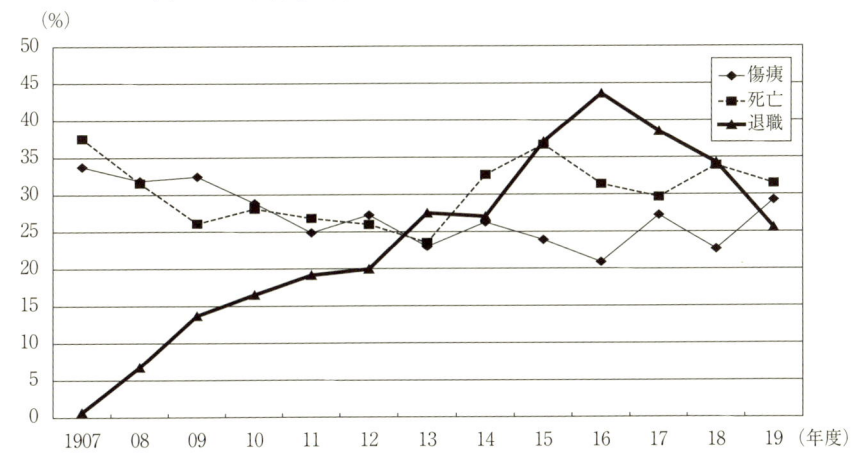

図9-3　国鉄救済組合の給付内容の推移（1907～19年度）

出典：日本国有鉄道厚生局［1958］のうち、「第5編第3部統計」10～13頁より作成。
注1）1918年度からは国鉄共済組合。
　2）図のなかの「退職」とは、1917年度までは「払戻金」、1918年度からは「退職救済金」を指す。
　3）当該年度の損益計算書の「損失」から「当該年度末現在責任準備金」を引いたもののうち、各給付額の占める比率。

　図9-3は、この時期の国鉄救済組合の給付内容を示したものである。設立当初より傷痍（公傷）救済金と死亡救済金が高い比重を占めていることがわかる。図には出ていないが、ほかに相当の比率を占めたのが、公傷にともなう療養金であった[37]。これらに比べると、老衰救済金は制度上設けられたものの、まだ対象者が少ないためもあって、実績としてはとるに足りなく、1917年度においても1.5％を占めるに過ぎなかった。要するに、発足当時国鉄救済組合は、基本的には業務上の死傷のリスクを処理するための施設であったのである。ただ、第一次大戦をきっかけとして退職関連給付が急増しているのが注目される。これは労働者の頻繁な離職に伴うもので、給付額が十分でなかったとはいえ、転職を支える限りにおいては失業給付の機能を果たしたといえる。
　大戦期の労働不安は、労働者の生活安定に向けた経営の姿勢を大きく変えた。1918年、国鉄は従来の救済組合を共済組合に再編し、給付の種類を業務外疾病や退職にまで広げた。「加入3年以上の者」に掛金元利を基礎とする退職救済金を給付することにしたのである。20年にはこれがさらに拡充された。加入15年・年齢40歳を要件とする「退職年金」が新設されると同時に、加入15年未満

の者を対象として、勤続6ヵ月〜1年で給料10日分、以後6ヵ月毎に10日分を加算する「退職一時金」が設けられたのである。ただし、その給付額は退職事由によって異なり、自己都合の退職者は規定額の8割しか支給されないこととなった。これが以後労使間争いの種となる。なお、22年には高等官から傭人までを一括して、たとえば1年以上6年未満は1年につき給料月額1ヵ月分を支給する「職員退職慰労金給与内規」が制定された。この際、退職一時金と退職慰労金（退職手当）の両方において「○年以上」という制限が解かれていることに注目しなければならない。官吏のような身分保障と休職規定は享受できなかったものの、ここにいたって常雇一般は、勤続年数と関係なしに一定程度の失業保障を受ける存在になったといえよう。

　興味深いのは、労働者に対するこのような保障の拡張が、ある種の「経営責任」という観念を伴っていたことである。この時期、民営企業においても救済施設が多く設けられたが、ある企業はその職工共済会の設立に際して、「此レガ救済指導ハ単ニ社会政策ヤ学校教育ニ俟ツベキモノニ非ズシテ大工場ガ進ンデナスベキ義務ニシテ而モ焦眉ノ問題ナリト信ズ」[38]〔傍点――引用者〕と明言していた。第一次大戦後における労働者の営みはこの「義務」＝経営責任を広げることであった。

　その好例の1つが「アイドル手当」である。操業の変動が激しかった戦前、それによる収入減あるいは失業のリスクを低めることは、労働者にとって切実な課題であった。それを反映し、三菱の労務担当者会議では次のような意見が出された。「川崎ナトデハアイドルハ事業主ノ責任テアルト云ッテヲリ職工モ亦夫レヲ知ッテヲル自分達カ働カントシテ出動シタ以上ハ経営者ノ方テアイドルヲ出サナイ様ニスルカサモナケレハ充分ノ手当ヲ貰ヒ度イト云フ申出カアル」[39]〔傍点――引用者〕。以後、アイドル手当すなわち休業手当は、三菱だけでなく多くの会社において、日常的な収入保障の一環として、あるいは不況時に解雇を避けるための手段として広く使われた。ここでは、懇談組織として国鉄に設けられた現業委員会[40]での議論を手がかりに、労働者の営みを少し詳しくみることにする。以下は、当時現業委員会に提出され可決された労働者の要求と、それに対する当局の答えを幾つか拾ったものである（番号は引用者が任意に付したもの）[41]。

① 退職特別慰労金支給ニ就テハ法理上吾々カ権利トシテ請求スルノ性質ニアラサル故単ニ時ノ政府ノ方針又ハ推移スル財政状態ニヨリ上司ノ御思召ノミニ俟ツコトカ果シテ全般職員ノ意ヲ安スルニ足ルヤ疑問ナリ……。(参与の説明) 提案ノ趣旨ヲ貫クコトニ努力スル。
② 五十五歳以上ニシテ脱退シタル鉄道手、雇員、傭人ニ対シテハ自己ノ便宜ニ依リタル場合ト雖減額セサルコトニ改正セラレタシ。(理由) 老年ニ至リタルモノナレハ其金額ヲ支給サレタシ。(参与の説明) 自己ノ便宜ニ依ル退職者ニ就テハ年齢ヲ斟酌スルコト能ハス。
③ 自己ノ都合ニテ退職スル場合勤続年数ニヨリ相当ノ特別賞与金ヲ支給セラレタシ。(理由) 自己ノ都合ニテ退職セルモノハ此特典ナシ実ニ遺憾ニ付キ。(参与の説明) 現行制度ニテ足レリト認ム。
④ 第三種傭人ニ対シテハ日曜、祝日等工業カ休業スル場合ニ於テモ休養金ヲ支給サレタシ。(参与の説明) 休養金ハ給料ヲ受クヘカリシ日ニ疾病休業ノ為不能トナリタルトキ之ヲ救済スルノ趣旨。
⑤ 傭人ニモ月給制度ヲ設ケラレタシ。(理由) 多クノ職名ヨリ雇員ヲ設ケルヨリ寧ロ雇員及傭人ノ撤廃ヲ要スルヲ至当トス。(参与の説明) 寧ロ日給制度ヲ基本トシテ例ヘハ時間外勤務ニ対スル手当ト謂フ如キコトヲ考慮スル方カ合理的ニモ考ヘラレル。

①は、退職手当の受給が法的権利ではないゆえ、「上司ノ御思召」に任せておくだけでは不安なので、1つの慣行としてしっかり作り上げなければならないという考え方の現われである。このような意識に基づき、彼らは自己都合の場合にも退職一時金(満額)や退職手当を支給することを要求した(②と③)。なお、休日の給料支給を求め(④)、さらには労働者一般への月給制適用を要求するまでにいたった。もちろん、これらの要求が直ちに受け入れられたわけではない。経営側は一応共済組合の設立と退職手当の整備で事足りると考えており、それを乗り越える制度上の進展は、戦前にはあまりみられなかった。けれども、労働者の要求のなかに、戦後の「シングル・ステイタス」を展望できる芽がすでに生えていることは認めなければならない。なお、制度上の変化が大きくはなかったとしても、その中身においてはそれなりの進歩がみられた。

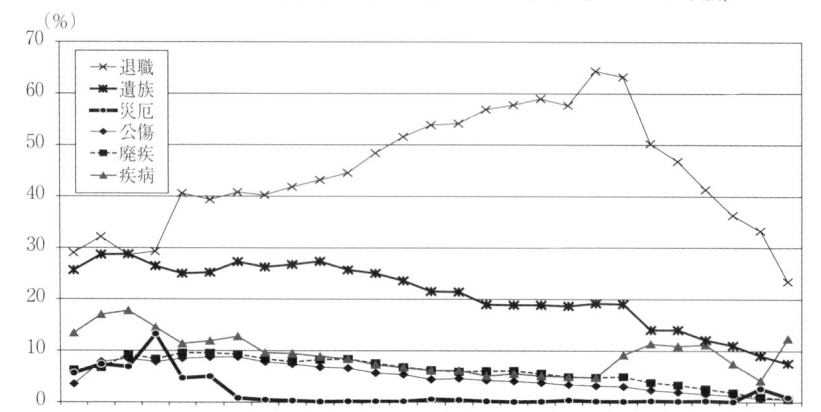

図9-4　国鉄共済組合の給付内容の推移（1920〜46年度）

出典：日本国有鉄道厚生局［1958］のうち、「第5編第3部統計」18〜21頁および27〜31頁より作成。
注：比率の算出は図9-3と同じ。ただし、1939年度と40年度の当該年度末現在責任準備金は「翌年度繰越金」である。

図9-4をみよう。

給付内容が変わっているので、前掲図9-3とそのまま比較することはできないが、2点だけははっきりと見て取れる。1点は、従来大きな比重を占めていた公傷・廃疾・疾病・遺族の諸給付がその比重を下げていることである。もう1点は、退職年金と退職一時金を合わせた退職給付が以前に比べれば格段とその比重を高めていることである。要するに、第一次大戦をきっかけに国鉄の共済組合は、何よりも失業と老後のリスクをシェアする施設として生まれ変わったといえよう。

その変化を推し進めた動因の1つは労働者の要求であった。図でわかるように、退職給付の比重が跳ね上がるのは1924年度からである。これには、23年に改正された恩給法にならって、従来給与年額の4分の1であった退職年金額を3分の1に引上げたことが大きく作用した。そして、その引上げは、「退職年金に対しても恩給法同様増額を希望する者が多く、爾来退職年金の増額問題は、現業員全体の要求として、全国を通じ、毎期の現業委員会において討議され、かつ要求された」[42]がゆえに行われたのである。こうして、労働者の要求を受け入れた国鉄共済組合は、31年度にいたるまで巨額の欠損を出し続けざるを得

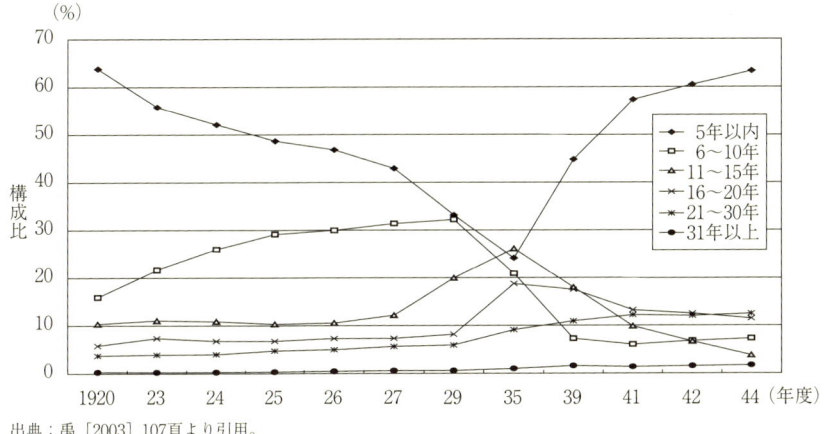

図9-5 国鉄従業員の勤続年数別構成の推移（1920～44年度）

出典：禹［2003］107頁より引用。

なかった[43]）。なお、30年代に入って以降も退職給付の比重が増え続けているのは、その財源に当てるべく組合員の掛金を増額したことによる。

　留意すべきは、退職給付がその受益者の間に格差をもたらしたことである。1930年代に入ると、退職年金の支払額が膨らんだことと引き換えに、退職一時金は減額された。従来は経営上の都合による場合、少なくとも掛金総額分までは保障したが、その規定をなくしたのである。さらに、いままでは勤続6ヵ月未満の者に対しても、経営上の都合による場合は退職一時金を払っていたが、それも廃止した。これらは、退職給付の重点が失業より老後におかれ、中途退職者より長期勤続者に有利に働いたことを意味する。図9-5の国鉄従業員の勤続年数別構成の推移と照らし合わせると、その意味はより鮮明になる。勤続16年以上の層が当初より一定程度を占めていることからもわかるように、国鉄従業員は大まかにいって定着する層と流動する層とに分かれていた。20年代以降充実化された退職年金は、一応その流動層を定着に向けさせるインセンティブとして作用した。20年代における勤続6～10年層の比重増大がそれをよく表す。ただし、勤続5年以内層のU字型の動向に示されるように、30年代半ばを過ぎると、戦時期の影響で流動性は再び高まる。そのような状況のなかで、退職給付は失業保障の機能を充分発揮できず、短期勤続者に相対的に不利に働いたのである。経営責任はコア層には比較的厚く果たされたが、周辺層には行

き届かなかったといわざるを得ない。

　そのさらなる周辺に臨時雇があった。彼らは上述した保障の埒外に取り残されたが、常雇との処遇格差が必ずしも技能の優劣によるものでないことが、問題をより複雑にした。たとえば、この時期国鉄においても、「大恐慌後直傭人夫として雇われ、6年間を勤めて一応工事工手に昇格したものの、一年半を経ずして工手を解傭され直傭人夫に戻り、なお四年間をつとめた後に、その「技能経験」を認めるという形で……再び工事工手に採用される」〔傍点――引用者〕[44]ケースは少なくなかった。このように解雇と採用を繰り返す場合、共済がどのように適用されたかは定かでない。しかし、1940年12月に共済組合規則が改正されて加入が許されるまで、「臨時ニ使用スル者」は原則共済組合員にはなれなかった。よって、このケースの場合、実質的に10年以上を長期勤続し、「技能経験」も常雇と変わらないにもかかわらず、身分が違うという理由だけで、失業と老後のリスクに裸でさらされることとなる。

　1920年代には臨時工が試用工の性格を一部かねており、常雇に登用されるチャンスを比較的有していた。しかし、30年代に入ると、期間工としての性格が強まり、常雇との間隔は埋めがたいものになった。浦賀船渠の例をみよう。35年の時点で浦賀船渠では「臨時職工」[45]を雇った後、2ヵ月を過ぎた際に「定期職工」[46]に切り替え、臨時職工の期間をも合わせて1年間の契約をし、契約が終わった段階でそれを2回更新できるようにしていた。要するに最長3年の有期契約である。それを退職積立金及退職手当法の実施を契機として[47]、臨時職工期間を1ヵ月、定期職工期間を5ヵ月とし、「如何なる理由あるも右期間経過後は常傭職工に採用するか又は解雇の取扱を為す事」に変更した[48]。常傭に採用されればよいが、そうでない人は一切の保障なしに6ヵ月で首を切られることになったのである。こうして、職員と常雇職工との格差より、定着した常雇職工と転々する臨時職工との格差がより大きくなっていった。なお、問題は、臨時雇の比重が決して少なくなかったことである。30年代半ばに入ると、比較的大きな機械器具工場では全職工の4分の1を臨時職工が占めるようになった[49]。彼らに対して経営責任が果たされたとはとうていいえない。

（2） 年功の承認を求めて

第一次大戦後、会社のなかでの昇進が進んだ。国鉄の場合は、部内養成施設（＝教習所）の整備と「現職雇員制度」の拡充が大きな意味を有した。現職雇員制度とは、技工（＝職工）など傭人層がその職に就いたまま雇員に身分変更することをいう。これが初めて作られたのは1911年であったが、21年から永年職を待遇するものとしての性格を強め、27年には「鉄道部内傭人にして8年以上勤続し成績優良なる者」は、どのような職名の者でも現職のまま雇員になれると宣言されるにいたっ

表9-1 昇進の方法に関する労働者の要求（1924〜26年）

昇進の方法		件数（件）
画一	勤続年数だけ	13
	一定条件の全員	27
	小計	40
選別	学歴	0
	教習所	6
	試験	16
	勤続＋人物	0
	＋技術・技倆	17
	＋成績	39
	＋品行	2
	技術・技倆	6
	成績	5
	小計	91
計		131

出所：禹［2003］101頁より引用。

た。実際、30年代半ばにおいては、技工のなかではその4分の1が雇員に、雇員のなかではその3分の1が判任官に昇進している。このような昇進の制度化は、一方では上述した複線管理がより精緻化されることを意味した。しかし、他方ではそれに対抗する労働者側の営みを反映するものでもあった。表9-1をみよう。これは、24年から26年にかけて可決された現業委員会の決議事項のなかから、昇進の方法に関するものを選び出し、それを分類したものである。

この表から幾つか重要な事柄が読み取れる。まずは、「勤続年数だけ」あるいは「一定条件の全員」という、比較的画一的な方法での昇進を要求する件数が40件で、全体の30％を占めていることである。もちろん、これが言葉通りの画一性を意味するとは限らない。全体的に「選別」を求める件数が多数を占めていることからもわかるように、労働者は一定条件を充せば誰でも昇進に値するとは思っていなかった。しかし、相対的に画一の方法を望む労働者の要求が、当局の選別重視に対する対抗論理を含んでいること自体は間違いない。次に、選別を前提とする場合においても、「学歴」だけは0件で、その代わりに「教習所」や「試験」が望まれていることである（ここでの「教習所」は成年従業員

のための内部養成施設である)。これは、外部から入ってくる学校出に対する、内部昇進優先の論理を示している。

なかんずく目を引くのは、勤続をベースにした要求が多いことである。「勤続＋○○」という方法は合計58件で全体の44％を占めている。そもそも、昇進のための必要要件の1つとして勤続を取り入れたのは経営であった。ただし、その場合勤続は最低条件で、それをクリアした者のなかから人物・技倆・成績を考慮して選別を行うのが経営の方針であった。労働者側はこれを逆手にとって、前述の「勤続年数だけ」に象徴されるように、昇進要件としての勤続の意義を高めたうえで、それも「人物」「技倆」よりは日々の努力の積み重ねが反映されやすい「成績」要件を重視する方向に、もっていこうとしたのである。

もっとも、労働者側の勤続年数重視には内的論理があった。一定以上勤続を積み重ねることは、技量と態度が涵養されることを意味し、殊にブルーカラーにとってそのような技量と態度を身につけることは、ホワイトカラーの学識に比肩できる資格要件を備えることと考えられた[50]。よって、労働者側は相当の勤続年数をもって、上位身分・ポストに昇進できる条件と主張し得たのである。

総じて、学歴・養成によるエリートコース（ただし、この場合も学歴が優先された）と、多数を競わせる並みコースとを分け、各コースのなかでは厳しい選別をもって従業員を管理しようとした経営の方針に対抗して、学歴に対しては養成の意義を強調し、エリートコース全般に対しては並みコース全般の枠を広げ、裁量的な選別に対しては画一的な勤続年数要件をアピールすることによって、会社のなかでの地位向上をはかったのが労働者側の営みであったといえよう。この意味で年功はまさに労働者の団結の武器であった。年功は、通常、あるいは日本的熟練に基づくものとして、あるいは日本的労務管理によるものとして説明されてきた。しかし、戦後につながる意味での年功は、複線管理に穴を開け、より多数の地位向上を目論んだ労働者側の行動を抜きにしては説明できないのではなかろうか。

4．おわりに

まとめると、戦間期、日本の会社で生じたことは、複線管理を基本に従業員

を掌握しようとした経営側の営みと、それに対抗して年功制を広げようとした労働者側の営みが、互いにぶつかり合いながらも妥協した結果にほかならないといえる。その際、妥協のベースとなったのは、定雇と臨時雇との身分差であった。定雇のなかでの身分上昇と引き換えに、臨時雇を企業責任の埒外に置く、というある種の交換が、労使間に行われたのである。ただし、定雇の身分上昇といってもそれには限界があった。いまだブルーカラーの多数が昇格するにはいたらず、昇格できない層の賃金カーブはそれほど右上がりではなかった。生活保障の諸側面においても、日給制あるいは雇用の流動性のために、とうていホワイトカラーに比肩できる収入保障・失業保障・老後保障を受けられる状況ではなかった。この限界を突き破ったのが戦時期と戦後民主化のインパクトであったのである。

　戦時期に生活給思想が広がったのはブルーカラー一般の賃金カーブを立たせる前提条件を作り出した。何よりも定期昇給の普及が意味をもった。ただし、年齢という要素は主に初任給に反映され、それが年齢給として具体化するのは戦後のことである。したがって、生活給とはいっても、戦時期のそれはブルーカラー一般の生活を現実的に保障できるものではなかった。賃金は勤続と連動しており、現に流動性が高かったゆえ、ブルーカラー一般の賃金カーブはシャープに立たないうちに切れてしまったからである。一方、戦時期はブルーカラー一般に資格制を導入したり[51]、雇／傭の身分差を撤廃したりする形で[52]、多数が昇格できる土台を整えた。ただし、昇格を裏づける内的論理が用意されたわけではなく、「勤続＝能力」という考え方に基づいてブルーカラー一般の昇格が現実化するまでは、戦後労働組合運動の台頭を待たなければならなかった。戦時期の生活保障政策として特筆すべきは、公的年金制度が創設されたことである。1941年、労働者年金保険法が制定され、44年に厚生年金保険法へと改正された。それにともない退職積立金及退職手当法は廃止された。しかし、結局、退職手当は年金に統合されず、戦後復活することとなる。

　戦後民主化は、年功制を広げようとした労働者側の営みに味方をし、戦時期の限界までを突破する転機となった。以後、紆余曲折を経ながらも1950年代までには新たな慣行がほぼ根を下ろすことになる。賃金制度においては年齢給が導入され、賃金自体にライフサイクルに沿った生活保障機能の一部が託された。

同時に「勤続」が「能力」に読み替えられ、ブルーカラーの年功賃金の内的根拠が確保された。こうして年功賃金は、ブルーカラー一般にとっても、生活の安定と能力の伸長をともに担保するものとして定着したのである。このプロセスは、資格制度の拡大など内部昇進制度の整備・拡充と軌を一にして進められた。これにはキャリアとの格差を縮めようとしたノンキャリアのホワイトカラーも積極的に与した。一方、身分差縮小は、諸般の生活保障においても格差の縮小をもたらした。月給制の導入で日々の収入が安定し、解雇の制限で雇用が保障され、退職金支給率の均等化で老後不安が軽減されるなど、ブルーカラー一般はホワイトカラーとほぼ同水準の保障を手に入れることができた。

　留意すべきは、この戦後の営みにおいても、戦前からの特徴的なパターンが貫かれていることである。すなわち、定雇のなかでの身分上昇と引き換えに、臨時雇を企業責任の埒外に置くことである。企業を中心に雇用保障が行われるにつれ、正規労働者の雇用枠は制限され、非正規労働者が雇用の調整弁として使われるのが常となった。それにともない、企業の外での雇用仲介機能や労働市場政策は整備・発達の余地を失った。老後保障においても正規労働者に有利な退職手当制度が存続し、その分、公的年金の所得再分配機能は弱体化した。経営責任は、戦後においても、すべての労働者に対しては果たされなかったのである。

　顧みれば、1970年代以降、経済環境が激変するなかで日本企業の競争力を支えたのは、いわゆる資源ベースの経営戦略であった。殊に人的資源をフルに活かして製品の差別化をはかることが功を奏した。そして、それを可能にしたのがブルーカラーとホワイトカラーの「シングルステイタス」であった。「定雇」のなかでの身分上昇が大きな力を発揮したのである。しかし、「定雇」は相対的に高くつく。バブルの崩壊をきっかけにこの人件費を節約すべく非正規雇用が急速に進んだ。それがいまや日本の格差を生み出す源となっている。経営責任の埒外に「臨時雇」を置いてきたことの帰結といえよう。

　では、歴史からどのような教訓を引き出せるか。1つは、今こそ年功賃金の構造と機能を見直すべきであるということである。年功カーブをよりなだらかにすることによって、その排他性を抑えると同時に、生活保障機能までもがのしかかってくるプレシャーを緩和する必要がある。もう1つは、企業を超える

課題に対処するために、公共政策の役割を強化するとともに、地域社会やNPOなど公的機能を担う主体をより活性化する必要があるということである。

注
1) ここでは、メイン（H. S. Maine）の用語になぞらえて、かりに労働をめぐる関係が身分的な拘束から自由な契約に移行したこと（from status to contract）を「近代」とすれば、個人的な契約から組織への帰属に基づく身分的な地位の獲得へと移行したこと（from contract to status）を「現代」としてとらえる。メインの議論に関しては、森建資［1988］8〜25頁を参照。
2) 氏原正治郎［1959］。
3) 第一次大戦期を前後して工具と経営との関係が変わっていく様子に関しては、兵藤釗［1971］。
4) 間宏［1964］22頁。
5) さしあたり Jacoby, S. M.［1997］を参照。
6) 二村一夫［1994］のほか一連の論考を参照。
7) 国鉄以外の関連事実の引用は、以前兵藤釗氏が収集され、その複写本が埼玉大学経済学部研究資料室に保存されている資料に多くを負っている。以下、これを便宜上『兵藤資料』と名づけ、該当する各文書の出典とする。
8) たとえば、1908年における職工の離職率は、三菱長崎造船所が51.9％、三菱神戸造船所が49.3％であるのに対し、横須賀海軍工廠が23.1％、呉海軍工廠が31.7％、呉海軍工廠造船部が47％であった。兵藤［1971］300〜301頁を参照。
9) 1901年に創設された住友鋳鋼場は、15年に株式会社住友鋳鋼所となり、20年に株式会社住友製鋼所と名称を変更した。ここでは住友製鋼所に統一する。
10) 住友鋳鋼所の大正7年12月末現在の調査票（『兵藤資料』）による。
11) 1915年に約50％であった住友鋳鋼所の離職率は、16年と17年に100％を超え、18年にも80％近い水準に止まった。兵藤［1971］329頁。
12) 会社の内部文書による（『兵藤資料』）。ただし、伸銅所だけの数値である。入職率と退職率の定義は図9-2の注と同じ。
13) 業務上の死傷に関する雇主の責任は、必ずしも長期的な関係を前提とするものではなく、そのロジックは別途に検討する必要がある。
14) 1899年に制定された「文官分限令」は「刑法ノ宣告、懲戒ノ処分又ハ本令ニ依ルニアラサレハ其ノ官ヲ免セラレルコトナシ」と規定し、官吏の身分を保障した。
15) ただし、1903年の改正で高等官は2年、判任官は1年にその期間が短縮された。
16) 1893年の「文官判任以上退官賜金ノ件」による。
17) 官吏に対する恩給は、a. 在職15年以上でかつ年齢60歳以上の者、b. 在職15年以上で年齢60歳未満であるが廃官・廃庁あるいは不治病にかかった者、c. 在職15年未満であるが公務による重傷・不治病で退官した者に対して、終身恩給を支給することを基

18) 老後保障＝年金の場合は、年齢との関係もあり、勤続年数が考慮されるのはある意味で当然といえるが、日常的な収入の保障＝月給制においても勤続期間は基本的にかかわりをもたないことに留意しなければならない。
19) これに関しては、西成田豊［2004］118〜122頁を参照。
20) 以下、国鉄に関しては特にことわらない限り、日本国有鉄道［1969〜73］による。なお、煩雑を避けるため、一々注記しない。
21) 西成田［2004］186〜187頁。
22) ただし、国鉄の場合は年期を終えた後、職工のそれまで積み立てた「(身元)保証金」と「貯蓄金」を払い戻すほかに、なお退職手当を与えたかは確認できない。この時期、制度上では職工だけでなく雇員に対しても退職手当は支給されなかったとされる。
23) 官営八幡製鉄所「製鉄所職工規則」1900年（『兵藤資料』）。
24) 横須賀で「主船寮定雇職工規則」が定められたのは1876年、国鉄で「准等外職工定傭職工及見習職工積立金規約」が定められたのは1885年である。
25) 西成田［2004］201頁。
26) 浦賀船渠株式会社［1957］134頁。
27) 間［1964］453頁。
28) 森建資［2005］。
29) 八幡製鉄所「職工中ニ伍長設置ノ件」1904年7月23日（『兵藤資料』）。
30) 八幡製鉄所「製鉄所職工規則」1905年ごろ（『兵藤資料』）。
31) いち早く工手の資格が成立した横須賀の場合も、工手になる途には2つがあった。1つは、養成機関の「黌舎」を修了することであり、もう1つは「定雇中格別心掛ケ宜シク精勤ニシテ技術抜群ノ者ハ、工長工手ニ申付クル儀モアルヘキ事」という規定による昇進であった。西成田［2004］181〜187頁。
32) 間［1964］470頁。
33) 日立造船株式会社［1956］298頁。
34) 住友鋳鋼所労務課「伺書綴」のなかの文書、1919年（『兵藤資料』）。
35) この時期における救済施設の内実に関しては、兵藤［1971］のほか、労務管理資料編纂会編［1962］［1964］を参照。
36) 1918年、救済組合が共済組合に再編された際、その趣旨の1つは、「払戻金制を全廃して新に退職救済金を認め掛金の元利に該当する金額を給与して失職の困厄を免れしめ」ること、すなわち失業対応機能を強化することであった。
37) 1908年度において療養金の比率は29.8%である。
38) 住友鋳鋼所労務課「伺書綴」のなかの文書、1919年2月4日（『兵藤資料』）。
39) 三菱合資会社「職工主任会議記録」1924年2月（『兵藤資料』）。
40) 1920年に国鉄部内の工場委員会＝懇談組織として設けられた組織。1年以上勤続・20歳以上の男子を選挙人資格とし、2年以上勤続・25歳以上の男子を被選挙人資格と

して、約100人につき1人の標準で委員を選出した。委員会は毎年2回開かれ、現業員の要求を可決・提出し、当局はそれを「上下意思疎通」をはかるという形式で検討した。
41）　以下、鉄道大臣官房現業調査課『国有鉄道現業委員会第六回通常会議決議及経過』1924年4月、同『国有鉄道現業委員会第七回通常会議決議及経過』1924年10月、同『国有鉄道現業委員会第八回通常会議決議及経過』1925年3月、同『国有鉄道現業委員会第九回通常会議決議及経過』1925年9月および同『国有鉄道現業委員会第十回通常会議決議及経過』1926年3月を参照。これらは運輸調査局に所蔵されている。
42）　日本国有鉄道厚生局［1958］89頁。
43）　同上、132～133頁。
44）　禹宗杬［2003］124頁。
45）　以前の一般的な臨時工ではなく、期間工にするための試用の者とみてよい。
46）　以前の「定雇」とは異なり、名の通りの期間工である。
47）　1937年に施行された退職積立金及退職手当法は、雇傭契約継続期間6ヵ月以上に適用された。
48）　浦賀船渠株式会社「臨時職工契約期間変更ノ件」1937年1月（『兵藤資料』）。
49）　この時期の臨時工の実態に関しては、間宏監修［1993］を参照。
50）　詳しくは、禹［2003］82～102頁を参照。
51）　たとえば、王子製紙は1943年4月、「年功と技倆により順次昇進」するものとして、「三級工員」「二級工員」「一級工員」の資格を設けた。田中慎一郎［1984］461～464頁。
52）　たとえば、国鉄においては終戦直前の1945年7月、従来ブルーカラーの多数が属していた傭人身分を廃止し、雇員身分へ統合した。

参考文献

禹宗杬［2003］『「身分の取引」と日本の雇用慣行』日本経済評論社。
氏原正治郎［1959］「戦後日本の労働市場の諸相」『日本労働協会雑誌』5（氏原正治郎［1961］『日本の労使関係』東京大学出版会に所収）。
浦賀船渠株式会社［1957］『浦賀船渠六十年史』。
田中慎一郎［1984］『戦前労務管理の実態——制度と理念』日本労働協会。
鉄道大臣官房現業調査課［1924］『国有鉄道現業委員会第六回通常会議決議及経過』。
鉄道大臣官房現業調査課［1924］『国有鉄道現業委員会第七回通常会議決議及経過』。
鉄道大臣官房現業調査課［1925］『国有鉄道現業委員会第八回通常会議決議及経過』。
鉄道大臣官房現業調査課［1925］『国有鉄道現業委員会第九回通常会議決議及経過』。
鉄道大臣官房現業調査課［1926］『国有鉄道現業委員会第十回通常会議決議及経過』。
西成田豊［2004］『経営と労働の明治維新——横須賀製鉄所・造船所を中心に』吉川弘文館。
日本国有鉄道［1969～73］『日本国有鉄道百年史　各巻』。

日本国有鉄道厚生局［1958］『国鉄共済組合五十年史』。
二村一夫［1994］「戦後社会の起点における労働組合運動」渡辺治ほか編『日本近現代史4　戦後改革と現代社会の形成』岩波書店。
間宏［1964］『日本労務管理史研究――経営家族主義の形成と展開』ダイヤモンド社。
間宏監修［1993］『日本労務管理史資料集第三期・第8巻』五山堂書店。
日立造船株式会社［1956］『日立造船株式会社七十五年史』。
兵藤釗［1971］『日本における労資関係の展開』東京大学出版会。
森建資［1988］『雇用関係の生成』木鐸社。
森建資［2005］「官営八幡製鉄所の労務管理」『経済学論集』71-1・2。
労務管理資料編纂会編［1962］『日本労務管理年誌・第一編（上）』日本労務管理年誌刊行会。
労務管理資料編纂会編［1964］『日本労務管理年誌・第一編（下）』日本労務管理年誌刊行会。

Jacoby. Sanford M. [1997] *Modern Manors: Welfare Capitalism since the New Deal*, Princeton University Press.

※この章は、拙稿［2009］「日本の労働者にとっての会社――『「身分』と『保障』を中心に」『歴史と経済』203を若干の修正のうえ転載したものである。

終章

「職業の世界」の変容と労務管理の終焉

榎 一 江

1. はじめに

　われわれは、労務管理をある条件のもとで生成し、変化し、消滅し得る現象としてとらえることによって、労務管理史の再構成を試みた。したがって、その終焉を論じなければ、労務管理を産業社会に必須の現象とし、段階的に発展を論じる従来の見解との差異を明確化することはできず、仮説の設定を誤ったことになる。とはいえ、歴史分析を行う本書で、予言者のごとく未来を予想することは期待されていないだろう。この章に課せられたのは、労務管理の終焉という事態をどのように構想し得るのかという問いに対し、一定の見解を示すことにある。ここでは、本書で得た知見を日本の現状にひきつけて敷衍し、労務管理の終焉について考察することにしたい。

　繰り返しになるが、われわれは、管理主体と管理対象との二項対立的な現象ではなく、価値や行動規範を共有した世界の中に生成しながらも他者を自己の意思に従わせようとする行為として労務管理をとらえた。いうまでもなくそれは、管理の主体と客体をあらかじめ措定した労務管理像を相対化し、ある種の矛盾を抱えた現象として労務管理の生成をとらえるものである。

　本書が示す通り、労務管理は「職業の世界」の危機に際して生成・発展したのであり、19世紀末から20世紀初頭にかけての世紀転換期に生じた労働問題への対応という側面があったことは忘れてならないだろう。1919年のILO創設に象徴されるように、それは、国際的なレベルでの取り組みを要する課題であったから、労務管理という現象もまた、国際的な広がりを持ちつつ各国で独自の様相を呈していた。深刻な社会問題へと発展した労働問題に対しては政労

使の主体的な取り組みがみられたが、企業レベルでの実践は、それまで外在的に存在していた労働者を経営内部に取り込むという方向性を持っており、それに付随して様々な管理手法が編み出されてきたのである。

2．日本における労務管理の展開

　序章で設定されたのは、労務管理の4つの相であった。第Ⅰ相は労務管理生成の前史であり、いわば管理不在の相である。そこでは、「職業の世界」の自律性が貫徹していたと想定されるが、その自律性が損なわれた状況において、労務管理が体系的に追及され始めるのが第Ⅱ相である。その生成様式は、もともと自律的に機能していた「職業の世界」が機能不全に陥った場合と、そもそも「職業の世界」をもたない労働者たちを前にした場合とで異なっていたが、能率（時間と無駄）への関心から労働者の仕事と生活に、より積極的に介入する必要が生じた点では一致している。現在、われわれは労務管理のうちに、採用・昇進、教育訓練、賃金、労働時間、福利厚生等に対する管理が内包されていることを理解しているが、その萌芽がさまざまな形態で見られたといえよう。さらに、第Ⅲ相における管理のあり方を特徴づけるのは、客観主義的な人間観に基づき個人を対象とするのか、集団を視野に入れたうえで主観主義的な人間観に基づく施策を模索するのかという点である。こうした主観主義の1つの到達点が、第Ⅳ相であり、ここでは、「人間の生理的・心理的な能力」と労働成果との関係が問われることになる。そして、人そのものをつくりかえようとする営みに、「労務管理の終焉」の始まりが見出されたのである。

　欧米の史実を中心に理念化された労務管理の諸相は、日本の労務管理史から見れば、やや違和感が生じるかもしれない。労務管理には労働者の技能形成や生活保障の問題が含まれるが、この理念型が主に生産過程における管理のあり方に注目しているのに対し、日本の経営は労働者の生活に深く関与してきたからである[1]。これは、われわれの仮説が「職業の世界」と「生活の世界」を設定し、さしあたり前者を中心に検討を行ってきたことによるものと思われる。しかしながら、本書第9章「日本の労働者にとっての会社」（禹宗杬）が示唆するように、企業が担う生活保障は重要なテーマであり続けている。また、第

3章「管理問題発見の主体と主観」(小野塚知二)は、ヴィッカーズ社バロウ造船所組織調査をもとに、20世紀初頭のイギリス造船業に「まったき職業の世界」を見出し、フランスやアメリカでも「職業の世界」における旧来の徒弟制度の機能不全が労務管理の生成を促したと考えられるが、日本で同様に自律的な「職業の世界」が想定されることはほとんどない。第8章「戦前期日本電機企業の技術形成と人事労務管理」(市原博)は、第2次大戦前の電機産業の分析を通して、そうした日本においても「職業の世界」の規制力は小さくなかったことを示唆している。

　一般には、第Ⅱ相を現代的な人事労務管理の起点とする見方が有力であろう。その典型は、1920年代初頭のアメリカに見られる。本書第4章「工場徒弟制から「人事管理」へ」(関口定一)は、暫定的としながらも労務管理生成の指標をあげた。それは、①同時期に複数の企業で「人事管理」と称される類似の考え方に基づく類似の制度が導入され、②「人事管理」に関与する人々の組織化により情報の共有が進み、③「人事管理」が学術的に研究され、教育機関で普及されるようになるという3つである。重要なのは、労務管理の生成を、おおむね3つのレベルでとらえることが妥当だという視点であろう。それは、企業での実践と、アカデミックな議論、そしてその中間に位置する啓蒙的な議論の広がりである。時に乖離しつつも、3つのレベルで労務管理が追及されたアメリカの影響を受けながら、若干の時期的ずれはあったものの、日本でも同様の変化が起こっていたのである。

　個別企業の取り組みを超えた労務管理の生成の契機として、科学的管理法といった明確な管理思想の出現を位置づけることに異論のある人はいないであろう。東條由紀彦は、科学的管理法(テイラリズム)を読み込むことを通して、この時期生じた変化を近代的な「労働者管理」から現代的な「労務管理」への移行と総括した。

　近代社会においては、まず、労働者諸個人が第一次的な主体として生産という行為を行っていた。経営にとっての課題は、そうしたそれぞれが固有の資質を持つ全人格的行為者としての諸個人に彼らとは異種的な存在として、その行為を行わせるという、〈労働者管理〉＝"全人格的行為者の管理"で

あった。従って行為者としての諸個人が生産の場において身につけていく権威・尊厳も、彼らの「人格性」を変えること、自己の内なる資質を変える（豊かにする）ことに基づくものであった。

　他方現代においては、生産を第一次的に担う主体は経営として現象する。労働者諸個人は、非人格的・無人称的な「労働力」の所有者として、この過程の中である「役割」を担う。経営にとっての課題は、このようにして労働者諸個人の人格性から一旦切り離された、非人格的・無人称的、敢えて言えば「代替可能」な「労働力」を前提に、遂行されるべき仕事とその作業編成の「客観的」なものとしての確定と、その「鋳型」にどの「労働力」を割り振るか、という〈労務管理〉＝"非人格的・無人称的労働力の管理"となる。従って労働力の保持者としての諸個人が生産の場で保ちうる権威・尊厳は、彼があらかじめ決まっている職務序列の中で占める地位・役割に基づくことになる[2]。

　重要なことに、それは何らかの外的契機によって、因果律的に「約束された」ものとして、資本家的経営にもたらされるものではない[3]。それは、労資双方の同意の組織化を通して形成されるのであり、「「本源的」かつ「概念的」にはそうした存在ではないにもかかわらず、労働という行為を行う人間ではなく、あたかも外なる物の所有・取引者であるかのような「ふりをする」諸個人の同意に支えられて成り立っている」のである。

　もちろん、このような虚構性の成立は、理論的に導かれるほど容易ではない。本書が、現代的な組織と管理手法が生み出され、定着する過程に関心を寄せ、各国の事例を詳細に検討したのはそのためでもある。また、その過程で展開される具体的な技能の養成・教育制度の変容についても、細心の注意を払ってきた。いずれの論考においても、「熟練の解体」とともに組織と管理の変革が易々となされたとは言い難く、各国・各産業の状況に応じて試行錯誤が繰り返されていたことがわかる。

　従来、日本の労務管理体制は間接管理から直接管理への移行として把握されてきた。重工業大経営における管理形態の転換とその転換を図る際に生じた曲折は、兵藤釗［1971］に詳しい。ここで描かれるのは、日露戦後における企業

内福利施設、とりわけ共済組合を中核とする生活扶助施設の整備と「経営家族主義」的労資関係の登場である。それは、間接管理体制から直接管理体制への転換に際して顕在化したものの、限界を生じ、直接管理体制の強化と「工場委員会体制」の成立へと至る。そして、1920年代は、この直接管理体制が生み出す矛盾を工場委員会によって吸収解消しようとする経営内的な処理機構を生み出す過程にほかならなかったと結論づけた。労働者側の運動を含め、同様の過程を分析したアンドルー・ゴードンは、経営側の取り組みにもかかわらず、不安定な短期就業が続き、長期雇用をキャリア・パターンの実際的慣行として定着させるまでには至らなかったと見る[4]。新規学卒市場の制度化過程を分析した菅山真次も同様に、長期雇用慣行の成立を戦後日本に求めた[5]。いずれにせよ、労務管理は単線的な発展を遂げてきたわけではなかったのである。

しかし、現在、われわれは、企業が生産の主体であることに疑念を抱かないし、われわれの労働がその一部の役割を担っているに過ぎないことも知っている。切り売りした時間の対価として賃金を得る日常においては、獲得した賃金の多寡が労働の価値を決めるのであり、無償の労働に価値を見出すことは困難である。すでに労働は、一定の対価によって企業に提供されるサービスであり、それ以上でもそれ以下でもない。こうした現代社会において、人事管理が担うべき機能は、「企業の事業活動が必要とする労働サービスを、需要が生じた時に、量と質の両面において合理的に充足すること」と整理され、その機能を実現するために「労働サービスの提供者である労働者の就業ニーズを充足すること」が考慮されるべきだと説かれる。もはや人事管理は、「他者を自己の意思に従わせようとする行為」として、すなわち矛盾をはらんだ現象とは認識されない。あくまでも、それは経営による「人材活用」の戦略として、就業者のニーズに応じて絶えず「進化」するものなのである[6]。その意味では、すでにわれわれが生成をとらえようとした歴史的現象としての労務管理は終焉しているのかもしれない。

3．労務管理の終焉？

本書では、労務管理の終焉の始まりとして第Ⅳ相を指定したが、現在の人材

マネジメントに関する議論はこれに相当するだろう。しかしながら、日本の労務管理思想には、その普及当初から第Ⅳ相の特徴をもつものがある。たとえば、労働科学研究所の桐原葆見は、昭和戦前期に心理学的知見に基づいて労務管理を提唱した代表的人物であるが、彼は労務管理を経営の問題ではなくむしろ教育の問題であると強調した。「産業が国民生活の全面に作用する限り、労務管理は単なる自家経営内の従業者のみを対象とする仕事ではない、その家族は勿論、実にその事業のよって立てる社会全体を対象とするところの、生活の改善と向上とへの仕事である。さればそれは文化を指導する教育の事業であり、真正なる宗教の実践である」[7]とし、もっぱら、人をつくりかえることに主たる関心が向かっていた。さらに、戦況が進むと、「労務管理者といふ専門家があつて、これが外から労務者を使用し管理する、といふ考へ方と仕方とを廃して、従業員全体が一丸となつて、自らの責任に於いて自らの労務を管理して行く体制を整へようといふのである」[8]と自らの議論を展開し、とりわけ重視されつつあった女子労働者に対し、「勤労の意義」を説いたのである。とはいえ、そのための具体的な方法にとぼしいのが、この主張の特徴でもある。その実現は「労務管理者」の力量に任され、労務管理者の資格を「従業者の全幅の信頼を得て、個人の欲求をよく団体の目的に調應せしめる能力のある人」と論じてはいるが、その養成が急務だと述べるにとどまっていた。「かかる資格が如何なる修養によって得られるかに就いて説教することは、此の私の任ではない」からである[9]。こうした状況においては、現実の職場で、勤労精神を鼓舞する労務管理者のもとで労働強化がなされる傾向があったとしても、不思議はない。したがって、このような言説にもかかわらず、戦時期の日本の労働現場に労務管理の第Ⅳ相が見出されたかどうかはわからない。同様に、現在の人材マネジメントや知識労働者のキャリアに関する研究が第Ⅳ相を示唆していても、現実の労働現場でそれがどの程度実現されているかは、また別の問題と言わざるを得ないのである。

　残念ながら、現在の労働現場において直接的に労務管理の終焉を確認することは本書の範囲を超えている。しかしながら、われわれは労務管理生成の条件からその終焉を展望することが可能だと考えている。それは、労務管理を成り立たせてきた基本的な条件が現在どの程度維持されているのかを検討すること

により、達成されるであろう。まずは、労務管理の終焉をむかえた「職業の世界」を考えてみよう。そこでは、もはや指揮命令＝服従実行関係は存在しない。自身の心の赴くままに、社会的に有用な活動に従事することによって一定の報酬を得ることができる。そのための技能をどのように身につけるか、どのように使うかも自由である。いかなる管理主体も存在せず、報告義務もないので、人事部のような管理部門は存在意義を失う。管理する者のいない「職業の世界」は成り立ちうるのであろうか。

　あまり知られていないかもしれないが、大学教員の世界はこれに近い。大学にも人事を担当する部署はあり、教員がお世話になることもあるが、基本的には各種手続きのための書類を出してもらうだけであり、教員人事に直接かかわることはない。採用は、一定のルールに基づいて不定期に行われる。現在では公募によるものが多いが、そこでは、担当する授業科目や専門領域があらかじめ指定され、それを担当できるという応募者のなかから採用者を決める。ときに100人を超える応募者の中から、最も適任と思われる１人を選ぶのは至難の業と思われるかもしれない。しかし、比較的専門の近い教員がその審査にあたるため、その適性がわかるということになっている。採用が決定されると、学歴や教育歴をもとに、教授、准教授、講師といった職位が決まる。もっともこれは、一般の会社組織がそうであるように、組織上の序列を意味するわけではなく、教授が准教授の直接の上司にあたるというわけでもない。講義や会議、入試といった学内業務の遂行はもちろんだが、それ以外の時間をどのように過ごすかは、本人次第である。教育・研究活動にどのように取り組むかは、基本的に本人にゆだねられているのである。もっとも、近年、管理の試みが進んでいる。外部資金の獲得を条件にインセンティブとして加給したり、研究業績と称して発表された論文の本数やその引用回数を図ろうとしたりする試みはあるものの、あまり成功していない。大学のトップを教員の選挙で決める方式も、経営の観点から変更されようとしている。

　このように、かろうじて自律性を保持している「職業の世界」もあるが、多くはその自律性を失って久しいと言わざるを得ないだろう。企業も労働組合も、確実に衰退しているように見える日本の現状を通して、労務管理の終焉を予感させるいくつかの兆候を確認し、終焉の可能性について検討することにしよう。

4．労務管理の終焉に至るいくつかの兆候

（1） 雇用関係の多様化

　本書第9章「日本の労働者にとっての会社」（禹宗杬）が示すように、労務管理が中長期の雇用関係を前提に生成したことを重視する立場に立てば、近年の雇用関係の多様化は労務管理の終焉の予兆となろう。とりわけ、先進諸国に共通してみられる非正規雇用の増大は、経済のグローバル化が進み競争が激化するなか、雇用の柔軟化を急ぐ経営の姿を映している。管理コストの低減は、企業が非正規雇用に依存する理由の1つとなっているからである。

　そもそも戦後日本の標準的な労働者像は、学校卒業後ただちに就職して定年まで同一企業で働くというものであった。念頭にあったのは製造業大企業の男性労働者で、彼らは正社員として処遇され、中長期の雇用関係を前提として企業内で育成される人材であり、そこでの労務管理が社会全体のイメージを形成してきた[10]。しかし、職員・工員間の身分差は根強く存在し、大企業の男性労働者にも多様性がみられたのであり、われわれのもつ労働者像は高度成長期に高卒技能工の増加に伴い変容を遂げた姿に過ぎない[11]。こうした労働者像はもとより全体を示すものではなかったが、現代日本では目に見えて減少しつつある。2012年の労働力調査によれば、雇用者5,154万人のうち、男性2,865万人、女性2,288万人で、女性雇用者が増加傾向にある。また、「非正規の職員・従業員」は1,813万人で35.2％を占めている。非正規労働者が雇用者に占める割合は、「パート・アルバイト」24.1％、「契約社員・嘱託」6.9％、「労働者派遣事業所の派遣社員」1.7％であった[12]。こうした実態からみれば、すでに多くの労働者が長期的な雇用関係の外にあることがわかる。

（2） 派遣労働の展開

　多様化する雇用関係の中で、とりわけ目を引くのは、派遣労働の展開である。人材ビジネスによって提供される派遣労働者の増加は、雇用関係と使用関係の分離に伴う新たな課題を突き付けている。関口定一は、Hatton, Erin [2011] に

より、アメリカにおける派遣ビジネスの展開が、巧みなマーケティング戦略によって、単に派遣労働を広めただけでなく、アメリカ産業そしてアメリカ社会全体に雇用の「資産モデル」から「負債モデル」への転換を促すことになったという議論を紹介している。派遣ビジネスの興隆は、結果として、1980年代以後のアメリカにおける雇用の大転換を引き起こし、アメリカ経済全体を「テンプ・エコノミー」化するという大きな役割を果たすことになったという[13]。

ただし、雇用主の責任を免除された派遣労働の広範な利用は、派遣先企業にも雇用主としての責任を課す判例によって、修正を余儀なくされているという。加えて、著者は、21世紀の仕事モデルとして新しい「資産モデル」の構築が可能だとの見解を示している。その条件とは、①「仕事（work）」と「場所（place）」を再結合すること、②社会福祉を職場（雇用関係）から切り離すこと、③「生活賃金（living wage）」という考え方や最低賃金の設定などにより「テンプ（temp 臨時雇い）」を「良い仕事（decent work）」にすること、そして、④「テンプ」をスト破りなどの反労働組合の動きから切り離し、「テンプ」自身の労働組合への組織化を行うこと、である。これらを実現することにより、「テンプ」という働き方の持つポジティブな面を強化し、労働者への害を減らし、21世紀の雇用の「資産モデル」への途を開くことができるという。

日本においても同様に派遣労働の広がりがみられ、雇用を負債とする見方を助長したように思われる。もっとも労働者派遣法が制定された当初は、多少の期待もあった。サラリーマンが包括無定量に、包括的な支配関係の中で働くことが問題視されていた時代には、派遣労働は新しい労働のあり方として喧伝され、契約本位に、自由に、専門性を活かして働けるといったポジティブな面に期待が寄せられていたのである。しかし、間もなくその弊害があらわになり、リーマンショックによる「派遣切り」は大きな社会問題ともなった。そのため、民主党政権下の2012年には、派遣労働者の保護を明記する法改正がなされた。多くの問題を残しつつも画期的と評価されるのは、違法派遣の場合、派遣先が違法であることを知りながら派遣労働者を受け入れている場合には、派遣先が派遣労働者に対して労働契約を申し込んだものとみなす規定が新設されたことである。これにより、労働者は派遣先との間の契約関係、直接の雇用関係を民事的効力として権利主張できるようになった[14]。政権交代後の現在も、派遣労

働のあり方をめぐっては議論が続いているが、いずれにせよ、派遣労働の広範な広がりは、直接雇用を前提として生成した労務管理の終焉を準備するもののように思われる。

（3）　管理の機能不全

　本書第5章「フランスにおける「カードル（cadre）層」の形成過程」（松田紀子）が描くように、労使の間に位置する管理者のあり方は、自明のものではなかった。しかし、労務管理の生成は、企業内で管理者に明確な役割を与え、社会的な階層を形成した。それは、第6章「日本製糸業における労務管理の生成とジェンダー」（榎一江）でも確認された。大企業の多くは、労務管理の生成とともに人事部を設けた。人事部は日本で独自の展開を見せ、肥大化した人事部の機能不全が問題となっている。第1章「日本労務管理史研究の射程」（木下順）が紹介しているように、人事部はいらないという議論もある。管理機能の重要性は認めつつも、それを人事部が一元的に担う方式が非効率だというのである。また、「企業において人事管理を担う機能の総量を100とすれば、ライン・マネジャーはその7割程度を担う」との推察も示されており、その機能不全も問題視されている[15]。このような管理の機能不全は、労務管理の衰退を意味するだろう。

　また、非正規労働者が多い職場では、末端の社員が正社員というだけで管理者としての自覚を持たないまま、労働者に対峙するようになっている。その正社員もまた、フルタイムで働く非正社員の増加に伴い、非正規労働市場の圧力にさらされている。代わりはいくらでもいるという経営側の姿勢を前に、長時間で過酷な労働に従事させられている場合も少なくない[16]。労働者を管理職として扱い、残業代を払わない「名ばかり管理職」をめぐる裁判は記憶に新しいが、管理職が単に残業代の必要ない労働者となりかねない状況が生まれているのである。いまいちど、管理職のあり方を見直す時期に来ていると言えよう。

（4）　労働運動の衰退

　本書第7章「会社徒弟制のトランスナショナル・ヒストリー」（木下順）は、労働運動に対抗して全社的な労務管理の一環として導入された養成工制度

(「会社徒弟制」)について、なぜにアメリカでは頓挫したこの仕組みが、戦後日本において定着したのかを問う。労務管理が、勢いを増しつつあった労働組合への企業内への影響力に対する対応であったという側面を重視するならば、近年の労働運動の衰退は、労働組合の企業内への影響力を極小化し、結果として労務管理の終焉をもたらすかもしれない。

実際のところ、2012年6月末日の労働組合数(単位労働組合)は5万4,773で、前年に比べ375減少した。労働組合員数(単一労働組合員)は、約989万2,000人で、前年比約6万8,000人減少し、2年連続で1,000万人を切った。推定組織率も17.9%となり、初めて18%を下回った。パート労働者の組織化は一定程度進んでいるが、十分とは言えない。経営側の譲歩を引き出す影響力に乏しいと言わざるを得ないのである。

(5) 管理方式の転換

労務管理の生成条件として、機械の導入を重視する立場に立てば、著しい情報通信技術の発展は労務管理生成時に形成された管理のあり方を根本的に見直す契機となっている。

実際のところ、ホワイトカラーの労働をめぐっては、すでに情報通信技術の活用によって時間と場所を問わず働くことが技術的に可能となっている。社外でも情報通信端末を使って業務を遂行することは可能であるから、在宅勤務を認める会社も多い。ここでは、工場での生産を念頭においた労務管理は意味をなさないであろう。一方で、情報通信技術の進歩が濃密な管理を実現する場合もある。勤怠管理のコストを削減するクラウド管理は、労働時間の正確な把握と自動集計、出勤状況のリアルタイムでの把握を可能とするだけでなく、労働基準法に準拠した管理を実現することでコンプライアンス体制を強化することを売りにしている。PCやタブレット端末を利用する勤怠管理は、もはや管理者の手を煩わせることはないのである。

(6) 職業教育・キャリア教育の推進

近年、職業資格や職業教育のあり方が問題となっている。キャリア形成の責任は企業にあるのか労働者にあるのかといった議論も提起されている。学校で

キャリア教育が推進され、知識労働者を中心に、組織を超えたキャリア形成に自ら取り組む風潮がある。第2章「フランス金属工業における熟練資格と労働者管理」(清水克洋) や第4章「工場徒弟制から「人事管理」へ」(関口定一) が示すように、労務管理の生成期に伝統的な徒弟制に代わって企業が教育訓練を担ったことを想起すれば、これは労務管理の大転換を意味するだろう。

(7) 産業構造の変化

労務管理の生成の舞台となったのは製造業であったが、現代経済の特徴としては、サービス産業の興隆を挙げることができる。企業が接客サービスを雇用労働として組織化する際、そこで展開される接客労働は、製造業の労働過程とは決定的に異なっている。この点を重視するならば、産業構造の変化は労務管理の終焉をもたらすかもしれない。

一般に、経営史のテキストでは、労務管理の歴史を時代の変遷とその時代を代表する産業に沿って描く。18世紀後半から19世紀初頭の産業革命期における紡織業、19世紀半ばから発展した鉄道業、19世紀後半から20世紀初頭にかけて発展した重工業と組み立て産業、1930年代以降の自動車産業、第二次世界大戦後に人的資源管理が発展した消費財部門、1970年代後半以降のサービス産業といった具合である[17]。これは、アメリカ、ヨーロッパ、日本の事例から、民間大企業のブルーカラー男性労働者を念頭に置いて描かれ、多国籍企業も視野の外におくことを断っているが、労務管理史の標準的な理解を示している。

もちろん、サービス産業においても限りなく製造業に近い職場もある。あらゆる作業を細分化し、徹底的なマニュアル化を進め、監視される「マクドナルド」のような事例である。しかし、労働過程の統制には、製造業における管理者と労働者の2極モデルではなく、管理者—労働者—顧客の3極モデルが有効との見解が広まっている[18]。接客サービスの検討によれば、顧客による労働者の統制は、労使間の統制主体と統制関係を曖昧にする。管理者とその統制のほかに、労働者はもう一人の統制主体としての顧客に直面し、しかもこの統制に「管理者は責任がない」のに気づくからである。いきおい労働者は、企業寄りのスタンスをとりがちになるという。

A. R. ホックシールドが提起した「感情労働」という概念に示されるように、

社会生活に不可欠の役割を果たす人間感情とその管理過程までもが企業に動員されている[19]。彼女が問題にしたのは、そこに生ずる歪みであったが、われわれの関心からいえば、感情労働に要求される熟練の概念・定義の検討は、職業世界／生活世界の再考をうながしているように思われる。

5．おわりに

本章は、労務管理の終焉という事態をどのように構想し得るのかという問いに対し、一定の見解を示すことを目的とし、各章で得た知見を日本の現状にひきつけて敷衍しつつ、労務管理の終焉について考察してきた。労務管理の生成は、おおむね3つのレベルでとらえることができる。それは、企業での実践と、アカデミックな議論、そしてその中間に位置する啓蒙的な議論の広がりであった。日本の場合、戦間期にこうした一連の変化が確認でき、その初期段階から第Ⅳ相に相当する言説もみられたということになる。

労務管理の発展は、労務管理と呼ばれた現象・行為・思想が分化し、それぞれの機能が精緻化されていく過程ととらえられる。その一部は福祉国家の機能となり、労務管理そのものを変容させていく[20]。近年、パターナリズムと福祉国家の関係に注目が集まり、議論が蓄積されている[21]。実際のところ、各章で検討された労務管理生成の基本的条件は実に多様であったが、その多くが変質を遂げていた。そして、すでに労務管理の終焉を示唆する言説も見られるが、いまだ広範な広がりを有するには至っていない。とりわけ企業の実践は、われわれが生成を確認した労務管理の延長線上にあるように思われる。しかしながら、現代企業は労務管理そのものを目的とする組織ではない。労務管理の終焉に向かう可能性は大いにあると考えるべきであろう。

もっとも、労務管理は「職業の世界」にとどまらず、「生活の世界」にも浸透しているようである。最後に、先述のホックシールドの議論を紹介したい。彼女は、新たな企業文化の形成を通して、職場がさらなる熟練をめざしているのに対し、家庭では親たちが資本主義と技術の進歩によって非熟練化されつつあると見ている。

われわれが労務管理の生成を議論する際に登場した管理思想のひとつは、フ

レディリック・テイラーの科学的管理であったが、ウィリアム・エドワーズ・デミングが提唱した総合的品質管理の原理は、全く異なる労働者像を提起した。労働者は、ある程度の権限を付与され、その権限の拡大を約束されることで仕事の世界に引き込まれ、企業への献身を誓う。よく知られているように、この原理を応用して独自の品質管理システムを形成したのが第2次大戦後の日本製造業であり、1980年代にアメリカでも普及した。

　アメルコでは、専門職労働者や管理職、そして工場労働者までもが、自分自身のあるべき姿を心に抱き、時間の使い方について戦略を立て、自分を効率化するエキスパートとなるように求められているのだ。彼らは、工場においても、また自分の人生においても、自らの生産性を向上させ、激しい仕事のペースを管理するよう求められている。しかし、総合的品質管理の道徳的なマントの下で、労働者たちが考えなければならないのは自分の仕事の「質」のみであり、（少なくとも）仕事の速度について考えることは求められない。そして、家庭においては、労働者たちはまさにその「質」をあきらめ、残された僅かな時間で決まった量の雑用をこなさなければならないのである[22]。

　第1のシフト（職場での仕事）に多大な時間を注ぎ込む結果、第2のシフト（家庭での仕事）の合理化が進み、かつて職場を支配していた効率性への狂信が、家庭に展開して根付きつつあるという。そして、効率性至上主義が家庭に持ち込まれることによって生じる緊張は、主に子どもによって顕在化し、その感情的反発を処理するために現代人の多くが第3のシフト（時間労働）に追い込まれているという[23]。
　ワークライフバランスは、今日の重要な労務管理施策の1つとなっている。企業の社会的責任として、これに取り組むべきだとの指摘もある。しかし、その前提として徹底したタイムマネジメント教育が施されるとすれば、そうした感覚が生活世界を侵食しても不思議はない。われわれの指定した職業世界は、生活世界のうえに成り立っていたはずである。しかし、いまや生活世界が職業世界の論理によって切り崩されようとしているのである。それはもう、われわれの作業仮説の想定を超えている。その意味で、われわれは改めて「生活の世

界」に注目しなければならないのかもしれない。現代社会においても、「生活の世界」を基盤として「職業の世界」を立て直す必要があるように思われるからである。その検討は、今後の課題となるだろう。

注
1) たとえば、「経営家族主義」の形成史として戦前期日本の労務管理史を描いた間宏［1964］は、その特徴を①「経営社会秩序における身分制（あるいは年功制）」、②「雇用関係における終身雇傭制」、③「賃金制度における年功型賃金（あるいは身分的）賃金」、④「生活保障としての企業内福利厚生制」、⑤「労使関係における家族主義イデオロギー」に求めた。
2) 東條由紀彦［1990］213、214頁。
3) 東條［1990］215頁。
4) ゴードン、アンドルー［2012］。
5) 菅山真次［2011］。
6) 佐藤博樹［2012］。
7) 桐原葆見［1938］1、2頁。
8) 桐原［1942］147頁。
9) 桐原［1938］295頁。
10) 戦後日本の労務管理史については、佐口和郎・橋元秀一［2003］。
11) 市原博［2012］140〜167頁。
12) 法政大学大原社会問題研究所編［2013］97頁。
13) 関口定一［2012］69〜84頁。
14) 中野麻美［2013］48〜62頁。
15) 佐藤［2012］7頁。
16) 「変貌する正社員の雇用と労働──雇用不安・低処遇・長時間労働の広がり」については、法政大学大原社会問題研究所編［2013］37〜56頁に特集されている。
17) Gospel, Howard［2009］。
18) 鈴木和雄［2012］。
19) ホックシールド、A. R.［2000］。
20) フィッツジェラルド、ロバート［2001］。
21) シャトリオ、アラン［2009］、エリクソン、クリステル＆ホリビィ、ビョン［2009］、榎一江［2009］。
22) ホックシールド、アーリー・ラッセル［2012］316、317頁。
23) 同前。

参考文献

市原博［2012］「「労働」の社会と労働者像の変容」安田常雄編『シリーズ戦後日本社会の歴史 3 社会を問う人びと』岩波書店。
榎一江［2009］「近代日本の経営パターナリズム」『大原社会問題研究所雑誌』611・612。
エリクソン、クリステル＆ホリビィ、ビョン［2009］「スウェーデンにおけるパターナリズムと市民的公共性」（石原俊時訳）『大原社会問題研究所雑誌』611・612。
桐原葆見［1938］『労務管理』千倉書房。
桐原葆見［1942］『戦時労務管理』東洋書館。
ゴードン、アンドルー［2012］『日本労使関係史1853-2010』二村一夫訳、岩波書店。
佐口和郎・橋元秀一編［2003］『人事労務管理の歴史分析』ミネルヴァ書房。
佐藤博樹［2012］『人材活用進化論』日本経済新聞出版社。
シャトリオ、アラン［2009］「フランス・パターナリズムの史的考察——19-20世紀」（廣田明訳）『大原社会問題研究所雑誌』611・612。
菅山真次［2011］『「就社」社会の誕生——ホワイトカラーからブルーカラーへ』名古屋大学出版。
鈴木和雄［2012］『接客サービスの労働過程論』御茶の水書房。
関口定一［2012］「読書ノート「テンプ・エコノミー」（エリン・ハットン著）——アメリカ労働者派遣産業のマーケティング戦略と「雇用」・「雇用主」概念の転換」『大原社会問題研究所雑誌』646。
東條由紀彦［1990］『製糸同盟の女工登録制度——日本近代の変容と女工の「人格」』東京大学出版会。
中野麻美［2013］「雇用格差——その現在と未来」『大原社会問題研究所雑誌』659・650。
間宏［1964］『日本労務管理史研究——経営家族主義の形成と展開』ダイヤモンド社。
兵藤釗［1971］『日本における労資関係の展開』東京大学出版会。
フィッツジェラルド、ロバート［2001］『イギリス企業福祉論——イギリスの労務管理と企業内福利給付：1846-1939』山本通訳、白桃書房。
法政大学大原社会問題研究所編［2013］『日本労働年鑑第83集』旬報社。
ホックシールド、A.R.［2000］『管理される心——感情が商品になるとき』世界思想社。
ホックシールド、アーリー・ラッセル［2012］『タイム・バインド——働く母親のワークライフバランス』明石書店、2012年。
Hatton, Erin [2011] "Temp Economy: From kelly Girls to Perma temps in Postwar America", Temple University Press.
Gospel, Howard [2009] "The management of Labor and Human Resources",Geoffrey Jones and Jonathan Zeitlin (eds.), *Business History*, oxford university press.

あとがき

　本書『労務管理の生成と終焉』は、比較労務管理史研究会による研究成果をまとめたものである。2004年10月に結成された比較労務管理史研究会に筆者が参加を許されたのは、まだ、日本学術振興会の特別研究員（PD）として東京大学大学院経済学研究科で研究に従事していた頃であった。すでに実績のあるメンバーたちがお互いの研究を知り尽くしたうえで議論する自由な雰囲気に感銘を受けたことを覚えている。結成から10年という節目の年に、発展的に存続してきた研究会の成果を刊行することができるのは、代表者である小野塚知二氏のご尽力とメンバー間の厚い信頼によるものであろう。その一員に加えていただけたことは望外の幸せである。

　この間、比較労務管理史研究会の活動には、本書執筆者のメンバー以外にも実に多くの方々の支援を賜ることができた。われわれの求めに応じ、研究会で自身の研究成果をご報告していただいたのは、田中洋子、松井幹雄、石塚史樹、マリーナ・カッタルッツァ、本釜大三、ボビー・オリヴァー、カトリーヌ・オムネス、田中萬年、梅崎修の諸氏である。また、メンバーの多くが重なるホワイトカラー史研究会では、谷口明丈、森川章、若林幸男、菅山真次、粕谷誠、中村尚史、川本真哉の諸氏から貴重な意見を賜った。多くの方々との議論が、本書に活かされていれば幸いである。なお、われわれが企画した2010年12月13日の国際シンポジウム「徒弟制度の変容と熟練労働者の再定義——資格、技能、学理」は英語とフランス語で実施したため、準備段階から成果をまとめた論文の翻訳にいたるまで、渡辺千尋、齋藤翔太朗両氏のご助力を得た。記して深謝する次第である。

　ところで、本書は2013年度法政大学大原社会問題研究所叢書として刊行される。通常、この刊行助成は所内の研究会や共同研究プロジェクトに基づく研究成果の出版に対して行われるが、比較労務管理史研究会は大原社会問題研究所の研究会ではない。しかしながら、編者の一人が専任研究員であること、研究成果の一部が『大原社会問題研究所雑誌』で発表されてきたことなどから、特別の便宜を図っていただいた。本書刊行の助成を承認していただいた原伸子所

長はじめ、大原社会問題研究所運営委員会に感謝したい。

　最後に、本書の出版をお引き受けいただいた日本経済評論社の栗原哲也社長と担当編集者の新井由紀子さんに、この場をお借りして御礼申し上げたい。当初の予定を大幅に遅滞させつつも、何とか刊行にこぎつけたのは新井さんのおかげである。

　　　　　　　　　　　　　　　　　　　　　　　法政大学大原社会問題研究所
　　　　　　　　　　　　　　　　　　　　　　　　　　　　　　　　榎一江

索　引

[あ行]

アレグザンダー、マグナス　173-174
伊賀泰代　45-47, 50-53
井上友一　30, 59-63, 66, 268-272
ヴィッカーズ社　109, 111-113, 115-118, 135, 136, 142-144
　　──バロウ事業所　111-113, 115-117, 120, 124, 129, 134, 135, 141, 144
　　──バロウ事業所の労働市場面での困難　111, 131-132, 135-136, 139
ヴェーバー、マックス　4, 18, 23
ウェスティングハウス社（W社）　289, 290, 294, 296, 297
氏原正治郎　318
内橋克人　50
大河内一男　253-254, 275
親方請負　287, 295

[か行]

外国人労働者　44-45
会社徒弟制　244-259, 272-274
介入的自由主義　16, 18
科学的管理（法）　15, 18, 24, 27, 33, 67, 148, 163, 197, 223, 232, 293-295, 343, 354
下級監督者　5, 223
学歴身分制度　282, 301, 302, 309
管理職員総同盟（CGC）　203, 208, 210
管理問題の発見　5, 110, 134-140
機械工　148, 150, 152, 157, 161, 164, 166, 171
機械工国際組合（IAM）　246-248, 250
基幹工　37-43, 253-256
汽罐製造工・鉄鋼造船工連合組合　116, 127, 144

企業エリート制　40-43
企業内教育訓練　170
技師　5, 7-9, 11, 13, 14, 32, 75, 78, 81, 83, 93, 94, 97, 99, 100, 109-110, 112, 116, 117, 135, 138, 142, 145, 148, 150, 159, 161, 164, 173, 175, 187, 223, 233-236, 238-239, 249, 281-289, 293-297, 302, 305, 310
技術者　23, 47, 49, 52, 55, 75, 78, 95, 111, 147-151, 160-162, 170, 172, 186, 199-201, 224, 233-236, 238, 239, 247, 253, 256, 265, 282-310
技能　6, 8, 21, 22, 34, 148, 166, 230, 244, 245, 249, 250, 253, 255, 282, 287, 310, 318, 325, 326, 332, 342, 344, 347
客観主義　8, 9, 11, 12, 17, 24, 342
救済組合　326, 327
教育資格　301, 302, 305, 307, 325
教習工　303, 310
強制された自発性　61-65, 270, 274
協調会　30-31, 272
教婦　223-225, 227-241
協力者　204, 205, 208-210, 214
清川雪彦　224, 233, 239
キリスト教技術者社会連合（USIC）　186, 190, 194, 198, 204, 210
桐原葆見　346
勤続　319, 323, 324, 328, 331, 333-336
熊沢誠　70
郡是製糸株式会社　227-233, 235, 238
訓練　148, 153, 166, 168, 170-172
現図場　115, 117, 119-133, 137-139, 141-143
限定正社員　39-41
「現場型技術者」　283-288, 293, 296-300, 303, 307, 309-310
現場監督者　148, 161, 164

「現場主義的」行動様式　282
公共性　317
工場委員会　254, 301, 345
工場徒弟制　147-148, 152-166, 168-169, 171-174
工程管理　224, 290, 291, 293, 298
ゴードン、アンドルー　250-255
国鉄　320, 322-328, 330, 332, 333
古典的自由主義　6, 14, 16, 26
小林作太郎　286-287, 291, 293, 299, 310
雇用部　159, 170

[さ行]

産業革命　11-14,
産業社会　1, 3-5, 7, 8, 109, 341
ジェンダー　23, 39, 223, 239, 350
時間賃金　114, 127, 128-130, 139
自治の訓練　59-63, 269-271
芝浦製作所　281, 284, 285, 287, 289, 291, 293, 295, 299, 301, 303, 304, 307-310
社会的役割　190
社立学校　165-171, 173-174
集団本位の集団　53-57, 270
自由労働イデオロギー　263-264
主観主義　8, 9, 23, 24, 342
熟練　7, 9, 11, 15-22, 29, 34, 73, 81-84, 87-89, 91, 102, 163, 165, 166, 247, 252, 255, 326, 334, 344, 353
　——の危機　9, 15, 16, 19
　——の再定義　19
熟練工・熟練労働者　3, 7, 73-82, 87-92, 94, 97-100, 102, 103, 147-150, 152-153, 155, 161, 163-165, 168, 170-173, 230, 255, 296, 307, 322, 323
熟練資格　74, 102,
熟練認定　82, 83, 87, 90-92, 96, 97, 107
常雇　318, 324, 326, 328, 332,
職業教育　73-77, 80, 81, 83, 85, 87, 88, 91-93, 95, 97, 101, 102, 106, 107

職業講座　73, 75-77, 81, 83, 84, 86, 89, 95, 96
職業能力証明　73, 76, 77, 82-86, 89-92, 100, 104
職業の世界　5-7, 9-17, 19-27, 29, 135, 137, 139, 282, 283, 311, 341-343, 347, 353, 355
職長　5, 7, 9, 11, 14, 18, 23, 68, 76, 78, 109, 110, 114-116, 121, 122, 126-129, 131-142, 144, 159, 161, 164, 170, 182, 183, 187, 189, 190-192, 199, 201-203, 206, 208, 212-214, 218, 219, 223, 250, 265, 281-283, 285, 287, 288, 290, 293, 294, 296, 297, 300, 301, 303, 307, 309, 310
職工　320, 322-326, 332
ジョルジュ・ラミラン　190, 198, 205, 217
自律的クラフツマン　243-244, 247-249
史料の不在　15, 109-110
シングルステイタス　336
人事管理　2, 34-37, 40, 41, 43, 59, 65, 74, 147, 149, 165, 169-171, 273, 281, 343, 345, 350, 352
人質管理　59-63, 273-274
人事部　→労務部
人事労務管理　2, 23, 281, 310, 319, 343
人的資源管理　2, 36, 216, 352
人的資源投資　165
生活（の）世界　6, 19, 21, 26, 342, 353, 354, 355
製図工　75, 77, 83, 84, 105, 109, 110, 118-120, 124-126, 133-135, 138, 144, 147-148, 150, 152-155, 157-158, 160-164, 173, 175
製図室　114, 115, 117, 126, 133, 137-139, 141-143, 156, 164, 173
性善説　11, 18, 27
設計技師　148, 164, 173
ゼネラル・エレクトリック社（GE）　147-150, 152, 153, 157-161, 163-168, 172-174, 244-248, 253, 259, 274-275, 291, 295
　——スケネクタディ事業所　147, 149-152,

索引

156-159, 161, 163-164, 166-173
——リン事業所　155, 168-169, 173-174
全国社立学校協会（NACS）　167, 169, 173-174, 247-248
全国人事協会　165, 167, 169, 171
専門工　73, 74, 79-81, 92, 100
造船鉄工　116, 117, 119, 121, 126-133, 135-138, 140, 144

[た行]

田沢義鋪　32-33, 63, 271-272
田中久重　284, 310
地方改良運動　30-32, 268-271
中間・下級管理職　73-75, 78-80, 92
中間管理職　148-149
中間層　190-197
中間層組合総同盟（CCM）　192
中堅労働者　31, 65, 255
長期的な関係　317
津田眞澂　41-43
テイラー、フレデリック・W.　3, 16-20, 23, 27, 29, 32, 38, 67, 248, 354
テイラー・システム　17, 21, 187, 196, 200, 248
出来高賃金　12, 13, 17, 18, 114, 117, 127-130, 294
東條由紀彦　19, 224, 343
トクヴィル、アレクシ・ド　260
徒弟学校　73, 79, 81, 83, 95, 105
徒弟契約　86, 87, 90, 99
徒弟修業認定　86, 87
徒弟制（度）　8, 14, 26, 92, 93, 109, 118, 141, 142, 163, 171, 172, 174, 243, 248, 275, 282, 343, 357
トヨタ自動車　256-259, 273-274
ドラッカー、ピーター　43, 52, 58

[な行]

中林真幸　225

中村修二　47-50
二村一夫　319
ネイスミス、J.　14
年功　319, 333-335, 336

[は行]

間宏　318
橋川文三　66
バニスタ、G. H.　134, 135
日立製作所　281, 283, 288, 292-294, 296, 297, 299, 302, 307-310
フォード社　13, 20-22, 81, 167
福祉管理　2, 22
複線管理　319, 326, 333, 334
不熟練工　73-75, 79-81, 92, 100, 102, 103, 106
フランクリン、ベンジャミン　261
フランス技術者組合連合（USIF）　186, 201
フランス生産総同盟（CGPF）　185, 186, 205, 208, 218
フレニエヤー、トマス　265-266
保障　317-319, 322, 323, 326, 328, 331, 335, 336
ボルタンスキー、リュック　181, 184, 188-194

[ま行]

マッケクニ、ジェイムズ　111-113, 115, 120, 124, 134-137, 140
まったき職業の世界　10-15, 19, 109, 343
マルクス、カール　4, 13, 17, 20, 21, 245
丸山眞男　54
マンパワー　265-266
三菱電機　281, 283, 289-291, 293, 294, 296, 300, 302, 305-309
三戸公　36-37
身分　4, 19, 24, 41-43, 135, 252, 296, 302-304, 306, 307, 309, 317-320, 322-326, 328, 332, 334-336, 348, 355

『モダン・タイムズ』 20-22

[やら行]

八代尚宏 34-36
八幡製鉄所（八幡） 320, 324, 325
山本七平 55-57
養成工制度 172, 245, 249-250, 254-259, 282, 350
横須賀造船所（横須賀） 323, 324
リーダーシップ 50-54
リスク 317, 322, 326, 330, 332
リンカーン、エイブラハム 263-264
臨時雇 324, 332, 335
労働組合 2, 3, 6, 7, 14, 15, 19, 24, 25, 30, 74, 102, 116, 127, 128, 132, 139, 148, 171, 185, 204, 206, 208, 243, 244, 248, 252-274, 322, 335, 347, 349, 351
労働憲章 184, 206-215, 219

労働災害 21
労働者管理 73, 74, 82, 92, 100
労働者世界 95-97
労働総同盟（CGT） 185, 186, 199, 204, 206, 208, 218
労働の希釈 21, 22
労務管理 2-5, 8-10, 25, 26, 29-35, 42, 57-59, 63, 65-67, 73, 74, 109, 111, 133, 140, 149, 169-171, 223-225, 239-240, 247, 253-255, 272, 281, 282, 296, 309, 310, 319, 326, 334, 341-348, 350-354
―の終焉 26, 37, 341, 342, 345-355
―の諸相 8-10
―の不在 10-13
労務者講習会 31-32, 272
労務部 34-41, 255-258
ローラー、アルバート 152, 172

執筆者紹介 (執筆順)

木下順（きのした　じゅん）第1章、第7章

　1951年生まれ
　1981年大阪市立大学経済学研究科博士課程単位取得退学、博士（経済学）
　現在、国学院大学経済学部教授
　主要業績　『アメリカ技能養成と労資関係』（ミネルヴァ書房、2000年）
　　「協調会の労務者講習会――アメリカ合衆国との比較」（『大原社会問題研究所雑誌』458、1997年1月）

清水克洋（しみず　かつひろ）第2章

　1950年生まれ
　1984年京都大学大学院経済学研究科博士前期課程中退、博士（経済学）
　現在、中央大学商学部教授
　主要業績　『フランス工場体制論』（青木書店、1996年）
　　「慣習に基づく雇用関係から契約・協約に基づく雇用関係への転換」（『商学論纂』54-3.4、2012年）

関口定一（せきぐち　ていいち）第4章

　1951年生まれ
　1980年中央大学大学院商学研究科博士後期課程単位取得退学
　現在、中央大学商学部教授
　主要業績　『ニューディール労働政策と従業員代表制――現代アメリカ労使関係の歴史的前提』（共編著、ミネルヴァ書房、2009年）
　　「アメリカにおける新卒採用――その実態と含意」（『日本労働研究雑誌』613、2014年）

松田紀子（まつだ　のりこ）第5章

　1970年生まれ
　2006年東京大学大学院経済学研究科博士課程単位取得退学、修士（経済学）、修士（国際学）
　現在、静岡大学国際交流センター教授
　主要業績　「戦間期フランスにおける高等技術教育の課題と対策」（廣田功編『現代ヨーロッパの社会経済政策――その形成と展開』日本経済評論社、2006年）
　　「戦間期フランスにおけるエンジニアと産業衛生」（『大原社会問題研究所雑誌』613、2009年）
　　C. オムネス著・松田訳「20世紀初頭のフランス製造業における職業教育訓練と技能――権力闘争と金銭取引のはざまで」（『大原社会問題研究所雑誌』637、2011年）

市原博（いちはら　ひろし）　第8章

    1955年生まれ
    1984年一橋大学大学院経済学研究科博士課程単位取得退学、博士（経済学）
    現在、獨協大学経済学部教授
    主要業績　『炭鉱の労働社会史』（多賀出版、1997年）
        「職務能力開発と身分制度」（『歴史と経済』51-3、2009年）

禹宗杬（ウー　ジョンウォン）　第9章

    1961年生まれ
    1999年東京大学大学院経済学研究科博士課程中退、博士（経済学）
    現在、埼玉大学経済学部教授
    主要業績　『「身分の取引」と日本の雇用慣行――国鉄の事例分析』（日本経済評論社、2003年、沖永賞、社会政策学会奨励賞）
        『韓国の経営と労働』（編著、日本経済評論社、2010年）
        『中国民営企業の雇用関係と企業間関係』（翁貞瓊と共著、明石書店、2013年）

編著者紹介

榎　一江（えのき　かずえ）第6章、終章

1973年生まれ
2003年九州大学大学院比較社会文化研究科博士課程単位取得退学、博士（比較社会文化）
現在、法政大学大原社会問題研究所准教授
主要業績　『近代製糸業の雇用と経営』（吉川弘文館、2008年、社会政策学会奨励賞）
「『完全雇用』政策と労働市場の変容」（武田晴人編『高度成長期の日本経済──高成長実現の条件は何か』有斐閣、2011年）
「近代日本の企業福祉と労働者家族」（法政大学大原社会問題研究所／原伸子編『福祉国家と家族』法政大学出版局、2012年）

小野塚知二（おのづか　ともじ）序章、第3章

1957年生まれ
1987年東京大学大学院経済学研究科第二種博士課程単位取得退学、博士（経済学）
現在、東京大学大学院経済学研究科教授
主要業績　『クラフト的規制の起源──19世紀イギリス機械産業』（有斐閣、2001年、社会政策学会奨励賞）
『西洋経済史学』（馬場哲と共編、東京大学出版会、2001年）
『自由と公共性──介入的自由主義とその思想の起点』（編著、日本経済評論社、2009年）

労務管理の生成と終焉

2014年3月28日　第1刷発行　　定価（本体5800円＋税）

編著者　榎　　　　一　江
　　　　小　野　塚　知　二
発行者　栗　原　哲　也
発行所　株式会社　日本経済評論社
〒101-0051　東京都千代田区神田神保町3-2
電話 03-3230-1661　FAX 03-3265-2993
URL：http://www.nikkeihyo.co.jp/
印刷＊藤原印刷・製本＊高地製本所

装幀＊渡辺美知子

乱丁・落丁本はお取り替えいたします。　　Printed in Japan
Ⓒ ENOKI Kazue & ONOZUKA Tomoji, 2014
ISBN978-4-8188-2330-3

・本書の複製権・翻訳権・上映権・譲渡権・公衆送信権（送信可能化権を含む）は、㈱日本経済評論社が保有します。
・JCOPY〈㈳出版者著作権管理機構　委託出版物〉
本書の無断複写は著作権法上での例外を除き禁じられています。複写される場合は、そのつど事前に、㈳出版者著作権管理機構（電話03-3513-6969、FAX03-3513-6979、e-mail: info@jcopy.or.jp）の許諾を得てください。

「身分の取引」と日本の雇用慣行 国鉄の事例分析	禹宗杬著	6,000 円
韓国の経営と労働	禹宗杬編著	6,300 円
アジアにおける工場労働力の形成 労務管理と職務意識の変容	大野昭彦著	4,800 円
現代ヨーロッパの社会経済政策 その形成と展開	廣田功編	3,800 円
ヨーロッパ統合の社会史 背景・論理・展望	永岑三千輝・ 廣田功編著	5,800 円
自由と公共性 介入的自由主義とその思想的起点	小野塚知二編著	3,200 円
軍拡と武器移転の世界史 兵器はなぜ容易に広まったのか	横井勝彦・ 小野塚知二編著	4,000 円
日英兵器産業史 〔オンデマンド版〕武器移転の経済史的研究	横井勝彦・ 奈倉文二編著	5,800 円
日英兵器産業とジーメンス事件 武器移転の国際経済史	奈倉文二・横井勝彦・ 小野塚知二著	3,000 円
日本軍事関連産業史 海軍と英国兵器会社	奈倉文二	5,200 円
戦後型企業集団の経営史 石油化学・石油からみた三菱の戦後	平井岳哉	6,900 円
近代日本のエネルギーと企業活動 北部九州地域を中心として	荻野喜弘編著	4,900 円

表示価格は本体価（税別）です

日本経済評論社